高职高专公共基础课系列教材

体育与健康

曹景川　主　编
赵俊杰　孙汝勋　王　迪　副主编

清华大学出版社
北京

内 容 简 介

本书共包含十二个模块，讲授了体育锻炼与健康、合理营养与专项营养补给、体育运动与卫生保健，结合奥林匹克文化和即将在中国举办的冬季奥运会，以发展体能为切入点，侧重职业体能发展，并在球类运动、田径运动、操类运动、游泳运动、冰雪运动、武术与民族传统体育、新兴体育运动等方面开展运动技能传授。本书的特点是贴近高职高专学生的职业方向，针对学生毕业后所从事的职业特点，以案例为导入并加以引导，普及运动与健康的知识、技术和技能；结尾列举出成功的体育教育的典型案例，兼有学习提示以及思考题等内容，形式新颖。

本书可以作为职业院校和应用型本科院校学生的教材，也可以作为体育爱好者的参考资料。

本书封面贴有清华大学出版社防伪标签，无标签者不得销售。
版权所有，侵权必究。举报：010-62782989，beiqinquan@tup.tsinghua.edu.cn。

图书在版编目(CIP)数据

体育与健康 / 曹景川主编 .—北京：清华大学出版社，2021.3（2024.10重印）
高职高专公共基础课系列教材
ISBN 978-7-302-57352-4

Ⅰ.①体… Ⅱ.①曹… Ⅲ.①体育—高等职业教育—教材 ②健康教育—高等职业教育—教材 Ⅳ.①G807.4 ②G717.9

中国版本图书馆 CIP 数据核字(2021)第 016114 号

责任编辑：张龙卿
封面设计：范春燕
责任校对：刘　静
责任印制：杨　艳

出版发行：清华大学出版社
网　　址：https://www.tup.com.cn，https://www.wqxuetang.com
地　　址：北京清华大学学研大厦 A 座　　邮　编：100084
社 总 机：010-83470000　　邮　购：010-62786544
投稿与读者服务：010-62776969，c-service@tup.tsinghua.edu.cn
质量反馈：010-62772015，zhiliang@tup.tsinghua.edu.cn
印 装 者：三河市人民印务有限公司
经　　销：全国新华书店
开　　本：185mm×260mm　　印　张：18.25　　字　数：432 千字
版　　次：2021 年 5 月第 1 版　　印　次：2024 年 10 月第 5 次印刷
定　　价：59.00 元

产品编号：091053-01

前　言

习近平总书记指出："人民对美好生活的向往，就是我们的奋斗目标。"生命是人存在的前提，健康是人幸福快乐的基础，人民生命健康是实现人民美好生活之本。党的十八大以来，习近平总书记心系人民生命健康，做出了许多重要论述。十九大报告中提到"推动文化事业和文化产业发展。满足人民过上美好生活的新期待，必须提供丰富的精神食粮……广泛开展全民健身活动，加快推进体育强国建设，筹办好北京冬奥会、冬残奥会。加强中外人文交流，以我为主、兼收并蓄"。

习近平总书记在党的二十大报告中指出：教育、科技、人才是全面建设社会主义现代化国家的基础性、战略性支撑。必须坚持科技是第一生产力、人才是第一资源、创新是第一动力，深入实施科教兴国战略、人才强国战略、创新驱动发展战略，这三大战略共同服务于创新型国家的建设。

随着我国经济和社会的快速发展，体育迎来了蓬勃发展的黄金时期，尽管体育建设方面也取得了显著的成绩，但从总体上看，还跟不上人民生活需求的发展要求。

经济的腾飞异常迅猛，人民生活水平大幅度提高，体育与健康事业发展如火如荼。当经济基本达到现代化水平时，就会出现一个迅猛发展的"拐点"，因此，教材应适应时代需要，突出现代特色，要和我国方针、政策、制度内容进行连接与融通，成为读者的实用必读首选，而不是成为负担。教材在编写时要顺应时代变化，根据社会的要求，改变过去"重理论轻实践、重知识轻技能"的现象，要注重实践环节，强化实践技能训练。目前许多教材，没有自身的科学特色，没有体现出以培养技术应用能力为主，一味重视理论讲述，反映"偏、难、厚"；还有一些教材由于各种条件限制，没有达到较高的质量标准，这些都对读者十分不利。

为贯彻落实中共中央、国务院《关于全面加强和改进新时代体育工作的意见》和《教育关于印发〈高等学校体育工作基本标准〉的通知》（教体艺〔2014〕4号）的文件精神，加强体育课程建设，进一步提高教育教学质量，依据《全国普通高等学校体育课程教学指导纲要》和《国家学生体质健康标准》的基本要求，结合体育工作实际编写了本书。

本书编者本着"厚基础、重能力、求创新，理论够用、实训强化、案例同步、能力形成"的总体思路，体现了以读者为本的特点，充分考虑了各类体育项目与健康融合，在内容上以"任务驱动、能力导向，实用为主、经济够用"为编写原则，在选择需求的理论中，剔除了高、精、尖和抽象的理论，尽可能简洁直观，安排简单易行的方式。本书针对各专业的培养目标、业务规格（包括知识结构和能力结构），建设了理论教学体系和实践教学体系，专业针对性强，注重基本的实践能力和操作技能、专业技术应用能力与专业技能、综合实践能力与综合技能。同时编者参阅了许多同领域的科研成果与文献资料，还选聘了各行业的专家参与，共同完成了本书的编写。

本书将加深人们对体育与健康概念的认识和理解。本书不仅阐明了体育与健康之间的关系，也辨析了健康与体育的异同，并全面地诠释了体育、健康的概念、构成要素、类别以及发展趋势。全书共十二个模块，除了介绍体育基础，还对相关运动项目提出了具体的操作方法，应该说本书兼顾了理论和实用性，在导出理论知识的同时，强调了实践途径。

本书由山西体育职业学院院长曹景川担任主编，并负责全书的策划和定稿工作。赵俊杰（山西体育职业学院）、孙汝勋（河南职业技术学院）、王迪（黑龙江冰雪运动职业学院）担任副主编。曹景川拟定全书提纲并编写了模块一，赵俊杰编写了模块四，孙汝勋编写了模块六、模块七、模块九，其余模块由王迪和苗银凤编写并负责全书统稿。

本书把"健康第一"的指导思想作为确定教材内容的基本出发点，同时重视教材内容的体育文化含量；以人为本，遵循身心发展规律和兴趣爱好，把体育与健康的研究成果整合成一个有机的整体，全书内容具有新颖性和实用性。最后，特别感谢引用过材料的作者。

由于时间仓促，作者尽管努力写好每一部分内容，但可能仍有不理想之处，希望读者多提宝贵意见。

编　者
2023年1月

目　录

模块一　体育锻炼与健康 ··1
　专题1.1　体育与学校体育 ···1
　　一、体育概念的起源和发展 ···2
　　二、体育的功能 ···4
　　三、学校体育 ··7
　专题1.2　健康及影响健康的因素 ···10
　　一、健康概述 ···10
　　二、健康的影响因素 ··15
　　三、健康教育 ···16
　专题1.3　体育运动对于健康的益处 ··19
　　一、适量体育运动可使人体健康发展 ··20
　　二、适量体育锻炼可促进人的心理健康发展 ··21
　　三、适量体育运动可提高人适应社会的能力 ··21
　　四、过度运动对健康的影响 ···21
　　五、运动缺乏对健康的影响 ···22

模块二　合理营养与专项营养补给 ··23
　专题2.1　体育锻炼与合理营养 ···23
　　一、体育锻炼的基本原则 ··25
　　二、锻炼身体的方法 ··26
　　三、人体的主要营养素 ···28
　　四、平衡膳食的原则与方法 ···30
　专题2.2　专项运动与营养补给 ···32
　　一、各项运动的营养特点 ··32
　　二、运动前、运动中、运动后营养补给的特点 ···34

模块三　体育运动与卫生保健 ···38
　专题3.1　安全锻炼与运动损伤处置 ··38
　　一、身体适应性诊断与处置 ···39
　　二、身体应急性诊断与处置 ···40
　　三、运动损伤的预防与处置 ···41
　专题3.2　常见职业性疾病的运动干预 ··46
　　一、职业特征及其职业病的预防 ··46
　　二、常见职业病的体育疗法 ···50

模块四　体能训练与发展 ···54
　专题4.1　健康体能与体能训练 ···54
　　一、体能与体能训练 ··55

二、体能训练的基本概念 ……………………………………………… 56
　　三、体能训练的意义 …………………………………………………… 56
　　四、国内外对体能训练特点的认识分析 ……………………………… 58
　　五、现代体能训练的概念与特征 ……………………………………… 60
　　六、体能训练的适用原则 ……………………………………………… 61
　专题4.2　体能锻炼计划的制订与实施 …………………………………… 62
　　一、徒手力量训练的主要技术手段教学 ……………………………… 63
　　二、器械抗阻训练的主要技术手段教学 ……………………………… 64
　专题4.3　发展职业体能的实用技术 ……………………………………… 66
　　一、功能性测试与评估 ………………………………………………… 67
　　二、阶段训练周期与负荷安排 ………………………………………… 78

模块五　体育运动与奥林匹克教育 ……………………………………… 82
　专题5.1　奥林匹克运动起源与发展 ……………………………………… 82
　　一、古代奥运会的发源地 ……………………………………………… 83
　　二、现代奥运会 ………………………………………………………… 84
　　三、中国与现代奥林匹克运动 ………………………………………… 87
　专题5.2　奥林匹克文化 …………………………………………………… 93
　　一、奥林匹克运动的组织体系 ………………………………………… 94
　　二、奥林匹克思想体系 ………………………………………………… 94
　　三、奥林匹克文化体系 ………………………………………………… 96
　　四、奥林匹克活动体系 ………………………………………………… 99

模块六　球类运动 …………………………………………………………… 101
　专题6.1　篮球运动 ………………………………………………………… 101
　　一、篮球概述 …………………………………………………………… 102
　　二、篮球基本技术 ……………………………………………………… 102
　　三、篮球基本战术 ……………………………………………………… 107
　　四、篮球运动主要规则 ………………………………………………… 110
　专题6.2　足球运动 ………………………………………………………… 113
　　一、足球概述 …………………………………………………………… 113
　　二、足球运动基本技术 ………………………………………………… 114
　　三、足球运动基本战术 ………………………………………………… 120
　　四、足球运动主要规则 ………………………………………………… 122
　专题6.3　排球运动 ………………………………………………………… 125
　　一、排球概述 …………………………………………………………… 125
　　二、排球运动基本技术 ………………………………………………… 126
　　三、排球运动基本战术 ………………………………………………… 132
　　四、排球运动主要规则 ………………………………………………… 133
　专题6.4　羽毛球运动 ……………………………………………………… 137
　　一、羽毛球运动概述 …………………………………………………… 137

二、羽毛球运动基本技术 ································· 138
　　三、羽毛球运动基本战术 ································· 145
　　四、羽毛球运动的主要规则 ······························· 146
专题6.5　乒乓球运动 ································· 148
　　一、乒乓球运动概述 ····································· 149
　　二、乒乓球基本技术 ····································· 150
　　三、乒乓球运动主要规则简介 ····························· 158

模块七　田径运动 ··································· 161
专题7.1　田径运动的简介 ····························· 161
　　一、田径运动的起源 ····································· 162
　　二、现代田径运动的发展 ································· 162
专题7.2　田赛项目 ··································· 164
　　一、跳高 ··· 164
　　二、跳远 ··· 167
　　三、三级跳远 ··· 169
　　四、推铅球 ··· 171
　　五、田赛项目竞赛规则要点 ······························· 174
专题7.3　径赛项目 ··································· 177
　　一、短距离跑、中距离跑、长距离跑 ······················· 177
　　二、接力跑 ··· 184
　　三、径赛项目竞赛规则要点 ······························· 186

模块八　操类运动 ··································· 190
专题8.1　基本体操 ··································· 190
　　一、体操运动简介 ······································· 191
　　二、基础体操的基本技术 ································· 191
专题8.2　健美操运动 ································· 199
　　一、健美操运动简介 ····································· 199
　　二、健美操的基本技术 ··································· 200

模块九　游泳运动 ··································· 207
专题9.1　游泳运动概述 ······························· 207
　　一、游泳运动的发展历程 ································· 208
　　二、游泳运动的分类 ····································· 208
　　三、游泳运动的意义 ····································· 210
　　四、游泳的安全卫生及自我救护 ··························· 211
专题9.2　游泳的基本技术 ····························· 214
　　一、水中行走练习 ······································· 214
　　二、呼吸练习 ··· 215
　　三、浮体与站立练习 ····································· 215
　　四、滑行练习 ··· 216

专题9.3 蛙泳	218
一、蛙泳技术	218
二、蛙泳教学	220
专题9.4 自由泳	223
一、自由泳技术	223
二、自由泳教学	226

模块十　冰雪运动 ……… 229

专题10.1　滑冰运动 …………… 229
　一、滑冰运动的缘起和发展 …… 230
　二、滑冰运动项目种类 …………… 230
　三、滑冰前基本准备 ……………… 231
　四、滑冰的基本技术 ……………… 233

专题10.2　滑雪运动 …………… 236
　一、滑雪运动的缘起和发展 …… 236
　二、滑雪运动的分类 ……………… 237
　三、滑雪运动的场地、设施和装备 … 237
　四、滑雪运动基本入门技术 …… 239

模块十一　武术与民族传统体育 ……… 244

专题11.1　武术运动 …………… 244
　一、武术运动简介 ………………… 245
　二、武术运动的基本技术 ………… 248

专题11.2　太极拳 ……………… 253
　一、太极拳运动的起源与发展 …… 253
　二、太极拳运动的特点和作用 …… 254
　三、二十四式简化太极拳 ………… 254

模块十二　新兴体育运动 ……… 267

专题12.1　轮滑运动 …………… 267
　一、轮滑运动的魅力 ……………… 267
　二、轮滑运动基本技术 …………… 268
　三、轮滑运动基本技术练习方法 … 269

专题12.2　定向运动 …………… 270
　一、定向运动简介 ………………… 271
　二、定向运动的基本技术 ………… 272
　三、定向运动部分规则 …………… 282

参考文献 ……… 284

模块一　体育锻炼与健康

体育是一种复杂的社会文化现象，它以身体与智力活动为基本手段，根据人体生长发育、技能形成和机能提高等规律，达到促进全面发育、提高身体素质与全面教育水平、增强体质与提高运动能力、改善生活方式与提高生活质量目的的一种有意识、有目的、有组织的社会活动。我国学校体育的目的是：促进学生身心发展，增强他们的体质，并对他们进行道德品质的教育，使他们能很好地完成学习任务，从事社会主义建设和保卫祖国。

"健康=情绪稳定+运动适量+饮食合理+科学的休息"。健康教育是通过有计划、有组织、有系统的社会教育活动，使人们自觉地采纳有益于健康的行为和生活方式，消除或减轻影响健康的危险因素，预防疾病，促进健康，提高生活质量，并对教育效果做出评价。健康教育应该从小学开起，不同学段开设不同深度的健康教育课，让学生形成身体健康、人格健全、心理健康的完整社会人，养成终身体育锻炼的习惯和技能，成为一个全面发展的劳动者。

通过本模块的学习，大学生能树立正确的体育价值观，形成积极参与体育锻炼的良好意识；能养成良好的行为习惯，形成健康的生活方式；能自觉通过体育活动改善心理状态，建立良好的人际关系，养成积极乐观的生活态度。

能力目标

1. 了解体育的起源和功能。
2. 了解学校体育的要求和作用。
3. 了解健康的概念、内涵和标准以及健康观的发展趋势。
4. 了解健康教育、健康促进和终身体育的内涵。
5. 在运动中体验运动乐趣和成功的感觉，同时表现出良好的体育道德和合作精神。
6. 认知体质健康状况。
7. 合理选择人体需要的健康营养食品。

专题1.1　体育与学校体育

完全人格，首在体育

提起北京大学校长蔡元培，大家最熟悉的莫过于他提出的"思想自由，兼容并包"，但很少有人知道，在我国近代体育的发展中，蔡元培先生同样是一位举足轻重的人物。作为中国近代体育的积极倡导者，在他的教育思想和实践活动中，包含着丰富的体育内容。

蔡元培先生所倡导的体育，始终与他所倡言的"完全人格"联系在一起。早在1912年5月，蔡元培就提出"普通教育养成国民健全之人格，教育者是养成人格之事业"。1919年2月在《教育之对待的发展》一文中，他提出"盖群性与个性的发展，相反而适以相成，是今日之完全人格，亦即新教育之标准也"。在"完全人格"中，蔡先生将体育置于首位，他说："体育最要之事为运动，凡吾人身体与精神，均含一种潜势力，随外围之环境而发达，故欲发达至何地位，既能至何地位。"在谈及体育与德育的关系时，他再一次论证了体育的基础地位，"凡道德以修己为本，而修己之道，又以体育为本。忠孝，人伦之大道也，非健康之本，无以行之"。"于国家也亦然……一切道德殆皆非羸弱之人所能实行者，苟欲实践道德宣力国家，以尽人生之天职，其必自体育始矣！"

一、体育概念的起源和发展

（一）体育的概念

"体育"一词最初于18世纪60年代诞生于法国，其含义是"对身体的教育"。20世纪初我国也以相同的含义使用了"体育"一词，并将其作为教育的一个组成部分。随着社会的不断发展，特别是竞技运动和健身运动的发展，体育的内涵及外延不断扩大。如今，在奥林匹克运动的推动下，以提高运动成绩为主要目的的竞技运动蓬勃发展，以健身、娱乐为主要目的的社会体育日益普及，因此，"现代体育"一词已从原来的教育范畴引申出了更加广泛的外延。

根据体育的演变和发展过程，通常把体育的概念分为广义体育和狭义体育两种。

广义体育是指以身体练习为基本手段，以增强人的体质，促进人的全面发展，提高运动技术水平，丰富社会文化生活和促进精神文明为目的的一种有意识、有组织的社会活动，它属于社会文化教育的范畴，受一定社会政治、经济的影响和制约，也为一定社会政治和经济服务。

狭义体育是一个发展身体，增强体质，传授锻炼身体的知识、技术和技能，培养道德、品质和意志的教育过程。它是学校体育的重要组成部分，是培养全面发展人才的一个重要的方面和手段。

（二）体育的起源和发展

体育是随着人类社会的发展而产生和发展的。时光追溯到原始社会，人类的身体活动大致有以下几种：一是为了谋生而进行的活动，如狩猎、捕鱼等，发展了走、跑、跳、投掷、攀登、游泳及其他多种身体活动；二是为与其他群体、动物搏斗而进行的攻击或防卫的身体活动；三是日常生活中所必需的活动技能；四是非生产性的原始祭祀、教育中的身体活动。这些活动是原始人为了生存所掌握一些运动能力，体现了他们不同层面的需求，如生产的需要、战争的需要、精神信仰的需要和娱乐的需要等，正是在这种需求的推动下，这些活动得以不断地强化和发展。在从事这些活动的过程中，原始人获得了与疾病抗争的能力、情感的交流、心情的抒发，最初的体育也就诞生了。可见，最初的体育是在生活和劳动中萌生的，并以原始人的搏斗练习、生活技能学习、宗教祭祀等活动相互交融的形式而存在。

随着社会生产力的发展，体育活动在人类的社会活动中所占比重逐渐增大，许多古代的灿烂文化中都能发现体育的繁荣发展史。

在古希腊，人们把体育作为造就健全公民、增强国力、抵御外侵的手段而大力提倡。他们兴建了规模宏伟的竞技场，造就了一批又一批的竞技者。体育的发展不仅增强了古希腊国民的体质，还促进了古希腊经济的发展和文化的交流，使社会变得文明、和谐、昌盛。斯巴达也十分重视尚武教育，特别重视对青少年的身体训练，提出"人民的身体、青年的胸膛便是我们的国防"。476—1640年，欧洲进入了黑暗的封建社会阶段，经济、文化发展受到了严重的阻碍，体育也被列为禁欲范围，在"身体罪恶论"的影响下，体育的发展受到了严重的影响。

文艺复兴时代给体育带来了生机，第一个倡导"三育"学说的英国哲学家、教育家洛克明确提出了体育、德育、智育的教育观，并强调健全的精神寓于健康的身体。18世纪，法国出现了以反对教会权威和封建制度为目的的启蒙运动，其代表人物之一的卢梭提出"体育乃是个人由童年至成年健康发展不可缺少的重要内容"。19世纪，随着资本主义的发展，在德国、瑞典等国家发展起来的体操运动先后在欧美得到了迅速的发展，起源于英国的户外活动也开始广为流行。

我国古代体育是传统文化中的瑰宝，内容极为丰富，源远流长，是宝贵的民族遗产。但由于长期封建统治，闭关锁国，近代和现代体育特别是竞技体育发展缓慢。鸦片战争后我国才引进了近代体育，在此基础上发展了现代体育。1949年以前，我国固有的民族体育，如气功、导引、养生术、武术、龙舟、舞狮等民间的运动健身活动也未能得到充分的发展。1949年之后，由于党和政府的高度重视，我国的竞技体育、学校体育、健身运动得到了迅速发展，国家努力研究与发掘民族体育，推陈出新，为提高民族素质和社会主义建设服务。改革开放以来，党中央和国务院十分重视体育工作，在人民生活向小康生活迈进时，国务院颁布了全民健身计划，在国际体育方面制定了奥运战略。在夏季奥运会上我们已跻身体育大国的行列，在冬季奥运会上我们已实现金牌零的突破。更值得骄傲的是，我国举办了第29届夏季奥林匹克运动会，并取得了令人瞩目的战绩，彰显着中国这个古老的东方大国已屹立于世界体育之林。

知识链接

现代体育与古代体育的区别

中国古代没有明确的体育概念，主要分为练武、养生和娱乐三方面，如射箭、蹴鞠、捶丸和围棋等项目为世界体育事业做出重要贡献。现代体育区别于中国古代体育在于不同的健身机理，以田径、体操、举重为主要内容的体育运动重刚健、激进，少养生、调神，而且这种健身思想和哲理还从改革、完善体育教育内容和结构出发，从人类进化和未来社会需求等方面进行多方考虑。

（三）体育的分类

体育运功是一个多层次、多类型的系统结构，纵向上可分为基本技术、专项技术、应用技术和工程技术四个层次，每个层次横向上分为若干类型。基本技术层次分为各种身体练习；专项技术层次分为田径、体操、足球等各运动项目；应用技术层次分为体育教学、体育锻炼、运动训练、运动竞赛四种活动形式；工程技术层次分为群众体育、学校体育、竞技体育三个组成部分。我国1995年颁布的《中华人民共和国体育法》（以下简称《体育法》）对体育事业组成部分所做的法律界定为：当代体育体系由学校体育、社会体育、竞技体育三部分组成，它们的主要目的、主要形式和方法各有不同，如表1-1所示。

表 1-1

分 类	主 要 目 的	主要形式和方法
社会体育	增强体质、休闲娱乐	玩和锻炼
学校体育	增强体质，为掌握技能、技术体育进行体育	体育教学和体育锻炼
竞技体育	创造优异的运动成绩	运动训练和运动竞赛

1. 社会体育

社会体育是指公民自愿参加的以增进身心健康为主要目的的群众性体育活动。社会体育也称群众体育或大众体育，是为了娱乐身心、增强体质、防治疾病和培养体育后备人才，在社会上广泛开展的体育活动的总称。社会体育包括职工体育、农民体育、社区体育、老年人体育、妇女体育、伤残人体育等，主要形式有锻炼小组、运动队、辅导站、体育之家、体育活动中心、体育俱乐部、棋社以及个人自由体育锻炼等。开展群众体育活动应遵循因人、因地、因时制宜和业余、自愿、小型、多样、文明的原则。广泛开展群众性体育活动，是发挥体育的社会功能、提高民族素质和完成体育任务的重要途径。

2. 学校体育

学校体育即狭义的体育，是指以学生为对象，通过学校教育进行的有计划、有组织地对受教育者的身体方面施加一定的影响，为培养合格人才服务的一种教育过程，包括各类学校的体育教学和课外体育活动等。1990年，国务院批准发布了《学校体育工作条例》，对学校体育工作提出了具体要求。1995年颁布的《体育法》从法律的规定性出发对发展学校体育事业提供了法律保障。

3. 竞技体育

竞技体育是指在全面发展身体，最大限度地挖掘和发挥人在体力、心理、智力等方面潜力的基础上，以提高运动技术水平和创造优异运动成绩为目的的有计划、有组织的训练和竞赛活动。竞技体育具有强烈的竞争性、超人的体力和技艺性、高尚的娱乐性等特征。此外，竞技体育还具有丰富的社会功能，在振奋民族精神、增强凝聚力、提高国家威望、促进国际交往等方面具有突出的作用。

二、体育的功能

体育的功能是指体育以其自身特点作用于人和社会所产生的良好影响和效益。它是在体育的生物效应和社会效应上衍生出来的，是动态的。千百年来，体育之所以能不断地发展，而且越来越受到世界各国人们的重视，正是人们对体育功能的认识和利用的结果。

体育的功能包括健身功能、促进个体社会化功能、教育功能、娱乐功能、经济功能、社会情感功能和政治功能等方面。

（一）健身功能

体育的功能产生于体育的本质和社会的需要，并在促进社会物质文明和精神文明中表现出来。体育的功能主要有以下几方面。

人的身体素质是思想道德素质和科学文化素质的物质基础，也是一个民族和国家强盛的基础。体育是以身体的直接参与来表现的，这是体育的本质功能，也是体育能在人类社会中长盛不衰和持续不断存在的原因。通过体育手段来实现增强人的体质的目的，促进人的自由、全面发展，这正是体育的独特之处，也是体育区别于其他社会活动和事物对人和社会作用的根本点。体育的健身功能主要表现在以下方面。

（1）体育运动可促进人体骨骼和肌肉的生长。
（2）体育运动可促进血液循环，提高心脏功能。
（3）体育运动能够提高神经系统的功能。
（4）经常从事体育运动还可以改善呼吸系统功能。

（二）促进个体社会化功能

体育运动是一种社会行为，人们在活动和比赛中互相交往，相互交流，使人们的人际关系、社交能力得到提高。体育运动能够教导人基本的生活技能，从初生婴儿的被动体操，到儿童游戏中的跑、跳、攀、爬，以至于学会适应社会生活，这些都是后天通过体育活动获得的。人们在体育运动中，都要遵循运动的规则，都要在教师、教练、裁判的教育监督下有组织地进行，这就逐渐培养了人们对社会规范的遵守。人类社会要健康发展，就要使青少年在生长发育过程中、中年人在健康保健过程中、老年人在延年益寿过程中，获取身体健康和体育运动方面的知识，通过这些知识，指导自己进行健康的体育活动，培养良好的生活习惯。

体育促进个体社会化无处不在，无时不在。人类社会是一个充满激烈竞争的场所，需要团结和协作精神。竞赛是体育最鲜明的特点，通过竞赛，优胜劣败，决出名次，可以激发荣誉感，鼓舞上进心，能有效地培养人们的竞争意识和团结协作精神。

（三）教育功能

体育是教育的一部分，教育是体育的基本功能。人们参与体育活动的过程，就是一个受教育的过程，从学校、俱乐部、健身中心到训练场和各种活动场所，在锻炼中都要接受教师、教练和同伴的传授与指导。体育是学校教育的一个重要组成部分，几乎所有国家把体育作为教育的内容之一。由于学生正处于生长发育和世界观的形成时期，体育不仅指导和教育学生进行身体锻炼，而且可以对受教育者进行思想政治、意志品质和道德规范的教育。体育是传播价值观的理想载体，这是由它的技艺性、群体性、国际性、礼仪性、竞技性的特点所决定的。体育在培养人们健康、合理的生活方式，集体主义精神，爱国主义精神，刻苦耐劳、顽强拼搏精神等方面有着重要作用。

（四）娱乐功能

当今社会的发展趋势表明，人们以各种娱乐活动合理安排余暇的愿望变得日益强烈。如何使我们的工作、课余生活过得更有意义，让身心在欢悦中得到积极休息，需要社会提供一种更健康的娱乐方式。而这种最佳方式就是进行体育运动。

体育的娱乐功能在人们的闲暇生活中反映得十分明显。体育运动的技术高雅、动作优美、配合默契和竞争激烈，使它成为现代人余暇生活的一个重要组成部分，丰富了人们的社会文化生活，满足了人们的精神需要。随着体育运动技术向高、雅、尖、精的方向发展，由它显示的优美的造型、和谐的韵律、鲜明的节奏、高超的技艺和巧妙的配合等，给人以健、力、美的享受，越来越多地吸引人们自觉投身于其中。

（五）经济功能

现代生产结构方式的改变，引起人们生活结构的改变。人们的物质生活丰富了，闲暇的时间增多了，对文化生活的追求也就强烈起来了。因此，体育越来越成为人们生活内容的一部分，成为人们强身健体、丰富文化生活的一种方式。许多传统运动项目重放光彩，各种现代竞技表演日益频繁，体育消费在人们的消费结构中所占的比例越来越大，使人们运用体育获取可观的经济收入能成为可能。正是在此基础上，现代的体育产业得到了长足的发展。西方发达国家的体育产业在GDP中贡献率已经达到1%～3%，成了新的支柱产业。我国的体育产业近年来也发展迅速，一批体育用品制造企业已经形成规模，走向集群化发展，并正在把他们的品牌推向世界；一些知名的体育赛事也正在探索适合中国现实的发展道路，并取得了令人可喜的成绩，如上海网球大师赛、环青海湖自行车赛、北京马拉松赛、篮球联赛、乒乓球联赛和围棋联赛等，都发展得有声有色；还有一些体育健身、体育旅游、体育培训等方面的公司、企业在为社会服务的同时也创造了不可估量的经济价值。我国的体育产业的发展尚处在起步阶段，虽然在挖掘体育经济功能方面积累了一定的成功经验，但要实现中国体育产业走向国际市场的梦想还任重而道远。

（六）社会情感功能

体育的社会情感功能主要是指体育竞赛的对抗性和竞赛结果的不确定性，引起社会的极大关注，从而使人们产生各种情绪活动。例如，历届的奥运会、中国女排的五连冠、北京两次争办奥运会及中国男足向世界杯决赛圈的冲击等，这些都能使人们体验各种情感波动，能使人的情绪得到宣泄。好的体育社会情感可以正面、积极地激励和鼓舞社会向前发展。体育运动具有群众性、竞技性、观赏性，可以产生巨大的社会情感。体育就像一块巨大的磁铁，将人们吸引到一起，共同欢乐，共同宣泄，共同振奋。

（七）政治功能

在体育运动过程中，能增强人与人之间的交流和交往。体育活动是促进人们的友谊和增强团结的重要手段。通过体育活动，能够扩大人们的情感交流，增加人与人之间的相互了解，改善人际关系，共同创造和谐文明的社会环境。客观上讲，体育和政治是相互联系、不可分割的，在任何国家，体育都要服从政治的需要，为政治服务。它主要在两个方面起着重要的作用：国际比赛和国际交流所起的作用；群众体育所起的作用。国际上的体育交往，还能够促进不同国家之间、不同民族之间的相互了解和相互信任，有利于人类社会的和平与发展。国际比赛是反映一个国家竞技体育水平强弱的窗口，国家的政治、经济、文化、科技往往决定了竞技体育水平的高低。我们现在往往将体育竞赛比作和平时期的战争，赢得比赛就像赢得战争一样能够振奋民族精神，提高国家威望，使国人扬眉吐气。体育是一种文化交流的工具，它为本国的外交政策服务，通过国际比赛可以沟通国与国之间的关系，促进国家间的友好往来。

三、学校体育

（一）学校体育的地位

学校的体育教育（以下简称学校体育）是职业教育的重要组成部分，是实现职业教育实施素质教育和培养德、智、体、美全面发展的高素质劳动者和技能型人才可缺少的一个方面。学校体育在帮助学生掌握体育知识、技能、能力，促进身心健康发展，不断提高健康水平，实现职业教育目标方面发挥着独特的作用。学校体育作为校内体育与社会教育的交叉点和结合部，既是全面健身的基础，也是国家体育事业发展的战略重点。《全国普通高等学校体育课程教学指导纲要》明确指出："体育课程是大学生以身体练习为主要手段，通过合理的体育教育和科学的体育锻炼过程，达到增强体质、增进健康和提高体育素养为主要目标的公共必修课程；是学校课程体系的重要组成部分；是高等学校体育工作的中心环节。"

（二）学校体育的作用

学校体育作为全民健身的基础，在人才培养中发挥了其独特的作用。

1. 增强体质、促进健康

"增强体质、促进健康"是体育最主要的功能，体育以身体运动为基本表现形式，由它构成的体育锻炼过程，给各器官系统一定的强度和量的刺激，使身体在形态结构、生理机能和生物化学等方面发生一系列适应性反应。这种"适应性反应"对机体产生积极的影响，有利于促进健康和增强体质。

（1）有效地促进身体正常生长、发育。职业院校学生身体可塑性很大，根据他们的生理特点，选择合适的体育锻炼内容，掌握适宜的运动负荷，坚持经常锻炼，能有效地促进职业院校学生的正常生长、发育。例如，体育锻炼可以使骨骼的血液供应充分，骨细胞生长能力增强，身高增长加快，肌纤维变粗，体重、胸围、肩宽、臂围和腿围都会增大，还可以使血液循环得到改善，提高心血管及各器官系统的功能。对于个别学生身体的某些畸形（如脊柱侧弯、驼背、平足等），也可以用特殊的锻炼手段加以矫正，有助于使学生形成健壮、均匀的体形。

（2）促进身心全面的发展。目前职业院校学生的年龄一般处在15～18岁，生理上急剧变化，主要表现在身体形态、身体机能、身体素质等方面向成人化发展并基本定型。随着生理上的急剧变化，职业教育学生的心理也随着变化起来。研究发现，目前职业院校在校学生的生理发展超前，心理发展滞后，在这个时期加强职业院校学生体育教育，通过学校体育的课堂教学、课余锻炼和体育竞赛，能够促进学生身体的正常发育，从而增强体质、强健体魄，全面提高学生的体能和对环境的适应能力，促进其身心的全面发展。这样不仅能够保证学生在校期间身心健康的学习需要，而且也为学生的终身健康奠定基础。

2. 奠定学生终身体育的基础

在体育锻炼过程中，学生可以复习巩固体育课教学的内容，从而促进体育课教学质量的提高；另外还可以从事自己所喜爱的活动，能体验到成功的喜悦，对锻炼效果产生满足感，逐渐培养兴趣，形成爱好，养成锻炼习惯。体育锻炼往往由学生自主去活动，因此，特别有助于培养学生的能力。通过体育锻炼，学生自学、自练、自评能力，组织、裁判、交往、运动能力等都会得到特殊的发展，可以培养出许多未来社会中的体育骨干。按作息制度安排的早操、课间操、班级体育锻炼等，是学校课外体育锻炼基本的、重要的组成部分，是学生每天学习生活中必不可少的内容，长此以往坚持锻炼，持之以恒，又会促进学生养成良好的锻炼习惯。

学校体育是终身体育的组成部分，是打基础的阶段。课外体育锻炼在培养学生体育兴趣和能力，养成锻炼习惯等方面有着重要的作用，能为终身体育奠定良好的基础。学校体育在激发学生参加体育锻炼的兴趣，使学生掌握体育卫生的基本知识和科学锻炼身体的方法，提高学生的体育文化素养，培养学生良好的锻炼习惯与卫生习惯等方面均发挥着重要的作用。

3. 加强校园精神文明建设

学校体育是在校学生文化娱乐活动的组成部分，是一种外向型的文化活动，它可以使学生热情乐观，精力充沛，学习生活充满生机与活力。学校体育锻炼内容丰富、具体现实、直观形象，很符合学生的身心特点，易被学生理解接受，也能取得较好的效果。学校体育在陶冶学生的情操，锻炼学生的意志，培养学生的爱国主义和集体主义精神，增强学生的组织纪律性，提高学生的思想品质等方面发挥重要的作用。例如，小型多样的游戏活动可以培养团结友爱、互相帮助、集体主义、胜不骄、败不馁等精神；班级乃至全校统一的课外体育锻炼，可以培养服从指挥，遵守纪律等品质；各种身体锻炼可以培养学生不怕困难，坚韧顽强，积极进取等意志；各种竞赛可以培养学生诚实、公正和良好的竞争意识，优化竞争环境，为校园内各式各样的其他竞争的开展提供良好的示范。学校体育对加强学生思想品德教育，促进校园精神文明建设都有重大意义。

（三）学校体育的目标

确定学校体育目标的工作，必须结合我国的国情，从实际出发，根据不同层次、性质及类别的中职院校来进行；要反映现代学校体育的发展趋势，并认真吸收国外体育的先进理论与实践经验，建立起具有中国特色的学校体育目标体系。

1. 学校体育的总体目标

培养职业院校学生的体育意识，提高体育能力，促进身心素质的全面发展，使之成为社会主义现代化建设所需要的身体健康的高素质合格人才。

这个总体目标，从根本上反映了体育的本质特征，制约和影响学校体育的全过程，切实体现了我国社会教育、体育发展的基本要求和职业院校学生的需要。

2. 学校体育的具体效果目标

（1）掌握体育锻炼和卫生保健的基本知识和技能，正确认识体育对人类及当代社会的重要意义和作用，增强学生的体育意识，学会选择符合个体兴趣和需要的科学的锻炼原理和方法，养成经常锻炼身体的习惯，提高体育能力，为终身坚持体育锻炼打下良好的基础。

（2）有效地增强学生的体质，促进身心健康的发展，达到《职业院校学生体育合格标准》中规定的指标和规格要求，身心愉快地学习和工作，更好地完成学习任务。

(3) 通过体育活动对学生进行政治思想和道德及意志品质教育，加强主体性教育、体育审美教育，促进学生的个性发展。

(4) 对具有运动才能的学生进行课余训练，并适当地组织比赛提高他们的运动技术水平，满足他们对运动竞技的需求，为社会体育培养骨干人才，促进全面健身运动的开展。有条件的院校可组织高水平运动队或运动俱乐部。

上述学校体育的具体效果目标是一个相互联系、相互促进的统一整体，需要综合的实现，绝不能为追求一时效果，片面突出其中的部分因素，而造成长期的负面影响。

（四）高职院校体育教育的组织形式

高职院校体育教育的组织形式包括体育课教学、课外体育活动、课余体育训练和校内体育运动竞赛及校外体育运动竞赛等。这几种形式互相联系、互相配合，构成学校体育工作，其中体育课教学是最重要的组织形式。

1. **体育课教学**

体育课教学是学校体育工作的重要组成部分。当前高职院校一般采取选项课、选修课授课形式，一些处于改革开放前沿的职业大学，将计划体育课时的1/3分解到课余活动时间进行。主要是通过体育教学和体育锻炼，使大学生掌握体育基本知识和基本技能，培养体育兴趣，树立终身体育的观念。

2. **课外体育活动**

课外体育活动是大学体育工作的重要组成部分，是课余文化生活的重要内容，它包括早操、课间操、课外体育锻炼等形式。除当天安排有体育课、实训劳动课外，提倡每天参加1小时的阳光体育活动。

3. **课余体育训练**

课余体育训练是指学校各运动队、单项体育运动协会、各院系代表队的训练等。开展多种形式的课余体育训练，为有运动特长的学生提供展示才华和提高运动技能的平台，不仅能为学校争取荣誉，而且可以为学校和社会培养体育骨干。实践多次表明，有运动特长的高职大学生毕业时会受到用人单位的青睐。

4. **体育运动竞赛**

学校体育运动竞赛包括校内与校外两部分。校内的竞赛有综合运动会、田径运动会、单项运动竞赛及院系间的单项比赛等；校外的竞赛有全国、省、市大学生运动竞赛，包括综合运动会与单项比赛。运动竞赛不仅能扩大学校的声誉与影响、增进校际间的交往与合作，还是教育学生爱校、爱集体、团结协作、敢于挑战、锐意进取、尊重对手、增强凝聚力的最生动的教育课堂，而且对丰富课余文化生活，构建和谐的校园文化有着重要意义。

  案例总结

体育与德育、智育的关系

毛泽东在《体育之研究》一文中指出："体育一道，配德育与智育，而德智皆寄于体。无体是无德智也。"还指出："体者，载知识之车而寓道德之舍也。"可见，体育是教育的组成部分，体育与德育、智育互相促进，互相制约。

在体育教学过程中往往包含了德育的任务。体育是培养学生道德品质、树立人生观的重要手段。体育活动的丰富多彩吸引了青少年参加到不同的体育运动项目中，而这些不同的运动项目培养了学生勇敢、沉着、果断、坚定的意志品质。青少年大多乐于参加集体体育活动，在体育活动中通过对组织纪律和规则的遵守，对体育器械设施的爱护，对同伴的帮助，培养了学生的组织纪律性和集体主义精神。体育竞赛的竞争、评比、奖励，能够促进学生的竞争意识，激励学生奋发向上、努力拼搏。通过比赛的胜与败，不断地磨炼学生在胜利面前戒骄戒躁、在失败面前不气馁的思想品质。体育比赛的颁奖，特别是国际大型比赛的颁奖，使参与者、参观者都能得到精神上的满足，这种情感教育使他们在不知不觉中树立为集体、为国家争得荣誉的责任感。

体育活动是一种积极向上、丰富余暇生活的手段，通过积极参与体育活动，可以防止和纠正学生的不良行为，达到精神文明教育的目的。因此体育与德育存在有机的联系，并互相促进。

体育与智育之间相互关联、辩证统一，体育对学生的智力发展有着积极的促进作用。通过体育锻炼能够增加大脑的重量和皮质厚度。通过运动技能的学习，刺激大脑皮层处于积极的活动状态，促进大脑神经中枢的发育，使学生思维敏捷，判断迅速、准确。通过体育活动提高血液的携氧能力，改善大脑供氧，提高大脑工作能力，使学生具有丰富的想象力、良好的记忆力和集中思考的能力。

1. 系统阐述体育的功能与分类。
2. 系统说明体育与德育、智育、美育、劳育的互相促进关系（尽可能多引用名人名言加以说明）。

专题1.2 健康及影响健康的因素

导入案例

身体是革命的本钱

讲"身体是革命的本钱"的这个人，相当伟大，不仅身体锻炼没放下，而且夜以继日、日理万机，创造了伟大的事业，他就是伟大的毛泽东同志。毛泽东无论在艰苦卓绝的战争年代，还是在被美苏压制的社会主义建设年代，都承受着无比巨大的心理压力和工作强度。靠什么不被压垮呢？正如他所说的，"身体是革命的本钱"，健康的体魄，再加上积极、乐观的心态，天塌下来也不再可怕。试想，如果毛主席整日身体不适、疾病缠身，怎么能够运筹帷幄、决胜千里，带领全国人民取得革命的胜利。相反，诸葛亮的"出师未捷身先死"又会令多少人痛心惋惜。

一、健康概述

人类在完成自身繁衍与进化的过程中，虽已无数次通过生命的延续，对何谓健康有了丰富的感性认识。但时至今日，有人仍会认为：无病或不进医院就是健康。其实这是一种误解，那什么才是真正的健康呢？

（一）世界卫生组织的健康概念

1948年世界卫生组织（中文简称世卫组织，英文简称WHO）最早提出的定义是：健康不仅是免于疾病和衰弱，而且是保持体格方面、精神方面和社会方面的完美状态。

1974年WHO对健康下的定义是：健康是人的肉体、精神和社会的康乐的完善状态，而不仅仅指无疾病或无体弱的状态。

1979年WHO又在《阿拉木图》宣言中重申：健康不仅是疾病和体弱的匿迹，而且是身心健康、社会幸福的完美状态。

1989年WHO将健康重新定义为：心理健康，身体健康，道德健康和社会适应良好。甚至还力主把生殖健康也列入其中（见表1-2）。

（二）健康的内涵

根据WHO多次对"健康"的论定，可以认为：自1948年提出"三维"健康观，并改变健康的唯生物医学含义之后，已使人们对健康的认识拓宽到生理、心理和社会学领域，甚至还涉及道德与生殖健康等内容。

1. 生理健康

早期医学对疾病和健康的看法，更多是强调自然界对人体生理和病理的影响。尽管最初的医学，曾全力以赴研究由自然因素引起的健康受损，但仍无法对生理性疾病进行有效控制。例如，在20世纪初期，一场突如其来的流行性感冒，就使全世界3000万人死亡；其在肆虐的10个月内，夺走了55万美国人的生命，结果让所有人都生活在对死亡的极度恐惧中。而面对这场灾难，致力于生理健康的医学却始终显得束手无策，少数幸存者也只是依靠自身的抗体而逃过劫难。为了不让这样的悲剧重演，一直到20世纪中叶，防治生理性疾病始终是医学界最重要的任务之一。

引起生理性疾病的自然因素永远存在，这些因素包括阳光、空气、水、气候与季节，以及由病菌引起的抑制因素及自然界的生态平衡等。它们有的为人类健康与生存提供了必要的物质基础，有的则可能起危害作用。如果就目前自然环境的恶化状况看，鉴于更多因素仍朝着不利于人类生存的方向发展，及1996年国际保护自然联盟发表的《红色警报名单》，许多科学家达成共识：地球正逐渐失去保证人类生活质量的能力，环境恶化趋势令人担忧。这些迹象表明，目前由自然因素使肉体受细菌或病毒感染，仍是影响人类生理健康的主要因素，我们必须继续给予高度的重视。

2. 心理健康

诚然，在过去相当长一段时间，医学在控制自然因素引起细菌或病毒感染方面，为维护人类健康做出了巨大贡献，今后仍任重而道远。但随着诊断学的发展，医学专家又有惊人发现：经现代医学检查，有50%～70%的人都有心理异常的表现，而这些人尽管未达到须求助医务诊治的程度，但一旦环境稍有变化，或精神受到某种刺激，健康依然受到威胁。特别是当发现利用许多医学常规手段无法解决由精神引发的疾病时，医学研究开始根据人的社会属性又提出了生物—心理—社会医学模式，从而想到要把社会环境引起的心理活动也包括在健康诊断中。

关于如何才能确定心理活动的正常与否，心理学家提出了三条原则，即心理活动与外部环境是否具有统一性，心理现象自身是否具有完整性，个性心理特征是否具有相对稳定性。但必须指出，若按以上原则进行判断，就必须考虑具体的时间、地点和条件对心理活动的影响，而绝不能把日常生活中暂时出现的情绪反应都视为心理异常。因此，为了寻找更科学的判定手段，许多发达国家通过心理学和医学的结合，不仅研究异常心理产生的原因，以及健康心理的形成过程，还把心理健康问题扩大至整个社会系统，具体包括生活方式、人生价值观、健康管理环境、健康教育者培训等内容，目的在于从各个方面研究与保证健康心理的形成。

3. 社会适应

社会适应对健康的影响是综合性的，主要来自社会环境因素，具体包括社会为人类日常生活提供的衣、食、住、行等物质条件，也受社会制度、文化传统、经济发展及与之有关的其他因素所制约。基于上述原因，若仅就局部而言，饮食营养、居住条件、医疗措施、家庭状况、卫生习惯、生活方式和行为规范等，都应视为是影响个体健康的社会因素。但从整体考虑，这种影响还取决于社会的发展程度及不同国家为之提供的外部环境。

情况正是如此，因为面对知识经济时代，不但人们获取知识的方式和途径在悄然发生变化，而且随着生活节奏加快，人际关系变得复杂，导致在日趋激烈的社会竞争中，伴随各种不同价值取向而产生的迷惘、困惑、抑郁、孤独与失望情绪，都会在现代人的生活中弥漫。

处于这样的时代背景，人们为适应社会环境所做的努力，势必要以获得合理的社会定位概念与能力为主，即学会选择适合自我的价值观和人生态度，并有效建立起促进个人发展的精神背景和自我引导机制，以便能够按社会运行法则，处理好个人遵循和社会条件之间的矛盾，具体包括对健康文化、健康观念、健康行为、健康产生和健康管理等知识的了解与遵循。

4. 道德健康

道德健康是人的一种"本质力量"，由思想品德和人格自我完善两部分构成。通常认为，思想品德是一种社会意识形态，它以善与恶、荣与辱、正义与邪恶等概念来评价人的各种行为，调整人与人之间及个人与社会之间的关系。人格则反映人的基本的稳定的心理结构特质和过程，它融合着个体的经验，并形成个体特有的行为与对周围环境的反应。严格地讲，思想品德作为完善人格的基础，是决定精神健康的重要内容；而人格自我完善本身，就是不断提高自身素质的文化修养水平，使个体思想、品质与行为趋于理想化。据WHO监测中心统计：结核病、流感、肺炎、糖尿病、脑血管病、冠心病等常见病的死亡率，与道德、文化修养有着千丝万缕的联系。道德文化水准越高，则患这些疾病的死亡率越低。

关于对个体道德水准与文化修养影响健康的认识，我国古代早有"君子坦荡荡，小人长戚戚"的说法。实践证明，凡与人为善，助人为乐，且具有高尚品德的人，总是心胸坦荡。人若处于无烦恼的心理状态，不仅能使人体分泌更多有益的激素、酶类和乙酰胆碱等，还可增强人体的抗病能力，这无疑对促进健康是有利的。但与之相反，倘若一个人有悖于社会道德准则，由于其胡作非为导致的紧张、恐惧、内疚等不良心态，就会给他带来沉重的精神负担，使之终日食不甘味，夜不成寐，这样的结果自然也就无健康可言了。

5. 生殖健康

WHO 对生殖健康下的定义是：人类在整个生命过程中，与生殖有关的一切活动，应在生理、心理和社会适应诸方面处于良好的健康状态。这表明生殖健康除需建立正确的性观念和婚前性行为，避免未婚先孕、人工流产及做好性病与艾滋病的防治工作；还涉及避孕节育、妇产科疾患、不孕不育、男性科疾患、夫妻性生活指导等性保健知识的教育。

至 20 世纪末，由于生态环境恶化与生活方式不当，以及生理、心理、病理和文化观念方面的原因，男性生殖器官发育异常、生殖细胞变异等现象变得日趋突出与严重。例如，据统计：由于生理、心理、病理和文化观念方面的原因，全球共有 1 亿多男性被性功能障碍（ED）所困扰，包括由此产生的个体生育能力下降，已直接影响家庭和睦和社会稳定。

现代健康观念突破了千百年来人们对健康认识的局限，使人的自然属性和社会属性得到统一，越来越多的研究证明，人的健康和疾病不但受到生物因素影响，而且越来越多地受到社会、心理和社会适应因素的制约。

（三）健康的标准

根据上述 WHO 对健康所下的定义，下面列出 WHO 1989 年为健康所制定的标准，以及世界权威学者制定的健康心理的标准。

1. WHO 的健康标准

WHO 的健康标准（1989 年）如表 1-2 所示。

表 1-2

类 型	健康的主要表现
心理健康与社会适应	有足够充沛的精力，能从容不迫地应付日常工作和生活的压力而不会感到过分紧张
	处事乐观，态度积极，乐于承担责任，事无巨细而不挑剔
	善于休息，睡眠良好
	反应能力强，能适应环境的各种变化
躯体健康	能够抵抗一般性感冒和传染病
	体重得当，身体匀称，站立时头、肩、臀位置协调
	眼睛明亮，反应敏锐，眼睑不易发炎
	牙齿清洁，无龋齿，无痛感，齿龈颜色正常，无出血现象
	头发有光泽，无头屑
	肌肉、皮肤富有弹性，走路感觉轻松

2. 心理健康的标准

随着世界性精神疾病发病率不断上升，为了教育和引导公众主动关注心理健康，美国心理学家马斯洛和米特尔曼提出了10条心理健康的评价标准。

(1) 有足够的安全感。
(2) 能充分地了解自己,并能对自己的能力做出适度的评价。
(3) 生活理想切合实际。
(4) 不脱离周围现实环境。
(5) 能保持人格的完整与和谐。
(6) 善于从经验中学习。
(7) 能保持良好的人际关系。
(8) 能适度地发泄和控制情绪。
(9) 在符合集体要求的前提下,能有限度地发挥个性。
(10) 在不违背社会规范的前提下,能恰当地满足个人需求。

(四) 健康观的发展趋势

从现代社会发展总的趋势来看,人类面临由自身生活、消费方式引起的健康问题。人类为了自身的幸福和长寿,更加追求健康,身心健康将成为人们生活价值观中的首要追求目标。调查表明,人们在追求生活目标的选择中,健康总是被列在首位,体育锻炼将成为人类生活的重要内容。人们对健康的观念已出现以下发展趋势。

1. 健康第一

随着科学技术的迅速发展和边缘学科的出现,人类对健康的认识日益深入,对健康的要求日益提高。人们将更加注重身体的锻炼、保健及越来越认识到体育锻炼对心脑血管系统功能的重要性。无论是青年还是老年,将更多地进行步行、跑步和水上运动等体育锻炼。中国的太极拳,被认为是增强心血管功能的较好方式。女性更加注重减肥和健美的锻炼,但不再像20世纪那样单纯追求苗条,而是更加注重保持健康状态和强壮的身体。体育健身器材和保健用品已逐步进入千家万户。

科学饮食、营养平衡,营养过剩正日益引起人们的重视,健康食品和天然食品备受青睐。吸烟、酗酒等不良嗜好的增长趋势有所下降。

2. 注重物质生活和精神生活的平衡

人们努力寻求一种物质生活和精神生活更加和谐平衡的生活方式。在快节奏、多变化、竞争空前激烈的现代社会,追求物质生活以及保持心理平衡和健康,已成为现代人提高生活质量的重要课题。

 知识链接

亚 健 康

亚健康(也称第三健康状态、灰色健康、亚临床期等)是一种自感不爽、检查无病、介于疾病与健康之间的一种身心状态。亚健康是国际医学界在20世纪80年代提出的医学新思想,是医学的一大进步。据世界卫生组织一项全球性的调查,全世界真正健康的人仅占5%,诊断有病的人也只占20%,而75%的人处于亚健康状态。其症状有食欲不振、疲乏无力、失眠多梦、烦躁、健忘、胸闷、头晕、头疼、感觉迟钝、注意力不集中等。亚健康是一个动态的状态,它不会停留在原有的状态中。或者向疾病状态转化,这是自发的;或者向健康状态转化,这是需要自觉的,就是需要付出代价和努力的。健身运动、消遣娱乐恰恰是治疗亚健康状态的一种最积极、最有效、最廉价的手段。

二、健康的影响因素

人类健康受各种因素的影响（见图1-1），主要有生物学因素和非生物学因素两大类。生物学因素是指细菌、寄生虫等病原微生物或基因遗传因素。非生物学因素是指环境、行为和生活方式、营养、体育运动和卫生服务等。

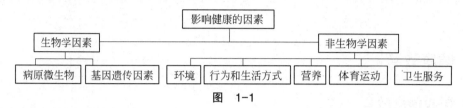

图 1-1

（一）遗传和心理因素

1. 遗传因素

后代形成和亲代相似的多种特征称为遗传特征。遗传不仅使后代在形态、体质以至性格、智力、功能等方面和亲代相似，而且还把亲代的许多隐性或显性的疾病传给了后代。某些遗传病不仅影响个体终身，而且是重大的社会问题。

2. 心理因素

消极的心理因素能引起许多疾病，如心血管病、高血压、肿瘤等。积极的心理状态是保持和增进健康的必要条件，是人们适应环境的良好表现。

（二）环境因素

1. 自然环境

大自然在为人类提供各种营养物质的同时，也在传播着对人体健康有害的物质，如广泛存在的有害微生物（细菌、病毒）、空气中的污染物、溶于水中的有害物质等。另外，气候的突然变化（如酷暑、严寒、气压异常、空气湿度异常等）也会影响人体健康。

2. 社会环境

社会是人类生存和发展的最基本、最重要的环境。人们一方面享受着社会生产的成果（例如科技的进步、工业的发展，使人们有了丰富的物质文明）；另一方面社会生产的发展（例如现代工业的发展同时带来了废水、废气、废渣、噪声等）也会对人体健康造成危害。

（三）生活方式因素

生活方式是指人们长期受一定的民族文化、社会经济、风俗，特别是家庭影响而形成的一系列的生活习惯。不良的行为和生活方式是影响人类健康的主要原因。

（四）卫生保健设施因素

保健是包括对疾病患者进行治疗在内的康复训练、普查疾病、促进健康、预防疾病、预防伤残及健康教育等一系列活动的总和。健全的社会保健制度是维护和促进健康的重要保障。社会保健制度涉及多个方面，而其中最重要的是建立和健全初级卫生保健制度。初级卫生保健是最基本的卫生保健制度，它的特点是能针对本区域人群中存在的主要卫生问题，相应地提供增进健康、预防疾病、治疗伤病及促进身心健康等方面的卫生服务。

（五）体育锻炼因素

人体在适宜的运动过程中将产生一系列适应性的良性变化，从而达到健身防病的目的。然而，运动量过大，则可能导致伤害；运动量过小，又达不到刺激体内各组织器官，从而提高生理功能的目的。因此，要想获得体育锻炼的健身效果，必须注意其科学性。

三、健康教育

（一）学校健康教育

健康教育作为一种有计划、有目的、有评价的教育活动，按WHO健康教育处前处长米慕沃勒菲博士提出的观点：健康教育可以帮助并鼓励人们有达到健康状态的愿望，知道怎样做能达到这样的目的，促进每个人努力做好本身应做的一切，并知道在必要时如何寻求适当的帮助。

1. 树立现代健康意识

即便你处在生长发育时期，机体代谢能力较强，对轻微的身体异常尚不易觉察，但也要树立"防患于未然"的健康意识。

即便你目前的身体无病，或体格强壮，但仍要树立培养良好的心理素质、适应环境与社会变化的健康意识。

即便你认为自己的身心很健康，但还要树立养成良好生活方式，使个体行为与社会规范相一致的健康意识。

2. 掌握一般卫生知识

根据生命活动的基本特征，通过对人体器官、身体形态、机能及性发育特点的了解，掌握青少年生长发育与青春期发育的生理卫生知识。

根据心理活动的基本规律，通过对心理过程、个性和心理状态的了解，掌握青少年生长发育与青春期发育的心理卫生知识。

根据维持生命与健康、保证生长发育和从事各种活动的基本需要，通过对营养要素、膳食结构和饮食习惯的了解，掌握青少年生长发育与青春期发育的饮食卫生知识。

学校健康教育是一个统揽影响学生观念、行为习惯形成和健康状况诸因素在内的综合性概念，其实施范围不仅是学校健康教学，还包括学校健康政策、学校健康环境、学校健康服务和学校社会关系等多个方面。学校健康教育的目的是使学生获得完整的健康观念，建立促进健康行为，享有健康并为终生享有健康奠定基础。

追求学校健康教育的有效性是全世界的共同行动。WHO于1992年开始推行"健康促进学校"项目，动员学生家庭、社会的广泛参与和学校共同做出努力，为学生提供完整的经验和结构，以争取最大限度地维护和促进学生的健康。

（二）健康促进

1986年11月21日WHO在加拿大的渥太华召开的第一届国际健康促进大会上首先

提出了"健康促进"这一词语，是指运用行政的或组织的手段，广泛协调社会各相关部门及社区、家庭和个人，使其履行各自对健康的责任，共同维护和促进健康的一种社会行为和社会战略。

按 WHO 的观点，健康促进是"促进人们提高和控制自己健康的过程"，它应肩负"协调人类与环境之间的战略，规定个人与社会各自对健康所负的责任"的使命。表明"健康促进"更强调改变个人的行为，且注重它与环境保护、社会支持、群团合作之间相互协调所起的社会作用，代表了预防和防护的最高形式。具有比健康教育更广泛、积极的含义。但如何判断行为对健康所起的促进或是危害作用呢？具体可参照以下标准。

1. 促进健康的行为

促进健康的行为是指个体或群体表现出的、在客观上有利于自身和他人健康的行为。

（1）能注意合理调配营养、保证适量睡眠、从事经常性的体育锻炼。

（2）能定期进行体检、预防接种、合理应用医疗保健服务，避免有害环境对健康的危害。

（3）能做到戒除不良嗜好，不吸烟、酗酒及滥用违禁药品。

（4）能事先对潜在危险有防范意识，处事遵守公众有关的安全规定。

（5）能在发现身体有异常情况时主动就医，配合医生治疗与安排护理。

2. 危害健康的行为

危害健康的行为是指个体或群体背离个人、他人或社会愿望所表现的行为。

（1）包括吸烟、酗酒、吸毒及饮食无度与性生活紊乱等不良行为。

（2）包括交友不慎、参与殴斗、赌博与其他潜伏犯罪因素的不良行为，以及不符合社会规范的生活方式。

（三）如何维护健康

世界卫生组织曾宣布：个人的健康与寿命 60% 取决于自己，15% 取决于遗传，10% 取决于社会因素，8% 取决于医疗条件，7% 取决于气候影响。

1. 养成良好的生活规律

医学实验证明，人的一切生理活动都有一个固定的规律，就像一座生物钟有节奏地运行，有规律地控制生理活动和功能周期。如果我们的生活作息规律与体内生物钟的节律相吻合，健康自然就能得到保障。

2. 纠正不良行为习惯

每个人都有自己的行为习惯，或叫生活方式，包括饮食起居、生活习俗和各种嗜好等，其中对健康影响最大的因素就是不良的饮食习惯和嗜好成瘾。

（1）饮食习惯讲卫生：为了保证营养物质的摄入卫生，有利于消化和保护肠胃活动的正常生理功能，不能随心所欲、按兴趣进食，如吃零食和洋快餐过多、用含糖饮料代替白开水、挑食或偏食、经常不吃早餐、盲目节食减肥等。

（2）避免酗酒成瘾：饮酒作为民间习俗、社交礼仪、节庆祭奠中的一项世界相通的文化，有着极其悠久的历史传统。但是嗜酒成瘾的恶习，会使学习注意力分散，生活意志力消沉，或导致寻衅滋事、打架斗殴，甚至造成严重后果，应注意避免。

（3）戒除吸烟嗜好：烟草中含有 4000 多种有毒物质，主要成分为尼古丁、硫氰化合物、烟焦油、一氧化碳等。由吸烟挥发的钋-210放射性核素，不但有损视觉神经，影响肺部代谢，引起基因突变与诱发癌症，而且会削弱人的免疫力，潜藏患白细胞减少症和再生障碍性贫血等危险。

（4）杜绝"网络沉迷"：上网会产生"网络双重人格"，即一个人在网络中的表现及其在现实生活中的表现有很大的反差，甚至判若两人。网络的一大特点就是匿名性，甚至连性别都无从知晓，可以避免面对面交流中出现的顾虑和尴尬，但同时也带来责任感的缺失。久而久之，一些人在网络中"塑造"了一个虚拟的自己，从而满足了这些人猎奇或实现"理想"的愿望，甚至有人为了填补内心的空虚而骗取他人的感情、财物，走上了犯罪的道路。"网络双重人格"不利于个体的健康发展，尤其是青少年，这种人格的裂变将直接导致心理偏差，如社交恐惧、否定和逃避现实等。同时它也给社会带来了一些不稳定因素，如网恋问题、网络信用危机问题等，都是受害人丧失了自我防御意识而陷入虚拟的花言巧语中出现的问题。

（5）远离毒品：早在1987年，联合国即向全世界提出"爱惜生命、远离毒品"的忠告，现已确定每年6月26日为国际禁毒日。青少年大多好奇心强烈，往往为了一时的精神快感而染上毒品，成瘾后则难以摆脱对毒品的依赖。

3. 注意合理的膳食营养

人体的生命活动，每天都在大量消耗能量，需要不断从膳食中补充营养。但必须规范自己的饮食习惯，使摄入的营养物质有利于健康，保证营养素的平衡。

 知识链接

终 身 体 育

终身体育是指一个人终身进行体育锻炼和接受体育的指导。终身体育是依据人体发展变化的规律、身体锻炼的作用，以及现代社会发展对人的要求，伴随着终身教育的发展而发展起来的。人体的活动规律表明要保持健康的状态就必须坚持体育锻炼，并要持之以恒，否则就不能产生持续锻炼的效果。人们的生活水平和文化素质的提高，要求体育锻炼成为人们日常生活的组成部分。体育运动越来越成为不可缺少的内容。人们闲暇时间的增多使人们的生活方式发生了很大的变化，利用闲暇参加体育锻炼，开展各种有益于健康的运动作为现代生活的重要内容，用以防止各种现代"文明病"，终身体育将成为现代人的追求。

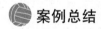 案例总结

"新起点"健康生活方式

作为一种健康的生活方式，NEWSTART（新起点）目前在美国十分流行。NEWSTART是健康八大基本要素第一个字母的缩略词，基本概念如下。

N：nutrition（营养）。在美国，超过半数人的慢性病和过早死亡是由于饮食不当或饮食过量造成的，目前主张要吃以植物为基础的、各种未经加工精制的食物。特别强调的是控制食盐摄入量。每天每人食盐生理需要量仅为1克左右。研究表明，食入盐过量与高血压等慢性病的发病密切相关。

E：exercise（体育运动）。一个人每天散步1小时或慢跑半小时，每星期坚持5次，半年后，其心血管功能就增强50%。

W：water（水）。身体需要有足够的水分来进行新陈代谢。每天要喝6～8杯清水。清晨起床要喝两杯，两顿饭之间再喝6杯清水。不主张饮用高糖、咖啡或酒精类饮料。

S：sunlight（阳光）。适量的阳光照射能增强人的体质和抵御传染病的能力，促进体内维生素D_3的合成，维持正常钙磷代谢和骨骼的生长发育。特别是对于婴幼儿和孕妇来说，阳光照射更是必需的。每天在接受充足阳光的照射时，注意对皮肤和眼睛的防护。

T：temperance（节制）。酗酒者的平均寿命比正常人少12年。还有大量酗酒者在长期饮酒后精神异常等。为此要自我节制，平衡生活，避免接触损害健康因子，如烟、酒、毒品等。

A：air（空气）。多吸入新鲜空气对健康非常重要。尽可能保持室内及工作环境的空气清洁，倡导无烟草的生活方式。吸烟者在自己体内制造了一颗定时炸弹，它的爆炸可能会引起疾病，甚至导致死亡。主动或被动吸烟均与各种疾病密切有关。避免吸入工厂排出的有害气体和机动车辆排出的废气。

R：rest（休息）。疲劳会降低人对感冒和其他几百种疾病的抵抗力，并会增加焦虑和烦恼。在人感到疲劳之前就要休息。在忧虑、紧张和情绪不安时，唯一解决的办法就是放松、放松、再放松。减少压力要有充分休息时间。充足睡眠是身体健康的保证。除此之外，适当参加社交活动，听音乐、看电影、电视、看小说等也是积极的休息。

T：trust（信念）。信念是开启健康生活大门的钥匙。每个人要对自己有充分的了解，客观地评价自己的能力，恰当地认同他人，与人为善。加强生活方式概念的灌输，提高认识，增强信心，是健康促进的一个组成部分。

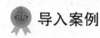

1. 简述健康的定义及健康的生活方式。
2. 影响健康的主要因素有哪些？体育锻炼对健康的影响有哪些？

专题1.3 体育运动对于健康的益处

导入案例

毛泽东酷爱游泳

毛泽东酷爱游泳，几乎是有水必下，逢河必游。但是，毛泽东却一次也没有游过黄河。1948年3月，中共中央机关离开陕北、东渡黄河时，毛泽东曾萌发了游黄河的念头。那时正值凌汛时期，奔腾的黄河水，夹杂着磨盘大小的冰块，汹涌咆哮着、冲撞着，发出阵阵轰轰巨响。河岸边站满了欢送的群众。毛泽东坐在船上，望着渐渐远离的河岸和欢送的群众，百感交集，心潮澎湃。突然，他转身问身边的工作人员："你们谁敢游黄河？"

警卫人员都热烈地议论起来。卫士孙勇说："我在枯水季节游过黄河，还可以试一试！"毛泽东马上说："那好呀！来，我们两个不用坐船，游过去吧！"这一下子大家都惊呆了。经过片刻尴尬的沉默，有人才小声嘀咕："今天可不行呀，现在正是凌汛期……"

孙勇也接话说:"是呀,今天河里有大冰块,不能游了。"毛泽东大笑:"哈哈,不能游了?你们是不敢游啊!"他凝望着混浊的黄河水,陷入了沉思,叹道:"你们可以藐视一切,但是不能藐视黄河。藐视黄河,就是藐视我们这个民族……"离开黄河时,毛泽东叹气说:"唉,遗憾。"新中国成立后,毛泽东几乎游遍了全国的江河湖海。不管走到哪里,只要有水他就要游,而且总是带着挑战的神情下水,带着征服者的骄傲。他多次到过黄河,还专程视察过黄河,却一次也没有游过黄河,给世人留下一个谜。

不能在黄河游泳,毛泽东仍想进行一次黄河探源,这样既能进行社会、地理调查,又是很好的体育锻炼。他生前多次说了这个想法。到1964年,毛泽东已经71岁高龄,他决心把这一想法付诸实施。他在北戴河练习了一段时间骑马,还做了探源旅行的其他准备。可是不久,国际国内形势都出现了巨大的变化,毛泽东不得不放弃了这一打算。

毛泽东不但自己注重身体锻炼,还十分关心警卫们的体育锻炼。1954年6月,毛泽东对卫士长李银桥说:"你们这些人,一天到晚除了工作就是睡觉,不行呢!""还要加强体育锻炼才行!"当得知没有体育器材时,毛泽东即告诉他们"可以跑步、做俯卧撑、做仰卧起坐""还可以跳远、打球"。毛泽东拿出自己的稿费为卫士们添置了单杠、双杠、哑铃、拉力器、乒乓球台等体育器材,极大地丰富了卫士们的体育生活。

体育锻炼是增进健康、增强体质最有效的方法,并且能够起到防治疾病、调节情绪、锻炼意志,提高人们的心理健康水平的作用,还能促进正确姿势、姿态的形成,改善肤色、矫正畸形、塑造健美挺拔的体态。因此,坚持体育锻炼能达到"健身、健心、健美"的效果。

一、适量体育运动可使人体健康发展

(一)促进人体健康发展

人类在其体质发展的过程中既受制于先天条件,又不可忽视环境、体育锻炼等后天因素的影响。

骨骼的构造随其功能完善而有所变异,骨骼的生长决定了身高。通过体育锻炼促进骨骼的健康生长发育,这是体育锻炼的重要作用。骨骼的生长发育需要不断地吸收营养物质,体育锻炼能促进血液循环和增加对骨骼的血液供应,同时,体育锻炼中的各种动作,也具有促进骨骼生长的良好刺激作用。

体育锻炼时,为了保证物质能量供给,肌肉内毛细血管的开放数量可达平时的5~30倍,长期锻炼可使肌肉的毛细血管腔加大,流量增加,肌肉纤维不断变粗,肌肉的重量可由一般占体重的35%~40%增加到占体重的一半左右,这样体重得到增加,身体显得丰满而结实。

(二)可使人体功能得到充分发展

体育锻炼对维持和增强人体活动具有重要意义,人长期从事体育锻炼,能增强体质并具有延年益寿的功效。国外科学家做过一种试验,让健康青年连续躺在床上9天,发现他们的心脏循环系统和呼吸系统及新陈代谢的工作能力平均下降21%,心脏容积缩小10%。

二、适量体育锻炼可促进人的心理健康发展

（一）培养良好的意志品质

体育锻炼无论是有组织地或个人单独地进行，对培养和锻炼良好的意志品质都有着积极的作用。坚持经常锻炼，需要具有自觉性和自制力。长期从事体育锻炼的人都有体会，如果没有克服困难的毅力和持之以恒的精神，是不可能坚持长久的。在体育锻炼中，需要完成一定的身体练习和承受一定的运动负荷，如果没有自觉性和坚持性及果断性，是不可能做到的。

（二）调节人的情绪

从事体育锻炼，可以调剂情绪，并在中枢神经系统支配下，对有机体内部的各个方面的关系进行相应的调整和平衡，这对情绪和精神也会有良好的作用，尤其对爱好体育的人，这种作用更为显著。

三、适量体育运动可提高人适应社会的能力

（一）提高人体适应环境的能力

有体育锻炼基础的人对外界环境适应能力强的基本原因有两点：一是长期进行体育锻炼，增进了健康，强壮了体格，身体的各个组织系统在中枢神经支配下，承受外界刺激和协调各组织系统的能力得到增强；二是从事体育锻炼，往往是在各种外界环境和条件下进行的，因而使机体得到锻炼，适应能力不断提高。

（二）促进社会交往和增进友谊

体育锻炼是一种社会活动，人们在体育运动过程中，不仅能够锻炼身体，而且可以促进社会交往和增进友谊。

通过以上体育锻炼对健康的影响分析和健康教育对增进健康的叙述，我们可以清楚地认识到，通过实施体育教育和健康教育都可产生良好的健康促进作用。

四、过度运动对健康的影响

过度运动包含两方面的含义：一是运动负荷超过人体的承受能力，机体在精神、能量等方面过度消耗，无法在正常时间内恢复体力；二是指当身体的某些机能发生改变时，因恢复手段无效、营养不良、情绪突变、思想波动等，正常的负荷变成超量负荷，从而使主动运动变成被动运动的应激刺激。过度运动往往会导致运动能力减退，出现某些不正常的生理状态及心理症状等现象。过度运动可引起心肌毛细血管的持续性损伤，心肌细胞发生缺氧性损害，心肌收缩性能和舒张性能也会产生较为严重的损伤；可造成骨骼肌收缩机能下降，肌肉细胞内钙离子平衡紊乱，从而引发关节慢性劳损、肌腱损伤、疲劳性骨折；还会使人体内各器官供血供氧失去平衡，导致大脑早衰，扰乱内分泌系统，使免疫机制受损，加速身体各器官的衰老。

五、运动缺乏对健康的影响

运动缺乏包括久坐、机体缺乏运动应激刺激、不运动或很少运动。如果每周运动不足3次,每次运动时间不足10分钟,运动强度偏低,运动时心率低于110次/分钟,则为运动缺乏。运动缺乏将对人体健康产生不利的影响。长期缺乏运动,人的新陈代谢机能就会降低,由此很容易引起各种肌肉、关节的疾病,如肩周炎、骨质疏松症等,同时也会导致心肺机能下降等不良身体反应。久坐不动还是痔疮、坐骨神经痛、盆腔瘀血等病症的祸根。运动缺乏可使人体的抵抗力下降,极易患疾病。运动缺乏是Ⅱ型糖尿病发病的独立危险因素。运动缺乏可加速衰老,增加老年人的死亡率,并且使心肌损伤、中风、糖尿病及心绞痛的发病率明显上升。

案例总结

普京爱体育　见一项爱一项　"摔打滚爬"样样行

俄罗斯总统弗拉基米尔·普京喜爱运动是出了名的。他从11岁就开始学习桑勃式摔跤,后来又对柔道产生了浓厚的兴趣。大学时代,普京曾荣获桑勃式摔跤冠军。1973年,他从一名学徒成为桑勃式摔跤教练,两年后成为柔道教练。1974年,普京又成为彼得格勒的柔道冠军,并入选运动健将候选人之列。为表彰普京在培养桑勃式摔跤运动员上所做的特殊贡献,苏联有关部门曾授予他"功勋教练"的称号。

除了摔跤和柔道,普京对山地滑雪、游泳和骑马同样钟爱有加。虽然现在担任总统要职,事务繁多,但普京还是坚持体育锻炼。每天早上起床后,他都要做30分钟的体操,然后游泳20分钟。

说起骑马,还有一个小故事。当初,俄罗斯联邦巴什科尔托共和国总统送给普京一匹枣红色小马驹,普京从此爱上了骑马。如今他不但能表演跨越障碍,还能表演盛装舞步。

探索与思考

1. 简述体育运动对健康的影响。
2. 如何正确地进行体育运动?

模块二　合理营养与专项营养补给

模块导读

根据现代营养学的研究,人体所需的各种营养素分为七类,即蛋白质、脂类、糖类、维生素、矿物质、膳食纤维和水。对这些营养素不仅有量的需求,而且各营养素之间还应有合适的配比。

合理营养可维持人体的正常生理功能,促进健康和生长发育,提高机体的劳动能力、抵抗力和免疫力,有利于某些疾病的预防和治疗。缺乏合理营养将产生障碍以致发生营养缺乏病或营养过剩性疾病(肥胖症和动脉粥样硬化等)。

在日常生活中,营养摄取尤其是摄取的量和度是人们所关注的问题,对于体育锻炼者,在运动前、运动中、运动后的营养补给的物质及补给的方法也十分重要。只有做到"运动、营养、休息"三者之间的动态平衡,才能修复运动时产生的组织损伤,更能减少热量变成脂肪储存,增加运动效果。

通过本模块的学习,能使嘘声树立正确的营养观念,形成注重培养合理营养搭配和膳食结构的意识;培养良好的饮食习惯,形成多样化营养摄取来源和能量补充方式;能够有意识制定合理食谱,针对不同运动方式制定相应的营养补充结构和形式。

能力目标

1. 了解人体必需的营养素。
2. 了解膳食营养素摄入量平衡原则。
3. 了解各类专项运动营养补给特点。
4. 掌握各类专项运动营养补给的方法。
5. 掌握运动前、运动中、运动后营养补给的方法。

专题 2.1　体育锻炼与合理营养

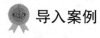
导入案例

小王同学的饮食问题

小王同学是一位身体较肥胖的男同学。由于相对优越的家庭条件,他在对食品的消费几乎没有任何顾及。他喜欢油炸食品、甜食、汉堡以及高糖饮品,并且在正餐之外经常加餐,并尤为喜欢吃夜宵。他的零食量与他的正常饭量相差无几。正餐中他很少选择素菜,早餐、午餐与晚餐每一餐都必须有肉与主食。他还常因心情、压力等因素而暴饮暴食。由于对食物的强烈渴望,他对饮食卫生的问题很少关注。虽然体型比较肥胖,但他还是比较喜欢运动。在运动过后,他会有体力透支的感觉,因此他经常马上进食,并且食量比平常大很多。

分析如下。

(1) 从饮食结构方面讲，他的正餐饮食结构过于单一，其特点是以高热量、高脂肪为主。这样很容易引起热量过剩却营养不良，严重者可患肥胖症以及一系列并发症，如糖尿病、脂肪肝等。瑞典科学家研究表明，过多使用高脂肪食物可能阻碍脑细胞再生，从而影响记忆力和思维的发展。

该同学的零食几乎都是垃圾食品。虽然在我们日常所接触的食物中，没有哪一种可以称得上是蛋白质、脂肪、碳水化合物、维生素、矿物元素及膳食纤维素的含量齐全、搭配合理，但无论高热量还是低热量的食物，单一、大量地食用都对人体有害。可是多数人都偏爱那些高热量、高脂肪、高糖的食品，比如汉堡、薯条、炸鸡翅、烤肠等，很少有人爱吃淡而无味的低脂食品。对此，中国疾控中心营养与食品安全所食物营养评价室主任杨月欣教授说，"三高"食物通常口味较重，对人的味觉产生刺激，而人的味觉一旦接受了这种美味的刺激后就会上瘾，很难再拒绝食欲的诱惑。另外，据杨昭徐教授说，"垃圾食品"使人上瘾是因为某些油炸或加工食品中含有很多香料、色素、调味剂、膨化剂等人工添加剂，这些化学制剂使食物在颜色、味道、外观上对人产生巨大的诱惑，令人难以抗拒。还有些不法商贩在食物中加入使人上瘾的药物，这些药物会影响人体的中枢神经系统，使人产生依赖，以此让消费者对这些食物难以割舍。

这类多油脂的食物增加了不易消化的因素，往往要在胃肠道里待很长时间，是造成便秘的主要因素，并促使血液超量流入并滞留胃肠道，促使体液酸性化，严重破坏生命资源健康配置原则，带来肥胖、糖尿病、高血压、高血脂、心脏病等富贵病。

(2) 从饮食习惯来讲，他的吃饭时间不固定，多食多餐并暴饮暴食更加剧了他的肥胖。不规律的饮食可能引起慢性胃病。慢性胃病发作会极大影响到学习与工作。爱科华大学的安徒生博士和他的同事对380个饮食不规律的人进行了研究，其中46%是男性，研究结果发现，饮食不规律的男人的骨钙密度要远低于饮食规律的男人的骨钙密度，因此饮食不规律的人，更容易出现骨质损伤的情况。研究人员指出，一般骨质疏松的男人是饮食不规律惹的祸，这种骨质损伤的情况并不是普通的饮食不规律的并发症，实际上问题还相当地严重。安徒生博士说，根据估计，大约有1/6的男人有饮食不规律的不良习惯，很遗憾的是，很多男人，甚至包括许多医生都对饮食不规律的严重后果缺乏足够的认识。他们总认为这种情况只会发生在女人身上，而忽略了他们同样也是受害者。治疗由饮食不规律引起的骨质疏松症并没有固定的最佳疗法，但是却可以采用一些手段来帮助恢复骨钙的密度。

该同学剧烈运动后立即进食对身体的危害也是很大的。剧烈运动时，由于血液多集中肢体肌肉和呼吸系统等处，而消化器官血液相对要少。消化吸收能力差，运动后需要经过一段时间调整，消化吸收功能才能逐渐恢复。所以剧烈运动后，如果马上吃饭就会感到吃不香，且对食物中营养的吸收也差。

(3) 从饮食卫生来讲，该同学对饮食卫生完全不在乎。其实，"病从口入"的道理大家都知道，只是人们对饮食卫生不够重视。饮食卫生习惯包括饭前洗手、正确使用餐具、进餐时不说笑、玩耍、吃东西要细嚼慢咽、不偏食、不吃零食和不拒食等。因此我们应更加注重饮食卫生问题。

一、体育锻炼的基本原则

体育锻炼是为实现一定目的的身体活动,要求参加者必须遵循人体发展的规律,才能达到理想的锻炼效果。体育锻炼原则是人们参加体育锻炼所必须遵守的准则,它包括以下原则。

(一)目的性原则

目的性原则是指体育锻炼者有目的、有计划地进行体育锻炼。参加者正确确定体育锻炼的目的,一是可以对体育运动的形式、内容、方法的选择和运动负荷的安排起指导作用;二是可以充分调动人们参加体育锻炼的积极性。因此,参加者首先要明确体育锻炼的目的是强身的需要、保健的需要、娱乐的需要以及健美的需要,根据自身不同的需要确定其锻炼的内容、方法等。

(二)自觉性原则

自觉性原则是指体育锻炼者明确锻炼目的,充分认识锻炼价值,自觉主动地进行体育锻炼。参加者只有明确了体育锻炼目的,主观上充分认识到体育锻炼的价值和意义,才能形成体育锻炼的强烈欲望,才能自觉主动地、全身心地投入体育锻炼中去,取得良好的锻炼效果。

(三)全面性原则

全面性原则是指体育锻炼应该全面发展身体的各个部位和各个器官的机能,提高身体素质,从而达到全面而和谐的发展。人体是一个有机统一的整体,人体各部位、各器官系统的机能都是互相联系和互相影响的,人体在体育活动中所表现出来的力量、速度、耐力、柔韧和灵敏等素质是通过肌肉活动表现出来的,但同时也反映着神经系统和运动器官的协调、运动器官和内脏器官的配合协调。因此体育锻炼者必须采用多种运动形式、内容、方法和手段,并且要全面、科学、合理地搭配锻炼的内容,内外结合,既要考虑身体形态的发展,又要考虑体内组织器官和系统的反应,同时要注意心理素质的培养,以达到全面锻炼身体的目的。

(四)循序渐进性原则

循序渐进性原则是指体育锻炼时必须根据身体素质发展的规律和超量恢复原理,结合个人实际情况,科学安排锻炼内容、方法、项目及运动负荷,使人体不断适应的同时,使肌体功能不断得到改善和提高。在体育锻炼过程中,运动负荷的大小直接影响人体机能的变化,负荷是否适宜,对锻炼效果的好差起着很大的作用。运动负荷的大小因人、因时而异。因此,进行体育锻炼时应循序渐进,随时调整运动负荷,逐步提高锻炼水平。

(五)经常性原则

经常性原则是指体育锻炼必须经常性进行,使之成为日常生活中的重要内容。体育锻炼对机体给予刺激,每次刺激都产生一定的作用痕迹,连续不断地刺激作用则产生痕迹的积累。这种积累使机体结构和机能产生新的适应,体质就会不断增强,动作技能形成的条件反射也会不断得到强化。因此,体育锻炼贵在坚持,形成良好的习惯,使自身锻炼成为日常生活中的一个组成部分，这样才能达到良好的锻炼效果。

二、锻炼身体的方法

锻炼身体的方法是体育锻炼者根据自身条件、锻炼目的和任务、锻炼的内容，科学地选择锻炼的方法。

（一）采用的锻炼方法分类

（1）负重练习法。负重练习法即载负重量进行锻炼，它要求锻炼者按一定的次数、质量、标准和动作频率去锻炼身体，增强体质，如使用杠铃、沙袋等锻炼身体和增强力量素质。

（2）重复练习法。重复练习法是按预定内容反复进行某一锻炼的方法。如重复进行60米加速跑4~6次，每次跑后间歇1~2分钟，且每次跑的距离和速度不变。主要用于发展下肢力量和速度素质。

（3）循环练习法。循环练习法是指把练习项目分成若干个部分进行循环练习，锻炼者分成若干小组按质按量完成练习。循环练习对于学生提高身体素质和运动能力有较显著的效果。

（4）变换练习法。变换练习法是指在不断变换练习条件的情况下采用不同的动作要素、不同运动负荷、不同间歇、不同外界环境、不同的器材质量等，来有效地调节运动负荷，使肌体产生适应性变化，并可激发锻炼者的兴趣和提高锻炼的积极性，达到增强肌体能力，提高锻炼效果的目的。

（5）综合练习法。综合练习法是在进行身体锻炼的过程中，为促进身体各部位的全面发展而把对身体各个部位有不同作用的几个或更多的运动项目搭配起来，形成一个可影响身体数个部位乃至全身所有部位进行运动的方法。例如，跳绳→立卧撑→引体向上→双臂屈伸→多级跳远等综合锻炼法。

（二）提高身体素质的方法

1. 发展力量素质的方法

力量是指肌肉紧张或收缩时所表现出来的一种能力。力量素质是身体素质的基础。发展力量素质应根据目的的不同采取不同的方法。一般情况下，发展绝对力量采用质量大、组数多、次数少的方法；发展速度力量采用中质量、中次数、组数少的方法；发展小肌肉群力量和力量耐力采用重量小、组数少、次数多的方法。

2. 发展耐力素质的方法

耐力素质是有机体长时间工作克服疲劳及疲劳后快速恢复的能力。按运动的外在表现可分为速度耐力、力量耐力、一般耐力，按所影响的器官分为心血管耐力和肌肉耐力等，按能量供应特点分为有氧耐力和无氧耐力等。练习时，应强调意志品质、呼吸深度和呼吸方法。

（1）发展有氧耐力的方法：发展有氧耐力主要是提高心肺功能。运动时间要求在15分钟以上（至少为15分钟）。锻炼时负荷强度应达到所能承受最大强度的80%左右（心率大约在150次/分钟），经常采用持续负荷（包括连续负荷法和交替负荷法两种）方法，如多选用跑步、跳绳、原地跑、球类、自行车、溜冰、划船等锻炼手段进行锻炼。锻炼时应注意逐渐增加运动强度和密度。

(2) 发展无氧耐力的方法：无氧耐力又称专项耐力，是体能类、技能对抗类竞技体育的基础。如最近中国足球协会规定参加全国甲级联赛的队员，必须通过12分钟跑（3100米）和5×25米（34秒）折返跑测验，合格者才能参赛。发展无氧耐力的方法，主要采用尽可能快的动作或用平均速度以间歇练习法来完成专项耐力的任务。一般要在医务人员监督下进行锻炼，心率控制在180次/分钟以上。此外，对运动员常用缺氧训练或高原训练法等手段，以提高身体处于缺氧状态下能长时间对肌肉工作供能的能力。

3. 发展速度素质的方法

速度素质是指人体快速运动的能力。速度可分为反应速度、动作速度、移动速度。各种速度素质练习都应在体力充沛、精力饱满的情况下进行。

(1) 反应速度：对外界刺激反应的快慢。利用信号让锻炼者做出相应反应是常用的方法。

(2) 动作速度：完成某一动作的快慢。减小练习难度法（顺风跑、下坡跑等）、加大难度法（跳高前的负重跳等）和时限法（按一定节拍或跟随别人较快的节奏等，以改变自己的动作节奏或速度），是常用的发展动作速度的方法。

(3) 移动速度：单位时间内位移的距离。发展的方法有最大速度跑、加快动作频率和发展下肢爆发力量。

4. 发展灵敏素质的方法

灵敏是指在多变的运动环境中迅速改变身体位置的能力。发展的方法有在跑跳中迅速、准确、协调地完成各种动作、各种综合练习、各种变换方向的追逐性游戏及球类活动等。

5. 发展柔韧素质的方法

柔韧是指关节活动的幅度，肌肉、肌腱韧带等软组织的伸展能力。一般以采用静力性拉长肌肉和结缔组织的方法发展柔韧素质成效较快。静力性练习要求保持8~10秒，重复8~10次，如压、搬、劈、蹦、体前屈、转体、绕环等动作，并以感到酸、胀、痛为限。控制在5~30次的动力性拉伸练习（踢腿、摆腿、甩腰等），也是发展柔韧素质的方法之一。

发展柔韧素质应将静力与动力、主动与被动练习相结合，坚持细水长流，勿用力过猛。

(三) 简便易行的锻炼方法

(1) 步行锻炼法。步行是体育锻炼中最简便易行的锻炼方法。步行锻炼主要由步行的距离、速度决定其运动强度，锻炼者应根据本人的实际情况进行选择。常言道"百练不如一走""饭后百步走，活到九十九"，这足以见得，步行是古今长寿的妙法之一。

(2) 跑步锻炼法。跑步是一种有关肌肉群反复活动的全身有氧运动，利用跑步可以消耗体内过剩的热量，有助于减少体内的脂肪和控制体重。

(3) 游泳锻炼法。游泳的锻炼价值与跑步非常相似。由于人在水中受到水的阻力和浮力及水温的影响，其游进同样的距离，所需的能量是跑步的4倍之多，但心率却处于较低水平，因此是一种更安全的健身方法。

(4) 跳绳锻炼法。跳绳能提高心血管系统和呼吸系统的功能，提高肌肉长时间工作的能力，同时能使人的速度、灵敏性、协调性等体能得到加强，跳绳锻炼是最好的减肥方法之一。

（5）有氧操锻炼法。有氧操是一种充满活力的锻炼方法，在提高心血管系统和呼吸系统的功能方面有明显作用。通过跳操，可以使体重得到有效控制，健美身材，愉悦身心。

三、人体的主要营养素

人体主要的营养素有蛋白质、脂类、糖类、维生素、矿物质、膳食纤维和水七类，下面分别介绍。

（一）蛋白质

1. 蛋白质在体内的主要作用

蛋白质是生命活动中的第一重要物质，它在人体内的主要生理功能是构成机体组织，促进生长发育构成酶和激素成分，调节酸碱平衡及全身生理机能，增强机体抗病免疫能力，供给热能等。机体一旦缺乏蛋白质，首先影响机体生长发育、肌肉萎缩甚至贫血，并出现抗病力下降、内分泌紊乱、易疲劳、伤口不愈合等现象。

2. 蛋白质来源与日常需要量

日常膳食中的肉、蛋、奶等是动物性蛋白质的主要来源，而豆类是植物性蛋白质的主要来源。米、面等谷类食物含蛋白质较低，只有10%左右，但在我国由于其在人们食物中所占比例较大，也成为植物性蛋白质的重要来源。一般认为动物性及植物性蛋白质在食物中应各占50%。

中国营养学会建议：我国成人蛋白质摄入量为每日每千克体重1.0~1.5克，青少年应当更多一些，可达3.0克左右。参加体育锻炼的人，在各自原基础上应适量增加一些。

（二）脂类

1. 脂类在体内的主要作用

脂类在体内构成细胞膜及一些重要组织，参加代谢，供给热能，保护内脏，保持体温，并有促进脂溶性维生素的吸收等作用。

2. 脂类的来源与需要量

动物性脂类来自各种动物油、奶油、蛋黄等，而植物脂类主要来源于各种植物油。另外，核桃、花生、葵花籽等干果也可为机体提供较丰富的脂类成分。就我国目前的生活水平来看，普通膳食一般即可满足脂类的每天需用量。食物中的糖类，在体内也很容易转变成脂肪供机体利用或储藏起来。

（三）糖类

1. 糖类在体内的主要作用

糖类在体内的首要作用是供给热能，人体所需能量的60%是有糖类供应的。其次还构成组织成分并参与其他物质代谢，对中枢神经系统有特殊营养作用，调节脂类代谢，具有解毒作用和保护肝脏的功能。

机体缺糖使血糖下降，首先影响中枢神经系统大脑的机能，使其兴奋性下降，反应迟钝，四肢无力，动作协调性下降，甚至晕厥，运动不能继续。

2. 糖的来源与日常需求量

糖的来源较为广泛，食物中的米、面。谷物约有80%属于糖类，因此日常膳食供应较充足，也可直接适量摄取糖果及饮用含糖饮料，提高肝糖原、肌糖原含量储备。日常膳食即可满足对糖的需求，不必强调大量补充。

（四）维生素

维生素是维持人体生命和调节正常机能不可缺少的一类营养素。它们在体内的储藏量很少，必须经常从食物中获得。维生素种类很多，按其性质分为脂溶性与水溶性两大类。前者有维生素A、维生素D、维生素E、维生素K四种，后者包括维生素B、维生素C等。各种维生素在体内不构成组织原料，也不提供能量，它们有各自的功用，总的来说是调节物质能量代谢，保证生理机能。

1. 维生素A

维生素A主要功用是维持正常视力，保证眼睛及维持上眼皮组织结构的健全与完整性。如果缺乏维生素A会引起视觉及适应能力下降，甚至患夜盲症。维生素A最好的来源是在各种动物的肝脏和鱼卵、乳品类、蛋黄及胡萝卜、菠菜等黄绿色蔬菜中。

2. 维生素D

维生素D对机体的钙磷代谢和骨骼生长发育极为重要，能促进钙的吸收，促进骨骼钙化及牙齿的正常发育。维生素D缺乏时，钙的吸收受到影响，严重者骨盐溶解而致脱钙。维生素D主要来源是鱼肝油、蛋黄、奶品。皮肤中的7-脱氢胆固醇在阳光紫外线照射下转化成维生素D，一般不至于缺乏。

3. 维生素E

维生素E可增强机体对缺氧的耐受力，减少组织细胞的耗氧量，扩张血管，改善循环，提高心功能，增加肌肉力量与有氧耐力。如果与维生素C结合使用，能缓和及预防动脉硬化。维生素E主要来自动物性食品、小麦胚芽、玉米油，绿叶蔬菜中含量也较丰富。

4. 维生素B

维生素B主要功用是在糖代谢中发挥重要作用，促进肝糖原、肌糖原生成，保护神经系统机能。充足的维生素B可有效地缓解机体疲劳。维生素B广泛存在于谷物杂粮中，也可服用维生素B片剂。

5. 维生素C

维生素C能加强体内氧化还原过程，提高ATP酶活性，使机体得到更多能量来维持运动，提高耐力，减缓疲劳，促进体力恢复，并能促进伤口愈合，促进造血机能，参与解毒过程，增强机体抗病力。维生素C广泛存在于蔬菜和水果中。

（五）矿物质

人体内矿物质（无机盐）种类很多，总量约占体重的5%，是构成机体组织成分、调节生理机能的主要物质。其中较多的有钙、镁、钾、钠、硫、磷等，其他如铁、碘、氟、锌含量很少，称为微量元素。人体在物质代谢过程中，每天都有一定量的矿物质从各种途径排出体外，因此必须从食物中得到补充。矿物质在食物中分布极广，正常膳食一般都能满足机体需要。其中最易缺乏的是钙和铁。

1. 钙和磷

钙在体内的主要作用是构成骨骼与牙齿,维持神经肌肉的正常兴奋性,参与凝血过程等。成人每日需钙0.6克,儿童及孕妇、老年人的需要量较高,大量出汗可使钙的排出量增多,每日需钙量可达1.0~1.5克。含钙较多的食品有虾皮、海带、豆制品、芝麻、山楂、绿叶蔬菜等。由于钙和磷在体内的关系非常密切,两者在血液中必须达到一定的浓度水平才能共同完成其生理机能。所以,在补充钙的同时,还要注意从富含蛋白质的食品中摄入磷。

2. 铁

铁的主要作用是构成血红蛋白,缺铁可影响血红蛋白生成而发生缺铁性贫血,降低血液载氧功能,全身功能低下。成年男性每日需铁12毫克左右,青少年、妇女每日需铁15毫克左右,大量出汗可增加铁的丢失,应给予额外补充。含铁最多的食物有动物肝脏、动物血液,其他如蛋黄、肉类、豆制品、红糖、沙棘果等铁的含量也较丰富。

(六)膳食纤维

1. 膳食纤维在体内的主要作用

膳食纤维是一种不能被人体消化的碳水化合物,分为非水溶性纤维和水溶性纤维两大类。纤维素、半纤维素和木质素是三种常见的非水溶性纤维,存在于植物细胞壁中;而果胶和树胶等属于水溶性纤维,则存在于自然界的非纤维性物质中。

膳食纤维对促进良好的消化和排泄固体废物有着举足轻重的作用。适量地补充纤维素,可使肠道中的食物增大变软,促进肠道蠕动,从而加快了排便速度,防止便秘和降低肠癌的风险。另外,纤维素还可调节血糖,有助于预防糖尿病;又可以减少消化过程对脂肪的吸收,从而降低血液中胆固醇、甘油三酯的水平,防治高血压、心脑血管疾病的作用。

2. 膳食纤维的来源与日常需求量

糙米和胚芽精米,以及玉米、小米、大麦、小麦皮(米糠)和麦粉(黑面包的材料)等杂粮富含膳食纤维。此外,根菜类和海藻类中食物纤维也较多,如牛蒡、胡萝卜、四季豆、红豆、豌豆、薯类和裙带菜等。膳食纤维素日摄入量为每人每天30~40克。

(七)水

水的主要作用是构成机体主要成分,参与所有物质代谢,完成机体的物质运输,调节体温,保证腺体正常分泌。

体内水分必须保持恒定,大量出汗后要合理地补充水分(加适量的盐,以补充电解质)以保证正常的生理机能。

四、平衡膳食的原则与方法

民以食为天,人类健康是建立在合理膳食制度上的。膳食制度是指把全天食物定质、定量、定时地分配给人们食用的一种制度。在一天的不同时间里,人体所需的热量和各种营养素量不完全相同,加之大脑皮层的兴奋抑制过程和胃肠道对物的排空时间与人们的生理需要相适应,并有一定的规律性,故针对人们的生理和工作情况,规定适用于他们生理需要的膳食制度极为重要。

确立了一个合理的膳食制度后，只要到了用餐时间，机体就会表现出主观食欲，预先分泌适用于各餐膳食质量的消化液，保证所给予的食物被充分消化、吸收和利用，对维护人体健康是极其有益的。在确定每个人的膳食制度时，应注意以下几个方面。

（一）饮食有节

要考虑胃肠道的实际消化能力，食物适量，否则会影响食物中的营养素被充分地消化、吸收和利用。

（二）各餐食物分配比例

通常早餐应占全天总热量的25%～30%，早晨刚起床，食欲一般较差，但为了满足上午工作的需要，必须摄入足够的热量；午餐占40%，午餐前后都是工作时间，所以既要补充上午的能量消耗，又要为下午工作做好准备，故占总热量中的比例最高；晚餐占30%～35%，晚餐食物的体积可与午餐相近，但热量可以稍低，因为夜间睡眠时热量消耗不大。

（三）养成良好的饮食习惯

专心致志进餐，细嚼慢咽，不能边看书（或玩手机）边进食；特别注意不宜在进食期间相互争执，这样会严重影响进食情绪及消化液的分泌，也就影响了对食物的消化和吸收。尽量少吃零食，零食过量会影响正餐的摄入量，从而影响身体正常功能的发挥。不要光顾街边小食摊，特别是校门口的临时食摊，由于缺乏卫生条件，食品易受灰尘、废气等带菌空气污染。少喝饮料，现在市场上销售的饮料大都含糖量较高，长期饮用身体会把多余的糖转化为脂肪，引发肥胖。用膳时间应和生活工作制度相配合，有规律地进食，以促进肠胃对食物的消化和吸收。

案例总结

中国居民平衡膳食金字塔

要做到营养摄入平衡，可以参照中国居民平衡膳食金字塔提供的科学标准，在保证摄入食物多样性的基础上，每种食物的摄入量也应保持在适中范围，如图2-1所示。

图 2-1

营养结构要合理：在一日三餐中，常通过主食、副食和适量水果的搭配，来保证营养结构的合理性。根据早餐吃好、中餐吃饱、晚餐吃少的要求，选择体积小、合口味且又富含热量的食品作为早餐，以获取占全天25%～30%的热量；选择富含蛋白质和脂肪的食品作为午餐，以获取约占全天40%的热量；选择少而精的食品作为晚餐，以获取占全天30%～35%的热量。

1. 针对不同人群制定食谱需要注意哪些问题？
2. 中餐和西餐在膳食平衡方面各自的优缺点有哪些？

专题2.2　专项运动与营养补给

导入案例

周琦的鸡蛋灌饼早餐和詹姆斯八年不吃猪肉

2019年男篮世界杯小组赛，中国对阵波兰，最后一刻，只需要一次发球，中国队就能赢。但是关键时刻，周琦发球失误被断球，对方打反击导致最后中国队加时赛输球一时间，周琦被骂得狗血喷头。之后，周琦更是被球迷网友扒出2015年被网友拍到了在街边拿鸡蛋灌饼当早餐的照片。由于鸡蛋灌饼是高热量、高碳水化合物食物，所以大批球迷拿这件事来调侃周琦，质疑他的不职业。与之相对应的是，NBA著名球星勒布朗·詹姆斯十分注重饮食搭配，他的食谱明显更加丰富，选择也更加多样，维生素、蛋白质、热量、水分等营养元素一应俱全。值得一提的是，詹姆斯已经有接近八年的时间不吃猪肉，其中有三年没有吃任何红肉。丰富的食材加上强大的自律，让詹姆斯直到33岁依然能保持十分强悍的爆发力和运动能力。

一、各项运动的营养特点

（一）田径

田径运动分走、跑、跳、投掷。运动营养补给可以分为三个阶段，运动前的准备期，运动中及运动后的恢复期。不同阶段的营养补充要求如下所述。

1. 运动前

胃的排空通常需要2～4小时，所以运动前2小时不要吃正餐。运动中肌肉需要消耗大量的葡萄糖，血液中的葡萄糖在运动中消耗很快，所以需要肌糖原和肝糖原的补充。摄入足够的主食可以帮助储存更多的糖原以备运动时的消耗；摄入适当的优质蛋白质可以帮助运动中肌肉的损伤及时修复。同时，充足的维生素和矿物质等营养元素的摄入可以保证身体处于一个最佳的状态。

2. 运动中

最关键的补充就是水分，但应少量多次，通常每15分钟就需要补充水。运动超过

1.5小时身体就开始动用蛋白质作为能量物质。所以补充糖类可以减缓蛋白质的消耗，而适量蛋白质补充也可以缓解疲劳，同时需要补充B族维生素等，迅速恢复体力，提高运动成绩，同时补充在汗液中大量损失的电解质，防止肌肉抽筋。

3. 运动后

运动后的恢复对于锻炼效果的产生至关重要，在这一时期应注意全面均衡的营养补充，尤其是碳水化合物、蛋白质、维生素和矿物质的补充。此外，提高免疫力和抗氧化的营养物质也应充分补充。

（二）体操、艺术体操、蹦床

体操、艺术体操、蹦床等表现性强的运动，需要对身体姿态有较强的控制能力，视、听、触觉及本体感觉要求准确、灵活；在身体素质方面，对力量、柔韧、灵敏、动作速度和专项耐力要求也较高。体操运动是高强度的无氧运动，运动后会有铁和钙摄入不足的问题，问题严重时还会导致人体贫血、骨质发育不良，低热量的节食也会导致肌肉脂肪大量流失，从而限制运动能力，并引发食物的摄入逐渐减少、饮食紊乱现象的发生。所以，体操运动后，人体应补充低热量、高蛋白质食物，还应适当补充维生素C和维生素B_1、磷、钙等营养素。补充肌酸对从事高强度无氧训练的运动是有益的，因此补充肌酸可以提高体操锻炼者的无氧耐力水平。

（三）游泳

游泳是中等强度的运动，运动时会大量流汗，丢失钠、钾、钙等微量元素。为避免由于矿物质丢失严重而引起的抽筋，游泳后要补充200毫升淡盐水及适量的白开水。

香蕉富含大量水溶性维生素及钾，高饱腹感强，又能润肠通便。游泳后吃一些香蕉不仅能补充流失的钾离子，还能快速缓解饥饿感。由于香蕉热量不算太高，而且能促进肠胃蠕动。因此，运动后吃也不容易长胖，还能帮助清理宿便、减肥。

此外，游泳后还应该吃热量低，维生素、纤维素含量丰富的食物，如用燕麦粉、小麦粉、亚麻籽、核桃、榛子等原料制成的杂粮面包，其相对于普通面包含有更加丰富的矿物质和维生素。

游泳后1小时以内是蛋白合成酶活性最旺盛的时期，此时可以摄入高蛋白食物最有利于肌肉恢复，防止游泳后肌肉酸痛，如牛肉、羊肉等。

（四）球类

我国的球类运动开展较为普遍，受欢迎的球类健身项目有篮球、排球、足球、羽毛球、乒乓球、网球等。这些项目不是周期性项目，没有固定动作而且还存在一定对抗性，因此其强度很不好控制。参加球类项目参与者的力量、速度、耐力、灵敏、柔韧等素质的要求均很高，能量消耗也较大。篮球、排球、足球等项目的能量消耗会大于其他几类。

在饮食上，应该根据运动量的大小，保证充足食物热量的同时应达到摄入量的平衡。食物中要富含蛋白质、糖及维生素A、维生素B、维生素C、维生素E。球的体积越小，对参与者的视力要求越高，食物中维生素A的含量也应该根据实际情况做出调整。

矿物质方面，由于乒乓球和羽毛球对健身者神经调控、注意力要求比较高，因而对磷的要求也较高，可适当摄入多一些含磷高的食物，如瘦肉、蛋、奶、坚果、粗粮等。

参加球类运动时机体的水流失是很大的，要强调水的补充。补充方法分运动前、中、后，但都应该遵循少量多次原则，不可单纯补水，可在水中添加糖、矿物质或者以运动饮料为宜。

由于球类运动得保持灵敏、柔韧性，运动前可以吃一些易消化的小点心，注意千万不要吃太饱。

（五）举重

举重可以极好地改善骨密度、关节的灵活性和身体的组成。举重还是实现苗条身材的良好途径，因为力量锻炼可以增强肌肉质量和激发人体的新陈代谢。为了尽快消除举重锻炼后的疲劳，提高力量锻炼的效果，在进行力量练习后，应多补充蛋白质类物质。除要补充猪肉、牛肉、鱼、牛奶等动物性蛋白外，还要补充豆类等植物性蛋白，以保证机体丰富而又多品种的蛋白质供给。此外，由于肌纤维的增粗、肌肉力量的增加，还应适当补充含糖类高的食物，并注意补充各种维生素和矿物质。

（六）射击、击剑

对于射击、击剑等项目，参与者人体视力活动紧张，对视力要求较高。运动完毕，应保证充足的维生素A供给。除食用含维生素A或胡萝卜素丰富的食物外，必要时可适量服用维生素A补充剂，如鱼肝油等。

案例

增肌锻炼与饮食科学搭配

体型较瘦的人要改变自己的身材，仅靠吃高热量食物是不正确的，摄入油脂过多还会影响身体健康，正确的增肌方式应该是饮食营养和器械训练的合理搭配。

为了使增肌锻炼更有针对性，我们可以将肌肉群进行分区锻炼，如胸肌、腹肌、背肌、腿肌、二头肌及三头肌。此外，还应将有氧运动和增肌锻炼结合起来，多注重大肌肉群的锻炼，这样增肌的效率会得到提升。在负重锻炼上，越大的负重，增肌的效果会越好。让相应的肌肉群得到休息也很重要，只有这样才能在增肌锻炼中使这些肌肉群得到更好的刺激。

增肌锻炼主要是以力量训练为主，足够的力量训练之后，补充相应的营养，肌肉纤维会更快地修复生长。增肌锻炼期间人体需要摄入大量蛋白质，这些蛋白质可从肉、奶、蛋和豆制品中获得，这也是肌肉更好生长的前提，补充优质蛋白质对身体的新陈代谢也有促进作用。维生素和矿物质的补充对增肌效果也有很大影响。此外，增肌锻炼过程中，还应注意进食的频率要规律。

二、运动前、运动中、运动后营养补给的特点

（一）运动前：关键的300卡营养

许多人认为运动前不吃东西可在运动中燃烧更多体脂肪，其实这是一个错误的认识。在1小时的中、高强度运动前，至少需提前1小时补充关键的300卡（1卡=4.184焦

耳）营养，重点补给包括碳水化合物、水分与电解质，尤其食物中的碳水化合物对身体储备运动所需能量相当重要。运动强度越高，能量的衰退越明显，所以运动前补给正确的食物，可帮助提升运动表现、减少肌肉损失。

在较长期间的运动过程中，每小时的流汗可能高达2~4升，因此建议在耐力性运动前2小时饮用600毫升左右的水（可分两次喝），拒绝喝水将使身体失去散热作用。

进食时机随着运动时间和食物种类的不同而不同，原则是吃进去的食物可以在运动过程中提供充足的营养和能量，而又不至于在运动过程中造成肠胃不适。

通常身体上下震动比较大的运动，如篮球、跑步等，对胃内的食物比较敏感，少量的食物可能就会令人感到不舒服，这时就需要在运动前更早进食或是减少食物的摄取，以减轻这些症状。而身体震动比较小的运动，如自行车和游泳，通常不会受到胃中食物的影响，对于进食时间和食物选择有较大的弹性。

1. 早上8：00的运动

前一天的晚餐和消夜必须富含糖类，喝充足的水，但是经过一个晚上，肝脏中肝糖的含量已经降低，在运动前补充糖类可以提高运动能力。可在运动前90~120分钟吃少量的早餐，如面包加果酱或是水果，应避免摄入含太多脂肪的食物，如包子、油饼，因为它们不容易消化，会在胃中停留比较长的时间，也无法提供足够的糖类。有时牛奶也会造成某些人肠胃不适。若是习惯吃丰盛的早餐，就需要在运动前2~3小时吃，这样才有足够的时间进行消化。如果无法早起，也可以在运动前10~30分钟以运动饮料或是一两片面包补充前一天晚上消耗的体内肝糖。

2. 上午10：00的运动

前一天晚餐必须富含糖类，喝充足的水。在当天7：00左右吃丰盛而富含高糖的早餐，3小时的时间足够消化这些食物，补充肝糖，而且不会造成肠胃不适，但是应该避免油腻的食物。

3. 午间12：00的运动

前一天晚餐必须富含糖类，喝充足的水。当天吃丰盛而富含高糖的早餐。若是早上8：00吃早餐，在上午11：00左右可以再吃一些少量的高糖类点心，例如面包、果汁或水果；若是早上9：00吃早餐，运动前10~30分钟可以再补充一些运动饮料。

4. 午后4：00的运动

前一天晚餐必须富含糖类，喝充足的水。当天早上8：00吃丰盛的早餐，中午12：00吃富含高糖的午餐，下午3：00吃少量高糖类的点心，同时在一天中必须摄取充足的水分。也可以从早上开始每隔1~2小时喝一大杯果汁，补充并维持体内肝糖的含量，运动前20~30分钟再以运动饮料做最后的补充。

5. 晚上8：00的练习或比赛

当天吃丰盛而富含糖类的早餐和午餐，下午5：00吃丰盛而富含糖类的晚餐，或是下午6：00吃少量但富含高糖的晚餐，避免高脂肪的食物，如油炸食品、肥肉等。运动前20~30分钟喝200~300毫升运动饮料或果汁，在一天中都要摄取充足的水分。

（二）运动中：水分、电解质、糖三大元素一次补齐

从事1小时以上中、高强度运动时，容易大量流汗导致电解质流失，建议每10~15分钟补充100~200毫升运动饮料。除了能补充水分外，还能透过运动饮料成分中的

电解质与糖分，补充运动中流失的电解质、增加持续运动的糖类能量；与喝水相比，更能帮助身体留住水分及延缓运动表现下降。

（三）运动后：30分钟内进食，快速修复耗损能量

运动后建议在30分钟内补充饮食，视每个人的身体差异搭配碳水化合物、蛋白质、水分及电解质。假如运动中有尚未喝完的运动饮料，可在运动后继续饮用完毕，以达到运动后促进流失的能量及电解质恢复。

蛋白质摄取上，建议一般人以20克为目标；碳水化合物则以每个人的体重（千克）乘以 1～1.2 克为基准。遵守以上原则摄取正确、适量的食物，可帮助恢复损耗的能量与组织，也能有效让受损的肌肉尽快修复，减少脂肪囤积。

表2-1给出了不同运动阶段营养补充要素和补给建议。

表 2-1

运动阶段	营养补充要素	补 给 建 议
运动前	关键的300卡营养	运动饮料300毫升（78卡）+鸡肉饭1份（199卡）
		运动饮料300毫升（78卡）+奶酪火腿三明治1个（249卡）
		运动饮料580毫升（约150卡）+可可玉米片奶酪（约167卡）
运动中	水分、电解质、糖	运动饮料（每10～15分钟补充100～200毫升）
		运动饮料300毫升+无糖高纤维豆浆+红薯160克
运动后	碳水化合物、蛋白质、水、电解质	运动饮料300毫升+低脂牛奶240毫升+鸡蛋1个+烧肉饭1份
		运动饮料300毫升+鸡腿1个+虾仁饭1份（200克）

案例总结

健身、健美运动与营养

随着生活水平提高，大学生中从事健美运动的人越来越多，而健美运动是与营养有密切关系的。下面就介绍一下健美运动的营养知识。

1. 食物的需要量

健身、健美锻炼者到底一天该吃多少卡的食物，由于运动项目繁多，没有一个明确的数目。体型是决定食量的一大因素，锻炼者有的是人高马大，体重接近100千克，食量可能需要7千卡左右；有的是体型袖珍，体重不到50千克，食量应相应减少。第二个影响食量的因素为训练量，体重相同的人训练量大者需要较多的卡路里。以运动的卡路里需要量而言，每天跑5千米的人，用于运动的能量应是每天跑2.5千米人的两倍。除了体型（体重）和运动量外，影响因素还包括年龄，如正值发育生长期者，千克体重所需卡路里数多，此时期过后，单位体重所需卡路里数即减少。

2. 热量物质的比例

热量物质的比例是指三大营养素（即蛋白质、脂肪及糖类）的比例，比例的高低影响机体代谢和运动能力。

下面是东方人3种营养素的百分比：蛋白质13%，脂肪23%，糖类65%；如以重量计算为：蛋白质1单位，脂肪0.7单位，糖类5单位。

一般来说，最重要的运动热量物质是糖类，脂肪应较少，因其运动时会氧化不完全而增加体内酮体含量，对运动发生不良影响，而蛋白质依情况而定，如举重就有增加的必要。耐力性项目的运动员，三大营养素重量比例可为1∶1∶7。

3. 用餐次数

事实上，一般人一日三餐的进食以血糖浓度为基准，每日必须食用三餐以上。血糖浓度在用餐后2.5~3小时便开始下降，接着引起疲劳感，且降低运动效率。一日三餐食物热量和质量分配因运动员一天的活动情况而定，摄食时间最好配合运动训练时间。一般来说，大量进食后3~4小时才可进行激烈训练，因此，进食时间必须加以适当调整。事实上白天要在进食后3~4小时再运动有困难，因此，运动员在训练前的进食量应予减少，如减少1/2或者2/3的食用量，或者选择易于消化的食物。运动时段及各餐热量比例分配如表2-2所示。

表 2-2

运动时段	早餐热量占比	午餐热量占比	晚餐热量占比	消夜热量占比
上午	30%~35%	35%~40%	25%~40%	0
中午	35%~40%	30%~35%	25%~30%	0
晚上	30%~35%	35%~40%	15%~20%	5%~10%

★探索与思考★

1. 运动员、经常参与体育锻炼的人群和普通人应当怎样科学饮用电解质饮料？
2. 如何正确对待脂肪这个人人谈之色变的"健康杀手"？

模块三　体育运动与卫生保健

模块导读

　　伴随着生活水平的提高，人们越来越关注自身身体健康，运动健身已经成为许多人增进身体健康、增强体质的主要途径。但是　由于许多人缺乏体育锻炼卫生常识，不按科学规律锻炼身体，所以不仅会造成运动效果的大打折扣，甚至会严重损害身体健康，长期不科学的锻炼最终也会导致人体疾病的发生。因此，体育必须与卫生保健相结合，体育锻炼时，必须了解有关的运动生理卫生知识。为了使广大运动健身爱好者科学地进行体育锻炼，本模块从运动卫生保健常识和运动损伤的防治两个方面进行了介绍。

　　通过本模块的介绍，帮助锻炼者把握自己的健康状况的方法，能自觉通过体育活动改善心理状态，建立良好的人际关系，养成积极乐观的生活态度。

能力目标

1. 了解安全锻炼及自我监督的概念。
2. 了解体育锻炼过程中身体的适应性。
3. 了解运动损伤及运动损伤的处置方法。
4. 能粗略评定运动负荷的大小，分析自己选用的锻炼方法，以避免运动性伤病、锻炼过度及其他有损于身体健康的现象发生。
5. 遇到运动损伤可以采取有效的处置方法。

专题3.1　安全锻炼与运动损伤处置

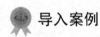
导入案例

球员带伤上阵的对与错

　　在2020年8月7日的CBA比赛中，虽然一度在末节反超比分，但是新疆队还是遗憾地以113∶119输给辽宁队，总比分0∶2被淘汰出局。带伤上阵的曾令旭透露，自己是吃了止痛片上场的，将此役当成赛季的最后一场比赛来打。这已经是曾令旭本赛季第二次伤停强行复出，在此之前的7月17日，当时有伤在身的曾令旭为了球队战绩强行复出，结果又一次意外受伤。最初诊断的结果是腹股沟拉伤，但是经过北京专家们后来的诊断，确定为耻骨肌拉伤。当时他被认为至少需要6~8周的恢复时间。无独有偶，在此之前，辽宁队的内线主力李晓旭也是在有伤在身的情况下带伤上阵，意外受伤，导致赛季报销。当我们在为球员的"硬汉"精神感动时，是否应该思考他们这样的行为会对职业生涯和身体健康有哪些巨大的影响呢？

　　安全锻炼与自我监督的主要任务是，对个人的身体健康和功能状况，以及在体育运动影响下发生的变化进行系统观察。通过自我监督，帮助锻炼者把握自己的健康状况，粗略评定运动负荷的大小，分析自己选用的锻炼方法，以避免运动性伤病、锻炼过度及其他有损于身体健康的现象发生，并为及时发现问题，以便配合医务检查及合理处置创造必要的条件。

一、身体适应性诊断与处置

在锻炼的过程中，由于每个人的身体情况、学习负担及机体承受能力存在差异，因此当运动负荷超越身体承受能力时，就会产生由身体不适应而引起的不良反应。为了免于出现伤病而使身体健康受损，有必要通过自身感觉和对客观指标的检查，得出反映身体状况的客观材料和数据，以判定运动负荷与自身承受力之间的合理界限，并最终达到正确指导体育锻炼的目的。

（一）精神情绪变化

精神情绪作为人类最基本的心理活动方式，直接受中枢神经的支配。影响精神情绪变化的因素很多，既有生理原因又受社会制约。但鉴于由精神情绪反应的生理过程与机体的健康都有着密切的联系。

当运动负荷适宜时，人的精神感觉总是良好的，它表现为体力充沛、活泼愉快及精神饱满。如果身体患病或锻炼过度，则会出现身体软弱无力、倦怠或容易激动、精神萎靡不振等不良反应。有无参加锻炼的愿望，也是衡量日常状态是否健康的重要标志。

监督内容：自我感觉，包括情绪、疲劳恢复情况、食欲、睡眠等情况。测量体重、胸围、肺活量、握力、背肌力，以作为锻炼是否适当的重要资料。清晨起床前自行测脉搏。锻炼前后必要时也可测量。作简单的心血管机能试验。已开始月经的女学生，应记载月经情况，包括月经来潮日、持续天数和数量等经期的自我感觉（如痛经、情绪激动）以及经期进行体育锻炼的反应等。

（二）睡眠食欲情况

睡眠被认为是体力恢复的最佳方式。通常认为，合理的体育锻炼和生活制度能改善睡眠状态。但只要身体状况稍有变化，正常睡眠又极易受到影响。因此，睡眠作为一种身体适应性诊断指标，可以为正确选用体育锻炼方法，合理安排运动负荷及判断身体疾病提供依据。正常睡眠的表现是：入睡快，睡得沉，少梦或无梦；晨起后身体感觉爽快，精神振奋且体力充沛。如果在体育锻炼之后，出现嗜睡、易醒、失眠、多梦或入睡迟等现象，以及晨起感到头晕或精神疲惫，即表明正常睡眠状态已受到破坏。

食欲是反映机体状况十分敏感的一项适应性诊断指标。体育锻炼不正常、身体不适或睡眠不足，均可在食欲上反映出来。机体的活动，特别是体育锻炼引起的能量消耗和代谢过程的加强，对饮食量的需求就更为明显。如果体育锻炼过度使身体健康状况受到影响，不仅食欲会减退，甚至还容易出现口渴现象。

（三）脉搏频率检查

脉搏频率是指单位时间内（分钟）心脏搏动的次数。健康成年人安静时每分钟心率的变动范围在60～100次，平均为70～75次。心率作为反映人体心血管系统功能的客观指标之一，可通过自我监测观察其一般变化情况，以便对心脏功能在体育锻炼中的适应能力进行判断。

1. 基础脉搏的测定诊断

基础脉搏是指清晨起床前的卧位脉率。由于基础脉搏所具有的相对稳定性（平均65～70次/分钟），故在自我监督中，常以此作为评定锻炼水平和身体功能状况的客观指标。通常认为，经体育锻炼后，基础脉搏稳定或逐渐下降，说明机体机能状态良好，对运动量适应。但负荷逐渐加大之后，机体往往会有一个逐步适应过程，此时的基础脉搏一般都略有加快，但大致不超过6次/分钟。在未受其他因素影响的情况下，基础脉搏波动幅度若超过12次/分钟，应考虑是否负荷安排不当或过大。

2. 运动脉搏的测定诊断

一般认为，运动后即刻心率达180次/分钟以上为大强度运动，150次/分钟左右为中等强度运动，140次/分钟以下为小强度运动。这样在体育锻炼中，就可以根据上述参数估计运动负荷，然后通过测定运动和恢复期的心率，进而以此判断自己的机能水平。在通常情况下，体育锻炼后20分钟，脉率应逐渐恢复到正常水平，若30分钟仍未恢复，则表明还要经常参加锻炼，以继续提高心脏功能水平。

（四）学习效果评价

学校生活是丰富多彩的，在学习之余，有着广阔的第二课堂，诸如各种文艺团体、体育活动、书画诗社、摄影协会等。但任何第二课堂活动的开展，都必须以保证良好的学习为前提。因此，课余体育锻炼的合理性，仍应以不影响日常学习效果为原则。若因体育锻炼引起上课精力不集中、易瞌睡、无心做作业、学习成绩下降，就应考虑是否是由于锻炼持续时间过长或运动负荷过大所造成。

二、身体应急性诊断与处置

身体应急性诊断指标是指在体育锻炼过程中，反映身体突然出现异样感觉的指标。运动中出现的异样身体感觉有的是正常现象，有的则属于运动性病理状态。它们往往由准备活动不充分、运动方法不正确、锻炼水平不高或运动负荷超出机体承受能力等原因所致。

（一）腹部疼痛现象

在体育锻炼中，有时会突然发生腹痛，痛感部位多为右上腹、左上腹、脐部周围及下腹部等处，一般表现为钝痛、胀痛或绞痛。

原因：腹部疼痛主要是由于剧烈运动引起血液循环不足，从而导致血液不能及时回流心脏，而导致肝脾脏瘀血并刺激神经引起痛感的结果。

处置：充分做好准备活动，使身体能有一个良好的适应过程，应是防止这种现象发生的必要措施。如果在运动时产生疼痛，那么只要适当降低运动强度，可采用稍减慢速度，调整呼吸节奏并做一些舒展练习，疼痛就会减轻或消失。经上述处理后，若疼痛仍未减轻，则应立即停止运动。

还有一种是肠胃振动引起的疼痛，一般为牵拉性胀痛，可设法降低运动幅度，或者稍休息一段时间后继续锻炼。为了避免这种现象发生，饭后不应过早参加体育锻炼，锻炼前不要吃得过饱，喝水过多。

（二）运动性晕厥

原因：运动中产生的晕厥，多见于剧烈运动时因骤停或马上坐下来停止肌肉活动而出现的"重力休克"，其主要原因系脑部缺血所致。体育运动时，血液大量流向下肢。为了完成血液循环，此时唯有依靠心脏的有力收缩和腿部肌肉的交替收缩和放松，方能压迫下肢末梢的静脉血顺利回到心脏。如果突然停止运动，失去肌肉压挤静脉的作用，加之受重力影响，血液大量滞留腿部，从而导致回心血量骤减，脑部暂时缺血。

处置：运动前的准备活动和运动后的整理运动同样重要，切忌激烈运动后马上停下来。一般运动后，要慢跑逐步停下。一旦发生上述情况，就必须及时采取应急措施，平躺下，头部稍低，休息片刻，以帮助血液回流。

（三）肌肉痉挛现象

原因：在对抗性激烈或游泳等运动项目中，有时突然会发生肌肉的强直性收缩，即肌肉痉挛，俗称抽筋。这一方面是因为运动时间过长，强度过大，或由于大量出汗丧失盐分，致使身体失去钠、氯等矿物质，从而改变了肌肉的内环境；另一方面则可能是由于受寒冷刺激，人体温度发生突然变化所致。

处置：充分做好准备活动，冬季锻炼加强保暖，运动不要过于疲劳，游泳注意体温变化等，都是积极的预防措施。特别当大量出汗，感觉肌肉有紧张感时，就应及时喝些淡盐水来适当进行补充。如已经发生肌肉痉挛，主要是牵拉或重按正在挛缩的肌肉，促使其放松和伸长。如小腿后部肌肉或脚底抽筋时，只要脚趾背屈，脚跟用力前蹬，并施以局部按摩，肌肉痉挛现象一般即可消除。

（四）长跑"极点"现象

原因：进行长跑锻炼时，在途中会感到胸部发闷、呼吸困难、动作失调、两腿沉重、速度明显减慢，甚至有不想再继续坚持跑完全程的感觉，运动生理学称这种现象为"极点"。产生极点的原因是中枢神经系统工作的暂时失调。因为运动神经远比植物性神经进入工作状态要快，所以往往会因供氧不足、引起肌肉中酸性物质不断堆积，刺激神经，引起上述现象。

处置：出现极点现象，只要适当降低跑速、加深呼吸、调整跑的节奏，再稍微坚持一段时间，那么胸闷、气急等不舒服感就会全部消失，继后即转入"第二次呼吸"。动作开始感到轻松，呼吸又逐渐均匀。通常认为，当刚出现"极点"先兆感觉，就立即采取调节措施，一般转入"第二次呼吸"的时间就更快。"极点"可多次出现，至于出现时间的早晚，又是衡量与检查锻炼水平高低的标志。

三、运动损伤的预防与处置

（一）运动损伤的原因

在体育锻炼过程中，不管是直接的还是间接的身体损伤，统称为运动损伤。造成运动损伤的原因是非常复杂的、多方面的。据国内外大量综合研究分析，可以分为以下几方面的原因。

（1）思想麻痹大意。这是造成运动损伤最主要的因素，特别是一些青少年缺乏运动经验，好胜好奇，盲目或冒失地进行锻炼而致伤害，也有的因急于求成造成身体某一部位的损伤。

（2）准备活动不当。运动前缺乏必要的准备活动或准备活动量过小，机体尚未达到较高的运动状态；或者准备活动量过大，时间过长，机体已经处在疲劳状态，再去锻炼；也有的因准备活动不当，缺乏针对性等。

（3）技术上的缺点和错误。例如，传接排球时，不正确的手形引起手指扭伤，举重时上体过于后仰，跳水时两腿过于后摆，都可造成腰部受伤。

（4）运动量过大或过于剧烈。例如，运动时间过长，作业内容过多，特别是身体局部重复练习次数多，超过了生理负荷承受能力时，最易发生运动损伤。

（5）身体机能状态和心理状态低下。身体机能低下，固然容易发生运动损伤，但心理状态低下，同样会造成伤害事故的发生，甚至是更严重的运动损伤。例如，精神上受某种刺激或者受到慢性病的困扰，又缺乏自我保护能力，此时参加锻炼最易致伤。

（6）教学组织不当。特别当锻炼者过于拥挤，又缺乏科学和严密的组织，以及运动场地、设施布局不合理，都可能发生运动损伤，或者气温过高时容易发生中暑，气温过低易引起肌肉僵硬，身体不协调，也可引起运动损伤。

（二）运动损伤的预防

预防运动损伤的方法有多种，主要应当学会和牢记以下方法。

（1）克服麻痹思想。锻炼者要提高预防运动损伤的意识，遵守体育锻炼的原则，切不可随心所欲。同时要有团结互助精神，发扬良好的体育道德作风。

（2）做好准备活动。要根据个人的机体情况和运动特点，有针对性地做好准备活动，既要做好身体方面的准备，更要做好心理方面的准备，方可参加运动。

（3）加强保护与自我保护，提高自我保护能力。锻炼者摔倒时，要顺势做好屈膝、弯腰、低头、含胸、团身滚动，切不可用直臂或肘部撑地。平时要加强跳跃、滚翻等动作练习，以提高身体的灵敏性和应变能力。

（4）合理的组织。在教学、训练、比赛中，要根据学生的年龄、性别、健康状况和运动技术水平，做好严格的预防措施。

（5）重视科学锻炼。科学锻炼包括五个要素，即全面性、个别性、渐进性、量力性及医务监督。特别当身体出现不良反应时，要分析原因，采取必要的保健措施。必要时需经医生诊治后，确定是否参加锻炼和施行多大运动量。

（6）要创造安全、适宜的锻炼环境。具体包括运动场地平坦、运动器材设备坚固、安全及个人衣着适宜等。

（三）常见的运动损伤与处置

1. 肌肉拉伤

原因：发生的机制与症状。肌肉拉伤通常是由于肌肉猛烈收缩或用力牵伸时超过肌肉本身承受的能力所引起的。

损伤后伤处肿胀，有压痛，肌肉痉挛，严重时可出现肌肉撕裂，产生剧烈疼痛。

处置：轻者可即刻冷敷，局部加压包扎，抬高患肢，24小时后可施行按摩或理疗。

如果肌肉已大部分或完全撕裂时，在加压包扎后应立即送往医院手术治疗。

预防：做好运动前的准备活动，防止运动量过大和过度疲劳，注意提高身体的协调性和动作技巧，切勿操之过急。

2. 肌肉挫伤

原因：发生的机制与症状。锻炼者与器械发生碰撞，或锻炼者之间发生冲撞而造成肌肉挫伤。

单纯挫伤在损伤处出现红肿、皮下出血，并有疼痛。严重者会造成内脏器官损伤，并可出现头晕、脸色苍白、心慌气短、出虚汗、四肢发凉、烦躁不安，甚至休克。

处置：立即施行冷敷后加压包扎，抬高患肢，防止继续出血。24小时后可施行按摩或理疗，也可用热敷，以活血消肿。如果怀疑内脏损伤，则送医院做进一步诊治。

预防：锻炼者要控制好适宜的运动量，避免在过于疲劳状况下继续进行锻炼。锻炼时要注意身体的协调性、机灵性，避免不必要的冲撞，特别要提高自我保护能力。

3. 韧带扭伤

原因：韧带有较强的抗伤能力，以保护关节的正常活动，防止关节出现异常。但如果外力使关节活动超越韧带所能承受的范围时，就会发生韧带损伤。

韧带轻度扭伤，只是产生轻微的疼痛或局部水肿，关节功能不会有明显的影响。严重时，会造成韧带撕裂，并丧失其功能。其主要症状，表现为伤处疼痛、肿胀和皮下淤血。

处置：受伤后，应立即冷敷，加压包扎，抬高伤肢，24小时后对伤部热敷或按摩。重度损伤乃至韧带撕裂时，可用绷带固定伤处，之后立即送医院治疗。

预防：韧带扭伤易发部位是踝关节、腕关节和膝关节，所以平时要加强这些易伤关节周围韧带、肌肉的练习，以提高其抗伤能力。对曾经发生扭伤的部位，锻炼时可采用护踝、护膝、护腕等保护措施。

4. 腰扭伤

原因：腰部扭伤后，当场疼痛，有时会听到瞬间"格格"响声，有时出现肌肉痉挛，活动受阻。

处置：发生腰扭伤后，立即停止运动，让患者平卧，一般不应搬动。如果疼痛剧烈，则应送医院诊治。处理后，应卧硬板床，腰下可垫个薄软枕头，以放松腰部肌肉，减轻疼痛。腰扭伤24小时后，可采用热敷和外敷伤药，也可施行按摩、针灸。

预防：运动前要做好全身性准备活动，特别是腰部准备活动。如前后弯腰，左右转身，身体绕环，上伸下蹲等，运动时注意姿势的正确性、动作的协调性，用力要得当，平时要加强腰部肌肉的锻炼，以提高腰部肌力。

人体的腰椎是由5个脊椎骨连接起来的，连接腰椎骨有很多条韧带和细小肌肉群，腰部活动就是靠这些韧带、肌肉收缩牵动来进行的。但如果人体运动超越了肌肉韧带的伸展限度，或收缩不协调，就会造成腰部扭伤。例如，举重时上体过于后仰，跳水时两腿过于后摆，做体操桥形时准备活动不够，均可使腰部直接致伤。

5. 骨折

原因：造成骨折的原因有两种，一种是受直接暴力撞击所致，如足球练习或比赛时，小腿直接被踢，造成胫骨骨折；高处跳下或奔跑时跌倒，引起髌骨骨折。第二种是间接暴力，如从单杠上摔下，用手撑地，发生肱骨骨折或尺骨、桡骨骨折，足球守门员扑球时摔倒引起锁骨骨折等。

骨折可分为完全性骨折和不完全断裂，骨折后的症状一般都比较严重，主要表现为疼痛、肿胀、皮下淤血、功能丧失、肌肉发生痉挛，有时在骨折部位出现畸形，移动时可听到摩擦声。严重时，伴有出血、神经损伤、发烧、口渴，直至休克。

处置：骨折发生后，立即停止运动，并进行急救。如果患者有休克症状，应先进行点按人中穴，必要时进行对口人工呼吸或心脏胸外挤压；如伴有伤口出血时，应同时实施止血和包扎。骨折后切忌移动患肢，应用夹板或其他代用品固定伤肢，随后护送医院诊治。

预防：运动前要做好充分的准备活动，运动时要提高动作的协调性和机体的灵敏性，并尽量减少冲撞性动作。

6. 脑震荡

原因：脑震荡是脑部损伤中最轻而又多见的一种，系指头部受到外力打击后神经细胞和神经纤维受到震荡后所引起的意识和机能的一时性障碍。例如，在体育运动中，头部直接被足球、棒垒球打击，或者从高处摔下，头部撞地等，都可发生脑震荡，其症状表现如下。

（1）意识障碍。一般有轻度意识障碍，严重者可发生一时性意识丧失，直至昏迷，时间短则几秒钟，长则几分钟至二三十分钟不等。在意识丧失时，呼吸表浅，脉搏徐缓，肌肉松弛，瞳孔稍大，但对称，神经反射减弱或消失。

（2）逆行性健忘。意识恢复后，不能回忆起受伤时情境。

（3）自觉症状有头痛、头晕、恶心、呕吐（轻重不一）。

（4）出现情绪不稳定、易激动、不耐烦、注意力不集中、耳鸣、心悸、多汗、失眠等一系列植物性神经功能紊乱症状。

处置：立即让患者安静、平卧，头部冷敷，身上保暖。若有昏迷，可指压人中、内关穴；若呼吸发生障碍，立即施行人工呼吸。若昏迷时间较长，两瞳孔放大且不对称，或耳鼻口内出血，表明情况严重，进行一般处理后，应立即送医院诊治。在运送途中，要让患者半卧，头部固定，避免颠簸。

脑震荡一般都可自愈，无须住院治疗。但要注意休息和必要的药物治疗，保持情绪稳定，减少脑力劳动。

（四）运动损伤的急救方法

急救是指在运动中对突然发生的损伤进行紧急和合理处理，并为转送医院进一步诊治创造条件。正确和有效的处置，对减轻患者的痛苦，预防并发症和感染乃至挽救生命，都具有十分重要的意义。

1. 止血法

（1）冷敷法：这种止血法常用于急性闭合性软组织损伤。最简便的方法是用冷水冲洗或冷毛巾敷于伤处，有条件的可使用氯化烷喷射。冷敷可以使血管收缩，减少局部充血，降低组织温度，抑制神经感觉，从而有止血、止痛和减轻局部肿胀的作用。

（2）抬高伤肢法：这种止血法是将出血的肢体抬高超过心脏水平。抬高伤肢可以降低出血部位的血压，以减少出血。如果已采用加压包扎后，仍应抬高伤肢。

（3）压迫法：可以分为指压法、止血带法、包扎法等。

（4）指压法：常用于动脉出血。方法是在出血部位盖上消毒纱布后，用手指腹压迫出血部位，也可指压出血部位的上端动脉管，以切断血流渠道。

（5）止血带法：常用止血带有布条、皮带、皮管、毛巾等。进行时先将伤肢抬高，然后在患处上方缚扎止血，缚扎时最好在伤处加垫，其宽紧适中，以防肢体组织坏死。

（6）包扎法：主要用绷带包扎，并根据不同部位和伤势进行不同方法的包扎，如环形包扎、螺丝形包扎、反折螺旋形包扎等。

2. 搬运法

伤员经过现场急救后，应迅速和安全地转运到安全地主休息或直接送医院治疗，其中包括扶持法、托抱法、椅抬法和三人托抱法等。

（1）扶持法：这种方法适用于神志清醒、伤势较轻、自己基本能步行的伤员。施救时挽住伤员的腰部，并让伤员一臂搭扶在自己肩上。

（2）托抱法：急救者托抱住伤员，并让伤员一臂挽住自己的肩颈部位。此法适用于身体虚弱的伤员。

（3）椅抬法：两名急救者两手搭成像椅子一样，让患者像座椅子一样进行运送。

（4）三人托抱法：三人站在同一侧，将伤员托抱起来，并协调地行走。此法适用于体力严重衰弱和神志不清的伤员。

3. 人工呼吸法

人工呼吸法有举臂压胸法、仰卧心脏胸外挤压法、俯卧压背法、口对口人工呼吸法等。其中以仰卧心脏胸外挤压法和口对口人工呼吸法效果最好。

（1）仰卧心脏胸外挤压法：将患者仰卧，急救者两手上下重叠，用掌根置于患者的胸骨下半段处，借助体重和肩臂力量，均匀而有节奏地向下施加压力，将胸骨向下压3~4厘米为度，然后迅速将手轻轻提起，胸骨也自然地弹回。如此反复进行，每分钟以60~80次的节律进行，直至恢复心脏跳动为止。

（2）口对口人工呼吸法：将患者仰卧，头部后仰，托住下颌，捏住鼻孔，压住环状软骨（即食道管），防止空气吹入胃里，急救者深吸口气，两口相对，将大口气吹入患者口中，吹气后将捏鼻子的手松开，如此反复进行，吹气频率每分钟16~18次，直至患者自主恢复呼吸为止。如患者牙关叩紧，一时撬不开，则采取口对鼻吹气法。进行时，其他操作方法同上。

4. 溺水及其急救

原因：溺水窒息昏迷后，患者脸色苍白而肿胀，双眼充血，口鼻充满泡沫，肢体冰冷，又因胃内充水，上腹部胀大，甚至出现呼吸、心跳停止。

处置方法如下。

（1）立即就地抢救，清除被救者口腔中分泌物和其他异物，并迅速进行倒水。

（2）若被救者心跳已停止，应同时施行心脏胸外挤压法（以1∶4频率进行）和口对口人工呼吸法。急救者之间应相互协调配合，要积极、耐心，直至被救者自主恢复呼吸为止。

（3）被救者苏醒后，立即护送医院，做进一步检查和治疗。在运送途中，必要时继续进行人工呼吸。

案例总结

运动损伤急救的RICE原则

当运动参与者遇到一般性运动损伤时,需要尽快采取科学有效合理的急救手段进行简单急救,其中推荐RICE原则。

RICE原则是运动损伤后应当紧急采取的解救手段的英文首字缩写的组合,可以把它看作运动损伤急救守则来遵守,并且可以将受伤部位疼痛、肿胀和发炎的程度降低到最低,缩短恢复的时间。主要包括以下方面。

R(休息):停止运动,不反复触动受伤部位。休息过程中经常观察受伤部位好转情况,遵循受伤部位自然恢复的过程。

I(冰敷):用毛巾包住碎冰(不要用冰块),在受伤部位不断地压揉,让受伤的部位形成保护膜。

C(压迫):用绷带等辅助器材在受伤部位通过捆绑进行加压包扎,将冰袋固定在受伤的部位。

E(抬高):将受伤的部位置于高于心脏的位置,降低血循环速度,防止患部充血。

★探索与思考

1. 普通人群减肥和控制体重需要注意哪些问题?
2. 网球肘和腱鞘炎应当如何进行区分?

专题3.2 常见职业性疾病的运动干预

 导入案例

不能承受的"职业之痛"

张师傅48岁,是一名电焊工。最近几个月来,他深受右肘疼痛的折磨,对他的生活和工作带来了巨大影响。起初他是由于使用螺丝刀导致右肘疼痛,休息一段时间后觉得康复了就开始复工,复工后由于长期使用电焊枪工作,导致疼痛复发,并且从肘部逐渐延伸到小臂,疼得厉害的时候右手的中指会感到发麻,胳膊弯曲时甚至会疼到痉挛。类似张师傅这样由于职业特点导致局部疼痛,甚至难以忍受的职场人生大有人在,比如程序员的颈椎、腰椎、保洁员的脚踝、膝盖等。不能承受的"职业之痛"已经越来越受到人们的重视。

一、职业特征及其职业病的预防

(一)职业范围及其劳动特征

依据职业劳动者的身心活动的基本特征,以劳动者在工作过程中较多出现的身心活动类型为主要依据进行归类,职业劳动者的操作类型可以划分为以伏案操作、站立操作、移动操作为主的三种类型。

1. 伏案操作类型

（1）范围：会计、财务、文秘、计算机、制图、描图、仪表、化验、家电维修和珠宝鉴定等。

（2）劳动特征：长期低头、含胸、弯腰、静坐、伏案，工作精确度要求高，心理紧张。长时间坐立，颈前屈，脑部供血受限，眼睛长时间处于紧张状态。

2. 站立操作类型

（1）范围：车工、电工、化工、轮机、驾驶、采掘、建筑、纺织、制模、医护、烹调等。

（2）劳动特征：该行业以站立或行走为主要身体姿势；长时间站立、含胸，导致人体协调机能、相关器官负担重。

3. 移动操作类型

（1）范围：营销、护理、导游、农业、林业、地质、石油、矿产、航海、水上作业、高空作业等。

（2）劳动特征：多为室外劳动操作，客观环境条件比较艰苦复杂，天气、温度、湿度等条件容易对身体产生不良影响；一般劳动强度大，运动系统和心肺功能负担重，付出与消耗体力较多。

（二）常见性职业病

职业病（occupational disease）是指企业、事业单位和个体经济组织（以下统称用人单位）的劳动者在职业活动中，因接触粉尘、放射性物质和其他有毒、有害物质等因素而引起的疾病。要构成《中华人民共和国职业病防治法》中所规定的职业病，必须具备四个条件：①患病主体是企业、事业单位或个体经济组织的劳动者；②必须是在从事职业活动的过程中产生的；③必须是因接触粉尘、放射性物质和其他有毒、有害物质等职业病危害因素引起的；④必须是国家公布的职业病分类和目录所列的职业病。四个条件缺一不可。

中外古代医籍中已提到的有关职业病内容有：古罗马的老普林尼记述了奴工用猪膀胱预防熔矿烟气的办法；瑞士医生帕拉切尔苏斯提出铸造及熔炼中的劳动卫生问题；G.阿格里科拉报告，矿工中呼吸病多发；B.拉马齐尼所著《论工匠的疾病》一书，详细分析和记载了多种生产有害因素与职业病的关系。随着大工业生产及自然科学的发展，职业性疾病越来越多。

在生产劳动中，接触生产中使用或产生的有毒化学物质、粉尘气雾、异常的气象条件、高低气压、噪声、振动、微波、X射线、γ射线、细菌、霉菌、长期强迫体位操作、局部组织器官持续受压等，均可引起职业病，一般将这类职业病称为广义的职业病。广义的职业病一般有尘肺、职业中毒、职业性皮肤病等。

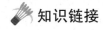 **知识链接**

若干概念解释

尘肺：因长期吸入一定量的生产性粉尘而引起肺组织纤维化的疾病。

职业中毒：发生在工作环境中长期接触职业危害的工人中。因长期接触铅、汞、锰、苯、有机磷农药、一氧化碳、三硝基甲苯、砷、磷等生产性毒物而引起的中毒。

职业性皮肤病：由于职业性因素（化学、物理、生物）引起的皮肤及附属器官的疾病，主要表现为皮炎（变应性）、痤疮、烧伤、黑变病等。

同样，在日常工作中，由于长期重复性工作，容易使颈椎疲劳，引起颈椎病，出现骨质增生等症状，有的影响血液循环，出现习惯性头晕等症状。由于工作方式的机械性，经常以固定姿势进行操作，各部分的肌肉容易出现劳损。长时间的坐姿、站姿、弯腰等工作形式，也容易引起腰肌等劳损甚至导致腰椎间盘突出症，容易出现便秘等不良症状。此类由于特殊的工作造成的职业性损伤一般有颈椎病、椎间盘突出、下肢静脉曲张、肩周炎，等等。这些由于长期以固定的或重复的动作造成的职业病，需要通过一定的体育运动疗法加以治疗。

对其中某些危害性较大、诊断标准明确、结合国情由政府有关部门审定公布的职业病，称为狭义的职业病，或称法定（规定）职业病。我国卫生部从1972年首次公布职业病14种，至1987年公布的规定职业病名单列有：职业中毒81种，尘肺12种，物理因素职业病6种，职业性传染病3种，职业性皮肤病7种，职业性眼病3种，职业性耳鼻喉疾病2种，职业性肿瘤8种，其他职业病7种，共计129种。我国政府规定诊断为规定职业病的，需由诊断部门向卫生主管部门报告，规定职业病患者在治疗休息期间，以及确定为伤残或治疗无效而死亡时，按照国家有关规定，享受工伤保险待遇或职业病待遇。有的国家对职业病患者给予经济赔偿，因此，也有称这类疾病为"需赔偿的疾病"。职业病的诊断一般由卫生行政部门授权，由具有一定专职条件的医疗单位进行。

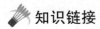知识链接

关于职业病的相关文件

（1）《中华人民共和国职业病防治法》
（2）《职业病诊断与鉴定管理办法》
（3）《职业病诊断国家标准》

（三）职业病的诊断原则和程序

1. 原则

职业病诊断政策性强，技术要求高，是一项严肃的工作，须由各级政府卫生行政主管部门认定的专职医疗卫生机构进行。一般采取（诊断小组）集体讨论、诊断的方式。诊断的核心问题是明确职业危害因素与所患疾病是否有确切因果关系，需要收集和分析下述资料。

（1）病因资料：确定患者受职业危害的可能性及其程度，包括职业史、现场劳动卫生调查资料、作业场所有害物质强度（浓度）数据、患者体内特异性生物标志物数据，以及其他特异测试数据。

（2）临床资料：鉴定患者受职业性有害因素损害的后果及其病情程度。应当收集的资料有疾病史，临床症状和体征，常规、生化检查及其他辅助检查，活体组织检查等资料。

（3）综合分析以上两方面资料，确定：①职业危害因素的危害作用与临床表现是否相符；②剂量（强度）与疾病严重程度是否一致；③接触时间、方式是否符合职业病发病规律。一般来说，经过这些步骤即能做出诊断。对一时不能确诊的可疑职业病，必须

随访观察，定期复查。

2. 职责

（1）尘肺、中毒、物理因素诊断组和职业病科严格按《职业病诊断与鉴定管理办法》的要求和《职业病诊断国家标准》进行职业病诊断。

（2）各诊断组负责做出科学、客观、准确的职业病诊断结论，并对其职业病诊断结论承担责任。

（3）职业病诊断领导小组负责对所有职业病诊断工作和职业病劳动能力医学鉴定工作的领导，负责对《职业病诊断证明书》的最后审核。

3. 诊断程序

根据卫生部颁布的《职业病诊断与鉴定管理办法》的有关规定，从事接触性职业危害的劳动者，经职业性健康检查发现异常，可以进行职业病诊断。职业病诊断程序如下。

（1）劳动者可以选择用人单位所在地或本人居住地的职业病诊断机构进行诊断。

（2）申请职业病诊断时应当提供以下材料：职业史、既往史；职业健康监护档案复印件；职业健康检查结果；工作场所历年职业病危害因素检测、评价资料；诊断机构要求提供的其他必需的有关材料。

（3）用人单位和有关机构应当按照诊断机构的要求，如实提供必要的资料。职业病诊断机构在进行职业病诊断时，应当组织三名以上取得职业病诊断资格的执业医师进行集体诊断。

（4）确诊为职业病的患者，用人单位应当按照职业病诊断证明书上注明的复查时间安排复查。

（5）职业病诊断的费用由用人单位承担。

（四）工作场所的职业卫生要求

工作场所存在职业病危害因素可以说是难以避免的，除了极少数国家明令禁止使用的设备或者材料外，大部分可能产生职业病危害因素的设备、材料，国家并没有禁止使用。例如，氰化物是剧毒物品，国家并没有禁止使用。触电会致命，火可引起火灾导致重大伤亡，但我们照样要用电、用火，问题是我们是否采取严格、有效的预防措施。

不少企业作业场所缺乏应有的通风、排尘、排毒设施，车间布局不合理，有毒作业场所与无毒作业场所不分开，存在严重的先天不足。随着新材料、新工艺、新技术的不断引进，加上境外不少职业病危害项目往内地转嫁，所带来的职业病危害日趋严重，群体职业病危害及死亡事故不断发生，尤其是到了20世纪90年代中后期，职业病发病已呈上升趋势，不少新的职业病病种也因此而产生。从近年来几十起职业病事故原因分析看，建设项目未实行"三同时"、车间布局不合理、作业场所缺乏必要的职业病防护设施，就是职工病发生的主要原因。

对存在职业病危害因素的工作场所，《职业病防治法》明确规定应当符合以下职业卫生要求。

（1）职业病危害因素的强度或者浓度要符合国家职业卫生标准。

（2）有与职业病危害防护相适应的设施。

（3）生产布局合理，符合有毒害与无毒害作业分开的原则。

(4）有配套的更衣间、洗浴间、孕妇休息间等卫生设施。

(5）生产设备、工具、用具等生产设施和劳动条件符合保护劳动者生理、心理健康的要求。

(6）还要符合法律、法规和卫生部关于保护劳动者健康的其他要求。

用人单位如违反上述规定，可被处以8万元以上、20万元以下的罚款。

二、常见职业病的体育疗法

由于现代工作的各种特征，如长期伏案工作，容易使颈椎疲劳，引起颈椎病、骨质增生等症状，有的影响血液循环，出现习惯性头晕等症状。由于工作方式以上肢活动为主，经常以固定姿势进行柜台操作，肩部的肌肉出现劳损，容易出现肩周炎。长时间的坐姿形式和不定时的柜台迎送服务，也容易引起腰肌劳损甚至导致腰椎间盘突出症，容易出现便秘等消化不良症状。现对颈椎病、腰椎间盘突出症和肩周炎这三种常见职业病的预防及体育疗法进行简单阐述。

（一）颈椎病的体疗方法

颈椎病的体疗方法主要有医疗体操、牵引疗法和按摩法。

1. 医疗体操

医疗体操是积极预防和治疗颈椎病的有效方法，下面介绍一套实用医疗体操。

（1）伸颈拔背。两足分开同肩宽站立，两手叉腰。两肩下垂，同时做引颈向上伸的动作，保持此姿势3～8秒，然后放松，还原至预备姿势。如此连续做8～10次。

（2）与颈争力。两足分开同肩宽站立，双手十指交叉置于头后。头颈用力向后仰，同时双手用力向前拉，保持此种姿势3～8秒，然后放松，还原至预备姿势。如此连续做6～8次。

（3）头颈侧屈。两足分开同肩宽站立，双手叉腰。①先向右侧屈颈8～10次；②再向左侧屈颈8～10次。侧屈头颈时不能耸肩，尽可能使耳触及肩部，向两侧屈头颈可多做几次，动作宜缓慢、柔和。

（4）回头望月。头向左转，眼望左后上方，然后头向右转，眼望右后上方。左右各做8～10次，动作宜协调、柔和、缓慢。

（5）头颈绕环。头颈向顺时针方向绕环4～6次，然后头颈向逆时针方向绕环4～6次。动作要柔和、缓慢，活动幅度逐渐增大。医疗体操每天做2～3次。

2. 牵引疗法

颈椎病的牵引疗法已被国内外普遍采用，在医生指导下可在家里进行。患者可选仰卧位或坐位，每天牵引1～3次，每次时间为10～30分钟，总时间为30～60分钟。牵引的重量从3～4千克开始，逐渐增加到体重的1/18～1/10，应根据年龄、颈部肌力情况而定。神经根型的颈椎病患者，在坐位下颈前屈约20°时做牵引的效果更好。一般2～3周为一疗程，需要时可休息1～3周后再做牵引。

3. 按摩法

（1）擦、揉、捏颈后肌肉和两侧斜方肌。

（2）缓慢屈伸、旋转头颈3～4次。

(3）打八邪。两手十指分开，手指相互交叉，做两手指根相互冲撞动作，做3~4分钟。

（二）腰椎间盘突出症的体疗方法

腰椎间盘突出症的体疗方法主要有医疗体操、牵引疗法和按摩法。

1. 医疗体操

医疗体操是积极有效治疗腰椎间盘突出症的实用方法，下面介绍一套医疗体操。

（1）预备姿势：患者仰卧于床上，腰部垫一小枕。

（2）屈踝运动：四肢放松，两踝关节尽力做屈伸运动，重复20~30次。

（3）交替屈伸腿：左腿用力屈曲，膝关节贴近胸部，随后用力踢腿伸直。左右腿交替，重复10~18次。

（4）举臂挺腰：两手用力后举同时用力挺腰，尽量使腰部抬离床面，重复10次。

（5）交替直抬腿：两腿重复做直腿抬高动作，重复18次。

（6）"五点"式挺腰：屈双膝，两手握拳，屈双肘置于体侧，头顶、双肘、双足同时用力尽量抬高腰部，在最高处停留3秒复原，重复10次。

（7）"三点"式挺腰：两手握拳，屈双肘置于体侧，头、双肘同时用力抬起腰部，重复10次。

（8）屈膝屈髋：屈两膝用力贴近胸部，双手抱住两膝停留2分钟。

（9）抱膝滚腰：完成屈膝屈髋后，继续用腰作为接触面前后轻轻晃动，重复18次。

2. 牵引疗法

利用自身的重量进行的牵引。患者牵引前，先洗温水浴（水温37℃，持续15分钟），使背肌松弛，然后自我用手掌对脊柱由下而上进行轻缓的推摩。床头垫高约30厘米，再在床头上固定两条软带（长1.8米，宽7~8厘米），带中装填棉花，拴套在腋部，利用自身体重进行牵引治疗。牵引时间开始为每次30分钟，若无不适，可逐渐增加到1~2小时。如需要增加牵引力量，可在骨盆上部附加腰带，腰带左右两侧各拴两根布带，布带下端各挂一个3~4千克的重物。

3. 按摩法

（1）患者俯卧在硬板床上（床面垫上约6厘米厚的被褥）。先在腰、臀部做擦、揉、滚等动作，反复多遍，然后以肘尖用力点按臀部环跳穴约30分钟。

（2）按摩、揉捏患者大腿、小腿后群肌，用掌根揉小腿外侧部，反复几遍。

（3）用手指点、按、揉承山、承筋、委中、风市穴各约30秒。

（4）双手拍击臀部、大腿和小腿，反复来回几遍，然后双手五指并拢，用指端自下而上敲击患腿后部及外侧部，反复几遍。

（5）斜扳法。即对患者先施行腰臀部一般按摩后，患者取右侧卧位，左腿屈曲，右腿伸直。按摩者面对患者而立，首先双肘分别抵住患者上体前部和髂骨后，然后让患者上体慢慢向左后方旋转，当旋转到最大范围时，按摩者双手略施巧力（切忌暴力），使患者的左臀与左肩做相反方向的轻轻扳动，此时常听到清脆的一声轻响。接着患者取左侧卧位，再做斜扳法一次，方法同前。

（6）晃背法。做晃背法时，患者直立，按摩者背对立于患者身后，用双肘钩住患者对肘，用臀部顶住患者腰部，把患者背起离地颠3次，再左右晃3次，然后轻轻放下患者。

（三）肩周炎的体疗方法

肩周炎的体疗方法主要有医疗体操和按摩法。

1. 医疗体操

（1）弯腰画圈。两足分开同肩宽站立。

① 向前弯腰90°，患者上肢自然下垂，先顺时针方向画圈20～30次。

② 还原至预备姿势，休息约1分钟。

③ 再弯腰，患者以臂沿逆时针方向画圈20～30次。

④ 还原至预备姿势。画圈的幅度逐渐加至最大，画圈的次数也应逐渐增加。

（2）屈肘摸背。两足分开同肩宽站立。

① 患者以臂屈肘置于身后，手背贴在腰部，手指徐徐向上摸背，直至最高限度。

② 患者将臂放松，手指沿后背慢慢落下，置于腰部。如此反复做7～8次。

（3）旋转上肢。两足分开同肩宽站立。

① 患者上臂屈肘上举，先由后向前做肩关节旋转运动18～20次。

② 再由前向后旋转运动18～20次。动作应柔和，运动幅度要逐渐增大。

（4）手指爬墙。面对墙而立，两足分开同肩宽。

① 患者手指扶墙，沿墙徐徐向上爬行，直至最高限度。

② 手指沿墙下落回至原处。如此做7～8次。手指向上爬墙时，不要扭动身体或提踵，患者手臂要尽量上举。每次锻炼都要使手指爬墙的高度逐渐增加，直至恢复正常。

（5）滑车举臂。先在门架或树枝上吊一滑轮，然后用一条细绳穿过滑轮后在细绳两端系一短棒。锻炼时，双手握住短棒，以健肢的活动来带动患者肩的活动。每次练习3～4分钟，中间可以休息一会儿。患者肩活动要柔和，运动幅度逐渐增加，也要注意用患者肩的运动来带动健肢活动，以发展患者肩部肌肉的力量。

2. 按摩法

以疼痛为主要表现者，应以按摩为主，配合轻微体操活动；在后期，以肩关节活动障碍为主要表现时，则以医疗体操为主，并配合按摩。按摩的操作步骤与方法大体如下。

（1）患者取坐位。若患者肩疼痛时，按摩者用拇指用力点揉下肢的金门、申脉、跗阳、公孙穴各30秒，具有解除痉挛、镇静止痛之效果。

（2）按摩者站在患者身后，用单手揉捏颈后肌肉，反复数遍。

（3）揉捏肩部三角肌、肱二头肌、斜方肌，掌根揉背部肌肉，反复几遍；弹拨肩前肱二头肌腱2～3次；点揉风池、肩髃、肩井、外关等穴。

（4）双手夹住患者肩，一只手在肩前，另一只手在肩后，搓动肩部30秒，然后轻轻拍击患者肩20～30下。

（5）按摩者站在患者身后，一只手扶住患者肩部，另一只手握住患者臂，做肩关节的外展、旋转等被动活动。动作要轻柔，活动幅度逐渐增大，以不引起明显疼痛为宜。

（6）患者取立位。按摩者一只手握住患者的手，另一只手按住患者肩部，做患肢抖动约1分钟。抖动的幅度要小，抖动的频率一般较快。

以上按摩每天1次。做完按摩后，嘱咐患者做肩部主动活动或医疗体操，以提高医疗效果。

案例总结

运 动 处 方

从1969年开始,世界卫生组织(WHO)开始使用运动处方这一术语,进而得到国际上的认可。运动处方的概念是:康复医师或体疗师,以医学检查结果为依据,对需要进行体育锻炼的人群,按其健康、体力以及心血管功能状况,用处方的形式规定运动种类、运动强度、运动时间及运动频率,提出运动中的注意事项。运动处方是有目的、有计划地指导人们进行科学锻炼的一种方法。

运动处方的特点是指针对个体的身体状况,因人而异,对"症"下药,以处方的形式固定锻炼的内容和运动量。其针对健康人、中老年人、运动员、肥胖病等各类不同人群给出的运动处方受到广泛欢迎,取得了很好的效果,获得了国际上的认可,效果显著,收到了"运动是良医"的称号。

★探索与思考★

1. 骨关节病人的运动处方应当如何运用?
2. 腰椎间盘突出患者应当怎样合理进行运动康复?

模块四　体能训练与发展

从20世纪八九十年代后期开始，体能训练思想通过一些发达国家进入我国竞技运动训练领域，并逐渐在我国体育界产生了较大影响。国家体育总局、北京体育大学等单位，通过多种组织形式安排外出学习，到美国等国家进行有关体能训练方面的学习，通过学习了解体能训练的基本状况和现代体能发展趋势，并总结出体能训练的先进性、系统性、复合性、专项性等特点。这些对我国体能训练的普及起到了巨大的推动作用。目前，体能训练受到空前的重视并成为当前竞技训练关注的热点。在体能训练理论与方式方法被引入后，也在很多竞技项目中的核心力量训练、力量平衡、功能性力量训练、损伤预防、康复等方面表现出明显的效果。迄今为止，绝大多数专业运动队接受了体能训练概念，同时，体能训练的思维已经融入大众运动训练的内容中。我们要看清体能训练核心问题所在，从认识上掌握正确的训练理论原理，才能学习体能训练的正确方法，才能定位体能的范畴，才能有效提升体能训练效率，进而推进大众健身、运动康复的整体水平发展。

通过本模块的学习，可以帮助学生树立正确的体育价值观，形成积极参与体育锻炼的良好意识；养成良好体能训练习惯，养成积极乐观的生活态度；能通过体能活动改善心理状态，通过功能测试建立正确的评估，形成健康的生活方式。

能力目标

1. 了解体能的概念、意义。
2. 了解体能和各类辩证关系。
3. 了解基本的体能训练方式方法及基本的运动素质测试流程。
4. 了解徒手训练方法。
5. 掌握器械训练方法。
6. 掌握一定的功能测试。

专题4.1　健康体能与体能训练

 导入案例

体 能 训 练

体能训练这一术语已定义为多种方式的整合训练。其中，抗阻力量训练是核心，同时可根据运动员需要增加其他训练模式。例如，力量与爆发力型的运动员的体能训练计划不仅要包含负重训练，还要包含快速伸缩复合训练、冲刺/灵敏性训练、柔韧性训练以及有氧训练（除了严格的训练和比赛）。对于普通健身者而言，负重训练可加上柔韧性和心肺功能训练。多种形式的训练可以改善与健康及运动技能相关的肌肉体能指标。因此，多种方式整合训练对优化体能至关重要。

一套高质量的体能训练计划是非常重要的。从运动员的角度来看，发展良好的运动技能训练是至关重要的。但仅靠运动技能，运动员能取得的成绩一定有限。很多时候，运动员的能力高低取决于身体及竞技体能的素质。一流运动员在力量、爆发力、速度和跳跃能力方面都要胜于二三流运动员。最近，一项对美国国家橄榄球联盟选中的球员与未被选中的球员的比较分析显示，相较于未被选中的球员，被选中的球员有着更短的40码（1码为0.9144米）冲刺时间、更高的纵跳高度、更好的往返跑灵敏性以及更快的三角锥折返跑反应时间。结果显示，第一级运动员比第二级运动员有着更佳的一次重复最大力量的仰卧推举、深蹲和高翻成绩，以及更高的纵跳高度、更高的去脂体重、更低的体脂百分比和更快的40码冲刺跑成绩。

体能训练不是什么新问题，体能训练从人类开始有目的地进行体育活动伊始就已经存在了，因为体能是人类运动活动的基础，与生存直接相关。各种体育活动形式的出现，比如源远流长的中国武术，早就有了"练拳不练腰，到老艺不高"的说法，而"铁板桥"的腰功训练和"筋长一寸，劲长三分"的柔韧训练，"桩功"的下股稳定性要求以及拳术套路中的各种动作整合等，都与现代体能训练源出一脉。在现代竞技训练中，体能训练的应用则更加广泛。

一、体能与体能训练

体能通常是指人体的基本活动能力，是人体各器官系统的功能在运动中的综合反映。不同的学者由于审视角度的不同，对体能都有着不同的理解。下面在理性分析国内外训练学界关于体能不同界定的基础上，从广义和狭义的角度及体能训练实践需求对体能和体能训练的相关概念进行解读和阐释。

（一）体能的基本概念

"体能"的英文一词最初形成于第一次世界大战时期的美国，后陆续在其他国家出现相应的概念。

"体能"是20世纪80年代中后期在我国各类体育报纸、杂志和文献资料上出现频率较多的一个词语。同时，我国各竞技运动项目训练中都陆续开始强调"体能"训练，但对体能概念的理解还未完全统一。

（二）体能的定义

根据不同群体在体能训练实践中的需求特点，将"体能"分为广义体能和狭义体能。

广义体能是人体为适应运动的需要所储存的身体能力要素，是人体活动基本能力的表现，是人体各器官系统的功能在运动中的综合反映，具体指运动员的身体健康、身体形态、身体机能、运动素质及动作技能（动作模式）等不同维度表现出来的身体状态。

狭义体能又称专项体能，是指完成高水平竞技比赛所需要的专项力量体系及其相关运动素质的综合。在此，运动员的竞技表现则依赖于协调能力对诸如肌肉力量、能量代谢、平衡感知、专项技术等多种素质和能力的有机整合，依赖于整体运动链的串接与构建，依赖于体能—心理等因素的调控与发挥。运动员的体能水平集中表现在专项力量体系以及与之相关的各种运动素质的发展水平上。身体形态是决定体能水平的物质条件，身体机能是决定体能水平的生理基础。

二、体能训练的基本概念

体能训练是运动员竞技能力训练的重要组成部分，是指为提高运动员身体运动能力，结合专项需要并通过合理负荷的动作练习，改善身体形态，提高身体机能，发展运动素质，对其身体结构和功能进行有目的的改造，从而促进竞技水平提高的训练过程。体能训练是运动员获取胜利的最佳途径。

体能训练是运动训练的重要组成部分，一般包括力量训练、速度训练、耐力训练、灵敏性训练、协调性训练和柔韧性训练等训练活动，是结合专项训练需要并通过合理负荷的动作练习，改善运动员的身体形态，提高机能能力和健康水平，发展运动素质和动作技能，促进专项竞技水平提高的训练过程。

从运动员的身体健康、身体形态、身体机能、运动素质及动作技能等多个层面展示了相关指标的选择。身体健康主要指没有疾病和没有运动损伤。身体形态主要指长度、高度、围度、宽度和充实度，但不同项目选取指标时会有差异。运动素质主要是从力量、速度、耐力、柔韧、协调、灵敏等方面选取各自的指标，根据不同项目的特点，其选取的代表性指标存在差异。身体机能方面，不同项目主要是从有氧和无氧能力（最大摄氧量和无氧功指标）以及生化监控指标等方面选择，如睾酮、皮质醇、血红蛋白、血尿酸等。动作技能主要指关节的灵活性及其稳定性、动作对称性、运动姿态、动力链、专项技术的分解动作及环节用力结构与顺序等。但不同项目在具体指标数量的选择上有多有少，存在一定的差异，根据各要素在项目体能训练中的重要程度，制定了体能训练体系的基本框架（见图4-1）。

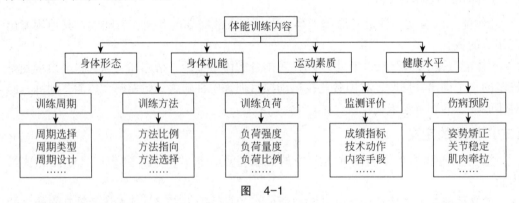

图 4-1

三、体能训练的意义

随着竞技运动水平的不断提高和比赛激烈程度的日益增加，体能训练的作用越来越得到重视，甚至被提到前所未有的高度。体能训练与技战术训练、心理能力训练及智能训练等有着密切的联系。

（一）有利于掌握先进的技术动作和提高专项运动表现能力

运动员技术动作的完成和运动成绩的提高是以竞技能力的发展为前提的，而体能是竞技能力的重要组成部分。因此，体能训练也就成为一项重要的训练内容。当前，高水平运动员的竞争极其激烈，新的技术动作不断涌现，运动成绩获得大幅度提高，所有这些均离不开科学的体能训练。可以说，体能训练已经成为众多项目运动成绩取得突破的关键点，是运动技术和运动成绩提高的最有力保障。

（二）有利于承受大负荷量训练和高强度比赛

据统计，在一场高水平足球比赛中，运动员在场上活动的总距离为 8706～14274 米。我国甲 A 比赛中，运动员的平均跑量为 6021.7 米，与国外高水平联赛相比少 30%。其中，快速冲跑 200 次左右，同时还要完成大量爆发性动作。能量的直接来源是三磷腺苷（ATP），肌肉活动能量的最终来源是能源物质（糖、脂肪）的有氧氧化。ATP 的再合成分别由三种不同的能源途径供给，首先启动的是磷酸原供能系统（ATP-CP），其次启动乳酸原供能系统和有氧氧化功能系统。

在一场足球比赛中，运动员的运动方式存在多种变化，就必然要求对人体三大供能系统都有不同程度的发展，但以无氧代谢和有氧代谢混合供能为主。因此，现代高水平运动训练要求运动员既要承受大负荷量，同时要具备高强度的比赛能力。一项国际范围的、涉及多种体育项目和专业教练员的调查报告指出：在耐力性运动和球类项目中，年训练计划运动量有下降的趋势，但总体负荷量和比赛次数均大大高于以往（见表 4-1）。

表 4-1

项　目	年训练量/小时		年训练量/千米	
	1985—1992 年	1993—2001 年	1985—1992 年	1993—2001 年
游泳	900～1250	900～1100	1400～3000	1250～2700
中长跑	800～1200	800～1100	3300～5000	3000～4700
艺术体操	1100～1400	1100～1250		
击剑	800～1200	800～1100		
摔跤	800～1200	800～1100		

（三）有利于伤病的预防和康复、延长运动寿命

随着运动竞技水平的极限化发展，虽然针对伤病恢复的康复性体能训练已经比较成熟和完善，但运动员伤病的发生率仍有增无减，不能真正解决训练和竞赛中的高伤病的问题。

现代体能训练的一个重要功能就是运动损伤的预防和康复，帮助运动员延长运动寿命。通过有针对性的体能训练，不仅可以有效地预防腰部伤病的发生，更为重要的是可以大大提高运动员的技术水平和运动成绩，并延长运动寿命。

四、国内外对体能训练特点的认识分析

(一)国内学者关于体能的认识

我国自20世纪80年代加入国际奥林匹克委员会以来,开始逐渐关注运动员的体能训练,也由此出现了"身体素质""体力""体质"等名词,直到90年代末,这一领域的轮廓才最终明晰。董国珍教授认为:"运动员体能是由其身体形态、身体机能及运动素质的发展状况所决定的。其中,运动素质是体能的外在表现,所以在运动训练中多以发展各种运动素质为身体训练的基本内容。"王兴等认为:"体能即体力与专项运动能力的统称。"以上主要是从竞技运动的角度认识"体能"的概念。李之文教授将体能定义为:"经身体训练获得的人体各器官系统的机能在肌肉活动中表现出来的能力,它包括身体形态的适应性变化和力量、速度、灵敏、耐力和柔韧等素质。"他整合了前人有关"体能"的各种论述,指出了体能与技能是紧密联系的平行概念。

基于中文文献检索,目前国内文献对体能的典型说法大概有以下几种。

1. 体能能力说

体能是运动员机体的基本运动能力,是竞技能力构成因素的重要组成部分,包括身体形态、身体功能、健康水平、运动素质。体能是人体各器官系统的机能在体育活动中表现出来的能力,主要由力量、速度、耐力、灵敏和柔韧性等基本的身体素质和人体的走、跑、跳跃、投掷、攀、爬、悬垂和支撑等基本活动能力组成。运动员机体的基本运动能力,是运动员竞技能力的重要组成部分。

2. 体能素质说

基本运动素质主要由力量、速度、耐力、协调四种基本能力组成。它的物质基础是人体的形态特点和机能状态。《我国优秀运动员竞技能力状态诊断和监测系统的研究与建立》中指出:"体能"是指运动员实现身体运动行为的前提条件,其特征是运动员的基本运动素质。

3. 体能综合说

体能是指人体通过先天遗传和后天训练获得的在形态结构方面、在功能和调节方面及其在物质能量的储存和转移方面所具有的潜在能力以及与外界环境结合所表现出来的综合运动能力。其大小是由机体形态结构、系统器官的机能水平、能量物质储备及基础代谢水平等条件决定的。运动素质是体能的主要外在表现形式,在运动时表现为力量、速度、耐力、柔韧和灵敏等各种运动能力。

(二)国外体能训练的文化体系

1964年东京奥运会期间,国际运动科学大会成立了国际体能测试标准化委员会,并制定了标准体能测试的六大内容。

(1)身体资源调查。

(2)运动经历调查。

(3)医学调查与测验。

(4)生理学测验。

(5)体格、身体组织测验。

（6）运动能力测验。

美国运动医学学会（ACSM）认为体能是指体适能，其构成成分有：心肺适能，心脏输送血液与氧气至全身的能力；肌肉能力，肌肉的力量与耐力；柔软度，无痛且自如移动关节的能力；身体组成，脂肪占身体重量的百分比。

美国国家体能协会（NSCA）认为体能就是力量训练和调节，主要从力量训练和其他身体素质训练的角度出发，分别提出了训练原则、训练方法、训练评价等方面的内容。近年来，美国体能界逐渐将体能训练称为"运动表现体能"。

美国体能训练体系及其表达的对现代体能训练的认识，已经不再是仅仅围绕具体身体指标的训练方法或手段的理解，它带给我们的不仅仅是我们已经习惯的"就事而事"的体能训练，而是对体能训练在文化背景、生物科学基础、运动与职业竞技体能训练的系统化，以及竞技训练水平发展的职业细分必要性等所形成的认识。所以，对于美国的体能训练等，我们需要从它的发生与背景层面进行深入了解，才能对它有比较完整的认识。

（三）体能训练的核心

美国在体能训练概念与体能训练系统性方面的认识，对于加深我们对体能训练问题的理解是很有借鉴意义的。目前，我国尚没有形成独立的竞技训练理论与生物学基础支持体系。俄罗斯、德国及欧洲的传统训练理论仍然是目前中国训练理论认识的主流，而俄罗斯、德国及欧洲的主流训练理论，由于科学观念与文化背景等原因，从生物学到训练学认识，始终与现代美国的运动训练体系主流认识存在着很大差异，因此必然导致我国对体能训练认识的局限。对于竞技体育来说，在有限时间内，围绕竞赛目标获得相对稳定的竞技状态表现能力是训练的根本要求，而要在有限时间内达到动力链功率输出最大化、代谢稳态最大化的动力链分配及优化，体能就成为这整个训练内容中的核心问题。针对这样的问题，在不同的训练认识背景下，有人就可能采用根本无视运动员健康的"摔鸡蛋"训练，而依据美国的体能训练理论，唯有在健康的前提下才能考虑人体器官功能与系统机能训练的最大化，根据健康原则，它不允许以伤病为代价去获取竞技能力的提高，但竞技能力又必须提高，这当然就对极限要求条件下的体能训练科学化提出了更高的要求。因而，健康的人格与体质、强大的生命系统机能与环境适应能力、运动或竞技表现能力的目标要求、身体对与竞赛目标要求相一致的生命系统调适，就成为体能训练的核心与关键。

（四）体能训练的训练学范畴

依照比较权威的美国运动医学会出版的训练学书籍 *sports performance training* 中的定义，美国竞技训练领域广泛应用"整合训练和竞技表现能力优化训练模型"。该模型所表达的以竞技表现能力"功率最大化"与优化的力量为主导整合机能能力的训练思维，比较经典地概括了体能训练的领域、训练原则等具体训练内容，如围绕"竞技表现能力"的专项训练原则。该模型优化发展了六个阶段，即整合训练中的利用牵拉与缩短周期原则；利用整合训练的连续统一体原则；三维训练原则；最佳姿态训练原则；最佳肌肉平衡训练；最佳肌肉功能训练。

体能训练的组成包括：放松能力训练、循环呼吸训练、核心训练、平衡训练、速度

（功率）强化训练、速度（灵活性、快速反应）的SAQ（speed、agility、quickness，速度、敏捷性、反应速度）训练、多维抗阻力整合训练以及专项体能训练等。

从以上内容可以看出，围绕竞技表现能力要素成分所构成的体能训练系统化思维及其所要求的"正确的手段、精准的变量、系统的方式、目标原则及精准控制的训练"理念，定位了体能训练的概念范畴。由此也可以看出，体能训练是一个专门的依从于竞技表现能力的训练系统。

五、现代体能训练的概念与特征

由于历史原因和训练理论体系背景的问题，目前我国的有关"体能训练"概念，有传统的"体能训练"与美国的"体能训练"之分，两者对体能训练的认识有着很大的差别。发展对体能训练的认识，正确定义体能训练的概念，尤其是根据现代生命科学发展的认识进展从机制原理上去了解与重新定义"体能训练"概念，无论对竞技训练或者健康发展都是非常重要的。

（一）体能的概念与体能训练的难点

按照现代生物科学的研究，生命是由复杂系统构成的，生命的最基本要求是与生存环境的协调。体能从本质上说，就是机体与特定环境关联的生命系统活动能力。这些活动在机体内表现为相关的系统网络、细胞环境的稳态调整以及细胞能量代谢与转录的自组织运动，在机体外则表现为机体的各种运动活动形式，包括力量、速度、灵活性、耐力、灵敏、爆发力、柔韧性、快速反应等。在运动或体育竞技中，体能通过身体负荷产生对机体的系统影响，引起机体内外的系统调适变化，综合表达为功能性能力。目前，对体能外在负荷的训练形式研究较多，对体能内在能力训练的手段与控制方法研究较少，这在竞技大项及长距离竞赛项目中表现最为突出，是体能训练的关键点和难点，是我们在体能训练中需要特别加以注意的方面。

体能训练是指有目的的、针对生命活动系统的运动负荷训练经验控制过程，体能训练依据训练负荷的时域标准，在大脑的控制下组织进行。可以说，有目的、有标准的针对机体运动能力提高或者竞技能力因素改善的训练活动，就是体能训练。

（二）体能是系统反应力量的核心

从系统生物学的角度看，任何一个训练负荷对人体来说，引起的都是整个身体系统的整体反应。由于地球引力，人体在运动中为了克服重量与惯性，力量与力量的最大功率表现能力，构成了竞技表现能力因素中最具主导性的生物因素，力量和训练正是依据这样的原理，强调体能训练是以力量为核心的各类型运动相关因素的系统重调。所以，体能训练本质上还是根据人体的物理特性，以力量水平训练为主导的系统再调试问题，以多种形式分别表述为爆发性力量训练、持续性耐力力量、训练灵活性力量训练、功能性力量训练、整体性的力量强化训练、多维动力链力量稳定性训练等。无论哪种训练形式，其生物本质都是一样的，基于训练目的，体能训练目标设计的精准化与训练过程的生物控制的标准化，对于达到训练目标是非常重要的。

六、体能训练的适用原则

无论何种竞技项目,竞技表现能力都是训练的根本目的,所有训练内容都是围绕竞技表现能力的目标进行组织安排,由于竞技目标事先约定,竞技表现能力就成为一种被约定的脑控制下的系统生物信息状态,约定的逻辑来源是专项目标成绩,形成的过程遵从人体经验自组织的生物原则。尽管体能训练的内容、手段种类很多,但无论怎样的手段或原则,其发生的生物效应原理都是一样的。所以,只有依据生物原理设计个体化体能训练手段,才能真正适合个体的需要或特点,达到体能训练的效果与目的。

对于运动员来说,竞技表现能力实际上形成了机体系统内的特定的目标系统,针对目标形成的训练,也就成为真正意义上的系统构建训练。尽管我们在前面讨论了各种训练原则在体能训练中的通用性,但根据系统生物科学的研究进展,体能的系统训练还必须遵守以下规定。

(一)目标标准原则

竞技表现能力基于竞赛目标标准而被约定,所以,体能训练负荷信息必须基于竞赛目标标准而发生。鉴于竞赛目标事先约定的客观性质,因此在实际的训练实践中,体能训练手段的设计原理与标准必须达到竞赛目标的要求,这称为体能训练的负荷目标标准原则。

(二)稳定原理或定态原则

负荷干预因素稳定性是目标定态实现的生物基础。从系统生物学的角度看,目标训练负荷训练经验的稳定排列是实现竞技表现能力目标的生物前提。这称为训练经验的稳定原理或定态原则。

(三)时域原则

训练干预因素一般必须稳定保持六周以上才能产生初步的经验信息网络流线,稳定的经验信息网络流线提供发生竞技能力生物实质——网络模体的发生可能性,网络模体只发生于干预"定态"的长时间维持过程。所以,一般情况下,训练负荷必须重复六周以上,否则,由于生物网络对信息源经验竞争选择的自组织调制原理,它很难表现为稳定的目的效果。这称为体能训练的时域原则。

(四)目标生物定态原则

在生命系统中,只有当所有状态变量均处于随时间保持不变状态的情况下,系统才处于定态。所以,在体能训练过程中,体能训练手段与标准的生物节奏周期平台的时序排列就成为"体能"效应稳定发生的逻辑来源。这称为体能训练的目标生物定态原则。

(五)脑与中枢神经系统特殊训练原则

大脑与中枢神经系统的活动是构成竞技能力表现的物质基础,专门的、针对神经控制关系的训练,是决定最终运动水平的根本因素,比如神经控制与力量发展的关系,形态、耐力、爆发力、协调能力等,无一不与神经系统有着直接的关系。此为体能训练的脑与中枢神经系统特殊训练原则。

案例总结

冰雪队伍狠抓体能打造精兵

体能是运动员竞技能力的重要基础。进入"精兵"之年后，中国各冰雪运动队伍在进行各项目专项训练的同时，着重强化体能训练，恶补短板。在距离北京冬奥会只有600天之际，各支冰雪队伍集中精力打造体能充沛、技术精湛、能征善战、作风优良的精兵，力争在北京冬奥会上创造历史突破性成绩。

不同于技巧类项目，冬季两项本身就是体能项目。在备战北京冬奥会周期下，冬季两项国家集训队结合自身项目专项特点，均衡提高身体各方面体能。在河北秦皇岛基地，除了体能训练，队伍也利用现有地形进行专项滑雪/滑轮训练加强专项技术。

北欧两项运动在中国开展较晚，从建队到现在不足3年，与国际高水平选手还有很大差距。目前北欧两项国家集训队都是20岁左右的年轻运动员。近期队伍强化进行包括核心力量、下肢关节的稳定性、折返跑、有氧耐力练习等体能训练。通过一个多月的体能专项训练，队员们在核心力量方面都有一定提升。结合当前的体能大考核，队员们在体能储备上都上了一个台阶。

随着承德坝上训练基地的快速完善，国家越野滑雪集训队利用现有各种地形、各种难度的专项滑雪/滑轮训练场地加强专项训练，并利用完善且先进的力量训练设施加强力量和体能训练，力争打造一支能够协同作战、执行力强、勇于创新与突破的越野滑雪复合型支持团队，力争北京冬奥会全项目参赛。

花样滑冰、冰壶、雪车、国家女子冰球、跳台滑雪等队伍在体能上都交上了一份不错的成绩单。

体能训练不仅可以提高运动员的身体素质，还可以在训练过程中磨炼运动员的意志，是一个坚持不懈、努力挑战自我的过程，而这些正是在北京冬奥会上创造佳绩的基础和关键。

1. 什么是体能？
2. 体能训练有哪些主要路径和方法？

专题4.2　体能锻炼计划的制订与实施

导入案例

艺人体能

影视演员彭于晏在网上晒出了自己的健身照，坦言自己为了演好某一角色，积极健身训练。彭于晏的完美腹肌令粉丝们赞美不已，甚至很多粉丝评论他的身材看起来如同雕塑一般，真的很完美。彭于晏的腹肌早在《邪不压正》电影上映前的片花中就已经展现出来了，连姜文导演都忍不住摸了摸，还蹦出一句"哎哟我去"。为了拥有清晰的腹肌，那必然要控制饮食，几个月的训练期间内，无法吃高油盐的食物，除了大量地举铁，还需要配合体能训练刷脂，所以他吃的食物也都是清汤寡水一样的食物，比如煮鸡胸肉、煮青菜等，这是想要练出腹肌的必经考验。通过刻苦训练和饮食调整，他的体脂率下降到6%，并且在拍戏过程中严格控制饮水，展现了完美的身材，完成了姜文导演的要求！虽然很多网友说他的围度不行，但镜头中的肌肉男，往往比现实中的看起来更瘦削一些，所以彭于晏的体型比大多评价他围度不行的人都要强壮。而且有人说增肌最难，但刷脂绝对也是异常痛苦的过程，完全不亚于增肌的难度，连续吃几个月的清淡饮食，并不是人人都能做到的。的确如此，相对来说彭于晏的身材更符合大众的审美，这样的身材既不太过夸张，又展现了满满的男性荷尔蒙，属于穿衣显瘦，脱衣有肉的那种！而且随着健身的艺人越来越多，也会促使更多的人迈入健身房，令更多人欣赏肌肉男。

力量素质是体能训练的重要组成部分，是发展其他运动素质的基础，也是运动员掌握技战术并提高运动成绩的必备素质。在运动实践中，力量素质往往与耐力、速度、协调、灵敏等其他素质能力综合地表现出来。因此，我们不能将力量训练与其他素质的发展孤立起来或是简单地看成仅肌肉肥大的器械练习。力量训练的核心要素是肌肉运动和抗阻负荷，因此，方法和手段具有灵活的特征。

一、徒手力量训练的主要技术手段教学

（一）上肢力量训练常用手段——俯卧撑

（1）练习目的：主要发展胸大肌、肱三头肌、三角肌力量。
（2）开始姿势：两腿伸直，两脚并拢，两前脚掌着地支撑；两手臂伸直，手掌着地支撑，间距略大于肩；躯干挺直。
（3）练习方法：屈肘，使身体贴近地面，然后伸肘还原成开始姿势。
（4）练习要点：保持正确的身体姿势，躯干挺直，屈肘时动作不要过快。

（二）躯干力量训练常用手段——仰卧起坐（直起、转体）

（1）练习目的：主要发展腹直肌、腹外斜肌、髂腰肌力量。
（2）开始姿势：两脚并拢，固定于地面，屈膝使大、小腿夹角成90°，双手抱头，上身平躺在地面上。
（3）练习方法：收腹、屈髋直起；收腹、屈髋分别左、右转体。
（4）练习要点：上下起伏和左右转体动作幅度要大；上身下躺时不要完全放松，控制速度。

（三）下肢力量训练常用手段——深蹲

（1）练习目的：主要发展股四头肌力量。
（2）开始姿势：两脚开立，与肩同宽，双手向前平举，眼睛平视，上身挺直，抬头挺胸，膝关节弯曲下蹲，大、小腿夹角略大于90°，膝关节尽量不要超过前脚尖。
（3）练习方法：尽量长时间保持开始姿势。
（4）练习要点：身体保持稳固状态，重心在两腿中间。

(四)全身力量训练常用手段——立卧撑跳

(1) 开始姿势：身体直立，形成正姿势。

(2) 练习方法：身体下俯，完成一次俯卧撑；脚掌蹬地、收腹成半蹲状；两腿蹬地上跳、身体挺直，同时两手肘关节伸直上举；下落形成正姿势；重复上述动作，连续进行练习。

(3) 练习要点：各动作连贯，速度要快，幅度要大。

二、器械抗阻训练的主要技术手段教学

(一) 蹲类项目与举重技术的关系

蹲类项目在举重训练中有十分重要的地位。由于举重是用双手移动极限重量，而且移动路线特别长，如何尽量发挥腿部力量就显得极其重要。其方式有直接、间接两种：直接方式是通过降低臀位或预蹲，以腿部力量启动作；间接方式则是通过在杠铃向上运动的同时快速下蹲，先加大杠铃对于身体的高度，再从蹲姿站起，同时加大杠铃和身体相对于地面的高度。

1. 颈前深蹲

颈前深蹲是最重要的专项力量练习，对应于后深蹲的基础力量练习。它出现在下蹲翻的下蹲支撑到站起这个阶段。同样是前深蹲，挺举这个阶段比相同重量的前蹲练习难得多，原因是动作起始点条件非常不利——刚承接住杠铃，向下的冲力很大，很多情况下还有平衡问题。承接部位不好，还可能压住脖子，造成呼吸困难和脑缺氧。所以前深蹲像宽窄拉那样使用抓挺举重量显然是不行的，必须使用尽可能大的重量。举重运动员一般每天都要练前深蹲。

2. 箭步蹲

箭步蹲（又称弓箭步蹲或弓步蹲）曾经是最重要的辅助练习。在箭步抓、箭步翻的年代，箭步蹲是唯一的下蹲支撑方式。它最大的好处是支撑面宽，大大降低了杠铃前后掉的可能性；缺点是即使像波兰箭步蹲之王巴扎诺夫斯基那样后腿几乎贴到地板上，下蹲深度还是不如前深蹲，而且两腿用力不均，下蹲支撑效果不好。所以箭步蹲现今在举重技术中只剩下上挺支撑这个最后的阵地了。相应地，箭步蹲高手也主要是老运动员。举重运动员曾经每天都练箭步蹲，现在练的人已经很少了。

3. 宽握支撑深蹲

宽握支撑深蹲，现在已经是抓举下蹲支撑起立的标准动作。这是典型的间接利用腿部力量，也就是直接把做功任务全部交给腿部。这种训练要求很高，一是和前蹲一样，在抓举中这个动作的起始点条件远不如训练时，而且比前深蹲更差，因为是双手上支撑；二是它还起到微调杠铃相对于身体高度的作用，如果上拉高度不够，蹲深一些还依然能支撑住大级别，举重高手宽握支撑深蹲超过300千克。

4. 窄握支撑深蹲

窄握支撑深蹲不是必练动作，但在中国队很常见。要做下蹲，必须做这个动作。因为重量更大，窄握支撑深蹲要求比宽握更高。还有一个难度在于下蹲时腿和手臂往相反方向做动作，神经调节有一定难度，有点类似于左手画圆、右手画方。不过中国队很多

人如占旭刚、张国政、吕小军等，这一项都极强。很显然，窄握支撑深蹲的重量要求比宽握支撑深蹲更大。

5. 颈后蹲跳

颈后蹲跳，主要是训练抓举、提铃至胸发力，以及上挺发力时的腾空。很多人可能没观察到，抓举中有一个腾空动作，挺举中有两个，虽然幅度很小，肉眼很难捕捉，上挺时那次动作相对比较大。但这可是极限重量，需要的力量如果在徒手情况下，人们能蹿出很高。在举重技术中，抓举和提铃至胸在宽窄拉的极限位置腾空；上挺则是在箭步蹲的开始位置腾空；下蹲跳一般不腾空，但训练腾空关键在于发力，和具体形式关系不大，因此训练时大多还是采用后蹲跳的形式。大级别举重高手后蹲跳超过300千克。

6. 前半蹲

前半蹲主要是训练预蹲，也就是上挺发力前的积蓄能量阶段。从技术上来说，预蹲要求站起快、爆发性用力，而前蹲对站起速度没有要求，只要站得起来就行了。从训练上来说，前蹲可以借助反弹，半蹲却必须自己制动。前半蹲训练要求是大重量、爆发式用力，重量要比前蹲更大。

7. 后半蹲

后半蹲作用类似于前半蹲，但用的重量比后蹲更大，自然也比前半蹲大，更侧重基础力量。

8. 间歇式后深蹲

间歇式后深蹲非常重要，其主要特点是杜绝了反弹，能更实在地发展腿部力量，间歇时间一般是2～3秒。举重深蹲都是全蹲，因此可以利用反弹，但问题是，抓挺举中经常是无法利用反弹的，因为在底部经常需要调整重心，调稳了再起，如果仓促弹起就很容易前后掉。这样如果训练中总是反弹，比赛中就可能因为不适应而失败。注意，很多时候不适应并不表现为站不起来，因为抓挺举重量和深蹲相比还是很小的，而是表现为前后掉，原因是动作变形导致失去重心。

（二）杠铃动作技术

杠铃的抓举方式主要有正握、反握、正反握或变换握及闭锁握四种形式，按抓握杠铃杆的距离分，有普通握、窄握及宽握。训练中，应根据练习的需要选择适宜的抓握方式。

例如，正、反手腕屈伸。

（1）练习目的：主要发展前臂肌群力量。

（2）开始姿势：蹲姿或坐姿，两手正握或反握杠铃，两上臂内收紧贴体侧肋骨，前臂放于股四头肌上，手腕及小臂前部探出膝前，屈腕或伸腕。

（3）练习方法：用力屈腕或伸腕举起杠铃。

（4）练习要点：身体保持稳固，避免晃动借力；前臂紧贴大腿，不要离开移动。

（三）哑铃动作技术

例如，腕弯举。

（1）练习目的：主要发展前臂屈肌群的肌肉力量。

（2）开始姿势：蹲姿或坐姿，两手反握哑铃，掌心向上，小臂置于大腿，腕关节伸出膝盖，上体正直，腰背挺直。

（3）练习方法：双手（单手）快速用力屈腕，将哑铃举起；慢速还原，重复练习。

（4）练习要点：身体保持稳固，避免晃动；前臂紧贴大腿，不要离开移动；屈腕时快速吐气，伸脱还原时慢速吸气。

  案例总结

体 能 共 享

2015年（上海）体能新青年学术沙龙于2015年7月11日在上海体育学院举行，来自全国各体能领域的23名新青年一起就体能相关议题进行了报告和讨论。此次学术沙龙丰富了我国体能训练事业未来发展的思路，增进了我国"体制内外"体能新青年的交流，促进了我国运动训练学科的发展：达成了与体能训练相关的一些学术共识，我国体能训练事业在未来需要从碎片化迈向系统化，从方法手段迈向原理规律，从单兵作战迈向共享平台，从"体制内外"隔离迈向"体制内外"交融。我国体能训练事业面临着进一步培育大众健康意识、继续培养高水平体能教练员，以及逐步建立本土化体能训练体系的机遇与挑战。

1. 介绍3种徒手练习爆发力的方法与要求。
2. 按身体部位对各种力量训练方法归类。

专题4.3　发展职业体能的实用技术

  导入案例

突破体能　期待更强

中国羽毛球队（以下简称国羽）正在成都进行封闭集训。国羽在成都双流集训基地接受体能测试，在雨中跑完3000米长跑，把国羽队员们累得不轻。此次体测陈雨菲展现出不错的状态，原先遇到跳绳项目也发怵的"国羽一姐"经过近几月的训练，在体能关上有了不小突破。

据了解，国羽女单在成都围绕基础体能和专项体能进行强化训练，给了陈雨菲恶补短板的机会。"现在没有比赛，我们有了更长的时间进行系统训练。"陈雨菲说。虽然体能训练真正的效果还需要比赛检验，但陈雨菲感觉自己有进步，至少在跳绳项目上。"以前我都达不到要求，现在慢慢可以达到了。"看到自己的进步，陈雨菲很开心，但相比结果，她更看重过程。"体能项目都很难，因为都要付出很多体力，会很累，也是对意志品质的一个磨炼。"

"进一步成熟"是国家队主管教练罗毅刚对于陈雨菲近一阶段表现的点评。回顾2019年，陈雨菲收获颇丰。她全年拿下7站冠军，帮助中国队重夺苏迪曼杯，成为世界冠军并登上了2019年终排名女单世界第一的宝座。但其中有不少比赛出现三局激战获胜，甚至落后逆转取胜的情况。因此，陈雨菲很明白体能的重要性。"对于羽毛球来说体能很重要，我们女单在场上体能好，就能有速度，占据主动，这样才可能去赢球。"陈雨菲坦言。

展望东京奥运会，陈雨菲理性看待，她坦然接受奥运会推迟的事实，她认为自己有更多、更充分的时间去准备，到明年可以展现更好、更全面的自己。而目前她要做的就是把握当下，努力训练，强化体能，让自己的能力全方位得到提高，使自己变得更强大。

随着体育商业化与职业化程度的飞速发展以及运动纪录向人类极限日趋逼近，比赛越来越激烈，大众对于身体健康的衡量标准越来越高。因此，从某种意义上说，构成高标准的能力因素较多，体能越来越成为比赛、健康的关键。体能测试与评估是在获取人体体能基本信息的基础上，对其体能特征和运动能力进行测试、诊断及评定的过程，是对体能现状及其各指标的及时诊断与评价。而功能性能力测试与评估，是制订和调整体能练习计划、评定人体练习水平和效果的主要依据。

一、功能性测试与评估

体能训练本身就是一个复杂的大系统，涵盖了运动员的身体健康、身体形态、身体机能、运动素质及运动技能等多个子系统，而每一子系统由多个要素组成。运动初学者很难全面系统地掌握相关知识，难以将其应用到操作层面。从训练理念来看，体能训练发生了从以往以练为主到现今以用为主的转变；从训练任务来看，体能训练也不仅仅是提高运动员的力量、速度、耐力、灵敏、柔韧及平衡等运动素质，而且还要求各项素质均衡发展，即不能出现明显的短板，并且要使体能训练与专项技术紧密结合，以取得更好的运动成绩，同时还应注意伤病的预防与康复训练。因此，非常有必要通过基础运动能力的测试与诊断发现其薄弱环节，从而有针对性地设计、修订体能训练方案。

（一）功能性运动能力金字塔

运动员除了应具备良好的力量、速度、耐力、灵敏、平衡、柔韧等素质外，更需要具备良好的动作技术与结构（动作模式），即具备良好的功能性运动能力，因为良好的功能性运动能力是运动员正确发展其他运动素质的基础。

1. 功能性运动能力金字塔模型

现代高水平运动员的体能训练，已突破单一的传统力量训练模式，走向传统与功能性模式相结合的发展道路。功能性训练最早出现在康复医疗领域，是由物理治疗师模拟术后或伤后病人所做的康复性身体练习发展形成的一个训练体系，并逐步向竞技体育领域渗透。功能性训练是在确保运动员具有扎实的基础体能后，为提高专项运动能力而设计的专门性体能训练。功能性训练涵盖了FMS测试、Y-BALANCE测试、软组织唤醒、神经—肌肉系统激活、核心区力量训练、专项动作技能整合、直线速度与多项和变向速度、力量与爆发力、能量代谢与恢复再生等。功能性训练强调的是训练的整体效能即竞技表现能力。功能性训练更加突出人体动作模式的精准和神经肌肉系统的整合，更加强调脊柱力量在运动中发挥稳定、协调、维持人体合理姿势的作用，有利于挖掘运动员的天赋和潜力，有利于运动员的速度、灵活性、协调性、平衡能力以及其他关键因素的提高，对运动员的身体姿势、动作和专项技能非常有帮助。功能性训练有利于运动员改善身体姿势，提高稳定能力，增强本体感觉，加强脊柱肌肉力量，维持关节灵活性，注重再生恢复。从功能性运动的角度，我们把运动能力分为功能性能力、功能性表现和功能性技术三个层次，每一层为更高一层提供基础，三个层次的叠加即构成了功能性训练金字塔（见图4-2）。

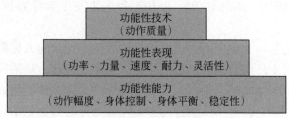

图 4-2

功能性能力位于最底层，是功能性表现和功能性技术的基础，它反映人体正确完成基本动作的能力，其质量可通过动作幅度、身体控制、身体平衡和一般稳定性来反映，可通过功能性动作筛查进行诊断；功能性表现位于中间层，它以功能性能力为基础，为功能性技术提供支撑，反映人体进行一般性运动的能力，表明动作的有效性，可通过总功率、力量、速度、耐力及灵活性等表现出来，可通过一般运动素质测试对其进行诊断；功能性技术位于金字塔的最顶端，它以功能性表现和功能性能力为基础，与专项技术密切结合，反映人体的专项运动技能，可通过运动的专项形式来反映，表现在技术、动作时机、动作学习等方面，可通过专项动作质量及专项素质测试对其进行诊断。

运动能力金字塔主要是帮助我们从功能性运动的角度来理解运动员各项体能素质之间的相互关系，使我们更好地使用功能性动作筛查，寻找运动员的薄弱环节。因此，它并不适宜作为一个评定标准去判断运动员优秀与否。

2. 功能性运动能力金字塔模型的表现形式

根据运动员各功能性运动能力的差异，金字塔模型有以下四种不同表现形式。

（1）理想的金字塔模型。Gray Cook（1965年）提出了人体功能性运动能力的最佳金字塔模型。研究认为，在理想的功能性运动能力金字塔模型中，人体运动的功能性能力、功能性表现和功能性技术处于一个相对均衡发展的状态。功能性能力处于金字塔的最底端，具有根基性作用，其水平的高低可以通过动作幅度、身体控制、身体平衡和一般稳定性来反映；功能性表现处于金字塔模型的核心区域，可以通过总功率、力量、速度、耐力及灵活性等来反映，发挥着承上启下的衔接作用；而最顶层是运动员的功能性技术，主要是指完成动作的质量，可以通过专项技术动作来反映。从整个模型来看，每一层为更高一层提供基础，三者构成了一个稳固的金字塔模型。在这种状态下，运动员的各种体能素质均处于一个相对适宜的水平，即运动员的力量、速度、耐力、灵敏、协调、柔韧、身体控制能力以及动作的技术与结构均处于适宜的水平。运动员能完全发挥各项运动能力完成专项技术动作，而没有明显的限制因素，运动效率也相对较高。值得注意的是，这种情况并不表示该运动员的运动能力没有提升的空间。只能表示目前运动员的各体能素质与专项技术水平处于一个适宜的水平，功能性运动能力良好。由此可以看出，功能性训练在整个运动训练中有着重要作用。

（2）功能性能力不足的金字塔模型。由于传统力量训练忽视了人体运动中功能性的作用，导致运动训练中体现更多的是运动员功能性能力的不足（见图4-3）。个体功能性运动能力的不足，将限制运动水平的进一步提高。在这种状态下虽然运动员的总体动作水平可能达到一定的高度，但由于功能性能力的缺乏，最终限制运动水平的提高和动作的稳定性发挥。

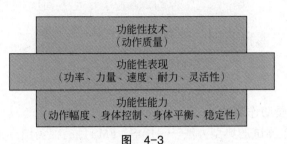

图 4-3

这种状态下，运动员会在功能性表现和专项运动测试中取得较好的成绩，但在功能性动作能力测试中表现较差，如在活动范围、动作幅度、平衡、控制及稳定性等测试中成绩较差。较差的柔韧性和稳定性会成为这种运动员完成某些运动的限制因素，因此他们在功能性动作筛查中也难以取得理想的分数。很多高水平运动员都属于这一类型，他们的运动成绩可能非常优秀，且没有伤病，但功能性动作能力较差会影响他们的运动效率，阻碍其进一步提高成绩，同时也不利于伤病的预防。因此对于这种类型的运动员，我们需要优先发展改善他们的柔韧性和稳定性，提高其完成功能性动作的能力，再进一步发展其他运动素质。

（3）功能性表现不足的金字塔模型。在这类金字塔模型中，运动员功能性表现能力发展不足，与其他两个层级不相适应（见图4-4）。这表明运动员需要加强爆发力、速度、耐力及灵活性等运动表现能力的练习。这种状态下，运动员在功能性动作筛查和功能性专项运动能力测试中会取得适宜的成绩，但功能性表现能力测试成绩较差。对于这种类型的运动员，运动素质一般是其运动成绩提高的关键限制性因素。为了提高运动成绩，运动员首先需要提高其力量、爆发力、速度、耐力及灵活性等，因此需要加强力量、爆发力、速度、耐力及灵活性的训练等。

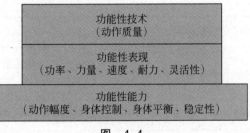

图 4-4

（4）功能性技术不足的金字塔模型。在功能性技术表现不足的金字塔模型中，运动员功能性专项运动表现能力较差，与其他两层不相适应（见图4-5）。这表明运动员需要加强自身的专项技术训练，并提高体能素质与专项技术的衔接能力。这种状态下，运动员在功能性动作测试和功能性一般运动能力测试中均能取得不错的成绩，但功能性专项测试成绩却很差。对于这种运动员，专项技术是其运动成绩提高的关键限制因素。为了提高运动成绩，运动员需要首先提高专项技术水平，并使自身的体能素质与技术良好的结合，保证专项运动的正确性和效率。

```
         ┌──────────────────┐
         │   功能性技术      │
         │   （动作质量）    │
       ┌─┴──────────────────┴─┐
       │    功能性表现         │
       │（功率、力量、速度、   │
       │    耐力、灵活性）     │
     ┌─┴──────────────────────┴─┐
     │      功能性能力           │
     │（动作幅度、身体控制、     │
     │  身体平衡、稳定性）       │
     └───────────────────────────┘
```

图 4-5

3. 功能运动素质动作测试

（1）功能性动作测试的典型方法——FMS。FMS目前在美国广泛应用于理疗康复和体能训练领域，是由Gray Cook等根据功能动作训练所设计出来的一种功能性动作测试与评价方法。FMS测试确定了一个制订功能训练计划的基准，并且提供了一个简易测定运动成绩的方法，它可以很快地发现人体的危险动作模式并且通过针对性的纠正训练来改善并最终排除掉。FMS测试可以应用于各种运动级别，它可以使一系列的错误动作问题简化为一个纠正训练计划。

FMS测试通过7个基本动作检测人体运动的对称性、身体弱链以及局限性，对运动代偿进行跟踪测试，并通过相应的动作训练来解决身体的弱链和局限性，以减少运动损伤并提高运动员的竞技能力。FMS测试填补了运动医学和体能训练之间的空白，为康复训练和体能训练架起了桥梁。FMS测试操作简单易行，适用于任何人，包括伤病者、普通人群和运动员。

通过FMS测试发现运动员动作模式的各种问题，根据测得分数确定训练计划的基线，通过科学的个性化的矫正训练来提高运动员的基本动作能力，进而提高体育训练的功能性和运动员的成绩。FMS测试可以对运动员的训练进行跟踪监测，在损伤前发现危险的弱链，减少训练和运动损伤。FMS测试系统的目的主要是改变身体运动问题，而不是解剖分析复杂的原因（见表4-2）。

表 4-2

项目	FMS功能动作测试	体能测试
测试内容	监测身体稳定和灵活性的7个动作	按五大传统身体素质分类，分别有多种测试方法和动作
测试对象	伤病者、普通人群、运动员	运动为主
测试目的	监测人体运动的对称性、身体弱链以及局限性	监测运动员的五大身体素质
测试适应性	有专门针对性的纠正训练动作	无针对性跟踪训练
测试跟踪	（略）	（略）

首先是活动度纠正，其次是稳定性和动作控制纠正，再次是功能性模式纠正。

① 活动度：包括肩关节活动度（SM）和直腿主动上抬（ASLR）。首先，关注关节活动度；其次，组织长度；最后，肌肉柔韧性等。

② 稳定性和动作控制：包括躯干稳定俯卧撑（TSPU）和旋转稳定（RS）。首先，关注动作的基本原序；其次，稳定性是关于时机以及调整控制；最后，姿势控制（开始或结束姿势）。

③ 功能性模式：包括（过顶）深蹲（DS）、跨栏步（HS）及直线弓步（ILL）。将活动度以及稳定性融入专项动作模式中，加强协调性以及时机。

提示：

（1）FMS纠正的优先顺序依次如下。

① DS-1深蹲；

② HS-2/2跨栏步；

③ ILL-1/2直线弓步；

④ SM-2/2肩膀活动度；

⑤ ASLR-1/1直腿主动上抬；

⑥ TSPU-I躯干旋转俯卧撑；

⑦ RS-2/2旋转稳定。

（2）FMS告诉我们什么不该做。

① 活动度。肩关节活动度（SM）：过顶推、负重过顶拉、杠铃推举、过顶重力球练习。直腿主动上抬（ASLR）：闭链大负重练习（硬拉）、跑步、直行军步或跳。

② 稳定性和动作控制。旋转稳定（RS）："传统的"核心训练，如仰卧起坐、卷腹、扭转、闭链大负重练习（硬拉）、高量跳、跑步等。躯干稳定俯卧撑（TSPU）：上身/下身大负重、高量增强式训练或过顶重力球练习等。

③ 功能性模式。直线弓步（ILL）：含弓步姿势、跑步的负重模式；跨栏步（HS）：含单腿站立（单腿蹲、弓步、后退抬高）的负重练习；深蹲（DS）：深蹲负重模式，高量跳。

（3）纠正方法。

① 深蹲纠正。额外测试：仰卧膝盖伸向胸前。如果运动员仰卧能做到，站立时做不到，则为核心问题。纠正时应考虑：呼吸、软组织、活动度（踝关节活动度臀屈肌拉伸、碰脚尖再深蹲进度）、稳定性（相扑深蹲定住、四肢着地髋关骨摆动）及动作控制（INT深蹲、高脚杯蹲、髋铰链模式）等。

② 肩关节活动度纠正。纠正时应考虑：呼吸、软组织（这将是纠正任何模式的头两项优先考虑事项）、活动度（胸椎旋转内旋外旋、侧向弹力带拉伸、四肢着地胸椎带PVC管）、稳定性（提哑铃、熊爬、正面平板）及动作控制（手臂上滑、俯卧撑）等。

③ 直腿主动上抬纠正。额外测试：运动员坐下以及站立时能否触碰到脚尖。两种情况都碰不到时，必须关注腘绳肌长度和骨盆；坐下碰到，站立碰不到时，必须关注骨盆、核心组织。纠正时应考虑：呼吸、软组织、活动度（臀屈肌拉伸、3-D腘绳肌拉伸等）、稳定性（腿下降进度、碰脚尖进度）及动作控制（单腿硬拉、髋关节铰链进度、硬拉）等。

④ 躯干稳定俯卧撑纠正。纠正时应考虑：呼吸、软组织、活动度（臀屈肌拉伸、蜘蛛侠拉伸）、稳定性（平板进度、爬行进度、俯卧撑碰垫子）及动作控制（俯卧撑进度、毛毛虫爬）等。

⑤ 旋转稳定纠正。纠正时应考虑：呼吸、软组织、活动度（髋关节内旋/外旋拉伸、后侧摆髋）、稳定性（全跪、半跪以及等长弓步下劈/上提）及动作控制（爬、鸟狗式、站姿下劈及上提）等。

⑥ 跨栏步纠正。纠正时应考虑：呼吸、软组织、活动度（踝关节活动度、髋关节旋转拉伸、半跪横膈膜呼吸）、稳定性（全跪、半跪以及等长下劈和上提模式/库克提髋）及动作控制（单腿定住、单腿深蹲）等。

⑦ 直线弓步纠正。纠正时应考虑：呼吸、软组织、活动度（臀屈肌、踝关节活动度练习）、稳定性（全跪、半跪以及等长定住上提、下劈）及动作控制（分腿蹲进度、弓步蹲进度、反应神经肌肉训练）等。

（2）核心力量的徒手测试——仰卧两头起。

① 测试目的：主要测试核心区肌群的快速力量或力量耐力水平。

② 测试器材：瑜伽垫、秒表。

③ 测试方法：该测试手段由于动作简单、操作方便，目前无论是训练还是测试均得到了广泛应用。运动员仰卧于垫上，双臂伸直上举于头上方，双脚双手触地，收腹举腿折体，双手触及脚尖，然后快速回位，连续进行，记录单位时间内（30秒或60秒）完成的次数。

④ 测试要求：身体下落时回到准备姿势，手脚必须触地，然后接下一个动作；收腹时腿臂伸直，双手触及脚尖。

（3）核心力量测试——负重前抛实心球。

① 测试目的：主要测试核心肌群爆发力和整体发力的协调性。

② 测试器材：实心球、皮尺。

③ 测试方法：两腿自然分开且略宽于肩站立，双腿屈膝，上体前倾，双手持实心球于双髁间。然后以髋为轴，伸体伸腰，双臂快速上举，将实心球从头前扔出，并记录下球落地的距离。

④ 测试要求：预备动作时不可含胸弓背，保持上体直立；发力前双臂不可预摆，应按照伸膝、伸腰、展背的顺序，在抛球用力的过程中要持续发力，双臂不可过早用力；各动作环节应协调发力，伸膝蹬地和伸髋前抛动作应充分。

（4）最大力量测试——1RM深蹲测试。

① 测试目的：测试主要用于反映运动员下肢整体最大力量。

② 测试器材：深蹲架、杠铃杆和杠铃片。

③ 测试方法：在开始阶段，运动员将杠铃置于颈后三角肌上方，双手紧握杠铃，略宽于肩。双脚开立略宽于肩，脚尖略微外旋。之后运动员开始完成蹲启动作。为了保障受试者的安全，杠铃杆两侧必须有保护人员进行保护。

④ 测试过程：

a. 运动员以一定重量（5～10RM）的深蹲进行热身，热身完成后休息1分钟。

b. 增加负荷，在该重量下运动员能够完成3～5次深蹲，常用标准为重量在第一项测试的基础上增加14~18千克或增加10%~20%，休息2分钟。

c. 增加重量，在该重量下运动员能够完成2~3次深蹲，常用标准为重量在第二项测试的基础上增加14~18千克或增加10%~20%，休息2~4分钟。

d. 增加重量，让运动员尝试完成1次深蹲，常用标准为重量在第三项测试的基础上增加14~18千克或增加10%~20%，休息2~4分钟。

e. 如果运动员之前成功完成深蹲，则继续增加重量，常用标准为重量在第四项测试的基础上增加14~18千克或增加10%~20%。如果运动员之前没能完成深蹲，则减轻重量，再次让运动员尝试完成1次深蹲，常用标准为重量在第四项测试的基础上减少7~9千克或减少5%~10%，休息2~4分钟。

f. 继续增加或减轻重量，直至找到运动员可以良好地完成一次深蹲的最大重量，尽量在5次测试之内找到1RM。

⑤ 测试要求：在动作最低点时运动员大腿应与地面平行。整个蹲起过程必须连贯，且不需要外界辅助。

⑥ 美国足球运动员1RM深蹲测试评价参考标准见表4-3。

表 4-3　　　　　　　　　　　　　　　　　　　　　　　　　　　　　　　单位：千克

评价（百分制）	中学（14~15岁）	中学（16~18岁）	NCAA分区I
90	175	211	227
80	156	139	207
70	148	184	195
60	139	166	184
50	134	152	180
40	125	143	170
30	116	134	161
20	107	125	150
10	93	114	136
Mean（平均数）	134	158	180
SD（标准差）	33	40	35
n（样本量）	170	249	1074

（二）爆发力测试与评估

快速力量是指肌肉以最快的速度产生力量的能力，包括启动力、制动力、爆发力和反应力量。在测试或训练实践中，常使用爆发力一词，这是指肌肉以最快的速度克服阻力，产生最大输出功率的能力。因此，爆发力测试（无氧爆发力测试）包括1RM爆发力练习（如高翻、抓举、挺举）、纵跳摸高、立定跳远、单腿立定二级跳、单腿快蹲、快速俯卧撑、斜推实心球等。

（三）耐力素质测试与评估——有氧耐力测试与评估

（1）测试目的：主要测试运动员的一般有氧耐力。

（2）测试器材：beep_test 磁带或光盘、播放设备（计算机）、扩音器、标志桶、皮尺。

（3）测试方法：播放设备会有规律地发出"哗"的提示音，运动员必须在下次提示音响起时到达 20 米外的另一端。提示音间隔每分钟都在缩短，也就是每 1 分钟后跑速必须提高。起始速度为 1 级，随着速度增加是 2 级、3 级……每级速度跑总时间约 1 分钟，测试最高速度是 21 级。每 20 米后有"哗"提示音分隔，每级之后有稍长的"哗"提示音和简单的语音提示；运动员在听到"哗"提示音时必须有一只脚踩在或跨过一端的标志线，脚没有踩在或跨过标志线者警告一次；若在听到下次"哗"提示音时不能到达 20 米的另一端，就要出局结束测试；在筋疲力尽前，运动员会出现连续两次不能及时跑完 20 米的情况，此时也结束测试并记录成绩。

（4）测试过程：

① 运动员进行 10～15 分钟的热身和牵拉，测试者在平地上设定 20 米测试区域并画上直线，在起始点和终点用标志筒摆成两个平行的门。

② 热身结束后，测试者向运动员讲述规则，并让运动员按照提供的速度（音响，如磁带或哨音）节奏以慢速完成几次折返跑来适应现场音响。

③ 测试开始，在听到音响播放的声音后，运动员开始折返跑，并在第二次听到声音的时候返回到终点。

④ 若运动员没有在规定时间内完成跑动，将被记作一次失误。一组折返跑有两次失误，测试停止。

⑤ 记录停止时的级数。

（5）测试要求：在音响发出"哗"的提示音时，运动员若第一次未达到标准，给予警告；运动员若第二次未达到标准，此测试结束。

（6）beep-test 级别、计分与最大摄氧量对照表（见表 4-4）。

（7）最大摄氧量等级评价参考标准（男子见表 4-5，女子见表 4-6）。

表 4-4

级别	趟数	最大摄氧量	级别	趟数	最大摄氧量
4	2	26.8	6	2	33.6
	4	27.6		4	34.3
	6	28.3		6	35.0
				8	35.7
	9	29.5		10	36.4
5	2	30.2	7	2	37.1
	4	31.0		4	37.8
	6	31.8		6	38.5
				8	39.2
	9	32.9		10	39.9

续表

级别	趟数	最大摄氧量	级别	趟数	最大摄氧量
8	2	40.5	13	2	57.6
	4	41.1		4	58.2
	6	41.8		6	58.7
	8	42.4		8	59.3
	11	43.3		10	59.8
				13	60.6
9	2	43.9	14	2	61.1
	4	44.5		4	61.7
	6	45.2		6	62.6
	11	46.8		10	63.2
				13	64
10	2	47.4	15	2	64.6
	4	48.0		4	65.1
	6	48.7		6	65.6
	8	49.3		8	66.2
	11	50.2		10	66.7
				13	67.5
11	2	50.8	16	2	68.0
	4	51.4		4	68.5
	6	51.9		6	69.0
	8	52.5		8	69.5
	10	53.1		10	69.9
	12	53.7		12	70.5
				14	70.5
12	2	54.3	17	2	71.4
	4	54.8		4	71.9
	6	55.4		6	72.4
	8	56.0		8	72.9
	10	56.5		10	73.4
	12	57.1		12	73.9

续表

级别	趟数	最大摄氧量	级别	趟数	最大摄氧量
18	2	74.8	20	2	81.8
	4	75.3		4	82.2
	6	75.8		6	82.6
	8	76.2		8	83.0
	10	76.7		10	83.5
	12	77.2		12	83.9
	15	77.9		14	84.3
				16	84.8
19	2	78.3	21	2	85.2
	4	78.8		4	85.6
	6	79.2		6	86.1
	8	79.7		8	86.5
	10	80.2		10	86.9
	12	80.6		12	87.4
	15	81.3		14	87.8
				16	88.2

表 4-5

评价等级	年 龄					
	18~25岁	26~35岁	36~45岁	46~55岁	56~65岁	65岁以上
优秀	>60	>56	>51	>45	>41	>37
良好	52~60	49~56	43~51	39~45	36~41	33~37
中上	47~51	43~48	39~42	35~38	32~35	29~32
中等	42~46	40~42	35~38	32~35	30~31	26~28
中下	37~41	35~39	31~34	29~31	26~29	22~25
差	30~36	30~34	26~30	25~28	22~25	20~21
较差	<30	<30	<26	<25	<22	<20

表 4-6

评价等级	年 龄					
	18~25岁	26~35岁	36~45岁	46~55岁	56~65岁	65岁以上
优秀	>56	>52	>45	>40	>37	>32
良好	47~56	45~52	38~45	34~40	32~37	28~32

续表

评价等级	年　龄					
	18～25岁	26～35岁	36～45岁	46～55岁	56～65岁	65岁以上
中上	42～46	39～44	34～37	31～33	28～31	25～27
中等	38～41	35～38	31～33	28～30	25～27	22～24
中下	33～37	31～34	27～30	25～27	22～24	19～22
差	28～32	26～30	22～26	20～24	18～21	17～18
较差	<28	<26	<22	<20	<18	<17

（四）速度、灵敏测试与评估

1. 基础速度测试——5米冲刺跑测试

（1）测试目的：主要测试启动速度和爆发力（尤其是对网球、羽毛球、跆拳道、击剑等对抗类项目特别重要）。

（2）测试器材：红外测速仪（秒表）、10米跑道。

（3）测试过程：

① 运动员进行10分钟热身。

② 运动员进行2次最大强度的30米跑。

③ 休息3分钟。

④ 开始测试。

2. 灵敏、协调能力测试——六边形跳测试

（1）测试目的：主要测试运动员的灵敏、协调能力。利用不同方向和变化，测试运动员下肢与躯干间相互配合的控制能力及不同方向移动的灵敏、协调与速度性，与专项密切结合。

（2）测试器材：秒表、白贴、长宽各2米的空旷场地。

（3）测试方法：预备时站立于边长为60厘米（夹角120°）的六边形内；听到开始口令（同时按表）后，往六边形外跳跃，再迅速折返六边形内，然后再跃至下一边外，并持续以顺时针方式跳3圈；以秒表记录运动员跳3圈所需的时间；以秒为单位，测试值越大表示速度越慢（见图4-6）。

（4）测试要求：必须依序按顺时针方向进行跳跃测试；每次必须跳进或跳出六边形的一边；可单脚或双脚进行。

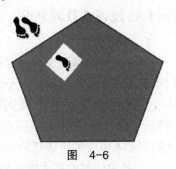

图 4-6

（5）测试过程：

① 使用6条60厘米长的胶带贴出一个六边形。

② 运动员进行5分钟热身。

③ 休息2分钟。

④ 运动员站在六边形中间，等待测试者指令开始测试。

⑤ 受试者发令，运动员快速从某一边跳出六边形，再跳回中间；再从另一边跳出，再跳入。
⑥ 以顺时针或逆时针顺序跳完所有的边，完成3次循环。
⑦ 记录完成时间。
⑧ 休息2分钟，再次重复测试。
⑨ 记录最好成绩。

（五）柔韧素质测试——坐位体前屈

（1）测试目的：主要测试股后肌群的柔韧性。

（2）测试器材：瑜伽垫、皮尺。

（3）测试方法：受试者坐在瑜伽垫上，两腿伸直，脚跟并拢，脚尖分开10～15厘米，然后两手并拢，两臂和手伸直，渐渐使上体前屈，手臂尽量向前远伸，直到不能继续前伸，并至少保持2～3秒，重复2次取最好成绩。

（4）测试要求：在伸臂的整个过程中，双膝必须保持完全伸直，用一把尺子丈量手骨伸直至双脚或超过双脚的距离。

（5）坐位体前屈评分标准如下。

- 3分：掌根过脚尖；
- 2分：掌根至中指指尖之间；
- 1分：中指未触及脚尖；
- 0分：疼痛。

二、阶段训练周期与负荷安排

年度训练周期是一个时间跨度相对较大的周期，是一个循序渐进的过程。为了便于周期训练的组织安施，细化各个时期和阶段的训练，人们把年度训练大周期分成多个阶段。

（一）阶段训练及其划分

1. 阶段训练

年度训练周期包含单峰周期、双峰周期和多周期，每一个围绕主要比赛组织的系统训练都是一个大周期。每一个大周期都是由准备阶段、比赛阶段和过渡阶段这三个阶段构成。也就是说，一个单峰周期是一个大周期，包含三个阶段；一个双峰周期含两个大周期，由6个阶段组成；多周期以此类推。阶段训练是阶段性的、具有一定目标的，是大周期必不可少的组成部分，且每个阶段之间是相互承接和连续的，不能单独存在。

2. 阶段训练的基本模式和主要任务

大周期的准备阶段、比赛阶段和过渡阶段相互承接，组成一个训练循环周期，从而不断促使运动员循序渐进地向训练目标靠近。根据距离比赛的时间长短与运动员机体对训练的适应规律对阶段进行划分，每个阶段都有各自的特点和任务，正确规划、合理安排、按顺序有计划地完成各阶段任务对年度周期的把控和训练目标的实现有着重要的意义。

（1）准备阶段

准备阶段是大周期最开始的阶段，对后续阶段的训练起着重要的作用。在此阶段，运动员需要为竞赛阶段的体能、技能、心理能力打下坚实的基础，并逐步适应高强度的训练和比赛，为进入竞赛阶段各方面做好充分的准备。一般来讲，准备阶段的训练目标如下：获得和提升一般竞技能力；提升专项体能；培养专项心理特质；发展、改善、提升技术水平；使运动员熟悉下一阶段的基本策略；指导运动员学习专项训练理论和方法。

对所有项目而言，准备阶段可以分成两个子阶段：一般准备子阶段和专项准备子阶段。

① 一般准备子阶段。一般准备子阶段是用来发展运动员的竞技能力和一般身体能力，改善其技术成分和基本战术能力。其中最重要目标是发展运动员的体能，这将提升运动员在训练和比赛中的生理和心理承受能力。所有的项目都要求运动员必须具有良好的体能。很多时候，运动员无法完成需要的技巧，是因为他们没有相应的体能基础。因此，在发展运动员技能的开始阶段须对他们进行测试与评估，看是否具备足够的体能支持，然后针对性地进行训练，提高技战术所要求的身体能力，从而提高竞技能力。

② 专项准备子阶段。专项准备子阶段是一般准备阶段的后续部分，是运动员基础能力向专项能力过渡的阶段。这个阶段的训练目标与一般准备子阶段相似，都是发展运动员的竞技能力，但更趋向于专项化。

在经过一段时间的一般能力积累后，运动员的各项素质和基础技能有了一定的发展，如何把这些运动素质更好地和技术动作、战术体系、比赛强度以及项目特点等相结合，如何把积累的基本技能整合到比赛要求的竞技能力中去，这就需要在专项准备子阶段中进行从一般到专项的过渡，从而为更好地适应比赛做好准备。

（2）比赛阶段

比赛阶段是整个大周期的最核心阶段，是大周期训练效果的体现。比赛阶段以比赛为核心。比赛阶段的主要任务是整合所有的训练因素，提高运动员竞技能力，在年度训练计划的主要比赛中正常或者超常发挥，从而获得理想的运动成绩。比赛阶段的一般目标如下：发展和保持运动员专项体能；提高运动员比赛心理素质；使专项技术趋于完美并巩固技术成分；以最高标准改善竞技表现；消除疲劳并为比赛做好充分准备；灵活运用技战术；获取和积累比赛经验。

比赛阶段的持续时间因项目和比赛性质而异，有的时间较短，有的则相对较长。为了便于比赛阶段的训练安排和计划的分步实施，比赛阶段又可分为赛前阶段和主要比赛阶段。

① 赛前阶段。该阶段主要是运动员参加一些有利于适应比赛的表演赛或者热身赛等非正式的赛事，它是竞赛阶段重要的组成部分，有助于教练员客观评估运动员的竞技状态和水平；有利于运动员熟悉主要比赛的场地、气候、竞赛氛围，整合准备阶段训练的体能、技能、战术、心理等能力，找到比赛的感觉等，但不要求运动员达到最佳的竞技状态，而是为即将到来的最重要的主要比赛做好适应和准备。

② 主要比赛阶段。该阶段是指临近主要比赛和进行主要比赛的阶段。这个阶段是极其重要和敏感的阶段。这个阶段的初期会有一段时间进行模拟比赛的训练，以全面提升

运动员的体能、技术、战术和心理准备水平。在距离比赛8~14天时，开始进入低负荷或减量子阶段。这个阶段通过对负荷的适当调整，促进运动员的超量恢复，提高运动员的竞技能力，最后参加比赛，可发挥出最好的竞技水平，争取获得理想的运动成绩。

（3）过渡阶段

过渡阶段是指上一个大周期的主要比赛完成后，下一个大周期的准备阶段开始前一段时间的训练。它是两个大周期衔接的部分，对运动员训练的连续性和系统性起着重要的作用。这一阶段主要有两个任务：首先，过渡阶段是前一个大周期休养和恢复的阶段。经过上一个大周期长期的训练和激烈的比赛，运动员机体产生并积累了大量的损伤和疲劳，包括生理的和心理的疲劳。另外，过渡阶段是后一个大周期的铺垫阶段。在进入下一个大周期前，运动员应该以健康、积极的面貌去面对即将到来的、紧张的大周期训练，只有在过渡阶段做好了这些前期准备工作，才能确保下一个大周期的顺利进行，才能保证运动员竞技能力发展的连续性和系统性，才能使运动员长时间保持较佳的身体状况和竞技水平，才能避免更多运动损伤从而延长运动员的运动生命。

（二）各阶段负荷安排

1. 准备阶段负荷特点

准备阶段的训练包含一般练习和专项练习，通常训练强度偏低，但是负荷量很大，目的是增强运动员的竞技能力和心理承受力。

准备阶段的负荷安排有一定的规律，但是由于各个项目都存在差异，训练的内容选择会根据项目需求呈现出不一样的特点。耐力运动项目主要发展运动员的有氧耐力。以力量、速度、爆发力为主导的项目，主要发展运动员的无氧能力和最大力量。集体项目的运动员在发展基础体能的同时，也需要发展基础技术和战术。体能是竞技状态的基础，在进行训练安排时，教练员一定要对发展体能给予相应的重视。

一般而言，准备阶段中15%~25%的时间安排给一般准备子阶段（其余为专项准备子阶段）。准备子阶段的比例会随着运动员水平的提高而逐渐减少。

在这个阶段可以一直采用较大负荷量的训练，但是训练负荷不宜超过40%的总训练量，尤其是对于初学者。本阶段的目的主要是提高竞技能力。

2. 比赛阶段负荷特点

进入竞赛阶段后，运动员需要保持良好的体能状态。良好的体能是发展技能的基础。此阶段技能训练和小场地比赛发展运动员专项技能占所规划的体能训练总量的90%，余下的10%是通过间接的非专项训练发展运动员的一般身体能力，可以安排积极休息或与专项训练没有直接联系的游戏。

3. 过渡阶段负荷特点

过渡阶段的主要任务是调整和恢复。

过渡阶段的时间和负荷安排，受运动员疲劳程度和下一场重要比赛的时间影响。如果是单周期训练，由于运动员长时间心理和生理的疲劳积累，且一年只有一个主要比赛，会有较充足的时间进行恢复和过渡，一般会安排1~1.5个月的时间；双周期一般会安排2~3周时间；多周期可能会相对更短。但是，过渡期没有固定的时间限制，它取决于运动员的恢复状况。如果运动员连基本的体能都没有恢复，教练员应该考虑改变计划，延长过渡期甚至取消下阶段的比赛。过渡阶段的负荷安排也是以运动员的状态为准绳来组织的。

恢复分为自然恢复和积极恢复两种。自然恢复是指单纯地依靠睡眠，几乎不参与任何形式的身体运动，让身体自然恢复。这样的恢复并不常用。运动员常用的恢复方式是积极恢复。积极恢复就是通过调整训练负荷和内容，积极进行牵拉、按摩放松、康复训练。

过渡期基本采用游戏、变换训练内容或环境、降低训练量和训练弧度等方法来进行能源物质的恢复和神经、肌肉、心理的放松。一般不负重，一小段时间后适当地加少许负荷，但都是较低强度和少量的身体或者技术练习。随着运动员机体的恢复，可以适当安排一定的负荷来保持运动员的身体能力，防止之前积累的力量、耐力、技术等竞技能力的衰退，促进机体的恢复，也为紧接着下一个大周期的准备阶段的到来做好铺垫与过渡。由于各个阶段的训练任务和目标不同，选择的训练内容和搭配方式也不一样。

案例总结

以体能报国作为体能人的终极追求，体能人将拥抱更宽广的发展空间

我国面临着青少年体质持续下降，人口快速老龄化，大众普遍受饮食、环境污染、不良生活方式的影响，缺少体力活动等导致的身体健康状况恶化等社会问题，健康体能训练是实现全民科学健身的重要依托，有了全民健身，才有全民健康；另外，特殊人群健康体能训练、特种行业体能训练的需求也呈现井喷之势，体能人应当顺势而为。

中国体育科学学会的副秘书长、国家体育总局科研所副所长杨杰博士指出，中国体育科学学会体能训练分会作为全国性的、权威的体能训练专业机构，承担着我国体能教练行业人才培养、能力水平鉴定、科学研究、学科建设等方面的责任。在中国体育科学学会体能训练分会的组织协调下，集全国多个方向的运动科学家及知名体能训练专家之智，成功打造出中国体能训练师认证体系，意义重大。

中国体育科学学会体能训练分会正式成立于2017年9月，是中国体育科学学会最年轻的二级分会。自成立以来，体能训练分会在发展会员、推动学科建设、开展国际学术和专业交流、进行国家队体能教练培训、搭建专业交流平台、建设中国体能训练师认证体系、建设系列认证教材、主动回应并积极解决重大社会问题（青少年体能下降、人口快速老龄化）、主动对接健康中国国家战略及奥运攻关战略等方面开展了卓有成效的工作。

中国体能训练师专业能力认证分为：体能训练师、高级体能训练师、资深体能训练师。体能训练师认证体系强化运动科学和体能训练实践的高度衔接、知识考核与能力考核相统一、国际标准和本土需求相统一，为培养及选拔中国高水平体能训练师做出专业贡献。

★探索与思考

1. 简述FMS测试的功能、意义及方法。
2. 针对你所从事的项目，请设计一个专项体能测试方案。

模块五　体育运动与奥林匹克教育

模块导读

奥林匹克运动会是在奥林匹克主义指导下，以体育运动和四年一度的奥林匹克庆典——奥运会为主要活动内容。其宗旨是促进人的生理、心理和社会道德全面发展，沟通各国人民之间的相互了解，在全世界普及奥林匹克主义，维护世界和平的国际社会运动。奥林匹克运动包括以奥林匹克主义为核心的思想体系，以国际奥委会、国际单项体育联合会和各国奥委会为骨干的组织体系和以奥运会为周期的活动体系。

原定于2020年7月在日本东京举办的第32届奥运会，由于全球性新型冠状病毒性肺炎疫情的形势，国际奥委会与东京奥组委发表联合声明，宣布将改期至2020年后，但不迟于2021年夏天的日期举行。

本模块主要介绍奥林匹克运动会赛事的起源、发展和一些相关知识。逐鹿赛场，比赛结果自然重要，但更重要的是看待胜负的态度。随着人民生活水平的提高，国人对体育的理解也逐渐转变。不论运动员或观众，思想都更开放、更包容、对体育的解读更到位。

能力目标

1. 了解奥林匹克运动会的起源、发展。
2. 了解有关奥林匹克运动相关的知识。
3. 了解我国奥林匹克运动会的相关的知识。
4. 学会欣赏各种体育竞赛赛事，弘扬奥林匹克体育精神。

专题5.1　奥林匹克运动起源与发展

导入案例

碰撞成就伟大——奥运田径场上的"体育精神"

里约奥运赛场上，一次不经意的"碰撞"，成就了美国选手阿贝·德·阿戈斯蒂诺与新西兰选手尼基·汉布林的伟大，因为她们让"体育精神站在了奥林匹克的顶端"。

当地时间16日的里约奥运会田径女子5000米预赛中，汉布林途中突然摔倒，随后带倒了身后的阿戈斯蒂诺。这一切发生得太突然，奥林匹克体育场发出一片惊呼声。

摔倒的阿戈斯蒂诺迅速起身，然而她并没有马上投入比赛中，而是径直向伏在地上的汉布林走去。此时比赛还在继续，分秒不得停歇，其他选手都已陆续跑开。

阿戈斯蒂诺将汉布林扶了起来，鼓励她："来吧，这是奥运会啊，我们必须完成比赛。"或许大家都知道，当阿戈斯蒂诺走向汉布林时，这位美国姑娘注定将失去晋级的希望。

但这一举动却是友谊和团结的象征，她的行动诠释了奥林匹克精神，也赢得众人的掌声和赞誉。

然而故事并未结束，突发的状况再次发生。倒地时为了避免踩到汉布林，阿戈斯蒂诺刻意扭曲身体倒地因而膝盖受伤，只能一瘸一拐前进，一度痛得摔倒。

此时的汉布林同样没有"抛弃"伙伴，她关切询问阿戈斯蒂诺的情况，扶她站立起来，继续往前跑时还频频回头，强忍伤痛的阿戈斯蒂诺只叫她"快跑"。

最终，两人以倒数第一、二名的成绩冲过终点。泪水与拥抱，赛后，汉布林搀扶阿戈斯蒂诺坐上轮椅，两人相互握手致意，里约奥林匹克体育场里经久不息的掌声送给这两位"最佳"选手。

美国ESPN体育频道为两名运动员大抒赞歌道："毫无疑问，奖牌是很重要，但奥运会绝对不止如此，汉布林与阿戈斯蒂诺向我们展示了到底什么是伟大的体育精神。"

"来到奥运会肯定每个人都想拿金牌、拿奖牌的。"汉布林赛后接受媒体采访时说，"但是，说真的，我觉得这段经历的意义已经远远超过获得一面奖牌了。如果有人在20年后问我在里约发生了什么，我会把这一切原原本本地告诉他们。"

已故美国著名黑人田径运动员杰西·欧文斯曾说，"在体育运动中，人们学到的不仅仅是比赛，还有尊重他人、生活伦理、如何度过自己的一生以及如何对待自己的同类"。

这一次碰撞让世人再次经受了奥林匹克精神的洗礼。正如中国一直倡导的"友谊第一，比赛第二"的体育精神一样，奥运赛场不只是更快、更高、更强的竞争，还有互相尊重、友谊和团结。

赛后，美国与新西兰媒体打出了同样的标题——"体育精神站在了奥林匹克的顶端"。

恰如人们期盼美好的故事要有一个完美的结局一样。经过现场裁判的讨论商议，阿戈斯蒂诺、汉布林双双获得晋级资格。

不知受伤情影响的阿戈斯蒂诺会否出现在19日女子5000米的决赛中，但如此动人的过程与弥足珍贵的经历，本身就是"伟大"。

一、古代奥运会的发源地

（一）古代奥运会的起源

古代奥运会起源于何时，传说不一，但大多数学者认为古代奥运会起源于公元前776年，每4年在夏天举行一次。古代奥运会的产生与希腊当时社会的政治、经济、文化和宗教有着密切的关系。奴隶社会的希腊，战争连年不断，为了取胜，各个城邦都利用体育锻炼来培养身强体壮的武士，体育运动就是在这种情况下发展起来的，并逐渐形成了有组织的运动竞赛，为奥运会的产生打下了基础。

（二）古代奥运会的兴衰

古代奥运会不仅是一种竞技大会，在它延续一千多年的时间里，实际上也是古希腊人的一个全国性节日。各城邦派出的优秀选手在竞技场上奋勇拼搏,他们赤身裸体进入赛场,向神和观众展示他们超人的体能、健美的身体和良好的教养。奥运会的盛况大大超出了竞技比赛的范围,它是希腊宗教、政治、经济和文化的重要组成部分,起到了推动政治交流、促进贸易发展、繁荣希腊文化、融合民族感情的作用。公元前5世纪,古希腊奴隶社会进入了鼎盛期,但随后不久,由于内部战争与分歧,社会矛盾加剧。罗马征服了希腊,奴隶制走向衰败,成为古代奥运会由兴到衰的转折点。罗马为了维护对希腊的统治,为了巩固基督教的地位,公元394年,狄奥多西一世下令终止了古代奥运会。于是,举办了293届、历时1169年的古代奥运会从此消失了。

(三)古代奥运会的竞赛

公元前561年,古希腊哲学家卓罗斯为古代奥运会起草了一份竞赛章程,章程上的有关规定一直是奥运会必须遵守的规则。其中尤其规定女子不能参加和参观比赛,违者处死。古奥运会的优胜者在全希腊极受人们的尊敬和崇拜,古代奥运会冠军的奖品是橄榄枝编成的花冠,这是古代奥运会上最神圣的奖品,得到它是至高无上的荣誉。返回家乡的优胜者要受到隆重的欢迎,城邦政府还要给予优胜者丰厚的待遇,如免除一切赋税,终身由国家供养,在剧场保留最好的位置等。古代奥运会竞赛项目主要包括赛跑、摔跤、五项竞技(赛跑、跳远、掷铁饼、标枪、摔跤)、拳击、混斗、赛战车和赛马。

 知识链接

佩洛普斯娶亲的故事

古希腊国王为了给自己的女儿挑选一个文武双全的驸马,提出应选者必须和自己比赛战车。比赛中,先后有13个青年丧生于国王的长矛之下,而第14个青年正是宙斯的孙子佩洛普斯,他勇敢地接受了国王的挑战,终于以智取胜。为庆贺胜利,两人在奥林匹亚的宙斯庙前举行盛大的婚礼,在婚礼上安排了战车、角斗等比赛,这就是最初的古奥运会。

二、现代奥运会

现代奥林匹克运动会的创始人是法国教育家皮埃尔·德·顾拜旦。经他倡导,于1894年成立了国际奥林匹克委员会。1896年在希腊雅典举行了第一届现代奥运会,一直延续至今。

现代奥运会受古希腊文化遗产的深刻影响,但它不是古奥运会的延续,也不是它的翻版,而是带有古希腊奥运会传统色彩的、具有现代思想内涵的国际体育盛会。随着奥林匹克运动的发展,其活动内容逐步增多,设施日趋完善,组织与制度越来越健全,思想内涵越来越深刻,影响也越来越大。已经成为参与国家和地区众具有巨大吸引力、穿透力和凝聚力的一项全球性活动。

(一)现代夏季奥林匹克运动会

历届现代夏季奥林匹克运动会的概况如表5-1所示。

表 5-1

届次	时间/年	承办国家	承办城市	参赛国家（地区）/个	参赛运动员/名	项目设置数/项
1	1896	希腊	雅典	13	311	43
2	1900	法国	巴黎	22	1330	87
3	1904	美国	圣路易斯	12	625	89
4	1908	英国	伦敦	22	2034	102
5	1912	瑞典	斯德哥尔摩	28	2547	98
6	1916	因战争停止				
7	1920	比利时	安特卫普	29	2607	155
8	1924	法国	巴黎	44	3092	126
9	1928	荷兰	阿姆斯特丹	46	3014	110
10	1932	美国	洛杉矶	37	1048	119
11	1936	德国	柏林	49	4066	130
12	1940	因战争停止				
13	1944					
14	1948	英国	伦敦	59	4099	138
15	1952	芬兰	赫尔辛基	69	4952	149
16	1956	澳大利亚	墨尔本	67	3184	143
17	1960	意大利	罗马	84	5348	153
18	1964	日本	东京	94	5140	163
19	1968	墨西哥	墨西哥城	112	6082	174
20	1972	德国	慕尼黑	122	7147	197
21	1976	加拿大	蒙特利尔	88	6189	198
22	1980	苏联	莫斯科	81	5872	203
23	1984	美国	洛杉矶	140	7616	221
24	1988	韩国	汉城	160	9581	237
25	1992	西班牙	巴塞罗那	173	9364	257
26	1996	美国	亚特兰大	197	10788	271
27	2000	澳大利亚	悉尼	200	11000	300
28	2004	希腊	雅典	202	10500	301
29	2008	中国	北京	205	11028	302
30	2012	英国	伦敦	205	12035	300
31	2016	巴西	里约热内卢	205	11303	306
32	2020	日本	东京	206	10500	339

（二）现代冬季奥林匹克运动会

历届现代冬季奥林匹克运动会的概况如表5-2所示。

表 5-2

届次	时间/年	承办国家	承办城市	参赛国家（地区）/个	参赛运动员/名	项目设置数/项
1	1924	法国	夏蒙尼	16	258	14
2	1928	瑞士	圣莫里兹	25	464	14
3	1932	美国	普拉西底湖	17	252	14
4	1936	德国	加米施—帕腾基兴	28	668	17
5	1948	瑞士	圣莫里兹	28	669	22
6	1952	挪威	奥斯陆	30	694	22
7	1956	意大利	科尔蒂纳丹佩佐	33	820	24
8	1960	美国	斯阔谷	31	665	27
9	1964	奥地利	因斯布鲁克	37	1091	34
10	1968	法国	格勒诺布尔	37	1158	35
11	1972	日本	札幌	35	1006	35
12	1976	奥地利	因斯布鲁克	37	1123	37
13	1980	美国	普拉西底湖	37	1072	38
14	1984	南斯拉夫	萨拉热窝	49	1274	39
15	1988	加拿大	卡尔加里	57	1423	46
16	1992	法国	阿尔贝维尔	64	1801	57
17	1994	挪威	利勒哈默尔	67	1739	61
18	1998	日本	长野	72	2302	68
19	2002	美国	盐湖城	77	2399	78
20	2006	意大利	都灵	80	2509	84
21	2010	加拿大	温哥华	85	5500	86
22	2014	俄罗斯	索契	88	2873	98
23	2018	韩国	平昌	92	2920	102
24	2022	中国	北京	暂未公布	暂未公布	109

（三）现代残疾人奥林匹克运动会

1. 残疾人奥运会的起源

残奥会的起源得追溯到第二次世界大战后的欧洲。为了让在战争中因脊髓受损导致下肢瘫痪的士兵能够尽快康复，1948年伦敦第14届夏季奥运会期间，英国的神经外科医生路德维格·格特曼爵士和一些热衷残疾人事业的知名人士为一批轮椅运动员组织了自己的运动会。4年后，国际斯托克·曼德维尔运动会联合会在英国成立，并于当年举办了首届国际残疾人运动会，这就是"残疾人奥林匹克运动会"的前身。

2. 我国参加残奥会历史

1984年，美国纽约第7届残奥会，拉开了我国参加残奥会的序幕，实现了中国残奥会历史上"零的突破"。此次残奥会我国共获2金13银9铜，9人破世界纪录。至今我国先后已有415名残疾运动员出征残奥赛场，为祖国夺得143枚金牌、118枚银牌和85枚铜牌，并且104次打破世界纪录。2004年雅典第12届残奥会上，我国以63枚金牌雄踞金牌榜首位，取得残疾人体育比赛在残奥会历史上的重大突破。在北京举办的第13届残奥会上，我国以89枚金牌以及211枚奖牌总数列金牌榜、奖牌榜双第一，创造了在奥运会上的最好成绩。

3. 残奥会体育项目设置

残疾人奥运会项目设置目的：在残疾人体育比赛中，为了尽可能公平竞争，必须对参赛的运动员的残疾类别、残疾程度以及运动能力进行评定、分级，将残疾程度或运动能力相近的运动员尽可能分在一起进行比赛。

残疾人运动的项目分级：我国残疾人运动员共参加14项国际残疾人体育赛事。全部比赛项目都根据各自项目特点，分别规定了最低参赛标准。其分级主要从运动项目和医学鉴定进行分类，如表5-3所示。

表 5-3

项目	盲人运动员	脑瘫运动员	轮椅运动员	其他肢体残疾
田径	T11（F11）级 T12（F12）级 T13（F13）级	CP1～CP8级	田赛：F51～F58级 径赛：T51～T54级	田赛：LAF1～LAF6级 径赛：LAT1～LAT4级 截肢运动员：A1～A9级

每个残疾人体育项目都有各自的最低参赛标准，脑瘫、盲人、脊髓损伤、截肢和其他肢体残疾等运动员都将视其残疾和功能障碍程度进行级别确定。

三、中国与现代奥林匹克运动

回顾中国与现代奥林匹克运动曲折的历史过程，可以说，我们对现代奥林匹克运动的参与、理解程度是从低到高、由浅入深的。中国从不知奥运为何物到参加奥运会，再到获得第一块金牌，到升至金牌榜前三位，直至获得奥运会举办权，近百年中国对奥林匹克的执着就是一部奋斗史、发展史、成长史和成熟史的写照。

中国是历史悠久的文明古国，在几千年的历史发展中沉淀了灿烂而辉煌的传统体育文化，但由于种种原因，内容丰富的传统体育未能在工业文明时代较好地完成演变和发展，最终在西方列强炮轰城门的背景下接受近代体育思想，这也为在中国开展现代奥林匹克运动创造了前提与条件。

（一）旧中国与奥林匹克

1. 中国与奥林匹克的第一次接触

中国人最初是通过媒体知道奥运会的。1904年，在第3届奥运会举行之际，中国的一些报纸第一次报道了这届运动会的情况，但由于当时中国民众对现代体育了解甚少，所以这些报道只在小范围内产生了影响。1907年10月，著名教育家、体育家张伯苓在天津基督教青年会第5届学校运动会的开幕式上发表了以奥林匹克为主题的演说。这是中国著名人士首次在公开场合提出中国参加奥运会的问题，自此激起了国人参加奥运会的斗志。

2. 中国与国际奥委会建立联系

中国与国际奥委会的最早联系始于远东运动会期间。远东运动会原名远东现代奥林匹克运动会，由于中国积极筹办和参与远东运动会，从而与国际奥委会发生了最早的联系，国际奥委会也正式通知中国准备参加奥运会和国际奥委会会议，但由于第一次世界大战爆发未能实现。这是中国与国际奥委会最初的联系，使中国的现代奥林匹克运动得到了初步的发展。

3. 中国首位奥委会委员的产生

1922年，国际奥委会选举中国体育界著名领导人，远东体协的发起人，历届远东运动会的赞助人，第2届、第5届、第8届远东运动会会长王正廷为国际奥委会委员，这是中国第一位奥委会委员。至此，中国便与国际奥委会建立直接的联系，这是中国与现代奥林匹克运动互相认可和接受的标志之一。

4. 中国首次奥运行

1931年国际奥委会正式承认中华全国体育协进会为中国奥委会。古老的东方大国正式成为奥林匹克大家庭的一员。中国运动员取得了参加奥运会的资格，中国人参加奥运梦想的时机成熟了。1932年，刘长春还是东北大学学生，他成为参加在美国洛杉矶第10届奥运会的第一位中国选手。由于当时日本帝国的铁蹄正在践踏我国的领土，深受流亡之苦的他最终在全国体协董事、东北大学体育系主任郝更生和校长张学良将军的帮助下顺利参加了比赛。这场单刀赴会由于种种原因导致没能较好发挥而取得成绩，最终黯然而归，但却向世界宣告了中国现代奥林匹克运动的存在。

（二）新中国与奥林匹克

1954年，国际奥委会在承认中华全国体育总会为中国国家奥委会的同时，不经讨论将中国台湾的体育组织继续列入国家奥委会中，这违背了《奥林匹克宪章》关于一个国家只能有一个奥委会的规定，中国提出抗议，但并没有得到奥委会的响应。中国奥林匹克委员会在1958年8月发表声明，宣布断绝与国际奥委会的关系，以抵制"两个中国"的阴谋。

中国通过多方努力，1979年10月25日，国际奥委会执委会在日本名古屋市举行会议，通过了恢复中国在国际奥委会合法席位的决议。可以说名古屋决议是中国奥运发展过程中的一个里程碑，成为中国体育全面走向世界的新起点。1980年2月到2004年，中国共参加了6届夏季奥运会和7届冬季奥运会。中国运动员在奥运会上不仅取得举世公认的优异成绩，而且展示了良好的体育精神与面貌，增强了与各国运动员之间的友谊。

中国在阔别奥运会22年之后重返国际大家庭，参加了在美国洛杉矶举办的第23届奥运会，这是中国有史以来派出的规模最大的体育代表团。随着五星红旗一次次地升起，中华健儿在奥运会的出色表现，骤然间人们改变了对中国体育旧有的认识，世界开始重新认识中国。中国开始了奥林匹克历史上的新时代。

（三）中国成功举办第29届奥运会

1. 两次申奥，成就梦想

我国成功举办了1990年北京亚运会之后，中国人萌发了举办奥运会的想法。1992年，中国的北京向国际奥委会第一次提出了申办2000年第27届奥运会的申请，开始了北京的第一次奥运会申办尝试。虽然1993年9月23日在国际奥委会全会蒙特卡罗的表决中，北京以微弱的两票劣势输给了悉尼，但这并没有影响我们参与奥林匹克的决心。1998年11月，国务院总理办公会议和中央政治局常委会先后对申办工作进行了研究，决定由北京再次申办2008年奥运会。当年11月25日北京市正式向中国奥委会递交承办2008年奥运会申请书。

（1）1999年4月7日，北京向国际奥委会递交了承办2008年第29届奥运会申请书。

（2）2000年6月19日，北京奥申会向国际奥委会递交了《申请报告》，按照国际奥委会的要求，全面回答了6个方面的22个问题。

（3）2000年8月28日，国际奥委会在10个申办国中筛选5个城市作为候选城市。

（4）2000年10—12月，国际单项体育组织依据国际奥委会要求对北京进行考察。

（5）2001年1月17日，北京奥申委向国际奥委会递交了北京2008年奥委会《申办报告》，内容包含18个部分，涉及国家和城市特点、法律、海关入境、环保、财政、市场开发、安全保卫等相应配套措施。

（6）2001年2月19—24日，国际奥委会评估团一行在北京实地考察。

（7）2001年7月13日，经过5个申办城市的陈述和回答委员提问后，国际奥委会开始投票。莫斯科时间22时11分（北京时间18时11分），中国在第4轮投票中以绝对的票数获得2008年第29届奥运会的主办权。2008年8月8日，在北京举行了第29届奥林匹克运动会，这是在古老的中华大地第一次燃起奥运圣火。

2. 2008年北京奥运会

（1）中国与奥运的关系

中国与奥运会的关系渊源久远。早在1896年，第1届奥运会召开前，国际奥委会曾向清政府发出邀请，但当时的清政府正处于内忧外患中，所以没有应邀参加。1922年，我国王正廷当选为国际奥委会委员。1931年，国际奥委会承认中华全国体育协进会为"中国奥委会"。此后，中国正式参加了第10届、第11届、第14届奥运会，但均未能取得任何成绩，这也说明当时中国的政治、经济、文化等方面的落后状态。

1949年，新中国成立后，国际奥委会在某些人操纵下蓄意制造"两个中国"，我国被迫中断了与奥委会的一切联系。经过不懈的努力，直到1979年，国际奥委会在洛桑正式宣布恢复我国在奥委会的合法地位和权利。中国是奥运会的唯一代表，使用中华人民共和国国歌和国旗，而中国台北奥委会作为中国的一个地方机构在国际体育组织中仍留有席位。

1984年，第23届美国洛杉矶奥运会，我国派出了新中国成立后的第一个代表团，中国重返奥运会。射击运动员许海峰以震惊世界的一枪，获得男子手枪速射金牌，实现了中国在奥运会历史上金牌零的突破。在这届奥运会上，中国队共夺得15枚金牌，列金牌总数第四，翻开了中国奥运历史的新篇章。随后，1988年韩国首尔第24届奥运会上，中国运动员共夺得5枚金牌。1992年西班牙巴塞罗第25届奥运会上，中国共夺得16枚金牌；1996年美国亚特兰大第26届奥运会上，中国共夺得16枚金牌；2000年澳大利亚悉尼第27届奥运会上，中国共夺得28枚金牌（名列第三）；2004年希腊雅典第28届奥运会上，中国共夺得32枚金牌（名列第二）。

（2）2008年奥运会相关记载

2001年7月13日，在莫斯科，国际奥委会通过投票选出2008年奥运会举办城市，最后在北京、巴黎、多伦多、伊斯坦布尔、大阪五个城市中胜出。在宣读获选城市的时刻，当国际奥委会主席萨马兰奇读出"北京"时，会场沸腾了，中国沸腾了！这个东方巨人终于迎来了奥运的圣火。

2001年12月13日，第29届奥林匹克运动会组织委员会（简称北京奥组委）成立，承担着北京奥运会和北京残奥会各项筹办任务的组织工作。北京奥组委的执行机构为执委会，执委会由主席、第一副主席、执行主席、执行副主席和执委组成。

① 时间：2008年8月8—24日，历时17天。共有1万多名运动员和2万多名记者云集北京，参与了这一体育盛事。

② 赛场：奥运会赛场主要在北京，共有31处，最著名的是国家体育场"鸟巢"和国家游泳中心"水立方"。在北京之外还有几个城市承办部分比赛，比如足球预选赛分场地在上海、天津、沈阳和秦皇岛。帆船运动比赛项目赛场在青岛。马术运动比赛赛场在中国香港。

图 5-1

③ 会徽：2008年北京奥运会会徽是"中国印·舞动的北京"，如图5-1所示。会徽由印形部分、Beijing 2008字样和奥林匹克五环组成。印形图案借中国书法之灵感，将北京的"京"字演化为舞动的人体，在挥毫间体现"新奥运"的理念。手书Beijing 2008借汉字形态之神韵，将中国人对奥林匹克的千万种表达浓缩于简洁的笔画中。会徽集合了中国传统的印章、书法等艺术形式和运动特征，将中国精神、中国神韵与中国文化巧妙结合，象征开放的、充满活力的、具有美好前景的中国形象。

奥运会会徽征集评选工作历时一年四个月，共收到来自国内外的1985件有效作品，其中外国设计公司的作品222件。最终，评委选中了北京始创国际企划公司独树一帜的"中国印"。

④ 吉祥物："福娃"是北京2008年第29届奥运会吉祥物，其英文为FUWA。福娃是五个可爱的亲密小伙伴，它们的造型融入了鱼、大熊猫、藏羚羊、燕子以及奥林匹克圣火的形象。每个娃娃都有一个朗朗上口的名字："贝贝""晶晶""欢欢""迎迎"和"妮妮"。当把五个娃娃的名字连在一起读，通过谐音表达出北京对世界的盛情邀请——"北京欢迎你"，如图5-2所示。

图 5-2

⑤ 奖牌：北京2008年奥运会奖牌直径为70毫米、厚为6毫米，如图5-3所示。奖牌正面为国际奥委会统一规定的图案——插上翅膀站立的希腊胜利女神和希腊潘纳辛纳科竞技场。奖牌背面镶嵌着取自中国古代龙纹玉璧造型的玉璧，背面正中的金属图形上镌刻着北京奥运会会徽。奖牌挂钩由中国传统玉双龙蒲纹璜演变而成。整个奖牌尊贵典雅，中国特色浓郁，既体现了对获胜者的礼赞，又形象地诠释了中华民族自古以来以"玉"比"德"的价值观，是中华文明与奥林匹克精神在北京奥运会形象景观工程中的又一次"中西合璧"。

图 5-3

⑥ 主题口号——"同一个世界 同一个梦想"（One World One Dream）：这个口号集中体现了奥林匹克精神的实质和普遍价值观：团结、友谊、进步、和谐、参与和梦想。尽管人类肤色不同、语言不同、种族不同，但我们同属于一个世界，我们拥有同样的希望和梦想。

这个口号深刻反映了北京奥运会的核心理念，体现了作为"绿色奥运、科技奥运、人文奥运"三大理念的核心和灵魂的人文奥运所蕴含的和谐的价值观。"天人合一""和为贵"是中国人民自古以来对人与自然、人与人和谐关系的理想与追求。建设和谐社会、实现和谐发展是我们的梦想和追求。

⑦ 比赛项目：2008年北京奥运会的比赛项目共包括28个大项和302个小项。28个大项分别为田径、赛艇、羽毛球、垒球、篮球、足球、拳击、皮划艇、自行车、击剑、体操（包括艺术体操和蹦床）、举重、手球、曲棍球、柔道、摔跤、水上项目（包括游泳、花样游泳、水球和跳水）、现代五项、棒球、马术、跆拳道、网球、乒乓球、射击、射箭、铁人三项、帆船帆板和排球（包括沙滩排球）。302个小项中包括165个男子项目、127个女子项目和10个男女混合项目。鼓励女性参加奥运会是国际奥委会近年来的侧重点之一，与雅典奥运会相比，此次奥运会女子项目增加两个，女运动员增加大约130名。

⑧ 比赛成绩：这是一届创造奇迹、超越梦想的奥运会。一共诞生了38项世界纪录，蒙古、多哥、阿富汗、塔吉克斯坦等代表团实现了各自国家金牌、奖牌的历史性突破，菲尔普斯独得8块金牌并打破7项世界纪录，博尔特包揽男子100米、200米这两颗奥运会"皇冠上的明珠"并双破世界纪录，中国代表团首次以51枚金牌跃居金牌榜首位并同时获得奖牌总数第二的成绩，创造了奥运历史纪录。

⑨ 历史意义：通过举办奥运会，中国人民更加增强了民族自豪感和凝聚力，增强了对社会主义中国和平发展的信心，也使全世界进一步了解、正视、尊重中国的社会制度和发展模式。通过举办奥运会，加快了中国的开放步伐，使全世界清晰地看到一个发展进步、友好和谐、重诺守信、尊重国际规则的中国，有助于中国进一步走向世界。通过举办奥运会，我们留下了"鸟巢""水立方"等一大批中外建筑大师精诚合作而创造的标志性建筑和城市基础设施，为提升城市实力、改善民众生活打下了良好的基础。通过举办奥运会，"绿色奥运、科技奥运、人文奥运"的理念深入人心，极大地提升了全社会的环保意识、科技意识、文明意识、人文意识和公民意识。活跃在奥运赛场内外的上百万志愿者、啦啦队和观众，既为中国选手和热点项目加油助威，也为外国选手、非

热点项目呐喊击掌，这份真诚、热情和包容让全世界动容，彰显了中国人民的善良和责任感，彰显了改革开放的中国自信成熟的胸襟。通过举办奥运会，作为西方文明的奥林匹克精神与中华文明有机融合，奥林匹克课程惠及中国亿万民众，规则意识、参与意识和公平竞争意识，成为奥林匹克带给中国的宝贵精神财富。北京、中国，使国际奥委会7年前"北京奥运会将给中国和世界体育运动留下独一无二的遗产"的预言变成了活生生的现实。

在奥林匹克运动百余年的历史上，北京奥运会是永恒的经典、历史的丰碑！

知识链接

2008年残疾人奥运会

2008年残疾人奥运会会徽图形部分由红、蓝、绿三色构成的"之"字形，以书法的笔触表现出一个运动的人形，仿佛一个向前跳跃的体操运动员，又如一个正在鞍马上凌空旋转的运动员，体现了运动的概念，如图5-4所示。

在会徽所使用的色彩中，红色寓意着太阳，深蓝色寓意着蓝天，绿色寓意着大地。三种颜色的三个笔画综合起来成为一个运动的人形，即为"天地人"，体现了中国传统文化中"天人合一"的思想。会徽的色彩还充分体现了北京奥运会的三大理念：红色是具有浓重中国特色的"中国红"，体现了"人文奥运"的理念；深蓝色代表着高科技，体现了"科技奥运"的理念；绿色代表着环保，体现了"绿色奥运"的理念。

2008年残奥会吉祥物是"福牛乐乐"（见图5-5），其设计方案的灵感来自中国古老的农耕文明，设计方案吸收了中国民间版画、年画、玩具的造型与设计风格，并结合现代卡通造型的特点，体现了传统民族风格、大众情趣与时代气息的完美结合。

图 5-4　　　　　　　　　　　图 5-5

案例总结

身残志坚的帆船女王——徐莉佳

中国帆船史上首枚奥运金牌的获得者——徐莉佳，她用自己的经历诠释了一个人可以在上天如何缺乏眷顾的情况下，用踏实的努力书写自己的传奇。她的身体有严重的先天缺陷：右耳几乎是聋的，左眼也有严重的视力模糊。这对于常人来说，都不免会影响到正常的生活。但是徐莉佳面对这些却表现得异常乐观："虽然我只有普通人一半的听力，但是这可以让我更加专心；左眼视力模糊不清也没有关系，因为右眼还是比较正常的。"

　　2004年雅典奥运会前夕，徐莉佳左膝关节处突然被查出肿瘤。她立刻切除了这颗肿瘤，据她后来描述，当时的果断替她捡回了半条命："如果晚3个月，肿瘤就会发展为恶性，那就要截肢了。"而那次手术至今还影响着她："那个肿瘤是长在骨头里的，现在里面2/3是空心的。"因为手术后需要休养数月，徐莉佳遗憾地错过了2004年雅典奥运会。2008年，年仅20岁的徐莉佳成功夺得铜牌，这是中国帆船帆板队在奥运会获得的第一枚奖牌，实现了中国队奥运会帆船项目上的奖牌零突破。

　　2012年8月6日，伦敦奥运会帆船激光镭迪尔级女子单人艇中，徐莉佳一路领先夺得冠军，这是中国帆船史上在镭迪尔级中的首枚奥运金牌。在获得中国帆船史上首枚奥运金牌后，徐莉佳还没来得及把脸上的防晒霜擦掉，就被媒体团团围住。接受BBC的采访时，她用流利的英语作答。"我很享受比赛。每个人都很紧张，就看谁能处理好心理压力了，比赛中我一直保持冷静，努力做到了最好。"她原本是练游泳出身，但感觉枯燥，最终选择了视野更为开阔和更具挑战性的海上运动帆船，而大海和帆船也给了她坚韧的性格和博大的胸襟。没有家庭的传承，仅靠着自己的坚持、努力和智慧，徐莉佳夺下西方人垄断了多年的帆船金牌，她为中国体育开辟了新的发展方向，让西方对中国有了更多的了解。她为BMW拍摄广告时说道："我很喜欢海，喜欢海风让我扬帆，从用身体对抗海洋到用心灵去接受它，也许是我的执着让大海变得温顺。"

1. 奥林匹克的精神是什么？
2. 北京举办奥运会对中国社会发展起到哪些作用？

专题5.2　奥林匹克文化

导入案例

五环的由来与奥林匹克旗的诞生

　　当今世界上流传最广的标志要数奥林匹克五环了，随着奥林匹克运动的发展，它已成为奥林匹克精神与文化的形象代表，五环"转"到哪里，奥林匹克运动就在哪里生根开花。

　　说起五环的来历，曾经有过这样一个有趣的故事。1936年第11届柏林奥运会第一次举行火炬传递活动，火炬的传递路线自奥林匹亚开始，从希腊北部出境，沿多瑙河穿过奥地利，最后进入德国。为了烘托这一具有象征意义的活动，奥运会组委会主席卡尔·迪姆及其同事几乎完全按照古奥运会的情景来布置沿途经过的古希腊遗址。火炬到达德尔菲帕那萨斯山的古代运动场时要举行一个特别仪式，这时，迪姆突发奇想，在一个高约1米的长方形石头的四面设计并刻上了现代奥林匹克运动的五环标志，放在了古运动场的起跑线一端。仪式结束后，火炬继续北上，而这块作为"道具"的石头却被留在了古运动场。

由于极少有人知道这块刻有五环标志石头的真实身份,此后的很长一段时间,它被当作了"有3000年历史的古代奥运会遗迹"。这个以讹传讹的错误直到20世纪60年代才被名为尔菲的希港的官员指出。1972年5月,这个假文物被送到德尔菲的另一个地方——古罗马广场入口处。

事实上,现代奥林匹克运动的五环标志出自现代奥运会创始人顾拜旦之手。顾拜旦认为奥林匹克运动应该有自己的标志。1913年,他终于构思设计出了以白色为底色并印有五环的奥林匹克旗,打算在国际奥委会成立20周年之际推出。

1914年6月15—23日,国际奥委会在法国举行代表大会,同时庆祝国际奥委会成立20周年。最后大会同意将奥林匹克五环和奥林匹克旗作为奥林匹克标志。

一、奥林匹克运动的组织体系

奥林匹克运动会的组织包括国际奥委会、各个国家或地区的奥委会及国际单项体育联合会,这三大组织是奥林匹克运动的支柱。

(一)国际奥委会

国际奥委会是奥林匹克运动的最高权力机构,它是一个国际性的、非政府的社会组织,是奥林匹克运动的指导者、捍卫者和促进者。

(二)国家奥委会

国家奥委会是按照《奥林匹克宪章》的规定建立起来的,并得到奥委会承认的负责在一个国家或地区开展奥林匹克运动的组织。

(三)国际单项体育联合会

国际单项体育联合会是在世界范围内管辖一项或几项运动项目,并接纳若干这些项目的国家和地区级团体为其成员的非官方的国际性组织。

二、奥林匹克思想体系

(一)《奥林匹克宪章》

《奥林匹克宪章》是国际奥委会制定的关于奥林匹克运动的最高法律文件。宪章对奥林匹克运动的组织、宗旨、原则、成员资格、机构及其各自的职权范围和奥林匹克各种活动的基本程序等作了明确规定。这个法律文件是约束所有奥林匹克活动参与者行为的基本标准和各方进行合作的基础。《奥林匹克宪章》将奥林匹克运动及与之有关的一切活动作了规定,是奥林匹克运动一切活动的根本依据。宪章明确规定,国际奥委会"按照奥林匹克宪章领导奥林匹克运动",国际单项体育联合会在奥林匹克运动中的活动"必须与奥林匹克宪章一致",国家奥委会必须"按照奥林匹克章程建立",奥运会组委会的"一切活动都必须符合奥林匹克宪章的规定要求"。因此,《奥林匹克宪章》是奥林匹克运动的基石,是管理这一运动的根本大法,是奥林匹克运动一切活动的准绳。

（二）奥林匹克主义

现代奥林匹克运动包括以奥林匹克主义为核心的思想体系，以国际奥委会、国际单项体育联合会及各国或地区奥委会为骨干的组织体系和以奥运会为周期的活动体系。

知识链接

"奥林匹克主义是将身、心和精神方面对各种品质均衡地结合起来，并使之提高的一种人生哲学。它将体育运动与文化和教育融为一体。奥林匹克主义所要建立的生活方式是以奋斗中所体验到的乐趣、优秀榜样的教育价值和对一般伦理基本原则的推崇为基础的。"

（摘自《奥林匹克宪章》）

奥林匹克主义的中心思想是人的和谐发展，旨在创造一种使人全面发展的"生活方式"。它将体育运动作为实现人和谐发展的途径。为达到人和谐发展的目的，体育运动和教育融为一体，与文化紧密结合，最终促使人的身体素质、道德精神和谐发展与提高。另外，体育运动积极为人类和谐服务，以促进建立一个维护人的尊严与和平的社会。这一理想社会是全人类共同的愿望和任务。奥林匹克主义不仅丰富了体育运动的内涵，并具有强大而独到的功能，具有很大的感染力和号召力。

（三）奥林匹克宗旨

奥林匹克的宗旨可以高度概括为"和平、友谊、进步"。现代奥林匹克运动力图通过体育运动增进各国人民之间的了解和友谊，减少战乱，达到世界和平共处的目的。所以在全世界传播奥林匹克精神，并不仅限于运动参与者个人的发展和完善，还要承担更大的历史使命和社会责任，共同促进国际和平友好的亲善关系，建立更加美好的世界。

知识链接

"通过没有任何歧视、具有奥林匹克精神——以友谊、团结和公平的精神互相了解——的体育活动来教育青年，从而为建立一个和平的更美好的世界做出贡献。"

（摘自《奥林匹克宪章》）

（四）奥林匹克精神

狭义的奥林匹克精神解释为相互了解、友谊、团结和公平竞争的精神。广义的奥林匹克精神不仅包含狭义的"相互了解、友谊、团结和公平竞争的精神"，还集中体现在现代奥林匹克运动一贯遵循的宗旨、格言、口号和使用的徽记上，也包括运动员挑战极限、战胜自我的崇高精神，以及维护世界和平、追求人与自然和谐统一的精神。

奥林匹克精神的本质内容基本可概括为五大原则：参与原则、竞争原则、公正原则、友谊原则和奋斗原则。奥林匹克精神强调友谊、团结、互相了解和"参与比取胜更重要"，其目的就是促进世界各国人民之间的交流，建立和谐的文化氛围，没有文化的差异、排斥，没有民族的局限。以世界公民的博大胸怀去认识和理解自己民族之外的事物，学会相互尊敬，相互汲取。奥林匹克精神还蕴含了公正、公平、正义的内容，它承认一切符合公正原则的优胜，唾弃和否定一切不符合道德规范的行为，要求人们具有坚韧不拔的奋斗精神和克服一切困难的英雄气概。奥林匹克精神将永远激励人们向着人类社会高峰不断攀登。

（五）奥林匹克格言

"更快、更高、更强"是现代奥林匹克运动的格言。现代奥林匹克运动的格言寓意丰富，其表达了现代奥林匹克运动应不断进取、永不满足的奋斗精神和不畏艰险、勇攀高峰的拼搏精神。在比赛中，运动员应发扬勇往直前的大无畏精神，树立敢于斗争、敢于拼搏的信心。同时，奥林匹克格言也昭示了年轻人在人生道路上永不满足，不断在战胜自己、超越自己的道路上前进，在克服大自然的束缚中实现更大的自我价值。

三、奥林匹克文化体系

在历史发展过程中，人类以现代奥林匹克运动为载体所创造的各种文化成果的总和即为奥林匹克文化。奥林匹克文化是体育与文化的结合，是一种与奥运会相伴而生的文化艺术现象。发掘奥林匹克文化的深刻含义和对奥林匹克竞技运动产生的巨大影响，从而进一步诠释现代奥林匹克运动精神的深刻内涵。下面主要通过奥林匹克象征性标志、音乐、奖励制度、现代奥林匹克运动会仪式和一系列弘扬奥林匹克精神的文化活动，介绍奥林匹克文化。

（一）奥林匹克标志

奥林匹克标志最早是根据1913年顾拜旦的提议设计的，奥林匹克标志称为奥运五环标志。它由5个奥林匹克环套接组成，可以是单色，也可以是蓝、黄、黑、绿、红5种颜色。环从左到右互相套接，上面是蓝环、黑环、红环，下面黄环、绿环。五环的蓝、黄、黑、绿和红色分别代表欧洲、亚洲、非洲、澳洲和美洲，不仅象征五大洲的团结，在奥运会上相聚一堂，而且也强调所有参赛运动员应以公正、坦诚的运动员精神在比赛场上相见。

（二）奥林匹克旗

奥林匹克旗为白底无边，中央有5个相互套连的圆环，环的颜色自左至右为蓝、黄、黑、绿、红（也可用单色绘制），是1913年根据顾拜旦的构思而设计制作的。1914年为庆祝现代奥林匹克运动恢复20周年，在巴黎举行的奥林匹克代表大会上首次升起。历届奥运会闭幕式上都有会旗交接仪式。由本届奥运会主办城市的代表将旗交给国际奥委会主席，再由主席将旗递交下届主办城市的市长。

（三）奥林匹克会标

现代奥运会（包括冬季奥运会）的组织委员会都为所举办的奥运会设计一种独特的会徽。会徽的图样有时是通过广泛公开征集，择优选中的。但是，奥运会会徽必须经过国际奥委会执行委员会审查批准。

历届奥运会会徽的图案虽然千差万别，但都有一个共同的标志，即相互套连的奥林匹克五环标志，同时衬以表现奥运城和东道国历史、地理、民族文化传统等特点的主体图案，使人一眼就可看出奥运会举办的时间和地点。根据奥林匹克宪章规定，奥运会会徽中的奥林匹克标志覆盖的面积不得超过全徽总面积的1/3，而且奥林匹克标志必须完整齐出现，不得改动。

（四）奥林匹克会歌

奥林匹克会歌是一曲优美而庄严的古典管弦乐曲，是由希腊人斯皮罗斯萨马拉斯作曲、科斯蒂斯帕拉马斯作词。1958年东京国际奥委会第55次会议上才正式决定将这首歌曲作为奥运会的永久会歌。

歌词大意为：古代不朽之神，美丽、伟大而正直的圣洁之父。祈求降临尘世以彰显自己，让受人瞩目的英雄在这大地苍穹之中，作为你荣耀的见证。请照亮跑步、角力与投掷项目，这些全力以赴的崇高竞赛。把用橄榄枝编成的花冠颁赠给优胜者，塑造出钢铁般的躯干。溪谷、山岳、海洋与你相映生辉，犹如以色彩斑斓的岩石建成的神殿。这巨大的神殿，世界各地的人们都来膜拜，啊！永远不朽的古代之神。

（五）奥林匹克吉祥物

奥林匹克吉祥物是各届承办国根据本国或本地的特征，选定一种经过艺术加工，使之拟人化的有趣而又有代表意义的动物形象。作为本届奥运会的吉祥物，显示奥运会吉祥如意，表达主办国祝愿奥运会顺利圆满成功，祝福选手们取得好成绩的良好愿望。

 知识链接

关于吉祥物

奥运会吉祥物第一个奥运会吉祥物始于1968年第10届冬季奥运会，是一个被称为雪士（Schuss）的半人半物的卡通型滑雪小人形象，夸张的大脑袋和细巧而坚硬的身体，象征一个有着坚强意志的小精灵。

（1）第一个夏季奥运会吉祥物诞生于1972年第20届慕尼黑奥运会上，是一只名为Waldwaldi的德国种小猎犬（见图5-6）。

（2）1976年加拿大蒙特利尔奥运会吉祥物是一只命名为Amik的海狸。

图 5-6

（3）1980年莫斯科奥运会吉祥物是一只名为Misha的俄罗斯熊。

（4）1984年美国洛杉矶奥运会吉祥物是一只名为Sam的老鹰。

（5）1988年韩国首尔奥运会吉祥物Hodori是一只较具东方色彩的小老虎。

（6）1992年西班牙巴塞罗那奥运会吉祥物Cobi是一只又像山羊又像狗的动物。

（7）1996年美国亚特兰大奥运会吉祥物Izzy是一个幻想出来的生物，没人能看出它到底像什么。

（8）2000年澳大利亚悉尼奥运会第一次打破了吉祥物只有一个的传统，是三种本土特有动物：笑翠鸟（Olly）、针鼹（Millie）和鸭嘴兽（Syd）。

（9）2004年希腊雅典奥运会吉祥物没有选择动物，而是被设计成雅典娜（Athena）和费沃斯（Phevos）的两个娃娃。在希腊神话中，他们是兄妹俩，前者是智慧女神，后者是光明与音乐之神。

（10）2008年北京奥运会吉祥物，由5个拟人化娃娃形象组成，统称"福娃"。

（11）2012年英国伦敦奥运会吉祥物文洛克（Wenlock）。吉祥物以富有激情的萨罗普羊为原型，在吉祥物的头上还有黄灯标志，据称象征伦敦的标志性出租车，它们的大眼睛事实上还有照相功能，目的是见证它们每一个去过的地方和见过的人。

（六）奥林匹克奖励

奥林匹克奖励主要包括奥运会奖章、奥林匹克勋章、奥林匹克奖杯、奥林匹克纪念牌、奥林匹克荣誉册、奥林匹克体育科学奖。这些奖项按照《奥林匹克宪章》的规定，发放给对奥林匹克做出杰出贡献的个人或国家，以此给予鼓励和纪念。

（七）奥运会奖章

奥运会的奖章和奖状由每一届奥运会的组委会提供，但属于国际奥委会所有，并且由国际奥委会向获胜运动员颁发。

现代奥运会授予各项比赛前三名的优胜者以奖章和奖品。奖章为金、银、铜三种，形状以圆形为主，直径不少于60毫米，厚3毫米；金牌为银质镀金，重95克，表面镀不少于6克的纯金；奖牌图案为运动场旁边左手持表示胜利的棕榈叶，右手举月桂枝的胜利女神像，背面为代表4种不同肤色人种的运动员抬起一位招手致意的获胜男运动员的浮雕图案，既体现了更快、更高、更强的精神，也体现了全世界青年团结与和平的愿望。对于获第4～8名的运动员只发奖状，不发奖章。

知识链接

在1896年首届奥运会上，只向各项前两名颁发奖章，而且是冠军得银牌，亚军得铜牌，奖牌直径为50毫米。同时，组委会还按照古老的传统向获胜运动员献花环，第一名的花环用橄榄枝编成，第二名则用月桂叶编成。

（八）奥林匹克仪式

奥林匹克仪式是指围绕奥运会而举行的一系列礼仪性的活动，主要有圣火传递仪式、奥运会开幕式和闭幕式等。它们集中体现了现代奥林匹克运动的各种文化特征，是奥林匹克文化中最引人注目的部分。

（九）奥林匹克圣火传递

奥林匹克圣火是在国际奥委会许可下在奥林匹亚点燃的火焰。火象征着光明与生命，古希腊神话中普罗米修斯偷偷送给人间的火种，就取自太阳神之车的火焰，因而取自阳光之火被称为圣火。在古代奥运会遗址取自日光之圣火，象征着和平之光永远照耀人类前进的道路，激励人类去追求和平、理想与光明。

传递和收集圣火正式开始于1936年的第11届柏林奥运会，它象征着发源于古希腊的和平、团结、友谊、进步的理想和奥林匹克精神传遍全世界。圣火按规定在开幕式点燃，直到该届奥运会闭幕式结束时才能熄灭。

（十）开幕式与闭幕式

开幕式和闭幕式是奥运会期间最隆重的仪式，也是现代奥林匹克运动奉献给世界最绚丽的人类文明之花。它是体育与艺术最完美的结合，开幕式举行之日成为全球最盛大的节日，常常会吸引数十亿观众在同一时刻坐到电视机前。

奥运会的开幕式表演具有极高的艺术性。为搞好开幕式表演，各国奥运会的组织者都在全国内挑选最优秀的作品、编导和表演人员，以及最先进的设备，以求获得绝佳的艺术效果。此时也是主办国展示本国民族文化的极好时机，因此，最具特色的本国文化往往被搬上舞台，向全世界传播本民族优秀文化特色。

（十一）奥林匹克文化活动

《奥林匹克宪章》指出："奥林匹克主义谋求把体育运动与文化和教育融合起来。"因此，在近一个多世纪的发展历程中，现代奥林匹克运动不但形成了一套独特的、寓意深刻的象征标志和奖励制度，而且形成了一系列丰富多彩的文化活动，主要包括奥林匹克日、奥林匹克艺术节、奥林匹克博物馆、奥林匹克邮票、奥林匹克集邮展览、奥林匹克学院、奥林匹克科学大会、奥林匹克团结基金计划。它们围绕奥林匹克这个最高层次的活动，对宣传和实现奥林匹克理想、促进体育和文化的繁荣、推动全人类的和平与进步，都产生了积极而深远的影响。

 知识链接

国际奥委会主席是怎样产生的？为了体现奥林匹克运动的国际性，顾拜旦曾提出主席轮流担任制，将他的主席职位移交给下届奥运会举办国。但不少委员却认为频繁更换主席不利于奥林匹克运动的发展，坚持要顾拜旦留任。连任制因之而固定下来。所以，现在规定主席任期为8年，可连任，连任每届任期4年。

从1894年到目前为止，已有8任国际奥委会主席。现在的国际奥委会主席是比利时人罗格。

四、奥林匹克活动体系

奥林匹克运动有丰富多彩的活动与内容。

奥运会是奥林匹克运动最重要的活动，分为夏季和冬季奥运会，均为四年一个周期。二者相间举行，以竞技运动比赛为主。

国际奥委会承认的大型综合性运动会如各大洲运动会、残疾人奥运会等国际大型综合性运动会。

其他活动，如奥林匹克教育、科学和文化活动等。

 案例总结

古代文化与现代科技的完美融合

2001年7月13日，在国际奥委会举行的决定2008年奥运会举办城市的申办会议上，北京市最终成功地获得了第29届奥林匹克运动会的举办权，因此我们看到了奥林匹克文化在中国发展的伟大壮景。中国在发展奥林匹克文化方面正以大国气度面对世界。与历届奥运会一样，奥运会上的一系列景观设计都深深地体现着东道国的文化特色。北京奥运会也是一样，其中的奥运会会徽、吉祥物、体育图标、奖牌、火炬等几乎所有的景观设计，突出了东方文化的特色，为奥林匹克文化添上了一笔浓浓的具有东方文化神韵的笔墨。

气势恢宏的国家体育场鸟巢、美轮美奂的国家游泳中心水立方和国家体育馆，已经矗立在地处北京中轴线北端的奥林匹克公园内，与北部的奥林匹克森林公园遥相呼应，使奥林匹克公园成为一个集体育竞赛、会议展览、文化娱乐和休闲购物于一体，空间开敞、绿地环绕、环境优美，能够提供多功能服务的市民公共活动中心。而现代时尚、充满力量感的五棵松篮球馆以及其他比赛场馆的设计和建设，也已经成为中国古代文化建筑理念与现代科技融合的典范。

奥运会不仅是体育运动的盛会，也是东道主文化的博览会。自申办成功开始，经过七年的筹备，北京在向世人展示具有五千年悠久历史的中华文明、展示北京与现代化并存的古都风貌、展示中国人的热情好客和开阔的胸襟方面已经做好了准备。可以说，多姿多彩的中国文化元素在奥林匹克文化的展示中尽显无遗。北京，也为奥林匹克文化增添了新的内容。北京举办奥运会，是我们这一代人留给后人的精神和物质遗产，也是中国贡献给奥林匹克文化和全世界的"独一无二"的宝贵遗产。

★探索与思考★

1. 奥林匹克文化体系包含哪几个方面？
2. 奥林匹克运动的中心思想、宗旨、原则都包含哪些内容？

模块六 球类运动

模块导读

球类运动包括篮球、足球、乒乓球、羽毛球、冰球、拍球、垒球、棒球、曲棍球、水球、网球等。当代大学生参与度较强、比较流行的运动项目有篮球、足球、排球、羽毛球、乒乓球。

所有的球类运动都分为对抗性运动和非对抗性的运动，而绝大多数都属于对抗性的运动。因为球类运动是多人一起进行的，经常进行这类运动，我们社交生活的质量就会提升，所以我们可通过球类运动提升自己的人际关系；球类运动往往都是具有跑、跳等动作的运动，经常进行球类运动，就可以帮助我们提升肌肉的灵活程度和力量值，从而帮助我们具有更好的肌肉；球类运动种类丰富，进行起来比较有趣味性，长期进行球类运动，可以帮助我们提升对于运动的热情，改善身体素质；球类运动对于我们的身体素质的提升、各个机能的提升、免疫系统的提升、骨骼矿物质密度的提升等方面都可以起到有效的作用。绝大多数的球类运动，都可以帮助我们有效提升身体反应能力，从而帮助我们变得更具灵活度；因为球类运动属于竞技运动，所以我们在进行这种运动时，整个人会集中注意力，从而帮助我们锻炼反应等方面的能力。

本模块的学习，能够使大学生们树立正确的体育价值观，形成积极参与体育锻炼的良好意识；养成良好的行为习惯，形成健康的生活方式；自觉通过体育活动改善心理状态，建立良好的人际关系，养成积极乐观的生活态度。

能力目标

1. 了解篮球运动的起源和发展，学会基本技术。
2. 了解足球运动的起源和发展，学会基本技术。
3. 了解排球运动的起源和发展，学会基本技术。
4. 了解羽毛球运动的起源和发展，学会基本技术。
5. 了解乒乓球运动的起源和发展，学会基本技术。
6. 能认知各种球类运动的发展现状。
7. 在运动中体验运动乐趣和成功的感觉。
8. 在进行相关项目运动中运用所学基本技术规范行为动作。

专题6.1 篮球运动

导入案例

中国的CBA

中国男子篮球职业联赛（China basketball association）简称中职篮（CBA），是由中国篮球协会所主办的跨年度主客场制篮球联赛，也是中国最高等级的篮球联赛，其中诞生了如姚明、王治郅、易建联、朱芳雨等球星。CBA设立季前赛、常规赛与季后赛。大致举办时间为每年10月至次年4月，CBA总决赛胜出球队获得当赛季CBA总冠军。截至2018—2019赛季，总共有7支球队夺得过总冠军（广东宏远九次夺冠，八一双鹿八次夺冠，北京首钢三次夺冠，辽宁沈阳三生飞豹篮球俱乐部、新疆广汇、上海东方大鲨鱼俱乐部、四川金强蓝鲸俱乐部各夺冠一次）。1995年CBA联赛（甲A联赛）创办时有12支球队参加，每年联赛最后两名降入甲B，甲B联赛的前两名升入甲A。1995年的12支球队里，有一半来自各个军区篮球队，八一队、济南军区队、沈阳军区队、空军队、南京军区队、前卫队。CBA开始引入外援之后，八一队没有引入外援。其他的军区队都因为没有外援被称为"升降梯"，当年升级，当年降级。

一、篮球概述

下面介绍篮球运动的起源和发展历程。

（一）篮球运动的起源

1891年，在美国马萨诸塞州斯普林菲尔德基督教青年会国际训练学校（后为春田学院）任教的詹姆斯·奈史密斯（James Naismith）博士从当地儿童喜欢用球投向桃子筐的游戏中得到启发，创编了篮球（basketball）游戏。为了怀念这位篮球运动先驱，国际篮联于1950年将世界男子篮球锦标赛的金杯命名为"奈史密斯杯"。

（二）篮球运动的发展

1904年，在第3届奥林匹克运动会上第一次进行了篮球表演赛。1932年，国际业余篮球联合会宣告成立。1936年第11届奥运会上，男子篮球被列为正式比赛项目。1976年第21届奥运会上，女子篮球被列为奥运会的正式比赛项目。自1992年第25届奥运会开始，职业篮球运动员被允许参加奥运会的篮球比赛。美国"梦之队"的参赛使世界篮坛更为精彩纷呈。

篮球运动以其特有的魅力，深受世界各国人民的喜爱，国际篮球联合会成为单项体育人口最多的国际单项运动协会。奥林匹克运动会篮球比赛、世界篮球锦标赛、美国NBA职业联赛，这三大赛事代表着世界篮球运动的最高水平。

二、篮球基本技术

下面介绍篮球的进攻和防守技术，包括移动，投篮，传、接球，运球，抢篮板球，防守等基本技术。

篮球技术分为进攻和防守两大部分，进攻技术有传球、接球、运球、持球突破、投篮等，防守技术有防守对手、抢球、打球、断球、盖帽等。此外，移动、抢篮板等技术的攻防含义皆有。

（一）移动

进攻者运用急起、急停、转身、变速变向跑等动作，摆脱防守去完成进攻任务。防守者则运用跑、停、滑步、后撤步、交叉步等动作阻止进攻。这些争取比赛主动权的行动都离不开快速灵活的脚步动作。

（二）投篮

按照持球的方法不同，可分为双手投篮和单手投篮；依据投篮前球置于身体部位的不同，可分为胸前、肩上、头上等不同的投篮动作；就运动员投篮时移动形式而言，又可分为原地、行进间和跳起投篮。

（1）原地双手胸前投篮。如图6-1所示，两脚左右或前后站立，两膝微屈、两脚脚跟略离地面，上体稍向前倾，两手手指自然张开，握球两侧略后的部位，两拇指相对呈"八"字形，掌心空出，持球于胸前、屈肘靠近身体。投篮时，两脚蹬地身体伸展，同时两臂向前上方伸出，拇指向前上方用力推送，手腕稍外翻，使球从拇指、食指、中指指尖投出，球向后旋转飞行。

（2）原地单手肩上投篮（以右手为例）。如图6-2所示，右手五指自然分开，手心空出，用指根以上部位持球，大拇指和小拇指控制球体，左手扶球的左侧，右手屈肘，肘关节自然弯曲，置球于右肩上方。投篮时，下肢蹬地发力，右臂向前上方伸直，手腕前屈，食、中指用力拨球，通过指端将球柔和地送出。球出手的同时，身体随投篮动作向前伸展。

图 6-1　　　　　　　　　　图 6-2

（3）行进间单手低手投篮（以右手为例）。如图6-3所示，在跑动中接球或运球突破上篮时，应先跨右脚接球或拿球，接着第二步跨左脚起跳，左脚跨的步子稍小一些（已能掌握基本动作者，其左脚跨出的步子大小可根据对方防守的情况和进攻的需要选择），右腿屈膝上抬，身体上升到最高点时，右臂向上伸或向前上方伸，掌心向上，用手指和手腕的力量将球上拨。

图 6-3

（4）运球急停跳投（以右手为例）。如图6-4所示，在快速运球中，用一步或两步的方式接球停步，两膝微屈，身体重心下降，迅速蹬地起跳，同时两手迅速举球于右肩上。当身体接近最高点处于稳定的一刹那，迅速向上伸臂，用右手的手腕和手指的力量将球投出。

（三）传、接球

1. 传球基本技术

（1）双手胸前传球。如图6-5所示，两手五指自然分开，拇指相对呈"八"字形，用指根以上部位握球的两侧后下方，掌心空出，两臂自然弯曲于体侧，将球置于胸前。肩、臂、腕肌肉放松，两眼注视传球目标，身体呈基本姿势。传球时，后脚蹬地，身体重心前移，同时两臂前伸，手腕由下向上翻转，同时拇指用力下压，食、中指用力弹拨，将球传出。双手胸前传球是一种最基本、最常用的传球方法，具有准确性高、容易控制、便于变化的优点。

图 6-4　　　　　　　　　　图 6-5

（2）单手肩上传球（以右手为例）。如图6-6所示，原地右手肩上传球时，两脚前后开立，左脚在前，侧对传球方向，右手肩上托球于头侧，掌心空出，以转体、挥臂、甩腕以及手指拨球的力量将球传出。单手肩上传球是一种中远距离的传球方法，其特点是传球力量大、速度快、距离远，在长传快攻和突破起跳分球时经常采用。

图 6-6

（3）单手体侧传球（以右手为例）。如图6-7所示，两脚开立，两腿微屈，双手持球于胸前。传球时，左脚向左跨步的同时将球移至右手引到身体右侧，出球前一刹那，持球手的拇指在上，掌心向前，手腕后屈，出球前臂向前做弧线摆动，当球摆过身体右前方时，迅速收前臂，用手腕、手指的力量将球传出。其特点是隐蔽、动作快而幅度小。

图 6-7

（4）反弹传球。反弹传球是一种近距离较隐蔽的传球方法，是小个队员对付高大防守者的有效传球手段。方法很多，如单、双手胸前，单手体侧，单手背后等反弹传球，都可通过地面反弹传球给同伴，所以动作方法与各种传球相同。但运用反弹传球时要掌握好球的击地点，一般应在传球者距离接球者 2/3 的地方。如防守自己的对手距离自己较远，而传球的距离又较近时，可向防守者的脚侧击地传出。球弹起的高度一般在接球人的腰部为宜。

2. 接球基本技术

接球时眼睛要注视来球，肩、臂都要放松，手臂应迎球伸出，手指自然分开。当手指触球时，屈肘，臂后引，缓冲来球的力量，两手握球，保持身体平衡，以便做下一个动作。

（1）接反弹球。掌心要向着来球反弹的方向，屈膝弯腰并向前下方伸手迎球，五指自然分开成上、下手接球动作。在球刚刚离地弹起时，手指触球并将球接住。接球后手腕迅速向上翻，持球于胸腹前，保持身体平衡，呈基本站立姿势。

（2）接球后急停。安全接球后急停已成为进攻技术的基础。要点是正确运用转入下次进攻的衔接点，不要犯带球走违例的错误。

（3）摆脱接球。摆脱接球是抢先一步接球的动作。为了安全准确地接球，无球队员以切入、策应等配合创造接球机会。

（四）运球

运球不仅是个人摆脱防守进攻的有力手段，而且还是组织全队进攻战术配合的重要桥梁。下面介绍几种主要运球技术。

（1）身前换手变换方向运球。如图 6-8 所示，右手运球向左侧做变向时，右手拍球的右侧上方，使球从右侧反弹向左侧，同时右脚向左侧前方跨步，侧右肩向前，并迅速用左手拍球的正后方继续运球前进。左手运球向右变向时，则与右手动作相反。

（2）胯下运球。如图 6-9 所示，这是使球穿过两腿之间来改变运球方向的运球技术。

（3）后转身运球。如图 6-10 所示，身体左侧对防守者，左脚在前做中枢脚，右手在身体左右后侧运球或向后运球，同时做后转身，换左手拍球的后上方运至左侧，右脚落地贴近防守者的右侧（脚尖向前），然后运球继续前进。

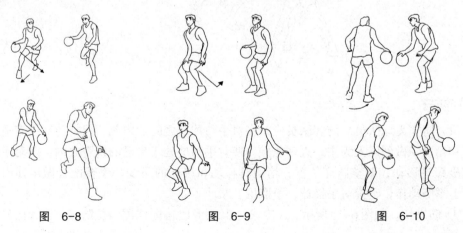

图 6-8　　　　　　图 6-9　　　　　　图 6-10

（4）运球急停急起。如图6-11所示，可用两步急停，两腿屈膝前后开立。跨出第一步时，身体稍后仰。同时，按拍球的上方降低球的反弹高度，使球在原地反弹，同时降低身体的重心，用腿和异侧臂护球。急起时，拍球的后上方。身体重心移至前脚掌，同时后脚迅速蹬地跨出超越防守者，迅速向前推进。

图 6-11

（五）抢篮板球

抢篮板球分为抢进攻篮板球和抢防守篮板球两种。

（1）抢进攻篮板球。当同伴或自己投篮时，处在近篮的进攻队员首先应判断球的反弹方向，然后先向相反方向的侧前方跨步，利用身体虚晃的假动作诱开身前的防守队员，绕跨挤到对手的前面或侧前方，抢占有利位置，借助跨步或助跑起跳，跳至最高点补篮或抢篮板球。

（2）抢防守篮板球。如图6-12所示，当对方投篮出手后，首先应注意对手的动向，并根据当时与进攻队员所处的位置和距离的远近，运用上步、撤步和转身抢占有利位置，把进攻队员挡在身后，与此同时还要判断球的落点并准备起跳。

图 6-12

（六）防守

（1）防守无球队员。防守队员应站在对手与球篮之间的内侧，保持与对手有适当的距离和角度，做到以人为主，人球兼顾，使对手和球处于自己的视野之内，随对手的动作积极跟进移动，调整防守位置，堵截其移动和接球的路线，手臂配合做出伸出、挥摆、上举等动作，干扰对手接球，争取抢、断球。

① 防纵切。如图6-13所示，A传球给B，a及时偏向球侧错位防守；当A向篮下纵

切要球时，a应抢前防守，合理运用身体堵住对方的切入路线，同时伸臂封锁接球，迫使对手向远离球的方向移动。

② 防横插。如图6-14所示，A持球，C欲横插过去要球，c应上步挡住对手，并伸臂不让对手接球，用背贴着对手，随其移动到有球一侧。

③ 防溜底。如图6-15所示，A持球，C溜底时，c要面向球滑步移动，至纵轴线时，迅速上右脚前转身，错位防守，右臂伸出不让对方接球。

图 6-13　　　　　　　　图 6-14　　　　　　　　图 6-15

（2）防守持球队员。当对手接球后，迅速调整防守位置和距离，占据对手与球篮之间的有利位置，还要与对手保持适当的距离（一臂左右）。一般来说，离球板远则远，近则近，并根据对手的特点（投篮或突破）而有所调整。防守持球队员在离球篮近时采用贴近的攻击步防守，离球远时则采用平步防守。无论采用哪一种防守，都要积极移动，阻截和干扰对方传球、投篮，同时伺机抢、断球。

三、篮球基本战术

下面介绍篮球的基础配合、快攻与防守快攻、攻防半场人盯人等基本战术。

（一）基础配合

1. 进攻基础配合

进攻基础配合是指两三名进攻队员，为了创造投篮机会，合理运用技术而组成的合作方法。

（1）传切配合。传切配合有两种，分别为一传一切配合和空切配合。

① 一传一切配合。如图6-16所示，D传球给A后，立刻摆脱对手a向篮下切入，接D的回传球投篮。

② 空切配合。如图6-17所示，A传球给D时，C突然切向篮下接D的传球投篮。

图 6-16　　　　　　　　图 6-17

（2）突分配合。有球队员持球突破后，主动地或应变地利用传球与同伴配合的方法。其要求是，突破动作要突然、快速，在突破过程中，要随时观察场上攻、守队员行动和位置的变化，既要做好投篮的准备，又要及时、准确地传球给同伴。其他进攻队员要掌握时机，及时跑到有利于进攻的位置上接球。

（3）掩护配合。掩护配合是掩护队员采用合理的行动，用自己的身体挡住同伴的防守者的移动路线，使同伴得以摆脱防守，或利用同伴的身体和位置使自己摆脱防守的一种配合方法。掩护配合的形式根据掩护的位置和方向不同，分为前掩护、后掩护、侧掩护3种。

2. 防守基础配合

防守基础配合是指两三名防守队员为破坏对方进行配合，或当同伴防守出现困难时，及时互相协作行动的方法。以下是几种常用的配合。

（1）关门配合。"关门"是两个防守队员靠拢协同防守突破的配合方法。如图6-18所示，当D从正面突破时，a和d与d和c进行"关门"配合。

关门配合的要求是，防守队员应积极堵住进攻者的突破路线；临近突破一侧的防守队员要及时向同伴靠拢进行"关门"，不给突破者留有通过的空隙。关门配合也运用于区域联防。

（2）夹击配合。夹击配合是指两个防守队员积极防守一个进攻队员配合的方法。如图6-19所示，A从底线突破，a封堵底线，迫使A停球，d同时向底线迅速跑去与a协同夹击A，封堵其传球路线，迫使其违例或失误。

夹击配合要正确地掌握夹击的时机和区域。行动要果断，出其不意。在形成夹击时要用身体和腿部限制进攻队员的活动，用手臂封堵传球或接球，但要防止不必要的犯规。

（3）补防配合。补防配合是指防守队员在同伴漏防时，立即放弃自己的对手，去补防那个威胁最大的进攻者，而与漏人的防守队员及时换防的一种协同防守方法。如图6-20所示，D传球给A，突然摆脱d的防守直插篮下，此时c放弃C的防守补防D，d去补防C。

图 6-18

图 6-19

图 6-20

提示：应特别注意整体配合，包括配合的位置、距离、路线和时机，其中以配合时机尤为关键。此外，还要注意保持攻守平衡。

（二）快攻与防守快攻

1. 快攻

快攻是由防守转入进攻时，乘对方未站稳阵脚之前，抓住战机以最快的速度、最短的时间,果断而合理地发动攻击的一种速决性战术配合。发动快攻的时机是在抢获后场篮板球、抢球、断球和跳球获球后。快攻的形式有长传快攻、短传和运球快攻相结合等。

(1) 抢后场篮板球长传快攻。如图 6-21 所示,D 抢到后场篮板球后,首先观察场上的情况,寻找长传快攻机会。B 和 C 判断 D 有可能抢到篮板球时,便立即起动快下,争取超越防守队员接 D 的长传球投篮。

(2) 断球长传快攻。如图 6-22 所示,c 断球后,看到 b 已快下,可立即传球或运球后传球给 b 投篮。

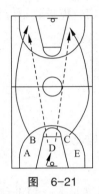

图 6-21

图 6-22

(3) 短传与运球结合快攻。指队员在后场获球后,利用快速的短传球和运球推进相结合的方法迅速推进到前场进行攻击的一种配合。其特点是参加人数多、机动灵活、层次清楚、容易成功,但对队员配合的技巧要求较高。

2. 防守快攻

篮板球是发动快攻的主要先决条件之一,积极地与对方争抢前场篮板球是防止发动快攻的重要步骤。

(1) 有组织积极地堵截对方发动快攻的第一传,是防守快攻的关键。

(2) 防守快下队员。快下队员是对方长传快攻的主要成员,如果快下队员接到球,将给防守造成极大的困难。因此,当对方抢获篮板球时,外线队员要迅速退守。在退守过程中,控制好中路,堵截快下路线,紧逼沿边线快下的进攻队员,切断对方长传球的路线。

(3) 提高以少防多的能力。当对方发动快攻并迅速地向前场推进时,防守队往往来不及全部退防,出现以少防多的局面。提高一防二、二防三的能力,重点防篮下,为同伴回防赢得时间,这就必须提高个人的防守能力,以及同伴之间的相互补防能力。

(三) 攻防半场人盯人

1. 人盯人防守战术

人盯人防守战术是在由攻转守时,放弃前场的防守,全队迅速退回后场,每人盯住自己对手的配合方法。它以个人防守为基础,综合运用挤过、穿过、交换、关门、夹击等几个人之间的防守基础配合所组成的全队战术。

(1) 防守要点。人盯人防守要从由攻转守时开始。此时,每个队员都要快速退向自己的后场,立即找到对手,形成集体防守;要根据对手、球、球篮选择有利位置,做到球、人、区兼顾,与同伴协同防守。

（2）防守原则。"以球为主，人球兼顾""有球紧，无球松""近球紧，远球松"，积极移动，抢占有利位置。

（3）运用时机。半场扩大人盯人防守主要用于对付外围远投较难、突破与篮下进攻能力和后卫控制球能力相对较差的队，而本队需要扩大战果，争抢时间时；半场缩小人盯人防守用于对付中远距离投篮不准、突破和篮下攻击能力较强的队，本队得分已占优势，保持体力再扩大战果时。

2. 进攻人盯人防守战术

进攻人盯人防守是根据人盯人防守战术的特点，从每个队员的具体实际出发，综合运用传接球、投篮、运球、突破等个人技术动作和传切、掩护、策应等几个人之间的战术基础配合所组成的一种全队进攻战术。

进攻人盯人战术的要点：由守转攻后，要迅速到位。

四、篮球运动主要规则

下面介绍篮球比赛的基本情况和违例、犯规等违规现象。

（一）篮球比赛的概况

篮球比赛由两个队参加，每队上场5人，其中1人为队长，替补球员有7人。

将球投入对方球篮得2分；在3分区外投入对方球篮得3分；罚球中1次得1分。

比赛由4节组成，每节10分钟。在第1节和第2节（第一半时）之间，第3节和第4节（第二半时）之间以及每一决胜期之前有2分钟的比赛休息时间；两个半时的比赛休息时间为15分钟，以全场得分多者为胜。如果在第4节比赛时间终了时比分相等，需要一个或多个5分钟的决胜期来继续比赛，直至决出胜负。

比赛中每队的换人次数不限。但是，要登记的暂停在第一半时的任何时间每队可准予2次；在第二半时任何时间可准予3次；每一决胜期的任何时间每队可准予1次。

整个比赛过程由裁判员（三人制：包括主裁判员、第一副裁判员和第二副裁判员；两人制：包括主裁判员和副裁判员）、记录台人员（包括记录员、助理记录员、计时员和24秒计时员）和技术代表管理。

（二）篮球比赛的违规现象

篮球比赛中对规则的违反有违例和犯规两大类。

1. 违例

违例是违反规则。处罚规则是将球权判给对方队在靠近发生违例的地点掷球入界。

（1）带球走。当持活球的队员用同一脚向任何方向踏出一次或多次，其另一脚（称为中枢脚）不得离开与地面的接触点。如果中枢脚离开了这个接触点，就构成带球走违例。

（2）非法运球。队员在运球后，用双手同时触及球或允许球在一手或双手中停留时，运球完毕。运球结束后，除非失去控球权后又重新控制球，否则不得再次运球，如果再次运球，则为非法运球违例。

（3）拳击球或脚踢球。比赛中队员不得故意用拳击球或用腿的任何部分去阻挡球，否则将判违例。如果球偶然地接触到腿的任何部分,或腿的任何部分无意碰到球,不算违例。

（4）球回后场。在比赛中,前场控制球的队,不得使球再回到后场,否则为球回后场违例。具体判定球回后场有如下三个条件。①该队必须控制球;②球进入前场后,在球又回到后场前该队队员（或裁判员）最后触及球;③球回后场后,该队队员在后场最先触及球。这三个条件必须依次连续发生。

（5）干涉得分和干扰。投篮（罚球）的球在飞行下落并完全在篮圈水平面之上时,双方队员不可触及球。当投篮的球触及篮圈时,双方队员都不得触及球篮或篮板,不得从下方伸手穿过球篮并触及球,不得使篮板和篮圈摇动。如果进攻队员违犯这一规定,中篮无效,将球判给对方在罚球线延长部分的界外掷球入界;如果防守队员违犯这一规定,不论是否投中,均判投篮（罚球）队员得分。

（6）3秒违例。当某队在前场控制活球并且比赛计时钟正在运行时,该队队员在对方的限制区内持续停留的时间不得超过3秒。

（7）5秒违例。进攻球员必须在5秒之内掷出界外球;或在被严密防守时,必须在5秒之内传、投或运球;当裁判员将球递给罚球队员可处罚时,该队员必须在5秒内出手。

（8）8秒违例。一个球队从后场控制活球开始,必须在8秒内使球进入前场（对方的半场）。

（9）24秒违例。每当一名队员在场上获得控制活球时,该队必须在24秒内尝试投篮。

2. 犯规

犯规是对规则的违犯,含有与对方队员的非法身体接触和/或违反体育道德的举止。对违犯者登记犯规并随后按规则予以处罚。

（1）侵入犯规。侵入犯规是队员与对方队员的接触犯规。无论球是活球还是死球,队员均不应通过伸展其手、臂、肘、肩、髋、腿、膝或脚来拉、阻挡、推、撞、绊、阻止对方队员行进,另外不应将其身体弯曲呈"反常的"姿势（超出其圆柱体）,也不应放纵任何粗野或猛烈的动作。在所有情况下都要给犯规队员登记1次侵人犯规。如果对未做投篮动作的队员犯规,由非犯规队在靠近犯规地点的界外掷球入界重新开始比赛。如果犯规队处于全队犯规处罚状态,则应判给未做投篮动作的队员2次罚球,代替掷球入界。如果对正在做投篮动作的队员犯规,如果投篮成功,应计得分并判给1次追加罚球;如投篮未中,则要根据投篮的地点,判给2次或3次罚球。

（2）技术犯规。技术犯规是包含（但不限于）行为性质的队员的非接触犯规。如不顾裁判员警告;没有礼貌地触犯裁判员、技术代表、记录台人员或球队席人员;使用冒犯或煽动观众的语言和举止;戏弄对方队员或在对方队员的眼睛附近摇手妨碍其视觉;在球穿过球篮后,故意触及球以延误比赛;阻碍迅速地执行掷球入界以延误比赛;假摔以伪造一次犯规等。

队员技术犯规,应给其登记一次技术犯规,作为全队犯规之一计数。教练员、替补队员和随队人员的技术犯规,对每一起违犯行为都要登记教练员一次技术犯规,但不作全队犯规之一计数。

对技术犯规的处罚,是判给对方2次罚球,以及随后在记录台对面的中线延长部分掷球入界或在中圈跳球开始第一节(如犯规发生在第一节比赛前)。

(3)违反体育道德的犯规。根据裁判员的判断,一名队员不是在规则规定的范围内合法地试图去直接抢球,发生的接触犯规是违反体育道德的犯规。应给犯规队员登记1次违反体育道德的犯规。判给对方罚球,以及随后在记录台对面的中线延长部分掷球入界或在中圈跳球开始第一节(如犯规发生在第一节比赛前)。

(4)罚球的次数按如下规定。对没有做投篮动作队员的犯规应判给2次罚球;对正在做投篮的队员发生的犯规,如中篮,应计得分并加判给1次罚球。如未中篮,应判给2次或3次罚球。

 案例总结

实现体育强国　普及篮球运动

党的十九大,习总书记站在"两个一百年"的奋斗目标和中国特色社会主义后继有人的高度,把教育摆在了优先发展的高度,要求教育要"扎根中国、融通中外、立足时代、面向未来,发展具有中国特色、世界水平的现代教育"。篮球项目广受人民群众的欢迎和喜爱,在各大学校都会设置篮球教学课程,普及很广。篮球运动作为高校体育教学内容很具代表性。体育事业在我国经济发展中起着重要作用,党的十九大报告指出为了实现中国梦,要大力加强体育事业的建设,建设社会主义强国,对新时代的体育事业、教育事业提出了更高的要求。加快体育强国,必须充分认识体育在新时代在我国现代化建设中的地位和作用,这也是加快体育强国建设的前提和基础。

高校是开展普及篮球运动,奠定篮球人口的重要阵地。普通高校应按需定教,创新教法是挖掘篮球课程教材教育价值的关键。一方面是学生对篮球兴趣所在。以教学大纲为主,以学生的兴趣和能力为重要参考,确定不同的教学内容和教学教法。比如合理设计男女生篮球不同基础的教学内容;针对兴趣摇摆、篮球基本技术掌握不牢的学生,开展技术学练与乐学氛围共建教学,充分激发这些学生的篮球学习兴趣;针对热爱篮球、喜欢比赛的学生开展技战术学练与竞赛体验同步教学,积极保持这部分学生的篮球锻炼兴趣。另一方面要以篮球为载体,提供育人健身的需要。不但要满足教材的要求,更要考虑篮球课程内在的教育核心价值。在篮球项目中涉及很多的配合,需要相互协作,缺少了哪一环都不行,以此来培养学生的合作意识、合作能力、团队精神等。

体育是强国之举,强国是复兴之途。今天的中国比以往任何时候都更接近实现伟大复兴中国梦,体育也比任何时候都更显重要。正如十九大报告指出的那样,中华民族伟大复兴,绝不是轻轻松松、敲锣打鼓就能实现的。实现伟大的体育强国梦要从体育事业着手,不断创新改革,认真踏实一步一步发展体育。

探索与思考

1. 篮球的基本技术有哪些?
2. 篮球的基本战术有哪些?
3. 篮球的竞赛规则有哪些?

专题6.2 足球运动

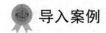 导入案例

蹴　鞠

足球起源于中国东周时期的齐国，当时把足球称为"蹴鞠"。汉代蹴鞠是训练士兵的手段，制定了较为完备的体制，如专门设置了球场，规定为东西方向的长方形，两端各设六个对称的"鞠域"，也称"鞠室"，各由一人把守；场地四周设有围墙；比赛分为两队，互有攻守，以踢进对方鞠室的次数决定胜负。

经过汉代的初步流行，唐宋时期蹴鞠活动达到高潮，甚至出现了按照场上位置分工的踢法。唐代蹴鞠已有多种方式，有比赛颠球次数的"打鞠"，有场地中间挂网、类似网式足球的"白打"，有多人参与拼抢的"跃鞠"，还有了设立球门的比赛，这种方式每队有一定人数和固定位置，规定队员只能在自己的位置上踢，不能移动。同时蹴鞠和佛教一起传到了日本，日语及韩语中仍可见称足球为"蹴球"的用法便是受到中国的影响。

宋代《武林旧事》曾列出了"筑球三十二人"竞赛时两队的名单与位置："左军一十六人：球头张俊、跷球王怜、正挟朱选、头挟施泽、左竿网丁诠、右竿网张林、散立胡椿等；右军一十六人：球头李正、跷球朱珍、正挟朱选、副挟张宁、左竿网徐宾、右竿网王用、散立陈俊等。"这被认为是历史上的第一份足球"首发名单"。

从东周时期到明朝，蹴鞠经历了发展到高潮的过程，但到了19世纪，这项活动却走入了衰落。

2005年5月20日，在瑞士苏黎世举行的国际足联百年庆典闭幕式上，国际足联主席布拉特先生为足球起源地临淄颁发了"足球起源地证书"。国际足联秘书长乌斯·林茨题词：因为我的名字叫林茨，所以我对足球起源于临淄更感到骄傲，感谢中国为世界创造了足球！

一、足球概述

下面介绍现代足球运动的起源，并简述其发展。

（一）足球运动的起源

现代足球运动诞生于英国。1863年10月26日，剑桥大学、牛津大学和凯尔波里特专科学校与伦敦周围地区11个最主要的俱乐部和学校举行联席会议，创立了英格兰足球协会。这一天被称为现代足球的诞生日。两个月后，英格兰足球协会制定出世界上第一个统一的足球规则。

（二）足球运动的发展

1872年，足球运动史上的第一次正式比赛在英格兰和苏格兰之间进行，即泛英足球比赛。在此后30年，足球运动逐渐风靡英国和欧美各国。1900年，足球首次在奥运会上露面。1908年，足球被正式批准为奥运会比赛项目。1930年，乌拉圭成功举办了

第一届世界足球锦标赛。1904年5月21日，国际足球联合会（FIFA）在法国巴黎成立，总部设在瑞士苏黎世。这标志着足球作为一项世界性的体育项目登上了国际体坛，足球运动在更加广泛的范围内开展起来，影响也越来越大。国际足联从最初的7个会员国，发展到现在的190多个，是世界上最大的国际单项体育组织。其举办的重大比赛包括：4年一届的世界杯足球赛、奥运会足球赛、世界青年足球锦标赛和女子世界杯足球赛，此外还有许多洲际比赛。

二、足球运动基本技术

下面介绍踢球、接球、运球、头顶球、抢断、假动作等足球的基本技术。

（一）踢球

踢球是指运动员有目的地用脚把球击向预定目标的技术。踢球是足球技术中最重要的技术，主要用于传球和射门。

踢球的方法很多，主要有脚内侧踢球、脚背正面踢球、脚背内侧踢球、脚背外侧踢球、脚尖踢球和脚跟踢球。这些动作结构完全一致，均由助跑、支撑脚站位、踢球腿摆动、脚触球、踢球后的随前动作5个环节组成。

1. 脚内侧踢球

脚内侧踢球又称脚弓踢球。

（1）脚内侧踢定位球。如图6-23所示，直线助跑，支撑前的最后一步稍大些，支撑脚站在球的侧面约15厘米处，脚尖正对出球方向，支撑腿膝关节微屈。在支撑脚着地时，踢球腿大腿带动小腿由后向前摆动，在前摆的过程中大腿外展，当膝关节摆动至接近球的正上方时，小腿做爆发式摆动，在触球前将脚跟送出使脚内侧部位所形成的平面与出球方向垂直，踢球脚脚尖微微翘起，脚底与地面平行，踝关节功能性地紧张使脚型固定，触（击）球后身体跟随向前移动。

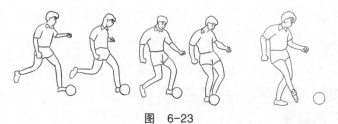

图 6-23

（2）脚内侧踢空中球。如图6-24所示，根据来球速度和运行轨迹及时移动到位，踢球腿的大腿抬起并外展，小腿绕额状轴后摆，而后小腿由后向前摆动，当摆至额状面时与球接触，击球的中部。

图 6-24

2. 脚背正面踢球

脚背正面踢球又称正脚背踢球。

（1）脚背正面踢定位球。如图6-25所示，直线助跑，最后一步稍大些，支撑脚积极着地支撑，在球的侧面10~12厘米处，脚尖正对出球方向，膝关节微屈，踢球腿随跑动向后摆动，小腿弯曲，支撑的同时踢球腿以髋关节为轴，大腿带动小腿由后向前摆动。当膝关节摆至接近球的正上方时，小腿做爆发式的摆动，脚趾屈，以脚背正面部位击球的后中部。击球后身体及踢球腿随球前移。

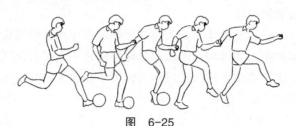

图 6-25

（2）脚背正面踢反弹球。根据来球的速度、运行轨迹、落点，支撑脚踏在球落点的侧面。在球落地时，踢球腿爆发式前摆，在球刚弹离地面时，用脚背正面击球的中部，并控制小腿的上摆（送髋、膝关节向前平移），出球则不会过高。

3. 脚背内侧踢球

脚背内侧踢球又称内脚背踢球。

（1）脚背内侧踢定位球。如图6-26所示，斜线助跑，助跑方向与出球方向约成45°，最后一步稍大，以支撑脚底积极着地，脚尖指向出球方向，距球内侧后方20~25厘米，膝关节微屈。在支撑同时，踢球腿已完成后摆，并开始以髋关节为轴大腿带动小腿由后向前摆动，当大腿摆至与支撑腿接近同一平面时，小腿做爆发式摆动，此时脚尖外转、脚背绷直，以脚背内侧部位触击球。击球后踢球腿及身体继续随球向前。

图 6-26

（2）脚背内侧踢反弹。根据来球的落点及时移动到位，在球离地（反弹）的瞬间踢球，其他的动作要求与踢定位球相同。这种踢球方法多用于踢侧方或侧前方来的由空中下落的球。

4. 脚背外侧踢球

脚背外侧踢球又称外脚背踢球。

由于踢这种球的脚踝灵活性较大，摆腿方向变化较多，且助跑时又是正常的跑动姿势，故其出球隐蔽性较强。足球比赛中各种距离的弧线球及非弧线球均可使用。

（1）脚背外侧踢定位球。助跑、支撑脚站位及踢球腿摆动均与脚背正面踢球技术的3个环节相同，脚触球是用脚背外侧部位。此时要求膝关节和脚尖内转，脚背绷紧，触

（击）球后身体随踢球腿的摆动前移。

（2）脚背外侧踢地滚球。可用于踢正前方、侧前方及侧后方来的地滚球。踢球的动作、规格要求与踢定位球相同，但支撑脚站位时应考虑球的滚动速度，以保证在脚触球的瞬间支撑脚与球的相对位置符合规格要求。

（3）脚背外侧踢反弹球。与脚背正面踢反弹球的方法相同，只是接触球时用脚背外侧部位触（击）球。

5. 脚尖踢球

脚尖踢球又称脚尖捅球。

由于脚尖踢球时出球异常迅速，雨天场地泥泞时多使用这种踢法。还可以借助踢球腿的最大长度，踢那些距离身体较远的球。具体方法是用支撑脚跳跃上步，踢球腿屈膝前跨，髋关节尽量前送，两臂上摆协助身体向前，小腿前伸，在踢球脚落地前用脚尖捅球的后中部。

6. 脚跟踢球

脚跟踢球是用脚跟（跟骨的后面）接触球的一种踢球方法。球在支撑脚外侧时，踢球脚在支撑脚前面交叉摆到支撑脚外侧用脚跟击球。球在支撑脚内侧时，踢球脚后摆用脚跟踢球。

（二）接球

接球是指运动员有目的地用身体的合理部位把运行中的球停下来，控制在所需要的范围内，以便更好地衔接下一个技术动作。接球的方法有多种，常用的有脚内侧、脚背正面、脚底、大腿、胸部等部位的接球。

1. 脚内侧接球

由于脚触球面积大，动作简单，较易掌握，比赛中经常使用这种技术接各种地滚球、反弹球、空中球。

（1）接地滚球。如图 6-27 所示，身体正对来球，判断来球的速度和方向，选好支撑脚位置，膝关节微屈。接球脚根据来球的状态相应提起，膝、踝关节旋外，脚趾稍翘，用脚内侧对准来球，触球刹那，接球部位做相应的引撤或变向接球动作，将球控在所需要的位置上。

（2）接反弹球。如图 6-28 所示，接球腿小腿应与地面形成一定的夹角，向下做压推动作时，膝要领先，小腿留在后面。

图 6-27　　　　　　　　　　图 6-28

（3）接空中球。如图 6-29 所示，接球腿要屈膝抬起，可根据需要采用引撤或切挡动作，接球落地后应随即将球在地面控制住。

2. 脚背正面接球

此方法多用于接有较大抛物线的来球。如图6-30所示，根据球的落点，及时移动到位，脚背正面上迎下落的球，当球与脚面接触的一瞬间，接球脚与球下落的速度同步下撤，此时接球腿膝关节、踝关节、脚趾均保持适度的紧张，脚尖微翘将球接到需要的地方。

图 6-29　　　　　　　　　　　图 6-30

3. 脚底接球

由于脚底接球技术便于掌握，易于将球接到位置，故常被用来接各种地滚球和反弹球。

（1）脚底接地滚球。身体正对来球方向，移动前迎，支撑脚站在球的侧面（或前或后均可），脚尖正对来球方向，膝关节微屈。同时接球腿提起，膝关节微屈，脚背略屈，使脚底与地面约小于45°（且脚跟离开地面），一般以前脚掌接触球的上部为宜。在触球瞬间接球脚可轻微趾屈（前脚掌下点）将球停住，也可根据需要在接球同时将球推向前方或拉向身后。

（2）脚底接反弹球。根据来球落点，及时前移迎球，支撑脚站在落点侧后方，脚尖正对来球方向，球落地瞬间，用前脚掌去触球的中上部，微伸膝，用脚掌将球接在体前。若需接球到身后则应在触球瞬间继续屈膝，将球回拉，并伴随支撑脚以前脚掌为轴旋转90°以上。

4. 大腿接球

大腿接球一般可以用来接抛物线较大的高空球和略高于膝的低平球。

（1）接抛物线较大的下落球。如图6-31所示，面对来球方向，根据球的落点迅速移动到位，接球腿大腿抬起，当球与大腿接触的瞬间大腿下撤，将球接到需要的位置上。

图 6-31

（2）接低平球。面对来球方向，根据来球高度，接球腿大腿微屈，送髋前迎来球，当球与大腿接触瞬间收撤大腿，使球落在所需要的位置上。

5. 胸部接球

由于胸部接球部位较高，加之胸部面积大、肌肉较丰满等特点，动作易于掌握，故是接高球的一种好方法。胸部接球包括挺胸式、收胸式两种方法。

（1）挺胸式接球。接球时，身体正对来球，两腿自然开立，膝微屈，两臂在体侧自然屈抬，上体稍后仰与来球形成一定的角度。触球刹那，胸部主动挺送，使球触胸后向前上方弹起落于体前。一般用于接有一定弧度的高球。

（2）收胸式接球。面对来球，两脚左右或前后开立，两臂自然张开，挺胸迎球，触球瞬间收胸、收腹、臀部后移将球接在体前。若需将球接在体侧时，则触球瞬间转体将球接在转体后相应的一侧。这种方法多用于接齐胸高的平直球。

（三）运球

运球是运动员在跑动中用脚连续推拨球，使球处于自己控制范围内的动作。常用的运球技术有脚内侧、脚背正面、脚背外侧、脚背内侧运球。

（1）脚内侧运球。运球前进时支撑脚位于球的侧前方，肩部指向运球方向，支撑腿膝关节微屈，重心放在支撑腿上，另一条腿提起屈膝，用脚内侧推球前进，然后运球脚着地。由于肩部指向运球方向，身体侧转，虽然移动速度较慢，但身体前倾有利于将对方与球隔开，因而这种技术多用在运球中做配合传球，或有对方阻拦需用身体做掩护时。

（2）脚背正面运球。运球时身体持正常跑动姿势，上体稍前倾，步幅不宜过大，运球腿提起，膝关节稍屈，髋关节前送，提踵，脚尖下指，在着地前用脚背正面部位触球后中部将球推送前进。

（3）脚背外侧运球。如图6-32所示，运球时身体持正常跑动姿势，上体稍前倾，步幅不宜过大，运球腿提起，膝关节稍屈，髋关节前送，提踵，脚尖绕矢状轴向内旋转，使脚背外侧正对运球方向，在运球脚落地前用脚背外侧推拨球的后中部。

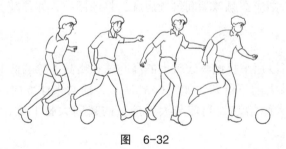

图 6-32

（4）脚背内侧运球。身体稍侧转并协调放松，步幅小，上体前倾，运球腿提起外展，膝微屈外转，提踵，脚尖外转，使脚背内侧正对运球方向，在运球脚落地前用脚背内侧推拨球，使球随身体前进。

（四）头顶球

头顶球技术是传球、射门、抢断的有效手段，特别是争高空球时头顶球技术更为重要。顶球技术的特点是争取时间，不需要等球落地就可以在空中直接处理来球。因此，它可以争取时间上的优势和主动。

顶球一般分为正额顶球和额侧顶球两种。具体方法有正额原地、助跑跳起（单脚和双脚）等。

（1）正额原地顶球。面对来球，两脚前后开立，膝微屈，重心放在两脚上。顶球前，上体先后仰，重心移到后脚上，两臂自然摆动，维持身体平衡，两眼注视来球。顶球时，两腿用力蹬地，迅速伸直，上体由后向前快速摆动，借助腰、腹和颈部力量，用前额正面将球顶出。顶球过程中，身体重心从后脚移到前脚，然后再单脚跳起顶球。

（2）助跑单脚跳起顶球。起跳前要有3~5步的助跑。最后一步踏跳时要用力，步幅要稍大些，踏跳脚以脚跟先着地再迅速移到脚掌，同时另一腿屈膝上提，两臂向上摆动。身体腾起后上体随之后仰。顶球时，上体由后向前摆动，借助腰、腹和颈部力量将球顶出，然后两脚自然落地。

（五）抢断

抢断技术是一种积极有效的防守手段。抢断是防守技术的综合体现，是用争夺、堵截、破坏等方式的延续或阻拦对方进攻的一种技术。一旦把球争夺过来，这就意味着组织进攻的开始。

（1）正面抢断。在对方带球队员迎面而来时，便可采用这种抢断方式。

两脚前后稍开立，两膝稍屈，身体重心下降，并均匀落在两脚上，面向对手。当对方带球或触球即将着地或刚刚着地时，立即抢球。抢球脚的脚弓正对球，并跨出一步，膝关节弯曲，上体前倾，身体重心移至抢球脚上。如对方已有准备，在双方脚同时触球时，脚触球后要顺势向上提拉，使球从对方脚背滚过，身体迅速跟上，把球控制住。双方上体接触时，抢球人可用合理部位冲撞对方，使之失去平衡，从而将球控制在自己脚下。

（2）侧面抢断。当防守队员与带球进攻的队员并肩跑动，或两人争夺迎面来球时，双方都可采用这种抢断方式。

当与对方平行跑动争球时，身体重心要降低，两臂贴紧身体。在对方靠近自己的脚离地时，可用肩和上臂做合理的冲撞动作，使对方身体失去平衡，从而把球抢过来。

（3）后面抢断（铲球）。这是抢断技术中较困难的一种，一般是在用其他方法抢不到球时才采用铲球方式。

铲球有两种方法：一种是脚掌铲球，另一种是脚尖或是脚背铲球。

当防守人追至离运球人右后方1米左右时，可用右脚掌或左脚尖（脚背）进行铲球。在运球人的左侧时，则用左脚掌或是右脚尖（脚背）进行铲球。如用右（左）脚掌铲球，可在运球人刚刚将球拨出时，先蹬左（右）腿，跨右（左）腿，膝关节弯曲，以脚外侧从地面滑出，用脚掌将球踢出。然后小腿、臀部、上体依次着地，身体随铲球动作向前滚动。

提示：铲球脚离地面超过球的高度，易伤害对手造成犯规。

（六）假动作

假动作是指运动员在比赛中，为了隐蔽自己真实动作意图，利用各种动作的假象来调动迷惑对方，使对方对其动作产生错误的判断或失去身体重心，造成对自己有利的形势，从而取得时间、空间位置的优势，达到自己真实动作的意图。

（1）踢球假动作技术。如图6-33所示，运动员已控制球或正准备控制球，准备与同伴配合及接球时，对手前来堵抢，挡住其路线时，先可向一方做假动作，当对手以假当真去封堵假动作路线时，应突然改变踢球脚法将球传或接向另一方面。

图 6-33

（2）头顶球与胸接球假动作技术。当队员面对胸部以上的高空来球，准备接时，对手迎面逼近准备抢截，此时接球的队员做出胸或头、接或顶的假动作，诱使对手立定，以假当真；在其封堵接、传路线时，突然改变动作，用头或胸将球顶出或接住。

（3）运球假动作技术。运球假动作技术在比赛中是最常见的，它不仅用来突破正面对手，而且可以用来摆脱来自侧面和后面的对手。

如图6-34所示，对手迎面跑来抢截球时，可用左（右）脚的脚背内侧扣拨球动作结合身体的虚晃动作，诱使对手的重心发生偏移，然后用左（右）脚的脚背外侧向同侧方向拨运球越过对手。

图 6-34

对手从侧面来抢截球时，先做快速向前运球动作，诱使对手紧追，这时突然减速伴做停球假动作，当对手上当时，再突然起动加速推球向前甩掉对手。

当对手从身后来抢截球时，运球者用左（右）脚掌从球的上方擦过，做大交叉步，身体也随动做前移，诱使对手向运球者的移动方向堵截，然后以运球脚后前脚掌为轴，突然向右（左）后方转身，再用右（左）脚脚背内侧将球扣回，把对手甩掉。

三、足球运动基本战术

下面介绍比赛阵形、进攻战术、防守战术等足球运动的基本战术。

（一）比赛阵形

为了适应攻守战术的需要，全队队员在场上的位置排列和职责分工称为比赛阵形。比赛阵形是本队攻守力量搭配和分工的形式。

根据队员的职责和排列的层次，将人员分为后卫线、前卫线和前锋线。阵形的人数排列原则是从后卫数向前锋的，守门员不计算。

目前，世界上普遍采用的阵形有"4—3—3""4—4—2""4—1—2—3""3—5—2"等。在以上阵形中，除"4—4—2"阵形以防守为主、反击为辅外，其他阵形均以进攻为主，尤以"3—5—2"阵形更为突出。

选择阵形要以本队队员的特长、技能、技术水平与赛队的特点为依据。此外，阵形绝不是僵化的规定，每个队员都应在明确基本位置和主要职责前提下进行创造性的活动。

（二）局部配合进攻战术

1."二过一"战术配合

二过一战术配合是指两个进攻队员在局部地区通过两次或两次以上的连续传球配合，越过一个防守队员的战术行动。"二过一"是集体配合的基础，可以在任何场区、任何位置上运用这种方法来摆脱对方的抢断或突破防线。"二过一"是进攻的两个队员之间相距10米左右进行一传一切的配合。要求传球平稳及时，一般多用"脚内侧""脚外侧"等脚法，以传地平球为主。球传的位置，尽可能是接球人脚下或前面两三步远的地方。

2."三过二"战术配合

"三过二"是在比赛场地中的局部地区，通过3个进攻队员的连续配合突破两个防守队员的防守。由于这种配合有两个同队队员可以同时接应传球，因此使持球人传球路线更多，且进攻面也更大。

3. 整体进攻战术

整体进攻战术是指在比赛中一方获得球后，通过队员之间的传递配合达到射门的目的而采用的配合方法。与局部进攻战术相比较，整体进攻战术具有进攻面更加扩大、进攻和反击速度更加快速等特点。

（1）边路进攻。边路进攻一般是围绕边锋进行的配合方法，因此边锋的速度要快，个人突破能力要强，传中技术要突出。其方法是由守转攻时，获球队员将球传给边锋或其他边路上的队员，从边路发起进攻，经过局部配合突破后，一般采用下底和回扣传中方式，将球传到中央，由其他队员包抄射门。

（2）中路进攻。中路进攻时，必须要求边锋拉开，借以牵制对方的后卫，诱使对方中间区域出现较大的空隙，为中路进攻创造有利条件。前场和中场队员要机动灵活地跑位，以有效调动来拉开对方的防线。进攻的推进应有层次和梯队。传球要准确，技术动作应在跑动中准确简练地完成。

（3）快速反击。比赛中当攻方进攻时，后卫线往往压至中场附近，防守人数也由于插上进攻和助攻而相对减少，此时如防守方能抓住对方防区空隙较大和回防速度较慢的机会，乘攻方失球之机发动快速反击，往往能取得良好的效果。但其难度较大，既要冒险，又要有准确、快速的传切配合技能。

（三）局部配合防守战术

（1）补位。补位是足球比赛中在局部地区队员集体进行配合的一种方法。当防守过程中，一个防守队员被对手突破时，另一个队员应立即上前进行封堵。

（2）围抢。围抢是足球比赛中在某局部位置上，防守一方利用人数上的相对优势

（通常是两三个队员）同时围堵对方的持球队员，以求在短暂时间内达到抢断球或破坏对方进攻（防守）的目的。

（3）造越位战术。造越位战术是利用规则而设计的一种防守战术，是一种以巧制胜的省力打法，因而成为一种重要的防守手段。由于该战术配合难度较大，搞不好会适得其反，让对手钻空子，因此，往往为水平较高的球队所采纳，但也不宜过多运用。

（四）整体防守战术

整体防守战术主要有盯人防守、区域防守和综合防守3种。

（1）盯人防守。盯人防守是指被盯防的对手不管跑到哪个位置就盯防到哪里。盯人防守分为全场盯人和半场盯人。这种防守方法是对口盯人，分工明确，但体力消耗大，一旦被突破，很难补位，会使整个防线出现很大的漏洞。因此，在比赛中，单纯采用人盯人防守方法是不利的。

（2）区域防守。由攻转守时，根据场上位置的分布，每个防守队员负责防守一定的区域，当对方队员跑到本区域时，就负责盯防；离开这个区域，就不再跟踪盯防。这种战术较为省力。但是，对方可以任意交叉换位，容易造成局部以少防多的被动局面。因此，目前在比赛中已很少采用这种防守方法。

（3）综合防守。综合防守是指盯人防守与区域防守相结合的防守方法。综合防守是目前在比赛中普遍采用的一种防守方法，它集中了盯人防守和区域防守的优点，从而在防守中能根据场上情况进行逼抢、盯人、保护与补位，以达到防守的目的。

四、足球运动主要规则

下面介绍足球运动的基本竞赛规则，包括赛制，运动员和裁判员，任意球，罚球点球，红、黄牌，伤停补时，越位，暂停比赛，进球等。

（一）赛制

正式的国际足球比赛分为上、下两个半场，每半场45分钟，中间休息不得超过15分钟。

正式的国际比赛，在国际足联公平竞赛旗及参赛双方国旗的引导下，参赛队伍伴随国际足联公平竞赛曲列队入场；按规定位置站定，然后先奏客队国歌，再奏主队国歌。比赛场地的选择是以裁判员掷硬币的方式决定，猜中者选择上半场比赛的进攻方向，另一方开球开始比赛。

足球比赛分组循环赛期间的积分为胜一场积3分，平1场积1分，负1场积0分，最终以积分多少决定小组名次。如积分相等，则根据赛前规程确定的不同名次判定标准的规定来排定名次。

（二）运动员和裁判员

每队上场队员不得多于11名，其中必须有一名守门员。如果场上一队的队员少于7人，则比赛不能开始。奥运会足球比赛中，每场比赛最多可以使用3名替补队员；场外和场上队员未经裁判员许可不能擅自进出场地。比赛时，守门员和其他队员的位置不能随意交换，如需要交换，须经过裁判员同意。

一场正式的足球比赛由一名裁判员、两名助理裁判员、一名第4官员担任裁判工作。裁判员的职责：有场上最终判决权，决定比赛时间是否延长、比赛是否推迟和终止。

助理裁判员的职责：示意越位及球出界，协助裁判员的场上判罚，但没有最终判决权。

（三）任意球

足球比赛的任意球分两种，一种是直接任意球，主要是针对恶意踢人、打人、绊倒对方的行为，另外用手拉扯、推搡对方、手触球也属于这一类，还有辱骂裁判员、辱骂他人也要判罚直接任意球。这种任意球可直接射门得分。如果这些行为发生在罚球区，就要判罚球点球。还有一种是间接任意球的判罚，危险动作、阻挡、定位球的连踢就属于这一类。这种任意球不能直接射门得分，只有当球进门前，触及另外一名队员才可得分，罚球区内这种犯规不能判罚点球。

无论直接任意球还是间接任意球，防守方都要退出9.15米线以外。如果不按要求退出9.15米，裁判员可出示黄牌。

（四）罚球点球

在罚球区内直接任意球的犯规要判罚球点球。罚球点球时，双方队员不能进入罚球区。如防守方进入罚球区，进球有效，不进则重罚；如进攻方进入罚球区，进球应重踢，如不进则为防守方球门球。在罚球点球时，守门员可以在球门线上左右移动，但不可以向前移动。

（五）红、黄牌

足球裁判员在判罚时，根据犯规性质不同可出示两种不同颜色的牌。对于足球比赛中出现的一些严重犯规，裁判员要出示红、黄牌。如果是恶意的犯规或暴力行为要出示红牌。故意手球、辱骂他人或同一场比赛同一人得到两张黄牌时，也要被出示红牌。

比赛中，有违反体育道德行为，用语言和行为表示不满的就要被出示黄牌。连续犯规、故意延误比赛、擅自进出场地的队员也要被出示黄牌。

（六）伤停补时

足球比赛有时根据场上情况在比赛时间上需要补时。有时是一两分钟，最长时可达五六分钟，时间长短的确定由裁判员决定。造成补时的原因主要有：一是处理场上受伤者；二是拖延时间；三是其他原因。

（七）越位

足球比赛构成越位要满足以下条件：在同伴传球时，脚触球的瞬间，在对方半场内如果同伴的位置与最后第二名对方队员的位置相比更靠近对方球门线，这时该队员处于越位位置。需要说明的是，与对方最后第二名队员处于平行时不判越位。处于越位位置的队员裁判员在下列情况中判罚越位犯规：干扰比赛，干扰对方队员，利用越位位置获得利益。

（八）暂停比赛

正式足球比赛一般场上不能暂停，只有在极特殊的情况下，如队员受伤或发生意外纠纷才鸣哨暂停。恢复比赛是在比赛停止时球所在的地点坠球，重新开始比赛。现在足球比赛道德水准普遍较高，通常一方如看到场上有受伤队员，都会将球踢出界。恢复比赛时，对方也会将球踢回。

（九）进球

当球的整体从球门柱间及横梁下越过球门线，而此前未违反竞赛规则，即为进球得分。有时在比赛中会看到球打到横梁后落地又弹回场内，裁判员可以根据自己的观察来确认球是否越过球门线，这种判决有时会引起很大争议。

 案例总结

足球教育是群性与个性的美好结合

在伦敦、马德里、米兰、慕尼黑、里约、布宜诺斯艾利斯，每一天都有成千上万的职业或业余球员飞奔在各自的球场上，挥洒着青春能量，追逐着心中梦想。同时，现代通信和传媒技术的高度发达，也令球场内外的每个瞬间被无限放大，或温情，或激昂，或黯然，或感伤。现代足球，早已不是一项单纯的运动，而是汇集了竞技、商业、社群、媒体、教育和文化等元素的综合性社会活动。其中，人才培养是连接这一切元素的核心所在。尤其值得称道的是，来自德国蒂宾根大学的足球队，在世界名牌大学足球赛上5场全胜，打进30球，且一球未失。如果说由职业球员组成的国字号球队的夺冠代表了金字塔顶的上限，那么大学生球队的优异战绩反映的则是德国先进的青少年教育理念和足球运动广泛的业余参与度。

包括德国在内的许多欧洲足球强国普遍认为，作为一种教育方式，足球能让孩子们在锻炼身体的同时，懂得观察、总结、沟通、交流和协作的重要性；在球场上，他们不仅有身体和战术的对抗，也要学会接受生活赋予的种种经历，例如强者也会感受失败的滋味，身处逆境时也要燃起对胜利的渴望等。因此，无论是卡灵顿、拉玛西亚、卡斯蒂亚、维斯马拉这些豪门青训营，还是广泛植根于学校和社区的各个业余训练中心，都以足球为载体，以兴趣为起点，陶冶着孩子们的性情，磨炼其体魄，塑造其心性。而足球技艺和实力的提升，则是水到渠成的自然结果。

相对于欧洲足球的校园化和社区化，南美作为世界足球版图上的另一块热土，其人才培养则更多地表现为"天赋异禀+伯乐慧眼"的模式。无论是2002年韩日世界杯上扬名天下的3R（罗纳尔多、里瓦尔多、罗纳尔迪尼奥），还是如今当红不让的MSN（梅西、苏亚雷斯、内马尔），这些南美球星的成长史，都是颇具传奇色彩的励志故事。南半球的炽烈阳光赋予了他们与生俱来的灵巧、奔放与不羁的个性，而经验丰富、慧眼如炬的球探，则适时地发现了他们，把他们推荐给大俱乐部，然后引领他们一步步走到世界足球舞台的中央。

足球是一项鲜明的差异化合作项目，每个人都有自己的优势和短板，而通过团队协作，可以让个体优势无限放大，短板消弭于无形，同时也使团队利益得以优化。无论是欧洲足球严密细致的团队战术理念所熏陶出的年轻球员，还是在南美沙滩、街头巷尾历练出的青年才俊，都可以在同一片绿茵场上迸发出耀眼的光芒，用奇思妙想和精湛技艺诠释自己的成长。

著名教育家蔡元培先生1919年2月在《教育之对待的发展》一文中提出："盖群性

与个性的发展，相反而适以相成，是今日之完全人格，亦即新教育之标准也。"青少年的成长，以及与社会的接触和融合，就其自身而言，从不缺乏热情、潜能和好奇心，最重要的其实是一个正确的方向。足球这项魅力四射的运动，为青少年个性塑造和团队属性磨合搭建了完美的平台，而足球文化的不断营造和持久深耕，则可以保障有志趣的青少年在正确方向上奋力前行、茁壮成长。

1. 足球的基本技术有哪些？
2. 足球的基本战术有哪些？
3. 足球的竞赛规则有哪些？

专题6.3 排 球 运 动

导入案例

排球运动在中国

排球运动自1895年创始于美国，迄今已有一百多年的历史了。排球也从一开始少数人的消闲娱乐的活动手段，发展到今天成为遍及五大洲、为广大群众所喜闻乐见的体育运动项目。而排球项目自1905年传入中国，已有115年的历史，中国早期的排球活动是由一些热心排球运动的先驱者和开拓者们，在南方沿海地区和经济文化比较发达的都市首先开展的。中华人民共和国成立前，从第2届全国运动会起就设有排球项目，但其规模与水平不可与现在同日而语。中华人民共和国成立后，在中国共产党和人民政府的重视与关怀下，排球运动获得了空前的发展。

1954年，中国正式加入国际排球联合会，加强了同世界各国排球界的友好交往与技术交流。目前中国排球运动在各省、直辖市、自治区和军队中普遍开展，全国拥有一定数量的男、女排甲级队、乙级队和青年队，以及各类中学、大学代表队。经过几十年的发展，中国排球运动训练水平逐步提高，技术战术不断发展，训练经验日益丰富，中国女排曾荣获世界上的第一个"五连冠"，中国男排也一度达到世界先进水平。尽管事物发展难免有曲折，水平提高会出现起伏，然而排球在中国仍是一项群众喜爱、水平较高、影响较大的体育运动项目。

一、排球概述

下面介绍排球运动的起源，以及我国排球运动的发展。

（一）排球运动的起源

排球（volleyball）运动始于1895年，创始人是美国人威廉·摩根。第一部规则发表在1896年7月出版的美国《体育》杂志上。最初排球比赛没有人数规定，赛前由双方临时商定，只要双方人数相等即可。

在美国，排球很快受到教会、学校和社会的广泛重视，同时也被列为军事体育项目。1896年美国开始举行排球比赛。1947年国际排球联合会成立，1949年第1届世界男子排球锦标赛举行，1964年排球运动被列为第18届奥运会正式比赛项目。世界级排球比赛主要包括世界锦标赛、世界杯赛、奥运会排球赛、世界沙滩排球锦标巡回赛、残疾人奥运会排球赛等。

20世纪50年代初，东欧各国主要依靠高点强攻和个人进攻战术的变化取胜，并一直处于世界领先地位。20世纪60年代，日本女排在国际排坛崛起，创造了垫球、滚翻救球、勾手飘球等技术。1965年，排球规则进行了重大修改，允许伸手过网拦网。

（二）我国排球运动的发展

排球运动1905年传入我国时，仅在广东等地开展。1914年第2届全国运动会时排球正式被列为比赛项目。其后，经历了16人制、12人制、9人制和6人制的演变过程。

中华人民共和国成立后，我国排球运动有了较快的发展，形成了一套以快球为中心的快攻掩护战术，此后男排在掌握"盖帽"拦网技术的基础上，创造了"平拉开"扣球新技术，发展了我国排球快攻打法的特点。20世纪70年代中期，我国首创了"时间差"打法。男排创造的前飞、背飞、拉三、拉四等技术，丰富了快中有变的自我掩护打法，在世界比赛中取得了良好的效果。1979年，中国男、女排取得亚洲冠军的光荣称号，实现了冲出亚洲的愿望。1981—1986年，中国女排五次连获世界冠军，在国际排坛上撰写下辉煌的纪录。

二、排球运动基本技术

发球、垫球、传球、扣球、拦网是排球的5项基本击球动作，这种直接触球的动作技术称为有球技术；而各种准备姿势、移动、助跑、起跳、倒地等没有直接触及球的配合动作，称为无球技术。

（一）准备姿势

如图6-35所示，按照身体重心的高低，准备姿势可分为半蹲准备姿势、低蹲准备姿势和稍蹲准备姿势3种。

（1）半蹲准备姿势。两脚开立略比肩宽，两膝弯曲，脚跟自然提起，上体前倾，重心靠前，膝部的垂直线应在脚尖前面，两臂放松，自然弯曲置于腹前，两眼平视，注意来球，两脚始终保持微动。

图 6-35

（2）低蹲准备姿势。身体重心比半蹲准备姿势更低更靠前，两脚左右、前后的距离更宽一些，膝部弯曲的程度大于半蹲准备姿势。身体重心要更靠前，肩部垂直线过膝，膝部垂直线超过脚尖。两手臂置于胸腹之间。

（3）稍蹲准备姿势。两脚左右开立与肩同宽，一脚在前，两膝微屈，身体重心位于两脚之间，并稍靠近前脚，后脚跟稍提起，上体稍前倾，两臂放松，自然弯曲置于腹前。两眼注视球并兼顾场上各种情况，两脚保持微动状态。

（二）移动

移动由起动、移动步法和制动3个环节构成。

（1）起动。起动是移动发力的开始，它的快慢是移动的关键，起动的速度取决于正确的准备姿势、反应能力和腰腿部的速度力量。

（2）移动步法。起动后应根据临场技战术的需要，灵活地采用各种移动步法进行移动。

① 并步与滑步。并步如向前移动，则后腿蹬地，前脚向来球方向跨出一步，后腿迅速跟上做好击球准备。连续并步就是滑步。

② 跨步与跨跳步。跨步如向前移动，则后腿用力蹬地，前脚向来球方向跨出一大步，膝部弯曲，上体前倾，身体重心移至前腿上。跨步过程中有跳跃腾空即为跨跳步。

③ 交叉步。以向右交叉步为例，上体稍向右转，左脚从右脚前面向右交叉迈出一步，然后右脚再向右跨出一大步，同时身体转向来球方法，保持击球前的姿势。

④ 跑步。跑步时两臂要配合摆动，如球在侧方或后方时应边转身边跑。

⑤ 综合步。以上各种步法的综合运用。

（3）制动。在快速移动之后，为了保持稳定的击球姿势和克服身体惯性的冲力，必须运用制动技术。

① 一步制动法。一步制动时，最后跨出一大步，同时降低重心，膝和脚尖适当内转，全脚掌横向蹬地，抵住身体重心继续移动的趋势，并用腰腹力量控制上体，使身体重心的投影落在两脚所构成的支撑面内。

② 两步制动法。两步制动时，以倒数第二步做第一次制动，接着跨出最后一步做第二次制动，同时身体后仰，重心下降，双脚用力蹬地，使身体处于有利于做下个动作的姿势。

（三）发球

发球是1号位队员在发球区内自己抛球后，用一只手将球直接击入对方场区的一种击球方法。发球是排球技术中唯一不受他人制约的技术。

（1）正面上手发球。如图6-36所示，队员面对球网，两脚前后自然开立，左脚在前，用手托球于身前，用抬臂和手掌的平托上送，将球平稳地垂直抛于右肩前上方，高度适中。在左手抛球的同时，右臂抬起，屈肘后引，肘与肩平，上体稍向右转。击球时，利用蹬地、转体和收腹带动手臂挥动，在右肩前上方伸直手臂的最高点，以全手掌击球的中下部。击球时，手指自然张开吻合球，手腕要迅速主动地做推压动作，使击出的球呈上旋飞行。为了加强发球的力量和攻击性，还可采用一步、两步或多步的助跑发球方法。

（2）正面上手发飘球。正面上手发飘球是采用正面上手的形式，发出球不旋转、不规则地飘晃飞行的一种发球方法。由于面对球网，便于观察对方接发球情况。

如图6-37所示，准备姿势同正面上手发球，但抛球比正面上手发球稍低、稍靠前。击球前，手臂自后向前做直线挥动。击球时，五指并拢，手腕稍后仰，用掌根平面击球的中下部，作用力通过球体重心。击球瞬间手指、手腕紧张，手形固定，不加推压动作，手臂并有突停动作。

图 6-36　　　　　　　图 6-37

(3) 正面下手发球。正面下手发球是正面对网，手臂由后下方向前摆动，在腹前将球击入对方场区的发球方法。

如图6-38所示，面对球网，两脚前后开立，左脚在前，两膝微屈。上身稍前倾，重心偏后脚。左手持球于腹前，将球轻轻抛起在体前右侧，离手高约20厘米，在抛球的同时右臂伸直以肩为轴向后摆动，借右腿蹬地力量，身体重心随着右手向前摆动击球而移至前脚上。在腹前以全手掌、掌根或虎口击球后下方。

图　6-38

(4) 勾手飘球。发勾手飘球采用侧面对网站位，可利用身体转动和腰部力量带动手臂的快速挥动去击球，比较省力。勾手飘球是目前排球比赛常用的一种主要发球方法，男女队员均可采用。

发球队员应左肩对网，左手将球平衡抛向左肩前上方，抛至相同于击球点的高度。在抛球同时，右臂伸直向身体右侧后下方摆动，身体重心移至右脚。当球开始上升到最高点时，右脚蹬地，身体向左侧转动，带动手臂沿弧线轨迹挥动，在右肩前上方以掌根或半握拳拇指根部坚硬平面击球后中下部；击球一瞬间，手腕稍后仰并保持紧张，用力集中，作用力要通过球体的重心。击球后，可做突停或下拖动作，但不能有推压的动作。

提示：无论采用哪种发球动作，都必须做到以下三点，一是平稳抛球，二是击球要准，三是手法要正确。

(四) 垫球

垫球在比赛中主要用于接发球、接扣球、接拦回球以及防守和处理各种困难球。现介绍几种常用的垫球技术。

(1) 正面双手垫球。正面双手垫球是双手在腹前垫击来球的一种垫球方法，是各种垫球技术的基础，是最基本的垫球方法，适用于接各种发球、扣球和拦回球，在困难时也可以用来组织进攻。

如图6-39所示，正面双手垫球的基本手形有抱拳式、叠掌式和互靠式。

正面双手垫球在垫轻球、垫中等力量来球和垫重球时，其动作方法是有一定区别的。

① 垫轻球。如图6-40所示，采用半蹲准备姿势，当球飞来时，双手呈垫球手形，手腕下压，两臂外翻形成一个平面；当球飞到腹前一臂距离时，两臂夹紧前伸，插到球下，向前上方蹬地抬臂，迎击来球，利用腕关节以上10厘米左右处的桡骨内侧平面击球的后下部，身体重心随击球动作前移。击球点保持在腹前一臂距离。

图 6-39　　　　　　　　　　　图 6-40

② 垫中等力量来球。动作方法与垫轻球相同。由于来球有一定力量，因此击球动作要小，速度要慢，手臂适当放松。

③ 垫重球。根据来球的高低和角度，采用半蹲或低蹲准备姿势，击球时采用含胸、收腹的动作，帮助手臂随球屈肘后撤，适当放松，以缓冲来球力量。在撤臂缓冲的同时，用微小的小臂和手腕动作控制垫球方向和角度。

（2）体侧垫球。简称侧垫，是在身体侧面垫球的一种垫球方法。其特点是控制面宽，但较难把握垫击的方向、弧度和落点。

如图6-41所示，左侧垫球时，以右脚前脚掌内侧蹬地，左脚向左跨出一步，身体重心随即移至左脚，并保持左膝弯曲，两臂夹紧向侧伸出，左臂高于右臂，右肩向下倾斜，再用向右转腰和收腹的力量，配合两臂在体侧截击球的后下部。

（3）跨步垫球。这是指队员向前或向侧跨出一步的垫球方法。当来球的速度较快，弧线低，距身体1米左右时，可采用跨步垫球的方法。如图6-42所示，跨步垫球时，当判断来球的落点后，迅速向来球方向跨出一大步，屈膝深蹲，臀部下降，两臂夹紧伸直插入球下，用两前臂的内侧平面击球的后下部，对准垫出方向，将球平稳垫起。

图 6-41　　　　　　　　　　　图 6-42

（4）单手垫球。当来球较远，速度快，来不及或不便用双手垫球时，可采用单手垫球。单手垫球动作快，垫击范围大，但触球面积小，不易控制。单手垫球可采用各种步法接近球，可采用虎口、半握拳、掌根、手背以及前臂内侧击球。

（五）传球

传球是排球运动的一项重要技术，是组织进攻战术的基础。传球主要运用在第二传，用于衔接防守和进攻。

按照传球的方向，基本上把传球动作分为正面传球、背传球和跳传球，上述三种传球技术是指在原地完成。跳起在空中完成传球动作的，称为跳传。

（1）正面传球。面对出球方向的传球动作，称为正面传球。正面传球是最基本的传球方法，是其他一切传球技术的基础。

如图6-43所示，采用稍蹲准备姿势，当来球接近额头时，开始蹬地、伸膝、伸臂，两手微张，经脸前向前上方迎球。击球点在额头前上方约一球距离处。当手触球时，两手自然张开成半球形，手腕稍后仰，两拇指相对呈"一"字或"八"字形，两手间有一定距离，用拇指内侧、食指全部、中指的二、三指节触球的后下部，无名指和小指在球两侧辅

图 6-43

助控制传球方向。两肘适当分开，两前臂之间约成90°夹角。传球时主要靠蹬地伸臂和手指、手腕力量，以及球的反弹力将球传出。

（2）背传球。背对传球目标的传球动作叫背传。如图6-44所示，身体背面要对正传球目标，上体保持正直或稍后仰，身体重心在两脚之间，双手自然抬起，放松置于脸前。迎球时，抬上臂、挺胸、上体后仰。击球点保持在额上方，比正传稍高、稍后。触球时，手腕后仰并适当放松，掌心向上，击球的下部，手形与正面传球相同。背传用力要靠蹬地、展腹、抬臂、伸肘和手指、手腕的弹力，把球向后上方传出。

（3）跳传球。这是当一传弧线较高而又接近球网时所采用的跳起传球技术。目前在比赛中运用比较广泛，一般用于二传。跳传可起到加快进攻速度和迷惑对方的作用，并且可使进攻战术多样化，扩大进攻的范围，减少二传环节中的失误。

如图6-45所示，起跳时，首先选好起跳点和掌握好起跳时间。起跳后，两臂屈肘抬起，两手放置脸前，击球点保持在额上方，在身体跳至最高点时，用伸臂动作及手指、手腕的弹力将球传出。由于人在空中时无法用上伸腿蹬地的力量去传球，因此，要加大伸臂的幅度和速度。

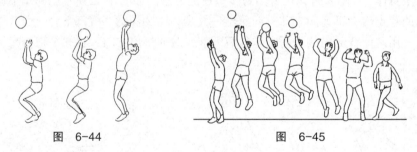

图 6-44　　　　　　　　图 6-45

（六）扣球

扣球是攻击性最强、最有效的进攻手段，在比赛中占有非常重要的地位。

（1）正面扣球。这是扣球技术中一种重要的方法，是比赛中运用得最多的一项进攻性技术，适用于近网和远网扣球。

① 准备姿势。扣球助跑前采用稍蹲姿势，两臂自然下垂，站在离网3米左右处，身体转向来球方向，观察来球，做好向各个方向助跑起跳的准备。

② 助跑。助跑开始时，左脚先向前迈出一步，紧接着右脚再快速跨出一大步，左

脚及时并上，踏在右脚之前，两脚尖稍向右转，两臂绕体侧向上引摆。

③ 起跳。在助跑跨出最后一步（即第二步），左脚并上踏地制动的同时，两臂自后积极向前摆动，随着双腿蹬地向上起跳，两臂配合起跳有力地向上摆动。

④ 空中击球。起跳后，挺胸展腹，上体稍向右转，右臂向后上方抬起，身体呈反弓形。挥臂时，以迅速转体、收腹动作发力，依次带动肩、肘、腕各部位关节向前上方呈鞭甩动作挥动。击球时，五指微张，以掌心为主，全掌包满球，在手臂伸直的最高点的前上方击球的后中部，同时主动用力屈腕屈指向前推压，使扣出的球呈上旋。

⑤ 落地。落地时，以两脚前脚掌先着地，再迅速过渡到全脚掌着地，同时顺势屈膝、收腹，以缓冲下落的力量，立即做好下一个动作的准备。

（2）调整扣球。这是指在接发球或后排防守垫球不到位时，二传队员从后场区将球传到网前所进行的扣球。调整扣球技术动作与正面扣球相同，但由于二传球来自后场区，有近网球，也有远网球，还有拉开球和集中球，与球网有一定的角度并且弧线不固定，扣球队员难以判断，所以扣这种球难度较大。

（3）扣快球。这是扣球队员在二传队员传球前或传球的同时起跳，并迅速将二传队员传出的球击入对方场区的扣球。快球在时间上争取主动，起着攻其不备、突然袭击的作用，可使对方拦网和防守产生判断错误。

（4）自我掩护扣球。

① 时间差扣球。扣球队员利用起跳时间的差异迷惑对方拦网的扣球，为时间差扣球，可用在近体快、背快、短平快等扣球中。扣球时，按快球的助跑、摆臂节奏伴作起跳，以诱使对方起跳拦网。待对方拦网队员下落后，扣球队员立即原地起跳扣半高球。

② 位置差扣球。扣球队员按原来扣球的时间助跑，在助跑后伴作踏蹬动作逼真、下蹲与摆臂动作明显的起跳扣球，但助跑后不起跳，待对方队员拦网起跳时，突然变向侧跨出一步，动作幅度、挥臂幅度要小，速度要快，用双足或单足"错"开拦网人的位置起跳扣球，即为"位置差"扣球，或称错位扣球。

③ 空间差扣球。扣球队员利用助跑的冲力和专门的踏蹬技术，使身体向前上方跃出，把正面取位盯人拦网的对手甩开，使扣、拦在空中出现差误，即为"空间差"扣球，也叫冲飞扣球。

（七）拦网

（1）单人拦网。单人拦网是集体拦网的基础。如图6-46所示，其动作结构分为准备姿势、移动、起跳、空中动作和落地5个互相衔接的部分。

图 6-46

① 准备姿势。队员面对球网，两脚左右开立，约与肩同宽，距网30～40厘米。两

膝微屈，两臂屈肘置于胸前。

② 移动。常用步法有一步、并步、交叉步、跑步等。无论采用哪种移动步法，都要做好制动动作，以保证向上起跳，避免触网和冲撞同队队员。

③ 起跳。原地起跳时，两腿屈膝，重心降低，随即用力蹬地，两臂以肩发力，与体侧近身处，做画弧或前后摆动，帮助身体迅速跳起。移动后的起跳，其起跳动作与原地起跳一样，但要注意制动并使移动与起跳动作紧密衔接。

④ 空中动作。起跳时，两手从额前沿球网向上方伸出，两臂伸直并保持平行，两肩上提。拦网时，两臂应伸过网去接近球。两手自然张开，屈指屈腕呈半球状。当手触球时，两手要突然收紧，手腕下压盖在球的前上方。

⑤ 落地。拦球后，要做含胸动作，以保持身体平衡。手臂要先后摆或上提，从网上收回至本方上空，再屈肘向下收臂，以保持身体平衡。与此同时屈膝缓冲，双脚落地，随即转身面向后场，准备接应来球或为下一个动作做准备。

(2) 双人拦网。这是由前排两个队员互相靠近，同时起跳组成的拦网。双人拦网是集体拦网的一种，是比赛中最常用的一种拦网形式，主要在对方大力扣球时采用。

双人拦网时，应以一人为主拦队员，另一人为配合队员。但主拦队员不是固定的，一般情况下距对方扣球点近的队员应为主拦队员。主拦队员必须抢先移动到对正扣球点的位置，做好起跳准备，配合队员则迅速移动靠近主拦队员准备同时起跳。双人拦网起跳时，两人的手臂应该在体前画小弧向上摆伸，都要尽量垂直向上起跳，要防止互相碰撞或干扰。手臂在空中既不能重叠，造成拦击面缩小，又不能间隔太宽，造成中间漏球。扣球靠近边线时，靠边线近的拦网队员外侧的手应适当内转，以防打手出界。

(3) 三人拦网。这也是集体拦网的一种形式。它是在对扣球进攻力强，路线变化多，但很少轻扣和吊球时采用。三人拦网的动作方法与双人拦网相同，关键在于移动迅速，取位恰当，配合密切。无论对方从哪个位置进行扣球，一般都以3号位队员为主拦队员，2、4号位队员为配合队员。

三、排球运动基本战术

排球运动是一项集体竞赛项目，因而不仅要求每个队员有比较熟练的基本技术，而且要求全队密切配合，运用得当的战术，发挥全队每个队员的特长，才能取得比赛的胜利。

(一) 阵容配备

(1) "三三"配备。这是由三名进攻队员和三名二传队员组成。站位时，一名进攻队员间隔一名二传队员。目前采用这种配备形式的队伍比较少，一般适用于初学者和水平较低的球队。

(2) "四二"配备。由四名进攻队员（主攻和副攻队员各两名）和两名二传队员组成，他们分别站在对角的位置上。目前，在水平一般的球队中采用这种配备形式的比较多。

"四二"配备的优点是每一轮次前排都有一个二传队员和两个进攻队员，便于组织"中二三""边二三"进攻，战术配合有一定的稳定性。缺点是前排进攻点相对较少，隐蔽性差，不能适应高水平球队的要求。

（3）"五一"配备。由五名进攻队员和一名二传队员组成。位置的安排与"四二"配备基本相同，只是由一名进攻队员站在与二传对应的位置上作为接应二传，其目的是弥补在主二传来不及到位传球时所出现的被动局面，但主要还是承担进攻任务。这种阵容配备在水平较高的球队中普遍采用。

（二）进攻战术

进攻战术主要有以下三种形式："中一二"进攻阵形、"边一二"进攻阵形、"插上"进攻阵形。

（1）"中一二"战术。这种形式的特点是容易组织，但战术变化少，只能两点进攻，战术意图容易被识破，战术的突然性和攻击性小。其变化形式有：扣球队员通过二传队员传出集中、拉开、背传和平快等各种球，采用斜线助跑、直线助跑和跑动中变步起跳扣球等。

（2）"边一二"战术。这种形式的特点是形式简单，容易掌握，也是基本战术形式之一。其变化形式有：除"中一二"战术形式变化外，还可组织"快球掩护拉开""前交叉""围绕""快球掩护夹塞""梯次""短平快掩护拉开""掩护活点进攻"等战术变化。

（3）"插上"战术。这种形式的特点是保持前排3人进攻，能充分利用网的全长，发挥每个队员的特点，组成快速多变的各种战术变化。进攻的突破点多，突然性大，使对方难以有效地组织集体拦网和防守。

（三）防守战术

防守战术主要介绍"心跟进"和"边跟进"两种。

（1）"心跟进"防守。该形式在本方拦网能力强，对方采取打吊结合时采用。当甲方4号位队员进攻时，乙方2、3号位队员拦网，后排中心的6号位队员在本方拦网时跟在拦网队员之后进行保护，其余3名队员组成后排弧形防守。其优点是加强了前区的防守能力，缺点是后排防守队员之间的空档较大。

（2）"边跟进"防守。这种形式多在对方进攻较强、吊球较少时采用。当甲方4号位队员进攻时，乙方2、3号位队员拦网，其他4个队员组成半圆弧形防守。如遇甲方吊前区，由边上1号位队员跟进防守。其优点是加强了拦网；缺点是边上的队员既要防直线，又要跟进防前区，比较困难。

四、排球运动主要规则

下面介绍发球犯规、位置错误、击球时犯规、暂停和换人等排球运动的规则要点。

（一）排球规则概况

排球是一项集体比赛项目，每队由12名队员组成，两队各派6名队员在由球网分开的场地上进行比赛。

比赛的目的是各队遵照规则，将球击过球网，使其落在对方场区的地面上，而防止球落在本方场区的地面上。每队可击球3次（拦网触球除外），将球击回对方场区。

比赛由发球开始，发球队员击球使其从网上飞至对方场区，比赛由此连续进行，直至球落地、出界或某一队不能合法地将球击回对方场区。

排球比赛采用五局三胜制，胜三局的队胜一场。比赛中，某队胜1球，即得1分（每球得分制）。接发球队胜1球时得1分，同时获得发球权，队员按顺时针方向轮转一个位置。每局比赛（决胜局第五局除外）先得25分并同时领先对手2分的队胜一局。当比分为24：24时，比赛继续进行至某队领先2分（比如26：24、27：25等）为止。决胜局先得15分并同时领先对手2分的队获胜。当比分为14：14时，比赛继续进行至某队领先2分为止。

（二）发球犯规

发球犯规包括发球击球时的犯规和发球击球后的犯规。

1. 发球击球时的犯规

（1）发球次序错误。

（2）发球队员在击球时或击球起跳时，踏及场区（包括端线）或发球区以外地面。

（3）发球队员在第一裁判员鸣哨允许发球后8秒内未将球击出。

（4）球未被抛起或持球手未清楚撤离就击球。

（5）双手击球或单手将球抛出、推出。

（6）将球抛起准备发球却未击球。

2. 发球击球后的犯规

（1）球触及发球队其他队员或球的整体没有从过网区内通过球网的垂直平面。

（2）界外球。

（3）球越过发球掩护的个人或集体（在发球时，某一队员或两名以上队员密集站位或挥臂跳跃、移动遮挡接发球队员，且发出去的球从他或他们上空飞过，则构成个人或集体发球掩护犯规）。

（三）位置错误

排球规则规定，当发球队员击球时，如果场上队员不在其正确位置上，则构成位置错误犯规。下列情况之一者均为位置错误犯规。

（1）发球队员击球时，场上其他队员未完全站在本场区内。

（2）发球队员击球时，场上队员未按"每一名前排队员至少有一只脚的一部分比同列后排队员的双脚距中线更近"的规定站位。

（3）发球队员击球时，场上队员未按"每一名左边（右边）队员至少有一只脚的一部分比同排中间队员的双脚距左（右）边线更近"的规定站位。

（四）击球时的犯规

（1）连击犯规。排球比赛时，运动员身体任何部分均可触球，但一名队员（拦网队员除外）连续击球两次或球连续触及其身体的不同部位即为连击犯规。但在第一次击球时，允许队员在同一击球动作中，球连续触及其身体的不同部位。

（2）持球犯规。排球运动员在比赛中，身体任何部分均可触球，但球必须被击出，不得接住或抛出，否则即为持球犯规。

（3）四次击球犯规。一个队连续触球四次（拦网除外）为四次击球犯规。队员不论是主动击球还是被动触及，均算该队员击球一次。

（4）借助击球犯规。队员在比赛场地内借助同伴或任何物体的支持进行击球，皆为借助击球犯规。

（5）队员在球网附近的犯规。队员在球网附近的犯规包括过网击球犯规、过中线犯规、触网犯规和网下穿越进入对方空间妨碍对方比赛犯规等。对方进攻性击球前或击球时，在对方空间触及球为过网击球犯规。比赛进行中，队员整只脚、手或身体其他任何部分越过中线并接触对方场区，为过中线犯规。比赛过程中，队员触网或触标志杆不是犯规。但队员在击球时或干扰比赛情况下的触网或触标志杆为犯规。队员击球后可以触及网柱、全网长以外的网绳或其他任何物体，但不得影响比赛。比赛过程中，在不妨碍比赛的情况下，允许队员在网下穿越进入对方空间。若网下穿越进入对方空间的队员妨碍了对方比赛则为犯规。

（6）同时击球。双方队员或同队队员可以同时触球。同队的两名或两名以上队员同时触到球，被计为两次或两次以上击球（拦网除外）。双方队员在网上同时击球后，如果球落入场内，应继续比赛，获得球的一方仍可击球三次。

（7）拦网犯规。拦网犯规包括过网拦网犯规、后排队员拦网犯规、拦发球犯规和从标志杆外伸入对方空间拦网犯规几种情况。在对方进攻性击球前或击球时，在对方空间拦网触球为过网拦网犯规。判断过网拦网的依据是进攻队员与拦网队员触球时间的先后。后排队员或后排自由防守队员完成拦网或参加了完成拦网的集体，为后排队员拦网犯规。拦对方发过来的球为拦发球犯规。从标志杆外伸入对方空间拦网并触球为拦网犯规。

（8）后排队员进攻性击球犯规。后排队员在前场区内或踏及进攻线（或其延长线），将整体高于球网上沿的球，击过球网垂直面或触及对方拦网队员，则为后排队员进攻性击球犯规。

（五）暂停和换人

在比赛中，每队最多可以请求2次暂停和6人次换人。暂停时间限制为30秒。第1~4局，每局另外有2次时间各为60秒的技术暂停，每当领先队达到8分和16分时自动执行。决胜局（第5局），没有技术暂停，每队在该局中可请求2次30秒的普通暂停。

自由防守队员的有关规定。排球比赛的各队可以在最后确认的12名队员中选择1名作为自由防守队员。自由防守队员身着区别于其他队员颜色的服装。比赛前，自由防守队员必须登记在记分表上，并在旁边注明L字样，其号码必须登记在第一局上场阵容位置表上。自由防守队员仅作为特殊的后排队员参加比赛，在任何位置上（包括比赛场区和无障碍区）都不得将高于球网的球直接击入对方场区完成进攻性击球。自由防守队员不得发球、拦网或试图拦网。自由防守队员在前场区进行上手传球且所传球的整体高于球网上沿时，其同伴不得在高于球网处完成对该球的进攻性击球。

 案例总结

与中国女排一起砥砺前行

排球世界杯赛、世界排球锦标赛和奥运会中的排球赛是代表世界最高水平的三个大型排球比赛。1979年年底，在中国恢复国际奥委会席位仅一个月之后，中国女排就夺得了亚锦赛冠军，成为"三大球"中第一个冲出亚洲的项目。

1981年，中国女排以亚洲冠军的身份参加了在日本举行的第3届世界杯排球赛。经过了7轮28场激烈的争夺，11月16日，中国队以7战全胜的成绩首次夺得世界杯赛冠军。袁伟民获"最佳教练奖"，孙晋芳获"最佳运动员奖""最佳二传手奖""优秀运动员奖"，郎平获"优秀运动员奖"。随后，在1982年的秘鲁世锦赛上中国女排再度夺冠。紧接着，在1984年的第23届奥运会上，中国女排实现了三连冠的梦想。中国女排并未就此止步，在1985年的第4届世界杯和1986年的第10届世界女排锦标赛上，中国女排连续两次夺冠。于是，从1981年到1986年，中国女排创下的世界排球史上第一个"五连冠"，开创了我国大球翻身的新篇章。

1981年11月，中国女排首次夺得世界冠军后，当时的《人民日报》就曾报道，截至1981年12月4日，中国女排收到贺信、贺电和各种纪念品达3万多件。北京商标一厂、无锡钟表厂等生产单位的职工在信中表示，要"学习女排精神，保证完成和超额完成生产任务。"受"女排精神"鼓舞的北大学子则喊出"团结起来，振兴中华"的时代最强音。

女排夺得三连冠后，各种媒体更是加大了对女排精神的宣传力度。诸如有媒体报道，"某工厂女工看了女排的事迹之后，每天早来晚走，精心操作，班产量天天超额完成计划""某煤矿工人看完女排比赛之后，自觉加义务班，日日超产"等。《人民日报》还开辟了"学女排，见行动"的专栏。

更多的中国人则通过女排精神，真实地体会到一种从未有过的自豪感。"学习女排、振兴中华"成为口号，在全社会掀起了一股学习中国女排的热潮。女排精神简而言之，就是拼搏精神。这种精神在当时的中国被大力提倡，有着深刻的时代背景。

1986年中国女排实现历史性的五连冠后，女排精神开始被人们口口相传。

实际上，女排精神从一开始就超出体育竞技范围，而对各行各业的劳动者起到了激励、感召和促进作用。改革开放早期阶段，国人猛地意识到与世界的差距，而变得有些失落和彷徨。在此背景下，国务院以及国家体委、共青团中央、全国青联、全国学联、全国妇联号召全国人民学习"女排精神"，为民族腾飞和社会主义建设而努力奋斗。"女排精神"的广为传颂，其实就是在向国人和全世界庄严宣告中华民族崛起的信心和能力。

看着女排姑娘们一次一次的飞身鱼跃救球，一次一次带伤参加比赛，这种不抛弃、不放弃的精神，一直延续影响到各个行业。

★ 探索与思考

1. 排球运动的基本技术有哪些？
2. 排球运动的基本战术有哪些？
3. 排球运动主要规则有哪些？

专题6.4　羽毛球运动

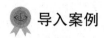导入案例

羽毛球界的四大天王都是谁

（1）世界羽毛球四大天王之陶菲克。陶菲克以细腻的技术闻名，最经典的是反手吊对角，反手杀球。他将双打中使用的平球技术运用到单打中，大大加快了比赛的节奏，使单打比赛也像双打一样紧张激烈、扣人心弦。陶菲克的这一技术特点使他很容易将比赛节奏抓在手中，调动对手前后场的跑动。陶菲克的潇洒随性，反拍杀球，甚至反手起跳杀斜线，网前控制后场大力跳杀，非常暴力。

（2）世界羽毛球四大天王之林丹。林丹左手握拍，以拉吊突击为主打法，进攻意识强，场上速度快，进攻落点好，攻击犀利，步伐灵活，扣杀较具有威胁。林丹的鱼跃，头顶杀直线，以及后期林丹的拉吊如打太极，都很有观赏性。

（3）世界羽毛球四大天王之盖德。盖德年轻时主要打进攻，后来年龄大了更多打控制球，最经典的是他的假动作技术和头顶大对角技术。盖德最突出的是他对羽毛球的执着，而且脸上总挂着纯真的笑脸。假动作做得非常好，被誉为羽毛球界的常青树。

（4）世界羽毛球四大天王之李宗伟。李宗伟是公认防守最强的对手。近几年他的打法有点越来越像陶菲克，他已有接近于陶菲克的网前表现，平抽反手过渡都很稳定，进攻也很强。李宗伟攻守全面，整体技术没有明显的短板。李宗伟的劈杀、劈吊、各种假动作、弹簧腿、极快的速度，都是他的主要得分手段，非常不易。

一、羽毛球运动概述

（一）羽毛球运动的起源

现代羽毛球运动一般认为源于英国。相传，1873年，英格兰格拉斯哥郡的伯明顿镇，鲍费特公爵举办的社交聚会上，有位从印度退役的军官向大家介绍了一种用拍隔网来回往打毽球的游戏。游戏趣味横生，引人入胜。此后，这项游戏活动便不胫而走，并逐步发展成为当今人们所熟悉和喜爱的羽毛球运动。伯明顿庄园的英文名称Badminton也成了羽毛球的英文名称。

（二）羽毛球运动的发展

1893年，世界上最早的羽毛球协会——英国羽毛球协会成立，并于1899年举办了全英羽毛球锦标赛。1934年，国际羽毛球联合会成立，通过了第一部国际公认的羽毛球竞赛规则。1978年2月，世界羽毛球联合会于我国香港成立。1981年5月，国际羽毛球联合会和世界羽毛球联合会正式合并。

1988年，在第24届汉城奥运会上，羽毛球运动被国际奥委会列为表演项目。1989年5月，在印尼雅加达举办了首届苏迪曼杯羽毛球大赛。1992年，在第25届巴塞罗那奥运会上，羽毛球运动被正式列为比赛项目，设男、女单打和男、女双打4个项目。1996年，第26届亚特兰大奥运会又增设了男女混合双打。从此，羽毛球运动进入

了新的发展阶段。

二、羽毛球运动基本技术

（一）握拍

羽毛球的握拍一般分为正手握拍方法和反手握拍方法。

（1）正手握拍法。右手虎口对准拍柄窄面内侧斜棱，小指、无名指、中指自然并拢，食指和中指稍分开，大拇指的内侧和食指贴在拍柄的两个宽面上将球拍柄握住。握拍时掌心不要贴紧拍柄，要使掌心与拍柄保持一定的空隙。

（2）反手握拍法。在正手握拍的基础上，将大拇指伸直用其第一指节内侧顶贴在拍柄内侧的宽面上，食指收回，与拇指同（或略）高，用大拇指和食指将球拍稍向外转，中指、无名指、小指紧握拍柄，拍柄端近靠小指根部。握拍手心与拍柄之间留有空隙，以便能充分利用手腕力量和大拇指的内侧压力击球。

（二）发球

羽毛球运动的发球技术，按其动作分为正手发球和反手发球两种。按球在空中飞行的弧线可分为发高远球、平高球、平快球和网前短球4种（见图6-47）。

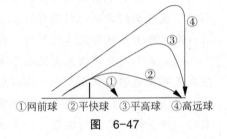

图 6-47

（1）正手发高远球。所谓高远球，主要是把球发得又高又远，使球飞行到对方底线上空时，几乎垂直下落。

如图6-48所示，发球时，重心由后脚前移至前脚，带动转腰，同时右手持拍沿着向下而上的弧线自然地沿着身体向前上方挥摆。球拍触球前刹那，小臂带动手腕向前上方闪动发力，手紧握拍柄，利用手腕、手指爆发力以及拍面的前半部击球。击球瞬间，拍面正对出球方向，击球点在发球员的右前下方。出球飞行弧度与地面仰角一般大于45°。

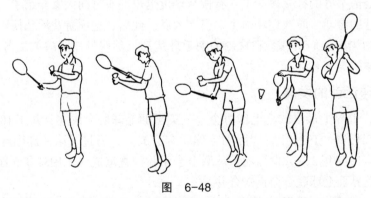

图 6-48

（2）正手发网前球（见图6-49）发网前短球是把球发至对方发球区内前发球线附近。球的飞行速度较慢，飞行弧度较低，使球"贴网"而过。它是双打比赛最常用的发球方法，在单打比赛，用于对付接网前球较差的对手，有时也可以作为过渡性的发球，或发球抢攻战术的手段。在发球时,挥拍幅度较小,击球瞬间不需紧握拍柄,而是利用手腕和手指的力量从右向左横切推送,将球轻轻发出,使球贴网而过。

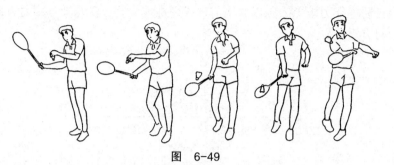

图 6-49

（3）正手发平快球。正手发平快球又称发平球,是把球发得又平又快,使球快速落在对方场内端线附近。平快球突袭性强,往往能使对手措手不及而造成被动或失误。准备姿势同发高远球,站位稍靠后些。击球瞬间紧握球拍柄,利用小臂挥动力量带动手腕、手指力量快速向前击球,球的飞行的路线与地面形成的仰角小于30°。

（4）反手发网前球。如图6-50所示,准备击球时手腕内屈,击球瞬间利用小臂带动手腕、手指力量向前横切推送,将球击出。发球时,挥拍较慢,力量较轻,球的落点近网,当球"贴"网而过后即往下坠落在对方发球区内前发球线附近。

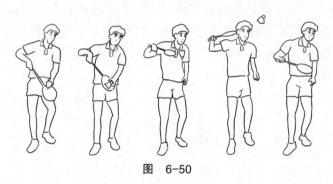

图 6-50

（三）接发球

单打站位一般是在离发球线1.5米处,站在右发球区靠近中线的位置;在左发球区则站在中间的位置。双打发球多以发网前球为主,所以双打的接发球站位要在靠近前发球线的地方。

（1）接平高/高远球。可以用平高球、吊球或扣杀球进行回击（见图6-51）。一般来说,接高远球是一次进攻的机会,回击得好就能掌握主动权。因此,初学羽毛球者必须努力提高后场进攻的能力。

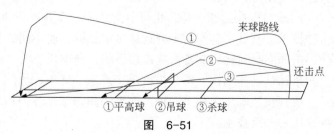

图 6-51

（2）接网前球。可以用平高球、高远球、放网前球或平球进行回击（见图6-52）。如果对方发球的质量不高，或球离网顶较高过网，则可采用扑球进攻。若对方企图发球抢攻，而自己防守能力较差，则以放网前球或平推球为宜，落点要远离对方站位，控制住球，不让对方进攻。

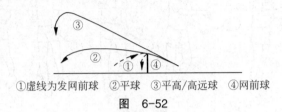

①虚线为发网前球　②平球　③平高/高远球　④网前球

图 6-52

（四）后场击球

后场击球主要由高远球、平高球、扣杀球和吊球等几项技术及相应的后退步法组成。其特点是击球点高、力量大、速度快、威力大。

（1）高远球。高远球飞行弧度高、速度慢，主要是迫使对方离开中心部位去击球；或者是当自己位置错乱时，击这种球来争取回位时间，所以比赛中在被动情况下常采用这种球进行过渡。

① 正手击高远球。如图6-53所示，用后场退步法迅速向来球方向移动，调整好身体与来球间的位置，使球恰好在右肩稍前方上空。当球落到一定的高度时，右手肘上抬，手臂后倒引拍，以肩为轴做回环动作，同时身体左转，前臂充分向后下方摆动并外旋，手腕充分伸展。击球时，前臂迅速内旋带动手腕加速向前方挥动，手腕屈，收手指屈指发力，将球击出。

图 6-53

② 反手击高远球。准备击球前，右脚在前（先不着地，与击球动作完成的瞬间同时着地），身体背向球网，持拍臂向上抬举，身体稍向左转，含胸收腹，左腿微屈，同时手臂回环内旋引拍，握拍手尽量放松，手腕稍向外展。当球下落至右肩前上方一定高度时，以上臂、前臂迅速外旋带动手腕加速，由左下方经胸前向右前上挥动。击球时手腕由伸展至屈收快速屈指发力，用反拍面将球击出。

（2）平高球。平高球与击高远球一样，也可分为正手、头顶和反手三种击球技术，是一种进攻性的击球技术。其技术动作与击高远球基本相同，所不同的是引拍、击球动作较高远球小而快，击球的瞬间运用前臂内旋带动手腕，向前快速发力击球。

（3）扣杀球。扣杀球从动作结构上可分为重杀、点杀、劈杀；从击球点距身体的位置可分为正手扣杀、头顶扣杀和反手扣杀三种。而正手扣杀球是各种扣杀球的基础，初学者必须首先掌握好这一扣杀技术。

正手扣杀球如图6-54所示，准备姿势、击球动作与正手击高球大致相同，不同的是在击球瞬间需用全力，充分利用右腿的蹬力、腰腹力、手臂腕力及重心的转移，快速将球向前下方击出。球拍触球时拍面前倾向前下方用力，手握紧球拍，击球点在右肩稍前上方。

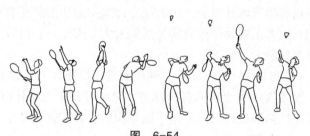

图 6-54

（4）吊球。吊球技术按球的飞行弧线和击球动作的不同分为劈吊、轻吊和拦截吊。其准备姿势与击高球、扣杀球相似，只是击球时用力不同。击球瞬间前臂突然减速，快速"闪"动手腕击球托的偏右侧（头顶吊球及反手吊球击球托的偏左侧）。打对角吊球时，当对方来球较高，手腕向下切削的角度要大些，力量稍大些；当对方来球较平时，手腕向前推的动作要大些，向下切削的力量要小一些。吊直线球时，拍面正对前方，向前下压。

（五）前场击球

前场击球包括网前的放、搓、推、勾、扑、挑球等。因球飞行距离较短，落地快，常使对手措手不及而直接得分。即使不能直接得分，也能迫使对方被动回球，创造下一拍的机会。现介绍几种常用的前场击球技术。

（1）放网前球。放网前球包括正手放网前球和反手放网前球。

① 正手放网前球。如图6-55所示，准确判断来球路线和落点，快速上网，最后一步右脚在前、左脚在后呈弓箭步，上体前倾重心在右脚，侧身对网。右手正手握拍向前下方伸臂，小臂外旋展腕，左臂自然后伸，起平衡作用，拍面几乎朝上迎击来球。击球瞬间，手腕稍内屈轻轻闪动，食指和大拇指控制拍面角度和用力大小，球拍向前上方轻轻一托，把球轻击送过球网。

图 6-55

② 反手放网前球。快速向前左侧上网，右脚前跨呈弓箭步，侧背对网，上体前倾重心在右脚。右手反手握拍向前下方伸臂，小臂内旋展腕，左臂自然后伸，起平衡作用，拍面几乎朝上迎击来球。击球瞬间，伸腕轻闪动，食指和拇指控制拍面角度和用力大小，球拍向前上方轻轻一托，把球轻击送过球网。

(2)搓球。网前搓球是羽毛球技术中动作较细腻的一种，是网前技术中的高难击球动作。

① 正手搓球。用正手上网步法迅速向来球方向移动，当右脚向前跨出时，持拍手向来球方向伸出，争取高的击球点。左手于身后拉举与右手对称，以保持身体的平衡。挥拍时，手腕动作由展腕至收腕发力，由右向左以斜拍面切击球托的右后侧部位，此时球呈下旋翻滚过网；或者手腕动作由收腕至展腕发力，由左向右以斜拍面切击球托的左后侧部位，球则呈上旋翻滚过网。

② 反手搓球（见图6-56）。用反手上网步法迅速向来球方向移动，其余动作与正手网前搓球相同。反手网前搓也有两种击球方式。一种是手腕动作由展腕至收腕发力，由左至右切击球托左后侧部位；另一种是手腕动作由收腕至展腕发力，由右向左切击球托的右后侧部位。

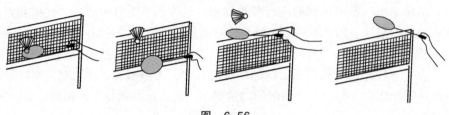

图 6-56

(3)扑球。扑球是在对方回球刚越过网顶上空时，运用跨步或蹬跳步迅速上前，利用前臂、手腕和手指的力量，快速地由高向下将球击回对方场区的击球方法。

① 正手扑球。如图6-57所示，对方来球距网较高时，快速蹬步上网，身体向右前倾，手臂充分伸展，同时迅速变换握拍手法，使拍面与球网平行正对来球。击球时，主要利用中指、无名指、小指突然紧握拍柄和手腕闪动，将球向前下方击出。击球后，随前动作甚微，右脚落地制动。

图 6-57

② 反手扑球。反手握拍于左侧前，当身体向左侧前方跃起时，持拍手小臂前伸上举，手腕外展，拍面正对来球。击球时，手臂伸直，手腕由外展到内收闪动，手握紧拍柄，拇指顶压，加速挥拍扑击球。击球后即刻屈肘，球拍回收，以免球拍触网违例。

(4)挑球。挑球是指将对方击来的网前区域低手位的球以较高的弧线向上击至对方端线附近上空。它是在被动情况下运用的一种过渡球。

① 正手挑球。如图6-58所示，右脚向网前跨出一大步，左脚在后，侧身向网，重心在右脚上。同时右臂向后摆，自然伸腕，使球拍后引。以肘关节为轴，屈臂内旋，并捏紧球拍。用食指及手腕的力量，从右下向右前方至左上方挥拍击球，将球向前上方击出。

图　6-58

② 反手挑球。如图6-59所示，右脚跨步向前呈弓箭步，重心在右脚，侧身背对网。反手握拍，手臂向左前方伸出，小臂内旋屈肘屈腕，左臂自然后伸起平衡作用。击球时，以肘关节为轴，小臂带动手腕、手指快速由左下方向前上方呈半圆形挥拍击球。

图　6-59

（六）中场击球

中场击球技术主要包括接杀球、平抽、平挡技术。它要求判断反应快，出手击球快，引拍预摆动作弧度小和由防转攻或由攻转防的意识要强。

（1）接杀球。把对方扣杀过来的球还击回去，称为接杀球。接杀球主要由挡网前、挑后场和平抽球3种技术组成。

接杀球的站位一般在中场，两脚屈膝平行站立。右侧来球用正手挡，身体重心移向右脚。右手向右侧伸出，放松握拍，拍面略后仰对准来球。左侧来球用反手挡，身体重心移向左脚，右脚向左前方跨出一步，换成反手握拍，拍面略向后仰对准来球回击。

（2）平抽。平抽球是指击球点在肩以下，以较平的弧度、较快的球速、接近球网的高度，还击到对方场区的一种进攻性技术。击球时，应借助腰部的转体带动前臂、手腕和手指的力量快速协调地发力。击球点尽可能地在身体的侧前方，这样有利于转动腰部和前臂旋内、旋外地发力。如果来球正对自己而又来不及闪让时，一般不要用正手击球。因为当来球靠近自己身体时，即使击球点在自己右侧腋下，反手也比正手容易发力还击。

（3）平挡。平挡和平抽的动作结构基本相同，其区别主要在于：发力较小，通常无须身体部位发力，当对方来球力量较大时，还应有所缓冲；由于发力较小，通常击球时不要握紧球拍，以免影响击球时对力量和出球方向的精确控制；羽毛球的飞行路线较短，一般落在对方前半场。

(七）基本步法

羽毛球步法一般分为起动、移动、到位配合击球和回位四个环节。根据场上移动的方向和场区的位置，可以将羽毛球步法划分为上网步法、后退步法和两侧移动步法。

(1) 上网步法。从中心位置移动到网前击球的步法，称为上网步法。上网步法可根据各人习惯采用交叉步、并步、垫步或蹬跨步。不论正手或反手，根据来球远近，上网步法可采用三步、两步或一步上网击球。

① 右边上网步法。可采用两步或三步交叉步加蹬跨步移动的方法；也可采用垫一步再跨一大步移动的方法上网（见图6-60）。

② 左边上网步法。同右边上网步法，只是移动方网是朝左边网前，如两步跨步上网（见图6-61）。

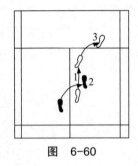 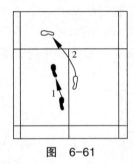

图 6-60　　　　　　　　图 6-61

(2) 后退步法。从中心移动到后场各个击球点的位置上击球的步法，称为后退步法。

① 正手击球后退步法（见图6-62）。正手击球后退步法分为侧身并步后退和交叉步后退两种。主要动作方法：在对方击球刹那间判断来球，迅速调整重心至右脚。接着右脚蹬地快速向右后撤一小步，上体右转侧身对网，以交叉步或并步移动到接近击球点的位置。在移动的同时必须完成举拍准备动作，最后一步利用右脚（或双脚）蹬地起跳并在空中转体，击球后左脚后撤落地缓冲，右脚前跨以利于迅速回动。

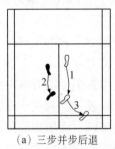 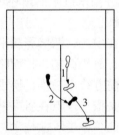

(a) 三步并步后退　　　(b) 三步交叉步后退

图 6-62

② 反手击球后退步法（见图6-63）。调整重心后，右脚后撤一步，接着上体左转，左脚随即向左后退一步，右脚再跨出一步，背对网，做底线反手击球。反手击球后退步法应根据来球距离的远近调整步法。如离来球较近，可采用两步后退步法，上体向左后转，左脚同时后撤一步，右脚再向左后跨一步，做底线反手击球。如距来球较远，则采用三步或五步后退步法：右脚先垫一步，而后左脚向后方跨一步，再按右、左、右向后退。但无论是几步，反手击球后退步法最后一步应右脚在后，重心在右脚上。

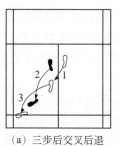 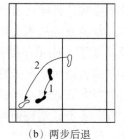

(a) 三步后交叉后退　　　(b) 两步后退

图 6-63

（3）两侧移动步法。两侧移动步法多用于接对方的杀球和击来的半场低平球。其站位和准备姿势与上网步法基本相同。

① 向右侧移动步法。两脚左右开立脚跟稍提起，根据来球，调整重心，上体稍倒向左侧，左脚掌内侧用力起蹬，右脚同时向右侧转跨大步。如距来球较远，左脚向右垫一小步再起蹬，右脚同时向右侧转跨大步。

② 向左侧移动步法。根据来球，调整重心，上体稍倒向右侧，右脚掌内侧用力起蹬，左脚同时向左侧转跨大步。来球较远时，左脚先向左侧移半步，上体向左转身的同时，右脚向左前交叉跨大步。

三、羽毛球运动基本战术

（一）单打战术

（1）发球抢攻战术。运动员利用发球使对方被动，为自己创造进攻的一种战术。这种战术一般用发网前球结合平快球、平高球，争取第三拍的主动进攻。运动员使用这一战术可以打乱对方的整个战略部署，造成对方措手不及。运用此战术时，要求运动员应具有高质量的发球，否则难以成功。

（2）攻前击后战术。这种战术是先以吊球、放网前球、搓球吸引对方到网前，然后用推球、平高球或杀球突击对方的后场底线。它一般用于对付上网步法较慢或网前球技术较差的对手。采用此战术，要求运动员首先具有较好的网前击球技术。

（3）打四方球战术。这种战术是以快速、准确的落点攻击对方场区的四个角落，逼迫对方前后奔跑、被动应付，并在其回球质量下降或露出破绽时乘虚而攻之。它用于对付体力差，反应和步法移动慢的对手。

（4）打对角线战术。这种战术无论是进攻还是防守均以打对角线为主，从而迫使对方在移动中多做转体，多走曲线。它用于对付身体灵活性差、转体较慢的对手。

（二）双打战术

（1）攻人战术。攻人战术是双打比赛常用的一种战术。攻人战术，即"二打一"或避强击弱战术。对方两个队员的技术水平一般是不均衡的，集中力量攻击对方较弱的队员，尽量使对方的特长得不到发挥，充分暴露对方的弱点，是此战术的目的。两个人对付对方的强者，消耗其体力，减弱其进攻威力，伺机突击空当，这也是"二打一"。

（2）攻中路战术。当对方队员分边站位时，要尽可能将球攻到对方两人之间的空隙区，以造成对方争夺回击或相互让球而出现失误。这对于一些配合较差的对手，比较行之有效。当对方呈前后站位时，将球还击到两人之间靠边线的位置上。

（3）软硬兼施战术。软硬兼施战术先用吊网前球或推半场球迫使对方被动防守，而后大力扣杀进攻。若硬攻不下，则重吊网前球，待对方挑球欠佳时，再度强攻。此时，攻击对象最好是选择对方刚后退而立足未稳者。

（4）后压前封战术。当本方取得主动欲采取攻势时，站在后场者见高球则强攻杀球或吊网前球，迫使对方被动还击；站在前场者则应立即积极移位，准备封网扑杀。这种战术要求打法比较积极，前半场技术要好，步法移动要快，配合要默契。

四、羽毛球运动的主要规则

（一）挑边

赛前，采用挑边的方法（抛硬币）来决定发球方和场区。挑边赢者将优先选择是发球或接发球，还是在一个半场区或另一个半场区比赛。输者在余下的一项中选择。

（二）计分方法

羽毛球世界联合会于2006年5月在日本东京举行的年度代表大会上，正式决定实行21分的新赛制。2006年5月在日本东京举行的汤姆斯杯和尤伯杯赛上率先试行三局21分的赛制。这一赛制将成为今后所有羽毛球国际大赛的通用赛制，第29届奥运会也将采用这一赛制。21分的赛制对于提高运动员的积极性、减少运动员受伤以及电视转播等方面较15分制有更大的优势。

世界羽联21分制实行每球得分制，所有单项的每局获胜分皆为21分，最高不超过30分。每场比赛采取三局两胜制，先到21分的一方赢得当局比赛。如果双方比分为20∶20时，获胜一方需超过对手2分才算取胜；直至双方比分打成29∶29时，那么先到第30分的一方获胜。首局获胜一方在接下来的一局比赛中先发球。

（三）站位方式

（1）单打。当发球方得分数为0或偶数时，双方运动员均在各自的右发球区发球或接发球；当发球方的分数为奇数时，双方运动员均在各自的左发球区发球或接发球。

（2）双打。比赛中，当比分为0或偶数时，球由右发球区对角发向对方场地的右接发球区；当比分为奇数时，球由左发球区对角发向对方场地的左接发球区。比赛中，只有当一方连续得分时，发球者必须在右或左发球区交替发球，而接发球方队员的位置不变。其他情况下，选手应站在上一回合的各自发球区不变，以此保证发球者的交替。

双打比赛无论是在开始还是在赛中，皆为单发球权，也就是说每次一方只有一次发球权。发球方失误不仅丢失发球权，也将丢失1分，如果这时得发球权的一方得分为奇数时，则必须是位于左发球区的选手发球；如果此时得发球权的一方得分为偶数时，则必须是位于右发球区选手发球。

双打比赛只有接发球队员才能接发球，若其同伴接发球或被球触及则"违例"，判发球方得分。当发球被回击后，球可由两人中任一人击回，不得连击，如此往返直至死球。双打比赛发球时，发球队员和接发球队员必须站在规定的发球区和接发球区内发球和接发球，他们的同伴站位可以不受限制，但不得妨碍对方。运动员发球和接发球顺序有误，已得比分有效，纠正方位或顺序。

（四）赛中间歇方式

每场比赛均采用三局两胜制。当任一方在比赛中得到11分后，比赛将间歇1分钟；两局比赛之间的间歇时间为2分钟。

（五）比赛中常见的违例

过手违例：发球时，在击球的瞬间，发球员的拍杆应指向下方。否则，将判违例。

过腰违例：发球时，在击球的瞬间，整个球应低于发球员的腰部。否则，将判违例。

挥拍有停顿：发球开始后，挥拍动作不连贯，将判违例。

脚移动、触线或不在发球区内：自发球开始至发球结束，发球员或接发球员的两脚都必须有一部分与球场地面接触，不得移动，且都必须站在斜对面的发球区内，脚不得触及发球区或接发球区的界线。否则，将判违例。

最初击球点不在球托上或发球时未能击中球，将判违例。最初击球点不在球托上是指发球时，球拍先触及羽毛或同时击中羽毛和球托。

发球时，球没有落在规定的接发球区内，将判违例。如发出的球没有落于对角的场区内或不过网，或挂在网上、停在网顶等。球从网下或网孔穿过或触及天花板或触及运动员的身体或衣服，将判违例。

球触及球场或其他物体或人，将判违例。击球点超过网的向上延伸面，即在对方场区上空击球，将判违例。

运动员的球拍从网上、网下侵入对方场区导致妨碍对方或分散对方注意力或妨碍对方、阻挡对方靠近球网的合法击球，将判违例。

同一运动员连续两次挥拍击中球，或双打的同方两名队员连续各击中球一次，将判违例。

球停在球拍上，紧接着被拖带抛出，将判违例。

运动员严重违反或屡次违反比赛的连续性的规定或运动员行为不端，将判违例。如擅自离开比赛场地喝水、擦汗、换球拍、接受场外指导等，或故意改变球形或破坏羽毛球或举止无礼等。

（六）重发球

重发球时，原回合无效，由原发球员重新发球。

除发球外，球过网后，挂在网上或停在网顶，判重发球。

发球时，发球方和接发球方同时被判违例，将重发球。

发球方在接发球方未做好准备时，将球发出，判重发球。

球在飞行时，球托与球的其他部分完全分离，判重发球。

裁判员对该回合不能做出判决时，将判重发球。

出现意外情况，判重发球。

（七）交换场区

第一局比赛结束时，双方应交换场地。

若局数为1∶1时，在第三局比赛开始前，双方应交换场地。

在第三局比赛中，领先一方比分达到11分时，双方应交换场地。

若应交换场地而未交换时，一旦发现应立即交换，已得分数有效。

案例总结

羽毛球运动的价值在于全民健身

羽毛球作为一项全身运动项目，得到广大健身爱好者的青睐。羽毛球无论在室外还是在室内都可以进行，羽毛球运动在全民健身热潮中越来越受追捧。

羽毛球这项体育运动男女老少都适合。根据相关调查统计，中青少年参加羽毛球运动的占70%，老年人一般占到16%，儿童则占14%。青少年参加羽毛球运动可以促进生长发育，增强体质，还可以开发智力。

繁重的学习压力、就业、疾病、情感等问题，给青少年、大学生、老年人带来巨大的心理压力。青少年因为学习压力过大，导致情绪高度紧张，甚至开始厌倦学习，对学习失去信心。每年有几百万的应届大学毕业生，面对强大的竞争环境，产生抑郁、烦躁，对社会报以反感的情绪。老年人时常伴心血管和神经系统方面的疾病，饱受疾病困扰。参加羽毛球运动可以有效促进人们的心理健康。青少年参加羽毛球运动可以暂时忘掉繁重的学习压力，在球场上挥洒汗水；中年人在工作之余，参加羽毛球运动，宣泄工作带来的压力，忘记烦恼，重新振作；老年人参加羽毛球锻炼，在运动中锻炼了身体，还陶冶了情操，并能放松心情，享受生活。

羽毛球除了增强体质，促进心理健康，还可以改善人际关系。比赛过程中，赛前需和队友之间讨论战术，无形之中促进了人际交往能力；和对手之间也形成了良好的对抗互动。同时，在偌大的体育场中，人们有的时候缺少队友或者对手，可以临时组成搭档，以球会友。慢慢开始熟络起来，从陌生到熟悉，到融入各自生活，从而促进了人与人之间的交流互动。

探索与思考

1. 羽毛球运动的基本技术有哪些？
2. 羽毛球运动的基本战术有哪些？
3. 羽毛球运动的竞赛规则有哪些？

专题6.5 乒乓球运动

导入案例

乒乓外交

"乒乓外交"起于1971年3—4月在日本名古屋举行的第31届世界乒乓球锦标赛。由于当时中国参赛将牵涉"五国六方"的国际关系，所以国内许多人主张中国还是不参赛为好。在这节骨眼上，周恩来总理果断指出："这次不去，将为以后出去参加比赛增加更大的麻烦。"因此他立即向毛主席写了一份报告，阐述了我国参加世乒赛的政治斗争策略。毛主席批示"照办"。这样，中国乒乓球队终于在1971年3月21日踏上了赴日参赛的征程。

中国队在男子团体比赛中力克匈牙利、捷克斯洛伐克、瑞典,并最终战胜东道主而再次捧得冠军杯。4月10日至17日,美国乒乓球协会运动员4位官员和科恩、雷塞克等9位运动员等和一小批美国新闻记者经我国香港抵达北京,科恩等成为自1949年以来第一批获准进入中华人民共和国境内的美国运动员。作为回报,美国乒乓球队邀请中国乒乓球队访问美国。1972年4月11日,中国乒乓球队回访美国。队员参观了底特律的工业基地,游览了迪士尼乐园。

中美两国乒乓球队互访轰动了国际舆论,成为举世瞩目的重大事件,被媒体称为"乒乓外交"。从此结束了中美两国20多年来人员交往隔绝的局面,使中美和解随即取得历史性突破。

1972年2月21日,尼克松访华,中美关系终于走向了正常化发展的道路,并为后来新中国的国际发展奠定了重要基础。

下面介绍乒乓球运动的起源、发展、锻炼价值、规则等,并详细讲解其基本动作、战术技巧等。

一、乒乓球运动概述

(一)乒乓球运动的起源与发展

乒乓球运动始于英国,英文为table tennis,直译为"桌上网球"。19世纪末,网球运动在整个欧洲非常流行,英国也不例外。但由于受到场地和天气的限制,英国有些大学生便把网球移到室内,找来桌子和书作为球台与球网,用羊皮纸做球拍,在桌上打来打去,当时对此项活动的名称、球台大小和球网的高低均无统一规定,发球的方法也无严格限制,可以把球先击到本方台面再落到对方台面,也可以将球直接发到对方台面,只是要求在本方球台后方,并保持台面以上高度。最初这种游戏叫"弗利姆—弗拉姆"(Flim-Flam)。大约在1890年,有位名叫詹姆斯·吉布(James Gibb)的英格兰人到美国旅行时,偶然发现了一种用赛璐珞制成的空心玩具球,弹跳力很强。于是,他就将这种球稍加改进后,逐步在英国和世界各地推广起来。也许因为此球在桌上打来打去发出了"乒乒乓乓"声音的缘故,英国一家体育用品公司,首先用"乒乓"(ping-pong)一词作了广告上的名称,就这样,乒乓球才开始得此绘声之名。

1959年,容国团获得了第25届世界乒乓球锦标赛男子单打冠军后,中国运动员开始登上了国际乒坛。20世纪70年代以来,由于国际交流加强,国际性大赛逐步开展,使乒乓球技术得到了更快的发展和提高。比如,中国近台快攻、直拍快攻结合弧圈球、横拍快攻结合弧圈球等打法和技术均有所发展和创新,在国际比赛中取得了优良的成绩。乒乓球在我国被誉为"国球",广大民众普遍习惯我国运动员在国际比赛中包揽冠亚军的优良表现,甚者一度认为全世界没有几个国家开展乒乓球运动,但根据国际乒乓球联合会公布的数据,截至2019年,国际乒联的成员协会已达到226个国家和地区,也就是说全世界所有登记的国家和地区都加入了国际乒联。这个数字不仅是对乒联全球推广工作的肯定,更是让我国广大人民群众深深体会到了我国乒乓健儿在国际赛场取得优异成绩的不易。

（二）乒乓球运动的锻炼价值

（1）乒乓球运动可以有效地提高人体各项机能指标。长期参加乒乓球运动，机体的速度素质、力量素质和身体的灵敏性、协调性都会明显增加，而且使肌肉发达、结实、健壮，关节更加灵活稳固。

（2）乒乓球运动可以调节改善神经系统灵活性。增强中枢神经系统对其他系统与器官的调节能力，提高反应速度。打乒乓球时，球在空中高速来回飞行，在这样短暂的时间内，要求运动员对高速运动的来球方向、旋转、力量、落点等全面进行观察，迅速做出判断，并及时采取对策，迅速移动步法，调整击球的位置与拍面角度，进行合理的还击。而这一切活动都是在大脑指挥下进行的。经常参与乒乓球运动，可大大提高神经系统的反应速度。

（3）乒乓球运动可以改善心血管系统和呼吸系统的功能。经常参加乒乓球运动，能使心血管系统的结构和机能得到改善，心肌变得发达有力，心容量加大，脉搏输出量增多。提高心脏的工作效率，有利于身体的新陈代谢，提高整个身体机能的水平。

（4）乒乓球运动可以提高心理素质。乒乓球是竞技运动，由于激烈的竞争，成功和失败的条件经常转换，参赛者情绪状态也非常复杂。参赛者经受这些变幻莫测、胜负难料比赛局面必须在短时间内做出心理调整，从容面对。这使乒乓球爱好者们在生活中出现困难局面，能够冷静面对，找出解决问题的办法，对我们当代大学生来说是非常好的一个锻炼平台。

（5）乒乓球运动可以促进交流，增加友谊。通过参加乒乓球运动，可以相互交流经验，切磋球技，以乒乓球为媒介相互学习、共同提高，达到建立良好人际关系的目的。历史上的"乒乓外交"就是典型的成功案例。

二、乒乓球基本技术

（一）基本站位

站位动作要点：站位的范围是指运动员离球台端线的远近距离和左右距离。

不同类型打法及个人的打法特点不同，基本站位也不同，应与其打法相适应；打法类型不同，则基本站位范围的大小也不相同。站位正确，有利于保持稳定的击球姿势和向任何一个方向迅速移动。比如：

（1）基本站位在中间偏左的打法为左推右攻。
（2）基本站位在近台中间的打法为两面攻。
（3）基本站位在中台偏左的打法以弧圈球为主。
（4）基本站位在中台附近的打法以横拍攻削结合。
（5）基本站位在中远台附近的打法以削球为主。

（二）准备姿势

准备姿势：准备击球或还击球时的身体各部位姿势。规范的姿势有利于脚、腿蹬地用力及腰、躯干各部位的协调配合，保持正确的发力点及击球姿势。两脚开立，比肩稍宽，左脚稍前，右脚稍后，前脚掌内侧着地，脚后跟略提起，两膝自然微屈，重心在两脚之间，含胸收腹，身体略前倾，肩关节放松，执拍手位于身前偏右处，球拍略高于台面，如图6-64所示。

图 6-64

（三）握拍技术

1. 直握拍法

（1）快攻型直握拍法。拍柄贴在虎口上，拇指的第一指节压住球拍左肩，食指的第二指节压住右肩，拇指第一指节和食指第一、二指节位于球拍前面呈钳形，两指尖距离1～2厘米，其他三指自然弯曲叠置于拍后（见图6-65）。

（2）弧圈型直握拍法。食指扣住拍柄与拇指共同形成环状，其他三指在拍背面自然微伸叠置于拍后（见图6-66）。

（3）削球型直握拍法。拇指弯曲紧贴拍柄左侧，稍用力下压，其余四指分开并自然伸直托住球拍的背面（见图6-67）。

2. 横握拍法

（1）攻击型横握拍法。拇指自然斜伸，贴于拍面。食指自然斜伸，贴于球拍背后，用第一指节顶住球拍，顶点略偏上（见图6-68）。

（2）削攻型横握拍法。拇指在前自然弯曲贴于拍柄，食指在拍后自然斜伸贴于拍面，其他各指自然握住拍柄（见图6-69）。

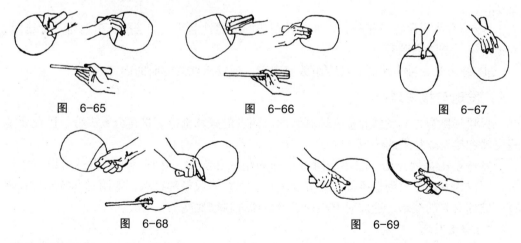

图 6-65　　　　　图 6-66　　　　　图 6-67

图 6-68　　　　　图 6-69

（四）基本步伐

（1）单步。以一脚为轴，另一脚向前、后、左、右不同方向移动，重心随之跟上。其特点是移步简单、灵活，重心平稳。它适用于来球速度快，在离身体不远的小范围内击球，如接近网球、搓球、推挡球、离身体不远的削球等。

（2）并步。先以来球异方向的脚向同方向的脚迈一步，然后同方向的脚再向来球的方向迈一步，重心随之交换。其特点是身体不腾空，重心起伏小且很稳定。并步一般为攻球、削球选手在左右移动时采用。

（3）换步（即跟步）。先以来球同方向的脚向来球方向跨出一步，另一只脚跟着移动一步，重心随之交换。其特点基本上同并步。一般运用于来球稍远的情况，还运用于侧身攻球。

（4）跨步。以一脚蹬地，另一只脚向来球方向腾空跨出一大步，身体重心随即移到摆动脚上，另一只脚跟着移动。其特点是速度快，比单、并、换步移动范围大。进攻型选手多用于扑打正手球，削球选手多用于应对对方的突然攻击。

（5）跳步。以来球异方向的脚用力蹬地为主，使两脚同时或几乎同时离地向来球的方向跳动。蹬地用力大的脚先落地，另一只脚紧跟着落地，可以原地或向左、右、前、后跳动。其特点是快速、灵活，移动幅度比单、并、换步大，有短暂的腾空时间，靠膝关节和踝关节的缓冲来减少重心的起伏。快攻打法用跳步侧身抢攻较多，弧圈球打法在中台左右移动或侧移动时常用，搓球、削球时用跳步调整位置较多。

（6）交叉步。先以靠近来球方向的脚作为支撑脚，远离来球方向的脚向来球方向移动，并超过另一脚，然后另一脚随即向来球方向再迈一步。其特点是移动幅度比上述步法的移动幅度都大。主要用于来球离身体较远的情形，如快攻、弧圈球打法在侧身进攻后扑右空当或削两边大角度来球时，常用此种步法。

（7）小碎步。它是在原位高频率的小垫步或在小范围内的小跑动。可用于原地的重心调整、小范围的取位移动、击球后的还原、不同步法间的衔接、回击中路追身球的取位移动，以及离台很远进行大范围步法移动前的预动。

基本步法的练习方法如下。

① 徒手的设想性练习，熟练各种步法。

② 采用多球训练法，一组球单个步法或多种步法组合练习，逐渐加大供球速度和难度。

③ 与身体素质练习相结合，如各种姿势的突然性起跑、加速跑、折返跑、变速跑、双摇跳绳、抬腿跳绳等。

④ 练习某一种步法时，规定组数和次数，或要求在规定时间内完成。

（五）发球与接发球

乒乓球比赛是从发球和接发球开始的，两者的好坏都能直接得分或失分，因此要重视发球和接发球技术的练习。

发球是比赛的开始，它不受对方来球的制约和限制。在比赛中，发球可以直接得分，可以为发球抢攻创造条件，充分发挥自己的技术风格和特点，限制对方技术特长发挥，破坏对方的战术；造成对方心理恐惧，增强自己比赛的信心。

1. 平击发球

动作要领：正手发球时左脚在前，身体稍向右转，左手掌心托球，置于身体右侧，右手持拍也置于身体右侧。持球手将球向上抛起，同时右臂稍向后引拍，在球略低于网时，持拍手从身体右后方向前挥拍，拍形稍前倾，撞击球的中部靠上。击球后，前臂和手腕继续随势向前挥动，身体重心移至前脚。击出的球应先落在本方台面的中区。反手发球时，右脚在前，球向上抛起后，右手持拍从身体左后方向前挥动，拍形稍前倾，击球中部靠上，身体重心移至前脚。这种方法球速一般，基本不转或略带上旋。

2. 反手发急上旋长球

动作要领：右脚稍前，持拍手位于身前，球向上轻轻抛起，同时持拍手向后引拍。上臂自然地靠近身体右侧，当球从高点下降到低于球网时，持拍手以肘为中心，前臂向右前方横摆发力击球。触球时拍面稍向前倾，摩擦球的中上部，使球快速前进并具有一定的上旋。球离拍后，第一跳要落在球台端线附近。这种方法球速快，弧线低，前冲力大，是快攻型打法常用的发球技术。

3. 反手发轻短球

动作要领：手臂先向后上方引拍，当球下降至网稍高时，前臂向前下方轻微用力送出，拍面后仰，接球中下部并向底部摩擦。球离拍后，第一跳要在本方台面近网区弹起，越网落到对方近网区的地方。这种方法动作小，出手快，力量轻，落点靠近球网，使对方不易发力还击，可牵制对方。

4. 反手发急下旋长球

动作要领：拇指要用力压拍的左肩，使拍面稍后仰。发球前前臂先向后上方引拍，当球下降到低于球网时，前臂迅速向前下方用力推切球，拍面触球的中下部使球快速前进并具有一定的下旋。手腕在球拍触球一刹那，要略加一点弹击动作，以加快急下旋球的速度。球离拍后，第一跳要落在球台端线附近。这种方法球速较快，带有一定的下旋，对方接球时不易借力。

5. 正、反手发转与不转球

动作要领：球拍触球时，拍面较平，摩擦球的中下部或偏底部，并向前下方发力为加转球。触球时拍面稍立，不是摩擦球体而是将球推送出去为不转球。这种方法动作相似，出手迅速，线路短，不出台。

6. 正手发右侧上旋急球（奔球）

动作要领：持拍手向右后上方引拍，上臂向后引拍时手腕要放松，拍面较垂直。当球从高点下降时，上臂带动前臂由右后方向左前方挥摆，同时腰髋也由右向左转动。拍面触球的一瞬间，拇指用力压迫拍子左肩，手腕同时从后向前使劲抖动，球拍沿球的右侧中部向中上部摩擦球。这种方法球速快，角度大，突然性强，并向对方右侧偏拐。

发球时应注意：抛球要稳定，击球部位要准确。

发球技术的练习方法如下。

① 徒手做抛球、引拍与挥拍击球模仿练习。
② 先发斜线，后发直线；先发不定点，后发定点。
③ 练习发各种旋转性能的球。
④ 用同一动作发单一速度、线路、落点、旋转的球。
⑤ 用近似动作发不同速度、线路、落点、旋转的球。
⑥ 采用多球训练法，结合个人技术特点，练1～2套质量高的特长发球。

接发球技术包括点、拨、搓、拉、攻、推、削、摆短、撇侧旋球等。具体采用哪一种方法接发球，应根据对方发球的旋转、落点及双方打法特点等因素而定。首先是站位的选择：站在球台左半台，在离球台端线的远近距离视来球的落点而定，便于前后移动接长、短球。其次是对来球的判断，判断是接好发球的前提。如何才能准确无误地判断出对方发球的旋转性质、旋转程度或缓、急、落点变化，主要应依据对方球拍在接触球的瞬间的挥动方向和掌握击球的部位与用力方向来判断球的旋转性能。

接发球技术的练习要点：首先是接好台内短球，可采用快搓摆短、快捅底线长球、快挑多种落点、撇大角、拧搓左右侧旋、拧挑左右侧旋、推送下沉球等技术手段；其次是要突出"快"和"变"，以快为主，如点球快，拉球快，挑球快，运用搓球、推挡球也要快。变就是落点、速度、旋转的变化。落点和速度的变化包括拉、挑、拨斜直线，推两角、压中路、快搓短球、快捅底线长球等。旋转变化包括撇侧旋、拉小弧圈、拧挑左右侧旋、拧搓左右侧旋、搓转与不转球等。接发球要力争做到有拉、有攻、有点，快摆、快捅，时长时短、忽左忽右等多种旋转变化，给对方制造难度，使其不能随心所欲，要力争变被动为相持，甚至转为主动，为第四板创造进攻机会。接发球后，应迅速还原成准备姿势。

（六）推挡球技术

推挡球是推球和挡球的总称，是初学者首先学习的一项基本技术，推挡球站位近、运作小、速度快、落点变化多，也有一些旋转变化。推挡是左推右攻想打法的主要技术之一，也是其他类型打法不可缺少的技术。各种推挡技术配合使用时，能利用速度、落点和旋转变化争取主动和创造进攻机会。在被动或相持时可起到积极防守的作用，并可变被动、相持为主动。推挡球可分为平挡、反手快推、加力推挡、减力挡、推下旋、推挤等。

1. 平挡

动作要领：拍面近半垂直，略高于台面，手指手腕控制拍形，在上升前期击球，触球中部靠上，借助来球反弹力，前臂和手腕向前上挥动，将球平挡过网。这种方法借力还击，力量轻，速度慢，线路短。

2. 反手快推

动作要领：上臂、前臂向后下方稍引拍（动作要小），手臂迅速迎前，在球的上升期击球。击球一刹那手腕外旋用力，使拍面触球的中上部，手臂要向前稍微向上辅助用力快推。这种方法速度快，变化多，灵活，命中率较高，一般运用于相持、接弧圈球、拉球和中等力量的突击来球。

3. 加力推挡

动作要领：前臂提起，上臂后收，肘部贴近身体，在上升后期或高点期击球，适当运用伸髋转腰动作，加大手腕发力，并用中指顶住拍背向前用力，身体重心同时向前移动。这种方法力量大，速度快，并有落点变化。主要运用于助攻，常迫使对方离台造成被动，为抢攻创造条件。还可适当用于对付速度较慢、旋转较弱的上旋来球或力量较轻的攻球和推挡球。

4. 减力挡

动作要领：力量轻、动作小，能减弱来球的反弹力，故弧线低、落点近、不旋转、前进力极弱。多半在对方来球力量大或上旋强烈（特别是在对方站位较远）的情况下使用，能调动对方前后奔跑，取得主动权。如推后配合攻球或加力推，效果更好。

5. 推下旋

动作要领：身体离台约40厘米，站位在球台中间或偏左。两脚平站或左脚稍前，两膝微屈，收腹含胸，身体向前或略向左转。右上臂和肘关节靠近身体右侧，前臂略内旋并提起，引拍至身前或偏左，与球网同高或略高，拍面微微后仰。来球从台面弹起后，前臂和手腕向前下方挥拍迎球。在来球的上升后期或高点前期推击球的中部。球拍击球瞬间，上臂、前臂和手腕用力使球拍向前下方摩擦球。击球后，手和臂顺势向前下方挥动，并迅速还原成准备姿势。动作过程中，身体重心放在双脚上。

6. 推挤

动作要领：球台中间或偏左站立，身体离台约40厘米。两脚平站或左脚略前，两膝微屈，收腹含胸，身体向前，右上臂和肘关节靠近身体右侧。手臂自然弯曲，前臂上提并外旋，引拍至身前，使拍面稍前倾。来球从台面弹起后，前臂和手腕向左前下方挥拍迎球。在来球的上升前期，以稍前倾的拍形推击球的中上部，球拍击球瞬间，前臂和手腕向左前下方发力。击球后，手和臂顺势向左前下方挥动并迅速还原成准备姿势。动作过程中，身体重心在两脚之间。

推挡球技术的练习要点：首先教师应该先做各种推挡技术的完整示范，使学生初步建立完整的动作概念。学生在原地徒手模仿动作已初步掌握的基础上，结合下肢步法，在移动中做徒手动作练习。由于推挡动作引拍受身体阻碍，在准备击球时，一定要向前探腰收腹加大引拍距离，以便发力。推挡练习时移动范围较小，但不能忽视步伐的重要性。虽然推挡动作是上肢动作，但要利用腰、髋的转动和移动身体重心来获得更大的力量。推挡后迅速还原是下一步动作实施的有力保障。

（七）攻球技术

攻球技术分为正手攻球、反手攻球和侧身攻球三大类，包括快攻、快点、快拉、突击、扣杀、快带、杀高球、中远台攻球、攻打弧圈球等各种技术。它们的特点不同，所起的作用与运用方法也不一样。

1. 正手快攻

动作要领：右脚稍后，两膝微屈，身体略向右转，重心在右脚。前臂在腰的带动下横摆引拍（忌大臂后拉抬肘，引拍过大或过小），前臂与台面略平行。拍形与台面垂直或略前倾，手腕手指持拍自然放松，球拍呈半横状（忌手腕上翘或下吊）。击球时，右脚稍用力蹬地，膝髋稍向前挺，腰向左转，带动手臂向前挥动迎球。击球点在体前右侧，触球瞬间前臂快速用力收缩，向前打为主，略有摩擦。在来球的上升或高点期击球，触球的中上部。手腕手指调节好拍形辅助发力，触球瞬间有一摩擦球的动作。这种方法站位近，动作小，速度快，进攻性强。

2. 正手快拉

动作要领：击球前的准备动作和引拍动作与正手快攻相似，不同之处是身体重心稍下降，前臂略下沉，球拍略低于球。拉球时，前臂发力为主，在来球的高点期或下降前期击球，手腕同时向前、向上用力转动球拍摩擦球，以便制造弧线。应注意判断好来球下旋的强弱，若来球下旋强，球拍向上摩擦球的力量要大些，弧线要高些；反之，向上摩擦球的力量要小些，弧线应低些。拍面角度和触球部位也要根据来球下旋的强弱来调节。这种方法速度较快，动作较小，线路较活，并与突击动作较接近。用它快拉不同落点，配合拉大小力量和旋转变化等，伺机进行突击、扣杀。

3. 正手扣杀

动作要领：站位视来球长短而定，若来球较短，站位应靠近球台；当来球较长时，应稍向后移位；左右来球，应向左右移位。击球前，整个手臂应随步法、重心、腰髋转动向后引拍，要适当加大引拍距离，便于提高触球瞬间的挥拍速度。击球时，主要靠腰髋的转动及腿的蹬力，带动手臂向前发力。手腕手指除控制落点外，还应辅助手臂一起向前下爆发用力，在来球高点期击球，也可在上升期击球。扣杀一般来球，拍面稍前倾，击球中上部；扣杀强烈下旋球时，拍形与台面垂直，高点期击球中部，发力以撞击为主，略带摩擦。若来球高且近网，可直接将球向下稍前扣杀。这种方法力量大，球速快，威力大，攻击性强，常用于还击各种机会球。

4. 正手中远台攻球

动作要领：站位中远台，上臂带动前臂向左前上方发力为主，手腕控制拍面角度。右脚蹬地，上体左转，重心前移，在来球高点期或下降前期击球的中上部或中部。手臂挥动要快，用力要集中，适当运用腰、腿的力量。这种方法力量较大，进攻性较强，常用于侧身后扑正手球和正手打回头。

5. 正手攻打弧圈球

动作要领：高手引拍，拍形稍前倾，相对固定。发力以大臂和腰髋的转动为主，触球瞬间前臂有一收缩动作。击球点一定要在身前，发力方向为向前、向下，击球时间在上升后期。这种方法速度快，力量大，威胁性强。

6. 反手攻球技术

（1）直拍反手攻球动作要领：两脚开立，身体略向左侧，右髋和腰右侧略向左后方压转重心，两膝微屈，前臂稍向后摆，引拍稍高。髋关节略向右转，前臂向右前方用力，肘部内收，左肩稍向后拉，击球中部稍偏左侧，手腕辅助发力，稍带摩擦球，食指掌握好拍形，拍后中指决定发力方向。

（2）横拍反手攻球动作要领：腰髋部略向左转的同时，带动前臂略向后引拍，手腕稍后屈。在腰髋部略向右转的同时，前臂和手腕向前右方发力，触球的中部或中上部。前臂和手掌背部的运行方向决定击球的方向，拇指控制拍形和击球弧线。

这种方法出手快，突然性强，能快拉、快攻，也能发力。

攻球时应注意正手攻球时不要抬肘，手腕不要下垂；反手攻球时，拍面角度要调节好，不要过于前倾或后仰。

攻球技术的练习要点：由于攻球技术内容很多，所以在教学中，应注意掌握循序渐进的教学原则。示范讲解各种攻球技术动作，着重动作要领的讲解，以及该技术在比赛中的应用时机与作用。先做各种攻球技术的完整示范，使学生初步建立完整的动作概念。攻球是在快速运动中进行的，所以动作方法难以定型，初学时一定要按动作结构反复进行台下徒手模仿练习。加强步法移动的练习，在走动中击球。扭转只注意上肢动作，忽视下肢移动的偏向。在击球时，不但要注意上肢手法和下肢步法的运用，同时还要加强腰、髋、身体重心移动等辅助力量的运用。

（八）搓球技术

搓球类似削球的动作，又称为"小削板"，它是过渡性技术。其特点是站位近、动作小、出手快。回球多在台内进行，用它对付下旋来球是一种比较稳妥的方法，也是学削球的入门技术。搓球可分为快搓、慢搓、快摆（摆短）、搓侧旋等。

1. 快搓

动作要领：站位近台，两脚开立，左脚在前。拍面稍后仰，手臂要迅速前伸迎球。

在上升前期击球。若来球下旋强，拍触球的底部，前臂和手腕向前用力摩擦要大些；若来球下旋弱，拍触球的中下部，前臂和手腕向下向前用力切摩要大些。根据来球旋转强弱调节拍形。这种方法击球时间早，回球速度快，可以变节奏。主要用于对付近网下旋球，可以回搓近网球和底线长球。

2. 慢搓

动作要领：击球时间为下降前期，触球中下部，拍形稍后仰，前臂配合手腕动作向前稍下切摩用力。正手搓球以拇指和中指用力为主，横拍以靠近虎口处的肌肉和拇指、食指的协调用力为主。根据来球旋转程度，调节拍面角度和用力方向。若来球旋转强，触球靠近底部，向前摩擦用力大；若来球旋转弱，触球中下部，向下向前切摩用力。搓加转球时，用球拍的下部触球，前臂和手腕手指向前下用力摩擦击球，以摩为主；搓不转球时，用球拍的上部或中部触球，前臂和手腕手指向前下撞推送用力，以撞为主。这种方法击球时间晚，回球速度慢，利于加转，同快搓结合运用可改变击球节奏。

3. 快摆

动作要领：站位近台，身体迎前，重心前移，在上升前期击球。拍面后仰，触球的下中部或底部。击球时动作幅度很小，前臂向前伸的动作和快搓相似，触球时手臂和手腕用力很小，可借助来球的反弹力，有时还有一定的减力动作。这种方法速度快，落点短，弧线低。主要是对付近网下旋球，限制对方抢拉或抢攻。

4. 搓侧旋

（1）反手搓右侧旋。动作要领：在高点期或下降前期击球，球拍先迎球，触球的中下部，手臂向右发力摩擦球，同时手腕辅助用力。直拍手腕向右拧挑动作，也可向右上拧挑出右侧上旋球。

（2）正手搓左侧旋。动作要领：手臂略提起，右脚和身体迎前，在高点期或下降前期击球。击球时手腕要略后屈，触球的左侧中下部，手臂向左侧发力摩擦球体，同时手腕辅助用力。直拍选手的手腕向左有一勾挑动作，也可向左上勾挑出左侧上旋球。

这种方法使回击过去的球向两侧拐弯，会造成对方回球弧线较高。

搓球时应注意动作不要太大，要充分利用前臂和手腕转动的力量；搓转与不转球时，其动作要力求相似。

搓球技术的练习要点：搓球多在台内进行，常受台面阻碍，所以动作不宜过大，发力要集中，要多用前臂和手腕。搓球虽然移动范围较小，但一定要做到每球必动，击球到位。这样不但能够提高搓球质量，而且能够随时发动进攻。练习搓球，一方面要认识到它是一项为进攻服务的过渡技术，另一方面又要认识到，只有提高搓球质量，才能达到主动过渡，真正为进攻服务。

（九）弧圈球技术

弧圈球是一种上旋力非常强的进攻技术。弧圈球可分为加转弧圈球、前冲弧圈球和侧旋弧圈球。

（1）正手拉加转弧圈球。左脚在前，两膝微屈，身体略向右转，球拍低于来球。右脚掌内侧蹬地，以腰、髋扭转带动手臂由后向前挥动，快速收缩前臂，在高点期或下降前期，向前上方摩擦球的中部或中上部。拍形与台面垂直或稍前倾，触球瞬间甩动手腕。

（2）正手前冲弧圈球。持拍手引至腰部右侧与台面同高，手腕相对固定，拍面前倾。击球时，上臂带动前臂向左前方挥拍，上体随势转动，触球瞬间，手腕略微转动发力，在高点期擦击球的中上部直至顶部。

（3）正手侧旋弧圈球。持拍手向右后下引拍，手腕内屈、固定。击球时，上臂带动前臂由右侧后方向左前上方挥出，上体随势向内扭转，在下降前期擦击球的右侧中部偏下。

（4）反手弧圈球。拍形前倾，引至腹下。当球弹起时，以肘为轴，前臂迅速向上挥动，结合手腕向上转动的力量，在下降期摩擦球的中部或中上部，在击球过程中，两腿向上蹬伸。

拉弧圈球时应注意击球的时机和部位以及发力方向。

弧圈球技术练习要点：引拍的幅度大，尽可能增大挥拍的动作半径。加快挥拍速度，在球拍达到最大速度时触球。单纯地用上肢发力，向前的冲击力不够，因此需要利用腿、髋、腰的配合移动中心来获得更大的冲力。摩擦力要大于撞击力。

三、乒乓球运动主要规则简介

（一）场地

场地应不小于14米长、7米宽、5米高，应有75厘米高的深色挡板围起。光源距地面不得少于5米。从台面高度测得的照明度不得低于1000勒克斯，四周应为暗色。

（二）球台

球台上层表面叫作"比赛台面"，是与水平面平行的长方形，长2.74米，宽1.525米，距离地面高度为76厘米。球台四边应有一条2厘米宽的白线，各台区应由一条3毫米宽的白色中线划分为两个相等的"半区"。台面可用任何材料制作，但应具有均匀一致的弹性。

（三）球网

球网包括悬网绳、网柱及将它们固定在球台的夹钳部分。整个球网的顶端距台面为15.25厘米，网长为183厘米。

（四）球

球应为圆球体，重2.79克，直径40毫米，呈白色或橙色。应用赛璐珞或类似的塑料制成，且无光泽。

（五）球拍

球拍的大小、形状和重量不限。击球的拍面应用颗粒向内或向外的海绵胶覆盖，连同黏合剂，厚度不得超过4毫米，必须无光泽。如果两面粘胶皮，其中一面为鲜红色，另一面则须为黑色。

（六）发球

（1）发球开始时，球自然地置于不持拍手的手掌上，手掌张开，保持静止。

（2）发球时，发球员须用手将球几乎垂直地向上抛起，不得使球旋转，并使球在离开不执拍手的手掌之后上升不少于16厘米，球下降到被击出前不能碰到任何物体。

（3）当球从抛起的最高点下降时，发球员方可击球，使球首先触及本方台区，然后越过或绕过球网装置，再触及接发球员的台区。双打中，球应先后触及发球员和接发球员的右半区。

（4）从发球开始，到球被击出，球要始终在台面以上和发球员的端线以外，而且不能被发球员或其双打同伴的身体或衣服的任何部分挡住。

（5）在运动员发球时，球与球拍接触的一瞬间，球与网柱连线所形成的虚拟三角形之内和一定高度的上方不能有任何遮挡物，并且其中一名裁判员要能看清运动员的击球点。

（七）击球

对方发球或还击后，本方运动员必须击球，使球直接越过或绕过球网装置，或触及球网装置后再触及对方台区。

（八）失分

（1）未能合法发球。
（2）未能合法还击。
（3）击球后，该球没有触及对方台区而越过对方端线。
（4）阻挡。
（5）连击。
（6）用不符合规则条款的拍面击球。
（7）运动员或运动员穿戴的任何物件使球台移动。
（8）运动员或运动员穿戴的任何物件触及球网装置。
（9）不执拍手触及比赛台面。
（10）双打运动员击球次序错误。
（11）执行轮换发球法时，发球一方被接发球一方或其双打同伴，包括接发球一击，完成了13次合法还击。

（九）一局比赛

在一局比赛中，先得11分的一方为胜方；10平后，先多得2分的一方为胜方。一场单打比赛的淘汰赛采用七局四胜制，团体赛中的一场单打或双打采用五局三胜制。

（十）次序和方位

（1）在获得2分后，接发球方变为发球方。以此类推，直到该局比赛结束；或直至双方比分为10平；或采用轮换发球法时，发球和接发球次序不变，但每人只轮发1分球。

（2）在双打中，每次换发球时，前面的接发球员应成为发球员，前面的发球员的同伴应成为接发球员。

（3）在一局比赛中首先发球的一方，在该场比赛的下一局中应首先接发球，在双打比赛的决胜局中，当一方先得5分后，接发球一方必须交换接发球次序。

（4）一局中，在某一方位比赛的一方，在该场比赛的下一局应换到另一方位。在决胜局中，一方先得5分时，双方应交换方位。

（十一）间歇

(1) 在局与局之间，有不超过1分钟的休息时间。
(2) 在一场比赛中，双方各有一次不超过1分钟的暂停。
(3) 每局比赛中，每得6分球后，或决胜局交换方位时，有短暂的时间擦汗。

（十二）竞赛方法

已经举办过的几届奥运会乒乓球比赛，竞赛方法大同小异，但均不完全相同，主要是采用分组预选和单淘汰加附加赛或排名淘汰赛加附加赛的方式。

（十三）裁判员技术用语

裁判员技术用语有练习2分钟、停止练习、时间到、暂停、侧面、交换方位、准备、发球、擦网、重发球、发球犯规、两跳、连击、擦边球、阻挡、得分、台面移动等。

案例总结

国球"乒乓"

当今社会在不断发展进步，全民健身的热潮也越来越高，每个人的身心健康是一切人类社会活动的最根本要素。全民健身这一概念提倡的是每个人都积极参与，通过健身锻炼，增强自身的身体素质和心理健康。全民健身活动在我国的体育事业中有着重要的作用，它不但关系着人民的身心健康，更关系着整个中华民族的良好发展。如果要衡量一个国家的体育事业发展的好坏，首先要分析的就是这个国家全民健身活动的发展情况。就乒乓球运动而言，它的适应性高、健身效果好，不受时间、空间和年龄与性别的限制，适用于每个年龄段的人群，而且它具有很强的娱乐性，能够从根本上提高人们的身体素质，促进身心健康，对全民健身来说是一项效果极佳的运动。

总之，乒乓球作为中国的国球，在世界体坛中占据着重要的地位，不仅有着小球转动大球的传奇，更在全民健身中起着重要的作用。乒乓球运动作为我国的国球，在世界各级别的乒乓球体育赛事中摘金夺银，多年来乒乓球运动深受广大国人的喜爱与追捧。在我国，乒乓球运动是贯彻全民健身活动的重要体现，是实施我国全民健康措施重要的环节，它在实践上真正实现了全民参与、全民健康。在今后，乒乓球运动的发展会越来越职业化、多元化，会越来越多地渗透到人们平时的体育锻炼中。人们在从事这项运动时，不但能够锻炼身体，还有利于生活压力的释放，促进身心全面的健康，人们可以在从事这项时，满足自己的兴趣爱好，点燃运动的激情。

★探索与思考★

1. 乒乓球运动的基本技术有哪些？
2. 乒乓球运动的基本战术有哪些？
3. 乒乓球运动的竞赛规则有哪些？

模块七 田径运动

模块导读

田径运动（track and field）是田赛和径赛的合称，它是一种结合了速度与能力，力量与技巧的综合性体育运动。田径是世界上最为普及的体育运动之一，也是历史最悠久的运动项目，田径与游泳、射击被视为奥运金牌三大项目，田径的46枚金牌也是奥运金牌最多的项目，"得田径者得天下"也由此而来。

田径运动是人类长期社会实践发展起来的，包括男女竞走、跑跃、投掷四十多个单项，以及由跑跳、跳跃、投掷部分项目组成的全能运动。以时间计算成绩的竞走和跑的项目，叫"径赛"；以高度和远度计算成绩的跳跃、投掷项目叫"田赛"。田径运动是径赛、田赛和全能比赛的全称。

田径运动各个项目的技术包含着人体走、跑、跳、投掷等基本活动形式，与人们的生活有着密切的联系。人们可以通过学习和锻炼，掌握田径运动的各项基本技术，以达到锻炼身体，增强体质的目的。同时，通过学习和锻炼，能够提高人们田径运动的技术和技能，挖掘自身的运动潜能，并通过参与和观看田径竞赛活动，丰富人们的精神文化生活，达到德、智、体、美、劳全面教育的目的。

本模块介绍了田径运动的起源和发展历程，从田赛和径赛中选取了大学生喜闻乐见的跑、投、跳的部分项目：跳高、跳远、三级跳远、推铅球、短距离跑、中长距离跑、跨栏跑、接力跑，就其具体技术进行了详细阐述。通过本模块的学习能促进学习者树立正确的体育价值观，形成积极参与体育锻炼的良好意识，能自觉通过体育活动改善心理状态，建立良好的人际关系，养成积极乐观的生活态度。

能力目标

1. 了解田径运动的起源和发展。
2. 了解田赛、径赛的概念和项目。
3. 了解田径运动的基本竞赛规则。
4. 熟悉跳高、跳远、三级跳、推铅球的基本技术动作。
5. 熟悉短跑、中长跑、跨栏跑、接力跑的基本技术动作。

专题7.1 田径运动的简介

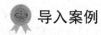
导入案例

古代田径运动

远在上古时代，人们为了获得生活资料，在和大自然及禽兽的斗争中，不得不奔跑相当的距离，跳过各种障碍，投掷石块和使用各种捕猎工具。在劳动中不断地重复这些动作，便形成了走、跑、跳跃和投掷的各种技能。随着社会的发展，人们有意识地把走、跑、跳跃、投掷作为练习和比赛形式。

公元前3500年，古埃及壁画描绘田径运动场景。田径比赛起源于古希腊的古代奥运会，最早的田径比赛，是公元前776年在希腊奥林匹克村举行的第一届古代奥运会上进行的，项目只有一个——短距离赛跑，跑道为一条直道，长192.27米。到公元前708年的第10届奥运会上，才正式列入了跳远、铁饼、标枪等田赛项目。当时只准男子参加，女子连观看也不可以，违者处以死刑。从那时起，田径运动就作为正式比赛项目之一。公元前490年，传说希腊士兵菲利皮迪斯从马拉松城一直跑到雅典城，全程跨度约为40千米，为的是报告希腊军队打败了波斯军队的喜讯。当跑到雅典时，菲利皮迪斯精疲力竭而死。为了纪念他，后人就创立了马拉松跑比赛。

中国是一个文明古国，体育是中华传统文化的一个组成部分，也是古代先民文化娱乐的重要组成部分，因此在中国古代史料里留下了极为兴盛的体育活动的记录，也留下了丰富的体育史料和文物。因为跑、跳、掷、涉水等活动是人类与自然界斗争中产生出来的生存本领，是人类生活的基本能力，也是人类最早的体育运动的由来。在古代的史料里，通过各种形式记载下了古代的田径运动及游泳活动，如《诗经》《山海经》《淮南子》《列子》《史记》及《二十四史》里都有关于中国古代田径运动及游泳运动的记录。

一、田径运动的起源

田径是世界上最为普及的体育运动之一，也是历史上最悠久的运动项目，被誉为"运动之母"。其起源大致可以归纳为以下几种：生存并与自然界斗争的手段，古代祭祀中的一项活动，战争的需要，教育的内容等。

远在上古时代，田径运动在人类生活中便占据着极其重要的地位。快速的奔跑、敏捷的跳跃和准确的投掷是原始人获得生活资料的必需手段。劳动中这些动作不断重复，长久积累便形成了走、跑、跳、投的各种技能。在古希腊阿尔菲斯河岸的峭壁上，刻有这样一段至理名言。

如果你想聪明，跑步吧！
如果你想强壮，跑步吧！
如果你想健康，跑步吧！

二、现代田径运动的发展

田径运动是由田赛和径赛、公路赛、竞走和越野赛组成的运动项目。以高度和远度计算成绩的跳跃、投掷项目统称为田赛；以时间计算成绩的竞走和跑的项目统称为径赛。全能运动由跑、跳、投的部分项目组成，以各单项成绩按《田径全能运动评分表》换算分数计算成绩。

1896年在希腊举行了第1届现代奥运会上，走、跑、跳跃、投掷等12个田径项目被列为主要比赛项目，这成为现代田径运动开始的标志。1912年，国际业余田径联合会成立，确立了国际统一的田径竞赛项目和竞赛规则，开始组织国际田径比赛。

田径运动是比速度、比高度、比远度、比耐力的体能项目，很好地体现了"更高、更快、更强"的奥林匹克运动精神。

标准的田径场一般由外场、中场及内场3部分组成。

（1）外场：径赛跑道外侧，主要包括建筑看台或其他有关设施。一般而言，仅供教学和训练的田径场外场为几米即可，而标准田径场四周则要留有几十米的空间。

（2）中场：径赛跑道所占有的空间，内圈周长400米，为椭圆形。弯道为半圆形，半径为36.5米。直道要沿南北方向，避免太阳位置低时的炫目影响。一般设8～10条分道，每条分道宽1.22～1.25米。跑道内侧安全区域不少于1米，起跑区不少于3米，冲刺缓冲段不少于17米。跑道左右倾斜度最大不得超过1∶1000，跑的方向上下倾斜度不得超过1∶1000。

（3）内场：供田赛或球类比赛使用的部分。

案例总结

现代田径运动在中国

20世纪初外国传教士将现代田径运动带进中国，当时只有在教会创办的学校之间开展田径比赛，后来逐渐普及到全国的公立、私立学校。1932年中国首次参加第10届洛杉矶奥运会。当时中国短跑运动员刘长春已具备了世界水平，但由于经费不足，他经过长途跋涉，到达洛杉矶的第3天就参加100米预赛，仅以11秒1的成绩名列小组第5名，未能进入下一轮比赛。在200米比赛中，刘长春跑出了22秒1的好成绩，虽获小组第4名，也未能进入复赛。比赛结束后刘长春没有回国的路费，在当地华侨的捐助下才得以返回祖国。

中华人民共和国成立后，田径运动得到迅速普及，技术水平提高很快。1953年起，几乎每年都举行规模较大的全国性的田径运动会，在群众性体育运动广泛开展的基础上，中国田径技术水平和成绩缩短了国际的差距。1956年，女子跳高运动员郑凤荣以1.77米打破了当时1.76米的世界纪录。20世纪60年代中国有10个项目进入了世界前10名。1983年，在上海举行的第5届全运会上，朱建华以2.38米创造了他自己保持的2.37米的世界纪录。同年，徐永久以45分13秒4的成绩创女子竞走世界纪录，成为中国第一个在世界比赛中获得冠军的田径运动员。20世纪90年代随着马家军的崛起，创造了一批女子中长跑世界纪录，王军霞还赢得了"亚洲神鹿"的称号。进入21世纪以来，以王丽萍、刘翔、刘虹等一大批运动员在全球各项赛事中取得优异成绩，证明我国田径运动逐步在稳健发展。

★探索与思考★

1. 系统阐述田径运动的起源与发展。
2. 标准的田径场由几部分组成？分别是什么？

专题7.2 田赛项目

导入案例

田赛赛事

田赛分为跳和掷,其中跳的项目有跳高、跳远、三级跳远、撑杆跳高,掷的项目有铅球、铁饼、标枪、链球等。以高度或距离来计算成绩并决定名次。在田赛的各项比赛中,如参加人数过多,可先举行及格赛,达到及格标准的参加正式比赛。远度项目(投掷和跳远)的正式比赛人数超过8人时,每人先试掷或试跳3次,择优选8人,每人再试掷(跳)3次,以6次中的最好成绩为比赛成绩并以此排名次。高度项目(跳高)的正式比赛,裁判员先宣布起跳高度和横杆升高幅度的计划,每个高度运动员都可试跳3次,运动员可以选择起跳高度(不低于规定的高度),可对任何一次高度提出"免跳"。试跳时,连续失败3次,不能再继续比赛。试跳的最高成绩为本人的比赛成绩,并以此排名次。所有田赛项目,运动员必须在规定的时间内完成试掷或试跳,违者作为一次失败,如再无故拖延,不得继续参加比赛(以前的成绩有效)。丈量远度或高度,除铁饼、标枪、链球以2厘米为最小计量单位(如60.23米计为60.22米)外,其他项目的最小计量单位均为1厘米。

田赛包括跳跃项目和投掷项目。跳跃项目分为高度类和远度类,其中高度类有跳高和撑杆跳高,远度类有跳远和三级跳远。投掷项目包括推铅球、掷铁饼、掷标枪和掷链球。比赛时,人体或人投掷器械位移距离大者名次列前。

一、跳高

跳高要求运动员通过快速助跑,经单脚起跳,越过一定高度的横杆。它能有效地增强腿部肌肉力量,提高弹跳力、灵敏度和协调性,培养勇敢、果断的意志品质。

跳高的技术动作先后出现过5次重大演变,即跨越式(见图7-1)、剪式(见图7-2)、滚式(见图7-3)、俯卧式(见图7-4)和背越式(见图7-5)。当代跳高运动趋向于速度核心,即要求助跑速度快、起跳速度快、过杆速度快。

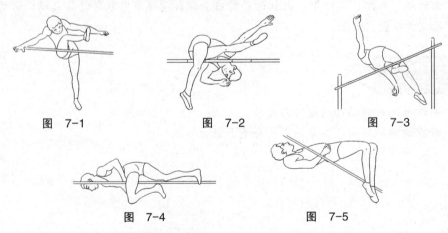

图 7-1　　　　　图 7-2　　　　　图 7-3

图 7-4　　　　　图 7-5

背越式跳高以特定的弧线助跑，起跳后背对横杆腾起，背越过杆（见图7-6），是现代最为常用的一种跳高技术，由助跑、起跳、过杆和落地几个不同的技术环节组成。

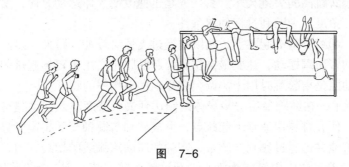

图 7-6

（一）助跑技术

助跑的任务是获得必要的水平速度和蹬地力量，调整适宜的动作节奏，形成合理的身体内倾姿势，为起跳和顺利过杆创造有利条件。

（1）助跑的起动。助跑起动的方式有两种：原地起动（直接从助跑点上开始助跑的方式）和行进间起动（预先走动或跑动3~5步，然后踏上助跑点开始助跑的方式）。原地起动有利于助跑步点的准确性，步长相对固定，但动作较紧张，加速较慢。行进间起动则动作自然放松，加速较快，但助跑步点不易准确。

（2）助跑的路线。如图7-7所示，背越式跳高助跑的前段为直线或近似直线，后段4~5步跑弧线。如图7-8所示，直线助跑时，上体略前倾，步幅开阔，后蹬充分，身体重心平稳且保持高位；弧线助跑时，身体逐渐内倾，外侧的肩略高于内侧的肩，外侧臂和腿的摆动幅度较之内侧要大。

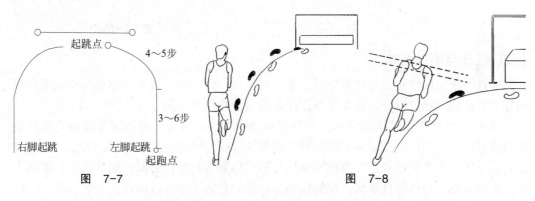

图 7-7　　　　　　　　　　　　图 7-8

（3）助跑的距离。助跑距离是指从助跑点到起跳点的距离。全程一般为8~12步，距离最长可达30米左右。

（4）助跑的节奏。助跑节奏具体表现为步频（单位时间内两腿的交换次数）与步长在助跑中的变化。背越式跳高助跑的节奏要求从慢到快，前几步慢，后蹬充分，腾空较大。最后3~5步加快频率，但步长变化要小。最后一步争取最快。

（5）助跑的技术要点。整个助跑过程的动作应该自然、放松、快速、连贯，全程节奏明确、逐渐加速。最后一步，摆动腿的动作极为关键。脚着地时，积极下压扒地，形成牢固支撑，身体重心迅速前移，进入起跳状态。

（二）起跳技术

起跳是背越式跳高的关键技术。其任务是迅速改变人体运动方向，实现最大垂直速度和合理的腾空角度，为顺利过杆创造条件。

起跳阶段，起跳脚踏上起跳点，起跳腿经过支撑、缓冲、蹬伸，蹬离地面跳起，摆动腿蹬离地面和臂协调摆动，达到最高位置。起跳腿是指用于蹬伸起跳的腿，多选择较有力的腿。摆动腿是指起跳时用于协调配合起到摆动作用的腿。

如图7-9所示，在助跑最后一步身体内倾达到最大限度时，摆动腿有力后蹬，推动髋部迅速前移，使起跳腿快速踏上起跳点，形成肩轴与髋轴交叉扭紧姿势。接着，起跳脚以脚跟外侧着地并迅速过渡到全脚掌，脚尖朝向助跑弧线的切线方向，起跳腿自然屈膝并被压紧。随着身体由内倾转为垂直，起跳腿的髋、膝、踝3个关节依次迅猛发力，快速完成蹬伸起跳的动作。

如图7-10所示，蹬伸结束时，起跳腿的髋、膝、踝3个关节应该充分伸直，使身体垂直于地面，以保证身体向垂直方向充分腾起。

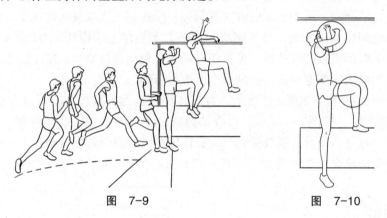

图 7-9　　　　　　　图 7-10

（三）过杆与落地技术

过杆与落地阶段是指起跳腾空后，头、肩、背、腰、髋、腿等身体各部分利用合理的技术动作依次越过横杆，并安全地落在海绵包上的技术阶段。

如图7-11所示，起跳结束时，充分伸展身体，向上腾起。利用摆动腿的力量尽量提高髋部位置，然后以摆动腿同侧的臂、肩领先过杆，顺势仰头、倒肩、挺髋。头与肩过杆后下沉，髋部高过两膝，身体形成反弓形。当髋部越过横杆时，顺势收腹，带动小腿向上甩，整个身体越过横杆，保持屈髋、伸膝的姿势下落，以肩背先着垫。

提示： 仰头过杆后顺势收下颌，避免头部最先落地，造成颈部受伤。

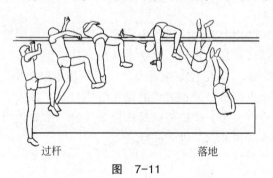

过杆　　　　　　　落地

图　7-11

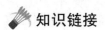知识链接

"福斯贝里"式跳跃

1968年的第19届墨西哥奥运会上,美国运动员福斯贝里采用了新的跳离姿势,并以2.24米的成绩取得冠军,这就是"背越"式,也称为"福斯贝里"式。此后,背越式跳高技术日趋完善并为运动员所广泛采用,最终取代了俯卧式,当今的优秀跳高运动员基本都采用背越式,而男、女跳高世界纪录也都是由背越式创造的。有代表性的运动员男子为:美国运动员福斯贝里、斯通斯;波兰运动员弗终位;德国运动员韦两格、默根堡;苏联运动员帕克林、阿未杰延科;中国运动员朱建华、张国伟。女子为:德国运动员迈法特;苏联运动员贝科姓;意大利运动员西梅奥妮;保加利亚运动员科斯塔迪诺娃。当今世界男子跳高纪录由古巴的索托马约尔保持室外世界跳高纪录2.45米和室内世界跳高纪录2.43米。

二、跳远

跳远是通过快速的助跑和有力的起跳,采用合理的腾空姿势和动作,使人体腾跃尽可能远的水平距离的运动项目。它能有效地提高速度,发展弹跳力和协调性,增强神经系统、循环系统和运动器官的机能,培养勇敢、顽强的意志品质。

跳远起源于远古人类猎取或逃避野兽时跨越河沟的活动,后成为军事训练的手段。现代跳远运动始于英国。男、女跳远分别于1896年(第1届奥运会)和1948年(第14届奥运会)被列为奥运会比赛项目。

如图7-12所示,跳远技术包括助跑、起跳、腾空和落地4个环节。

图 7-12

(一)助跑技术

(1)助跑的任务是获得最大的水平速度,为准确踏板和迅速有力的起跳做好准备。

(2)助跑的起动方式有原地起动和行进间起动两种。前者更适用于初学者。

(3)助跑常用的加速方式有两种,即平稳加速(也称为逐渐加速)和积极加速。①平稳加速方式:开始步频较低,然后逐渐加大步长或在保持步长的基础上提高步频,加速过程均匀平稳,时间较长。其助跑动作比较轻松,起跳的准确性好,成绩比较稳定。②积极加速方式:上体前倾较大,步频始终保持较高的水平。其助跑动作比较紧张,起跳的准确性差,适用于绝对速度较快的运动员。

(4) 助跑距离是指从助跑起点到起跳脚踏上踏跳板的距离。一般而言，技术水平越高，速度越快，助跑距离越长。男子助跑距离35～45米，18～24步；女子助跑距离30～35米，16～18步。助跑距离并非固定不变，可以根据环境条件的变化和个人身体情况进行相应的调整。

(5) 助跑节奏表现为对步长、步频变化的控制，以利于最高速度的发挥及利用。跳远助跑的最后几步呈加速状态，身体重心适当下降，为快速起跳做好准备。

（二）起跳技术

起跳的任务是利用助跑所获得的最高速度，瞬间创造尽可能大的腾起初速度（由助跑、起跳所产生的水平速度与水平速度合成的）和适宜的腾起角度，使身体充分向前上方腾起。

起跳是跳远技术中最重要的环节。如图7-13所示，起跳的动作过程可分为起跳脚着地（上板）、缓冲和蹬伸三个阶段。着地要迅速且富有弹性，缓冲时及时、积极地前移身体。蹬伸是爆发式动作，要快而有力。

起跳时，抬头挺胸，上体正直，提肩、拔腰，髋、膝、踝3个关节要充分蹬直，蹬摆配合要协调，一致用力。

（三）腾空技术

腾空阶段是指起跳后人体在空中维持身体平衡，完成各种动作的阶段。如图7-14所示，跳远的腾空动作目前主要有3种姿势：蹲踞式、挺身式、走步式。

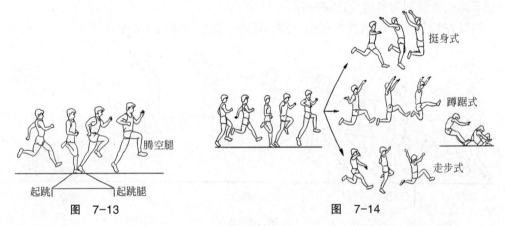

图 7-13　　　　　　　　图 7-14

(1) 蹲踞式。起跳成腾空步（起跳结束时，身体姿势在空中的延续）后，上体保持正直，摆动腿继续向上摆动，起跳腿顺势屈膝前摆，逐渐靠近摆动腿，使两腿屈膝在空中呈蹲踞姿势。然后收腹举腿并前伸小腿，两臂由后向前摆动，使身体重心前移，顺势落地。

(2) 挺身式。起跳成腾空步后，摆动腿下落，膝关节伸展，小腿由前向下向后呈弧形摆动，两臂下垂经由体侧向后上方绕环摆动，起跳腿自然回摆与摆动腿靠拢，形成空中挺胸展髋的姿势。继而收腹举腿，大腿向胸部靠拢，小腿前伸，两臂上举或后摆，顺势落地。

(3) 走步式。起跳成腾空步后，以髋关节为轴，摆动腿大腿带动小腿，由前向后下方摆动。同时起跳腿屈膝前摆，向上抬起大腿，前伸小腿，在空中自然地完成换步动作。两臂与下肢协调配合作大幅度直臂绕环摆动或自然前后摆动，然后摆动腿顺势前摆，两腿靠拢，收腹举腿，前伸小腿，顺势落地。在空中完成一次换步后落地的称为"两步半"走步式，完成两次换步后落地的称为"三步半"的走步式。

（四）落地技术

落地阶段是指腾空后落入沙坑的着地动作阶段。其任务是选择合理的技术，获得较大的跳跃距离，并防止伤害事故的发生。

完成腾空动作后，收腹举腿，小腿前伸，脚尖勾起，两臂向后摆动。脚跟触及沙面后，迅速屈膝缓冲，臀部顺势前移，两臂由后向前摆动，上体前倾，呈团身姿势，平稳地落入沙坑。

此外，落地时还可以采用侧倒式。脚跟着地后，一条腿保持稍紧张状态支撑沙地，另一条腿放松，上体顺势向放松腿的前侧方卧倒。

提示：落地时无论采用何种姿势，都应顺势缓冲，身体重心前移，以保证安全。

知识链接

古老的跳远

跳远是最古老的竞技项目之一，公元前708年成为古代奥运会五项全能项目之一。在古希腊奥林匹克的"五项运动"中就有跳远。在古代跳远中，运动员双手各握一只哑铃，起跳时尽力向前摆，以产生一种带动身体朝前跳跃的推动力；落地时则向后摆，使身体有一股冲力，跳远的距离可以尽量前伸。据说如果运动员的双脚不能在沙地上留下清晰的印记，则成绩无效。不过，有人用哑铃做过这种跳远试验，发现要想落地清晰，就得在腾空降落过程中双手高于肩部时抛出哑铃。如果运动员双手拿着哑铃不放，则很可能落地时向后坐在地上；抛出哑铃时若手位较低，身体又会前摔。由此看来，运动员要掌握好跳远的技巧就需要经常锻炼，这就是它的难度所在。也正因如此，古代跳远还有一个重要特色，就是音乐伴奏，即当比赛时，吹笛手同时奏乐，运动员根据节奏起跳，这样既有助于选手更好地发挥技巧，又使动作更显优雅有节奏感。

三、三级跳远

三级跳远是经过一定距离的直线助跑后，通过3次连续跳跃（单足跳、跨步跳、跳跃）达到尽可能远的水平距离的运动项目，如图7-15所示。它能有效地发展速度和下肢力量，提升弹跳力、灵敏度和协调性，增强支撑器官（腿、足、膝、踝等）和内脏器官的功能，培养勇敢顽强、勇往直前的意志品质。

图 7-15

三级跳远技术可以分为助跑、第一跳（单足跳）、第二跳（跨步跳）、第三跳（跳跃）几个部分。每一跳均包括起跳、腾空和落地阶段。

（一）助跑技术

水平速度是决定三级跳远成绩的关键因素。助跑的目的就在于获得尽可能大的水平速度，为单足起跳做好准备。

三级跳远的助跑技术与跳远基本相同，但第一跳起跳的腾起角（是指人体离地时，身体重心腾起初速度方向与水平线构成的角度）较小，因此整个助跑过程身体重心较高，加速平稳，强调向前行。最后几步，大腿高抬，上体正直，保持步长或适当减少步长的情况下，加快步频，准备起跳。

助跑距离取决于个人的加速能力。加速能力强，助跑距离则短，反之助跑距离则长。助跑距离一般为35～40米，相当于18～22步。

（二）第一跳（单足跳）技术

如图7-16所示，三级跳远的起跳是以单足跳的形式完成起跳的。这一跳不仅要达到必要的远度，而且应尽可能减少水平速度的损失，为后两跳创造条件。

图 7-16

第一跳以有力的腿做起跳腿。助跑最后一步，摆动腿积极蹬地向前送髋时，起跳腿大腿快速下压，小腿自然前伸，用全脚掌迅速积极踏板。起跳腿着地后，迅速屈膝屈踝缓冲，摆动腿快速向前上方大幅度摆出，两臂配合下肢动作有力摆动，起跳腿迅速及时地进行爆发性蹬伸。

起跳离地后，身体保持腾空步姿势。摆动腿小腿随大腿下放自然地从前向下、向后摆动，同时髋部上提，体后的起跳腿屈膝前摆高抬，带动髋部前移，两臂配合经体前摆向身体侧后方，形成空中交换步的动作，幅度大且平稳。单足跳的腾空轨迹应尽量低而平，理想的起跳角为12°～15°。

完成交换步的起跳腿前摆蹬伸，迅速有力地用全脚掌扒地式着地，两臂和摆动腿配合起跳腿动作向前摆动。落地点尽量接近身体重心投影点，上体保持正直。

（三）第二跳（跨步跳）技术

如图7-17所示，三级跳远的第二跳为跨步跳，在三跳中难度最大，距离最短，身体重心的抛物线最低。起跳角度与单足跳几乎相同，一般为12°～14°。

图 7-17

当单足跳落地时，起跳腿积极完成缓冲并快速有力地蹬离地面，髋、膝、踝关节充分伸展。摆动腿迅速屈膝向前上方摆动，足尖上挑，大小腿成90°角，膝部应摆至身体重心的上方。同时，上体保持正直或稍前倾，两臂呈弧形向侧后方摆动，完成跨步跳的腾空跨步动作。注意维持身体平衡，并达到必要的远度。

腾空跨步跳结束时，髋部前移，摆动腿大腿下压，膝关节伸展，小腿顺势由前向后用全脚掌落地并积极"后扒"，两臂由后向前上方摆动，完成第二跳的落地动作。

（四）第三跳（跳跃）技术

如图7-18所示，第三跳是以第二跳的摆动腿做起跳腿，起跳角应稍大，一般为18°~20°。

图 7-18

起跳腿着地后应适度屈膝屈踝积极缓冲，上体正直，髋部上提，迅速有力地蹬直离地。同时，摆动腿迅速屈膝向前上方高抬摆动，两臂则由体侧后方积极向前上方摆动，保持腾空步动作。

第三跳的空中和落地动作与跳远时一样，可以选择蹲踞式、挺身式或走步式。

提示：三级跳远中必须注意保持身体的平衡，维持较高的水平速度，配合大幅度的协调蹬摆，控制三跳的直线性，从而提高整体技术向前的良好效果。

知识链接

三级跳远的起源

三级跳远起源于18世纪中叶的苏格兰和爱尔兰，两者跳法不同。苏格兰采用单足跳、跨步跳、跳跃，而爱尔兰用的是单足跳、单足跳、跳跃。现规定必须使用苏格兰跳法。最早的正式比赛可以追溯到1826年3月17日首次举行的苏格兰地区运动会，比蒂创造了12.95米的第一个纪录。比赛时，运动员助跑后应连续做3次不同形式的跳跃，第一跳为单足跳，用起跳腿落地；第二跳为跨步跳，用摆动腿落地；第三跳为跳跃，必须用双脚落入沙坑。男子三级跳远于1896年被列为首届奥运会比赛项目，女子三级跳远于20世纪80年代初逐渐广泛开展，1992年被列为奥运会比赛项目。

四、推铅球

推铅球是一种速度力量型投掷项目，它协调利用人体全身力量，以最快的出手速度将铅球从肩上锁骨窝处单手推出。它能有效地增强躯干及四肢尤其是腰背的肌肉力量，提高速度，发展协调性，培养坚韧、沉着的意志品质。

正式比赛时，男子铅球的重量为7.26千克，直径为11~13厘米；女子铅球的重量为4千克，直径为9.5~11厘米。投掷圈直径为2.135米，前缘装有抵趾板。扇形有效落地区的角度为34.92°。男、女铅球分别于1896年（第1届奥运会）和1948年（第14届奥运会）被列为奥运会比赛项目。

如图7-19所示，背向滑步推铅球的技术要领包括（以右手为例）：握球和持球、预备姿势、滑步、最后用力、缓冲。

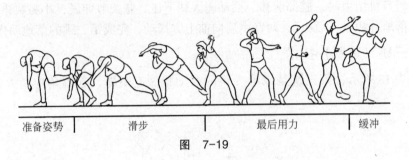

图 7-19

（一）握球和持球

如图7-20所示，五指自然分开，球体置于食指、中指和无名指的指根处，拇指和小指扶住球体两侧，手腕后屈，防止球体滑动并便于控制出球的方向。

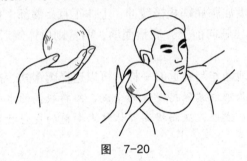

图 7-20

手指力量较强者，可将球适当移向手指上方，有利于拨球和发挥手腕的力量。

握好球后，将球放在右肩锁骨窝处，紧贴颈部，掌心向前，右臂屈肘，肘部稍外展且略低于肩，上臂与身体的夹角约为45°。

提示：铅球的重心固定在食指、中指的指跟或第二指骨处。

（二）预备姿势

预备姿势是滑步前的准备动作，目的是为协调、平稳地进入滑步创造条件。

（1）高姿势。如图7-21所示，持球后背对投掷方向，两脚前后开立，相距20～30厘米。右脚尖靠近投掷圈后端内沿（脚也可稍向内转），体重主要落在伸直的右腿上；左腿在后自然弯曲，以前脚掌或脚尖着地；上体放松，头部和躯干保持正直，左臂自然上举。

（2）低姿势。如图7-22所示，持球后背对投掷方向，两脚前后开立，相距50～60厘米（根据身高和下蹲的程度而定）。两腿弯曲（弯曲程度视个人力量而定），体重落于右腿。右脚尖贴近投掷圈后端内沿（脚也可稍向内转），左脚在后，以前脚掌或脚尖着地。左臂自然下垂，左肩稍向内扣，上体前屈与地面平行，两眼目视前下方。铅球的投影点在右脚的右侧前方。

（3）滑步。滑步使铅球获得一定的水平方向的预先速度，并使身体形成最后用力的有利姿势。

滑步前可以先做一两次预摆（也可不做），以改变身体的静止状态。预摆时，左腿自然弯曲，大腿用力向后上方摆起，右腿伸直，同时上体前屈，左臂微屈前伸或下垂并稍向内，头与背保持一条直线。当左腿摆至与地面平行时，回收左腿，同时右腿弯曲，形成屈膝团身的姿势（见图7-23）。

图 7-21　　　　　　　　图 7-22　　　　　　　　图 7-23

如图7-24所示，当左腿回收靠近右腿时，臀部后移。左腿向投掷方向快速摆出，同时右腿用力蹬伸。当右脚蹬离地面后，迅速拉收小腿并向内转动，用前脚掌着地，落于圆心附近。同时左脚积极下落，以前脚掌内侧落在圆圈直径的左侧。两脚着地时间相隔越短越好。此时肩轴与髋轴呈扭紧状态，左脚尖与右脚跟约在一条直线上（对投掷方向而言）。

图 7-24

滑步过程中左臂和左肩保持内扣，头部保持向右后方的姿势，以保证上体处于扭紧状态。

（4）最后用力。最后用力阶段为从左脚落地到铅球出手。

左脚落地瞬间，右腿继续向投掷方向转动并积极蹬伸，转髋转体。同时上体逐渐抬起，左臂向胸前左上方摆动，左肩高于右肩，大部分重心仍落在弯曲而压紧的右腿上，身体呈"侧弓状"（见图7-25）。

随着右腿蹬伸，右髋和右肩前送，身体重心由右腿快速移至左腿（见图7-26）。随即两腿充分蹬伸，抬头（稍有后仰），屈腕且稍向内转，右臂迅速而有力地将球推出（见图7-27）。

（5）缓冲。铅球出手后，右腿随势前摆，着地于左脚附近，左腿后摆，两腿交换并弯曲，以降低身体重心，缓冲向前的冲力，维持身体平衡，防止出圈犯规。

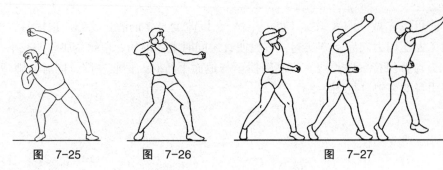

图 7-25　　　　图 7-26　　　　图 7-27

 知识链接

掷重圆石比赛

相传，在公元1150年左右，希腊雅典举行过一次规模宏大、声势浩大的掷重圆石比赛。根据规定，大力士们把圆石高高举起投向远方，以投掷距离的远近来决定优劣胜负。这可以说是铅球运动的前身。大约在公元1340年，希腊开始出现了火炮，而炮弹是用圆形铅制成的。为了使炮手作战时装填炮弹熟练、迅速、敏捷，以提高军队的战斗能力，希腊人就在日常训练中让士兵用同炮弹重量大小相当的石头练习，并进行比赛。后来又用废弃的铅制炮弹代替石头进行模拟训练，这才是现代铅球的直接起源。

五、田赛项目竞赛规则要点

（一）比赛方法

奥运会田赛项目的比赛通常先分两组进行及格赛，通过及格标准的直接进入决赛，如达到及格标准的运动员人数不足12人，不足的人数按及格赛成绩递补。远渡项目决赛前3轮比赛的顺序通过抽签决定。决赛前三轮比赛结束后，按成绩取前8名运动员进行最后3轮比赛；第4、5轮比赛排序按前3轮成绩的倒序排列，第6轮比赛排序则按前5轮成绩的倒序排列，成绩最好的在最后跳（掷）。

（二）有效成绩

除犯规外，跳跃远度项目比赛中，运动员每次试跳的成绩均为有效成绩。除犯规外，高度项目比赛中，运动员每次跳过的高度为有效成绩。投掷项目比赛除犯规以外，当运动员投出的器械完全落在落地区内（不包括落地区边线）才有效。丈量成绩时从距离投掷区最近的落地点算起，其中标枪必须是枪尖首先触地成绩才有效。

（三）录取名次

远渡项目比赛结束以后，以运动员最好的一次试跳（掷）成绩，包括因第一名成绩相等而进行的决名次赛的成绩，作为最后的决定成绩判定名次，成绩好者列前。如成绩相等，按下列规定解决：在远渡项目比赛中，如出现最好成绩相等，则以第二好成绩来确定名次，以此类推，直到最后一个成绩。如果还是相同，除了第一名以外，可以并列；如果涉及第一名成绩相同，必须让这些涉及第一名的运动员继续比赛，直到决出第一名为止。

在高度项目比赛中，如出现最好成绩相等，则按以下规定解决：①在出现成绩相等的高度上，试跳次数较少者名次列前；②如成绩仍然相等，则在包括最后跳过的高度在内的决赛全部比赛中，试跳失败次数较少者名次列前；③如成绩仍相等：当涉及第一名时，进行决名次赛，直到分出名次为止。如成绩不涉及第一名，名次并列。

（四）犯规

跳远、三级跳远有下列之一情况即判犯规：①运动员以身体任何部位触及起跳线之前的地面；②从起跳板两端之外起跳，无论是否超过起跳线的延长线；③触及起跳线和落地区之间的地面；④在落地过程中触及落地区以外的地面，而落地区外的触地点较落地区内的最近触地点更靠近起跳线；⑤离开落地区时，运动员在落地区外地面的第一触地点较落地区内最近触地点和在落地区内因身体失去平衡而留下的任何痕迹更靠近起跳线；⑥在助跑或跳跃中采用任何空翻姿势；⑦还未通知该运动员试跳，而进行试跳，不管是否成功，都应判该次试跳失败；⑧无故错过该次试跳顺序；⑨无故延误时限。比赛时，运动员无故延误时间，即不准参加该次跳，以失败论处。如果在比赛中再次无故延误比赛时间，即取消该运动员的比赛资格，但在此之前的比赛成绩仍然有效。每次试跳的时限为1分钟，只有当一名运动员连续两次试跳时，其试跳时限为2分钟。在时限只剩最后15秒时，计时员举黄旗示意，当时限到时，落下黄旗，主裁判应判定运动员该次试跳失败。如时限到的同时，运动员已开始试跳，应允许其进行该次试跳。当裁判员通知运动员试跳开始后，运动员才决定免跳，当时限已过时，应判为该次试跳失败。

跳高有下列之一情况即判犯规：①使用双脚起跳；②由于运动员的试跳动作致使横杆未能停留在横杆托上；③在越过横杆之前，身体触及立柱前沿垂直面以外的地面或落地区，但如果裁判员认为运动员并没有受益，则不应由此而判该次试跳失败；④无故延误时限；⑤当裁判员通知运动员试跳开始后，运动员才决定免跳，当时限已过时，应判该次试跳失败；⑥试跳时，运动员有意用手或手指把即将从横杆托上掉下的横杆放回；⑦无故错过该次试跳顺序。

撑竿跳高有下列之一情况即判犯规：①试跳后，由于运动员的试跳动作致使横杆未能停留在横杆托上；②在越过横杆之前，运动员的身体或所用撑竿的任何部位触及插斗前壁上沿垂直面以外的地面或落地区；③起跳离地后，将原来握在下方的手移握至上方的手以上或原来握在上方的手向上移握；④试跳时，运动员用手稳定横杆或将横杆放回；⑤无故延误时限；⑥当裁判员通知运动员试跳开始后，运动员才决定免跳，当时限已过时，应判为该次试跳失败；⑦当裁判员根据运动员登记的架距调整好架距后，计时员已开始计时，运动员再提出调整架距，则再次调整架距的时间应计入运动员的试跳时间内，如因此而超出试跳时限，则应判定试跳失败；⑧无故错过该次试跳顺序；⑨试跳中，当撑竿不是朝远离横杆或撑竿跳高架方向倾倒时，如有人接触撑竿，而有关裁判长认为，如果撑竿不被接触，将会碰落横杆，则应判为此次试跳失败。

投掷项目在比赛过程中，运动员如果有下列违反规则的行为，则会被判犯规，成绩无效：①超出时间限制。②投掷铅球和标枪技术不符合规则规定（规则要求铅球和标枪必须由单手从肩上掷出）。③在投掷过程中，身体和器械的任何一部分不得触及投掷圈铁圈上沿或圈外的地面和标枪投掷弧、延长线以及线以外地面任何一部分，包括铅球抵趾板的上面，否则即为投掷失败。④只有当器械落地以后，运动员才允许离开投掷圈或助跑道。标枪运动员在投出的枪落地前，不能在投掷后转身完全背对其投出的标枪，完成投掷后，链球、铁饼和铅球运动员必须从投掷圈后半圈的延长线后面退出，标枪运动员必须从投掷弧以及延长线以后退出。⑤在没有犯规的情况下，参赛者可以中止已开始的试掷动作，将器材放下以后暂时离开投掷区，并重新开始，但是必须在规定的时限内完成投掷。⑥参赛者可以在比赛期间离开比赛区域，但必须由裁判员许可并由裁判员陪伴。⑦比赛过程中，运动员不能在比赛场地使用以下电子设备：摄像机、便携式录放机、收音机、CD机、报话机、手机、MP3以及类似的电子设备。

（五）裁判员的旗示

在跳跃项目比赛中，通常有一名主裁判手中持有红、白旗帜各一面，用来示意运动员试跳是否成功。举红旗表示试跳失败，成绩无效；举白旗表示成功，成绩有效。

在投掷项目比赛中，通常有两名主裁判手中持有红、白旗帜各一面，用来示意运动员试投是否成功。举红旗表示试投失败，成绩无效；举白旗表示成功，成绩有效。其中一名站在投掷区附近的称为内场主裁判，主要判定运动员在试投过程中是否犯规；另一名在落地区内的称为外场主裁判，主要判定器械落地点是否有效。

案例总结

奥运项目之田赛

大约在公元前，人们就开始用石头进行投远比赛。后来人们为了统一规格，不用石头，改投金属做的圆球，重量还是16磅。早期推铅球没有固定的方式，可以原地推，也可以助跑推；可以单手推，也可以双手推；还出现过按体重分级别的比赛。20世纪50年代，美国运动员奥布赖恩发明背向滑步推铅球技术，该技术被称为"铅球史上的一场革命"。男、女铅球分别于1896年和1948年被列为奥运会比赛项目。

铁饼的出现更早。古希腊的现实主义雕刻家米隆于公元前5世纪，创作了一座《掷铁饼者》雕像。从这座雕像的投掷者右手握饼姿势推断，投掷者是将握饼的手臂摆动过头部的高度，上体右旋转，头微向后仰，然后利用腿部和躯干的力量，使身体向左旋转将饼掷出去。掷铁饼运动在2400多年以前就已经得到艺术的体现，其历史源远流长，是可想而知的。男、女铁饼分别于1896年和1928年被列为奥运会比赛项目。

投掷标枪是古老的项目之一。起源于古代人类用长矛猎取野兽的活动，后长矛又发展成为作战的兵器。原始的标枪构造很简单，把石头磨尖装在木杆的一端即为枪头。随着生产力的发展，才改用金属做枪头。有的部落逐渐搞起掷标枪的比赛，比赛中最优秀的人，就被众人推选为部落的领袖。1906年，为纪念奥运会举办十周年而举行的运动会上，开始有了掷标枪正式比赛。从此掷标枪就列为国际正式比赛项目。到1932年第10届奥运会上，女子标枪又被列为比赛项目。

链球起源于中世纪苏格兰矿工在劳动之余用带木柄的生产工具铁锤进行的掷远比赛，后逐渐在英国流行。链球的英语词意即铁锤。最初使用的器械是带木柄的铁球，后为便于投掷，将木柄改为钢链，链球由此而来。男子链球于1900年被列为奥运会比赛项目，女子链球于2000年加入奥运会。

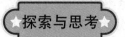

1. 阐述跳高的技术要领。
2. 阐述跳远的技术要领。
3. 阐述三级跳远的技术要领。
4. 阐述推铅球的技术要领。

专题7.3 径赛项目

径赛赛事

径赛是田径运动的一类,以时间计算成绩的竞赛项目,是在田径场的跑道或规定道路上进行的跑和走的竞赛项目的统称。奥运会设有100米、200米、400米、800米、1500米、女子3000米(第25届起取消该项目,增设女子5000米)、5000米、10000米、马拉松、3000米障碍赛(男子)、100米栏(女子)、110米栏(男子)、400米栏、10千米竞走(女子)、20千米竞走、50千米竞走(男子)、4×100米接力、4×400米接力。其中马拉松跑因各地竞赛环境差异较大,所以只有最好成绩,不设奥运会纪录。在径赛的各项比赛中,如果参加人数较多,可先举行预赛、次赛和最后有8人参加决赛,以决赛的成绩作为最后判定名次的成绩。径赛必须沿逆时钟方向(即左手靠近里圈)跑进。道次(或起跑位置)由抽签决定。分道跑项目和接力跑的第一棒起跑时必须使用起跑器(其他各项径赛不得使用),采用"各就位""预备"和鸣枪3个发令信号,部分分道跑和不分道跑项目只用"各就位"一个口令,然后鸣枪。起跑时犯规1次即取消比赛资格(在全能比赛中犯规两次取消比赛资格)。在跑进中挤撞或阻挡别人跑进,取消资格。应在分道内跑进的运动员,不是直接受他人所迫而跑出分道者和比赛过程中接受他人援助(伴跑、提供或指导情况),受警告后再犯者,取消资格。各项竞赛到达终点的名次顺序以运动员躯干(不包括头、颈、臂、手、腿、脚)的任何部分触及终点线内沿垂直面的先后为准,以时间计取成绩。

竞赛项目包括短跑、中跑、长跑、接力跑、跨栏跑、障碍跑等。位移相同距离,耗时少者名次列前。

一、短距离跑、中距离跑、长距离跑

(一)短跑

短距离跑(简称短跑),包括400米及400米以下各种距离的赛跑和接力跑,是高速度的极限性运动项目。它能有效地提高大脑皮层的兴奋性、中枢神经的协调性和意志转换的灵活性,增强呼吸系统和循环系统的能力,发展速度、力量、灵敏性和协调性,培养拼搏、竞争、坚毅、顽强的意志品质。

短跑全程是由起跑、起跑后的加速跑、途中跑和终点跑4个紧密相连的阶段组成。

（1）起跑技术。起跑包括起跑前的准备姿势和起动动作。在短跑比赛中，必须用蹲踞式起跑，并使用起跑器。

如图7-28所示，起跑器的安装方法有普通式、接近式和拉长式3种。前起跑器抵足板与地面的夹角约为45°，后起跑器为60°~80°。安装起跑器的目的在于蹬离时能充分发挥腿部肌肉的最大力量，从而获得向前的最大初速度，起跑后使身体能保持较大的前倾。

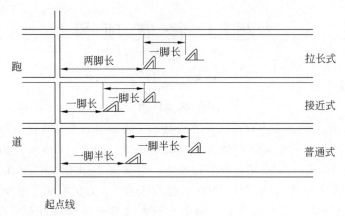

图 7-28

起跑过程包括"各就位""预备""鸣枪"3个环节。

如图7-29所示，听到"各就位"口令后，可稍做放松（如深呼吸），然后俯身两手于起跑线后撑地，两脚依次踏在前、后起跑器抵足板上，脚尖触地。将有力的腿放在前面，后膝跪地。两臂伸直约与肩同宽，四指并拢或稍分开和拇指呈"人"字形，身体重心稍前移，肩约与起跑线平行。背微弓，颈部自然放松，注意听"预备"口令。

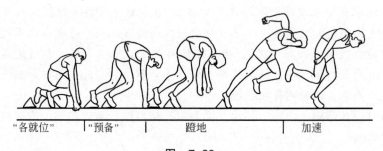

图 7-29

听到"预备"口令后，后膝离地，抬起臀部，使之稍高于肩。重心适当前移，体重主要落于两臂和前腿上。两小腿趋于平行，前腿膝角约为90°，后腿膝角约为120°，注意力高度集中等候发令枪声。

听到枪声后，两手迅速推离地面，屈肘做有力的前后摆臂，同时两脚用力蹬离起跑器，使身体以前倾姿势向前上方运动，躯干与地面成15°~20°角。后腿迅速屈膝向前上方摆出，但不宜过高。后腿前摆并积极下压着地的同时，前腿快速蹬伸髋、膝、踝3个关节。躯干逐渐抬起，头部也随之上抬，视线逐渐向前移。

（2）起跑后的加速跑技术。加速跑的任务是充分利用起跑的初速度，在较短距离内尽快获得最高速度。

起跑后，第一步不宜过大，为3.5～4脚长，第二步为4～4.5脚长，以后逐渐增大。上体随着步长和速度的增加而逐渐抬起，两脚落点逐渐靠拢人体中线，形成一条直线（在起跑后10～15米处）。同时，两臂应积极摆动，上下肢协调配合。加速距离一般为25～30米。

（3）途中跑技术。一个跑的周期包括两个腾空时期和两个支撑时期（左支撑和右支撑）。单腿均要经历后蹬、摆动、着地缓冲等阶段。

途中跑是指从完成加速跑开始，到距终点10米左右的一段距离，其任务是继续发挥和保持最高速度。进入途中跑时，应顺惯性放松跑2～3步，以消除肌肉的过分紧张。在百米跑中，途中跑的距离为65～70米。

摆臂动作：途中跑时上体稍前倾，两眼平视，颈肩放松，手半握拳，两臂屈肘，以肩关节为轴，用力前后摆动，如图7-30所示。前摆时，肘稍向内，肘关节角度变小；后摆时，肘稍向外，角度变大。手和小臂不能摆过身体胸前的中线形成两臂的交叉摆动。正确的摆臂动作能够维持平衡、调节节奏，有利于加快步频和步幅。

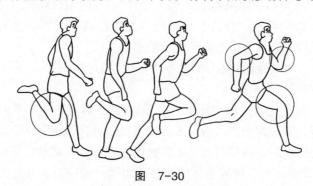

图 7-30

摆腿动作：①后蹬伸展阶段，支撑腿从伸展髋关节开始，依次蹬伸膝、踝关节，直到脚掌蹬离地面。后蹬动作中速度极为重要。②折叠前摆阶段，后蹬结束后，摆动腿大小腿尽力折叠，快速积极地向前摆动。同侧髋部随之前移。③下压缓冲阶段，前摆至大腿高抬后，随即积极下压，前脚掌积极"扒地"。着地瞬间小腿与地面接近垂直，迅速屈膝、屈踝缓冲，摆动腿随惯性快速向前摆动与支撑腿靠拢，使身体重心迅速前移，膝踝关节弯曲角度达到最大，转入后蹬待发状态。

支撑腿与摆动腿的蹬摆协调配合是途中跑技术的关键。一般情况下，摆动腿前摆速度快，步频也快，前摆幅度大，步幅也大。

（4）终点跑技术。终点跑包括终点冲刺和撞线，其任务是尽量保持途中跑的高速度跑过终点。在距离终点15～20米时，上体前倾，以增强后蹬力，同时加大摆臂的幅度和速度。在距离终点线最后一步时，上体达到最大前倾，用胸部或肩部撞线。通过终点后，要调整步频和步幅，逐渐减速。

（5）弯道跑技术。如图7-31所示，弯道起跑时，为了形成一段直线距离的加速跑，应将起跑器安装在跑道右侧、正对左侧弯道的切点方向。左手撑于起跑线后5～10厘米处，身体正对弯道的切点。加速跑距离较短，上体抬起较早，沿切线跑进。

如图7-32所示，从直道进入弯道，身体应有意识地稍向圆心方向倾斜。后蹬时，右脚前脚掌内侧用力,左脚脚前掌外侧用力。摆动时,右腿膝关节稍向内,左腿膝关节稍向外。右臂的摆动幅度和力量略大于左臂。尽可能沿跑道内侧前进。

图 7-31　　　　　　　图 7-32

从弯道进入直道,最后几米,应逐渐减小身体内倾程度,惯性跑2~3步后转入正常途中跑。

(二) 中长跑

中长跑是中距离跑和长距离跑的简称,全程为800~10000米。它能有效地改善呼吸系统和心血管系统的功能,促进心肺功能(增强心肌,增厚心壁,增加心脏容积),提高速度和耐力,培养坚韧不拔、吃苦耐劳的意志品质。

(1) 起跑技术。中长跑的起跑按"各就位""鸣枪"两个口令进行,起跑姿势有"站立式"和"半蹲踞式"两种。

① "各就位"时,先做一两次深呼吸,"站立式"起跑的运动员两脚前后开立,有力的腿在前,前脚尖紧靠起跑线后沿,全脚掌着地,后脚以前脚掌着地,两脚前后间距约一脚,左右间距约半脚,两膝弯曲,上体前倾(跑的距离越短,腿的弯曲度越大,上体前倾也越大),颈部放松,两臂在体前自然下垂或一前一后,身体重心落于前脚,保持稳定姿势(见图7-33)。

"半蹲踞式"起跑的动作与"站立式"基本相同,但其前腿的异侧臂的拇指和其他四指呈"八"字形撑在起跑线后。两脚均用前脚掌支撑,前后相距约一小腿长,左右间隔约一脚宽,两膝弯曲角略小,体重主要落在前腿和支撑臂上。

② 鸣枪。听到枪声后,后腿用力蹬地后积极前摆,前腿用力蹬伸。两臂配合腿部动作做快而有力地前后摆动,身体向前冲出(见图7-34)。

图 7-33　　　　　　　图 7-34

(2) 起跑后的加速跑技术。起跑后,上体保持一定的前倾,两臂的摆动和腿脚的蹬摆都应迅速有力,逐渐加速,同时,上体随之抬起,跑向对自己有利的战术位置,然后转入途中跑。加速跑的距离和速度应根据个人特点、战术要求和临场情况而定。

(3) 途中跑技术。途中跑是中长跑技术中的主要部分,其任务是保持速度,节省体力,讲求节奏,并充分运用战术为获取优异成绩奠定良好基础。

如图7-35所示，就途中跑的技术而言，中长跑与短跑实质相同，但由于距离和速度的不同，两者仍存在一定差异。

图 7-35

① 上体姿势。中长跑的途中跑时上体自然伸直或稍向前倾，中跑上体前倾约5°，长跑上体前倾1°~2°。上体前倾的角度小于短跑。

② 腿部动作。后蹬时，角度较短跑稍大，用力程度和蹬伸幅度较短跑稍小。前摆时，大腿上摆的高度较短跑低，大小腿的折叠程度较短跑小。

此外，中长跑的途中，特别强调动作与呼吸的配合，其身体重心的上下波动、弯道跑时摆臂幅度、跑的频率系数（腾空时间与支撑时间的比值）均小于短跑。

（4）终点跑技术。终点跑是临近终点前一段距离的加速跑。其任务是以顽强的意志调动全部力量，克服高度疲劳，加大摆臂速度和幅度，加快步频，冲刺终点。

（5）中长跑的呼吸。中长跑途中，为了保证机体对氧气的需求，采用口鼻同时进行呼吸的方法。呼吸的节奏应和跑的节奏相配合，并注意加大呼吸的深度（特别是呼气，只有充分的呼出二氧化碳，才能吸入更多的氧气）。一般采用两步一呼，两步一吸（也有一步一呼，一步一吸；三步一呼，三步一吸等）。

知识链接

中长跑中的呼吸

中长跑的距离长，消耗能量大，对氧气的需求量也大，因此掌握正确的呼吸方法至关重要。中长跑能量消耗大，机体要产生一定的"氧债"，为了保证机体对氧气的需求，呼吸必须有一定的频率和深度，还必须与跑的节奏相配合，一般采用两步两吸，两步两呼。呼吸时采用口进行呼吸的方法。随着速度的加快和疲劳的出现，呼吸的频率有所增快。

（三）跨栏跑

跨栏跑是在规定距离中，跑并跨越一定数量、一定间距和一定高度栏架的径赛项目，也是田径运动中技术较复杂、节奏性较强、锻炼价值较高的项目之一。它能有效地提高中枢神经系统对运动肌群的调控和支配能力，改善呼吸系统和循环系统的机能，各关节活动幅度增大，肌肉和韧带的伸展增强，骨骼增粗，使速度、力量、耐力、弹跳力、柔韧性、灵敏性、协调性、准确性、节奏感等身体素质得到全面发展，可以培养勇敢顽强、不屈不挠、坚定果断的意志品质。

奥运会比赛项目设男子110米跨栏跑（1896年列入，当时为100米跨栏跑，1900年改为110米跨栏跑）、400米跨栏跑（1900年列入）；女子100米跨栏跑（1932年列入，当时为80米跨栏跑，1972年改为100米跨栏跑）、400米跨栏跑（1984年列入）（见表7-1）。

表 7-1

性别	项目	栏间距离/米	起点到第一栏距离/米	最后一栏到终点距离/米	栏高/米	栏数/个
男	110米栏	9.14	13.72	14.02	1.067	10
	400米栏	35	45	40	0.914	
女					0.762	
	100米栏	8.50	13	10.50	0.84	

男子110米栏的栏架较高，过栏和栏间跑的速度较快，是跨栏跑中技术难度最大的项目。下面以此为例讲解跨栏跑技术。

（1）起跑至第一栏技术。起跑至第一栏的任务是在固定的距离内用固定的步数完成加速跑，为全程过栏奠定良好的速度和节奏。

其技术与短跑基本相同。起跑采用蹲踞式，一般跑7~8步，采用7步上栏，应将起跨腿置于后起跑器上；采用8步上栏，则应将起跨腿置于前起跑器上。

这一阶段，跨栏跑与短跑动作技术的差异主要表现为：①预备时，臂部抬起相对较高；②起跑后，身体前倾角度较小，上体抬起较早，大约在第6步时，基本达到短跑途中跑的姿势；③加速中，后蹬角度较大，步长增加较快。跨栏前倒数第二步达到最大步长，最后一步是短步（比前一步短10~20厘米），起跨腿以前脚掌迅速准确地踏上起跨点。

（2）跨栏步技术如图7-36所示，跨栏步是指从起跨脚踏上起跨点到摆动腿过栏落地的过程，距离为3.30~3.50米。其技术分为起跨攻栏和腾空过栏两个动作阶段。

图 7-36

① 起跨攻栏。起跨攻栏是指从起跨脚踏上起跨点开始至后蹬结束时止的整个支撑时期。起跨的动作质量直接决定过栏速度、下栏时间和栏间跑进，是跨栏步技术的关键。

起跨点距栏架的距离一般为2.00~2.20米。后蹬要求迅猛有力，起跨腿髋、膝、踝关节充分伸展，并与躯干、头部基本呈一条直线，起跨角度（起跨离地时，身体重心与支撑点的连线同地面之间的夹角）约为70°。同时，摆动腿在体后屈膝折叠，足跟靠近臀部，膝向下，并以髋为轴，膝领先，大腿带动小腿充分向前摆超过腰部高度。上体随之前倾，摆动腿异侧臂屈肘向前上方摆出，肘关节达到肩的高度，另一臂屈肘摆至体侧，整个身体集中向前用力，形成良好的"攻栏"姿势。

② 腾空过栏。腾空过栏是指从蹬离地面身体转入无支撑阶段起，到摆动腿过栏后落地时止的动作阶段。

身体腾空后，摆动腿随惯性继续向前上方攻摆，膝关节高过栏架后，小腿向前伸展，脚尖勾起。其异侧臂前伸，与摆动腿基本平行，同侧臂屈肘后摆，上体达到最大前倾，角度为45°～55°。同时，起跨腿屈膝提拉，小腿收紧抬平，约与地面平行或略高，两腿在栏前形成一个约120°以上夹角的大幅度劈叉动作。

如图7-37所示，摆动腿的脚掌移过栏架后，起跨腿屈膝外展，脚背屈并外翻，以膝领先，经腋下迅速向前上方提拉过栏。两腿在空中完成一个协调有力的以髋关节为轴的剪绞动作。同时，两臂配合积极摆动，起跨腿同侧臂由前伸位置向侧后方做较大幅度的划摆，另一臂屈肘前摆，以维持身体平衡。

图 7-37

摆动腿膝关节过栏瞬间，大腿积极下压，膝、踝关节伸直，以脚前掌后扒着地，身体重心处于较高位置。上体保持适当前倾，起跨腿加速向前提拉，至身体正前方，大腿高抬，转入栏间跑。下栏着地点距栏架约1.40米。

（3）栏间跑技术。栏间跑是从下栏着地点到下一栏起跨点之间的跑段。其任务是以正确的节奏，继续发挥和保持最快速度，为下一栏的顺利起跨创造有利条件。

栏间跑的技术同短跑的途中跑实质基本相同，但由于受栏间距离和跨栏步的限制，其节奏与短跑明显不同。栏间距离为9.14米，除去跨栏步余5.30～5.50米，需跑三步。三步步长各不相同，第一步最小，为1.50～1.60米；第二步最大，为2.00～2.15米；第三步中等，为1.85～1.95米。

提高栏间跑的速度主要靠加快步频和改进跑的节奏，使三步步长比例合理，频率快、节奏稳、方向正、直线性强，身体重心稍高，起伏较小。

（4）终点跑技术类同于短跑的冲刺跑技术，撞线动作与短跑相同。

（5）全程跑技术。全程跑中，要合理地将跨栏步技术与栏间跑技术紧密地结合起来。起跑后，首先跨好第一栏并在第二、三栏继续积极加速，充分发挥出最高速度。第四至八栏尽量保持速度，并注意控制动作的准确性。第九、十栏保持跑的节奏并准备冲刺。跨过第十个栏架后，把跨栏节奏调整为短跑节奏，加快步频，加大上体前倾，加强蹬地和摆臂力度，全力以赴冲向终点。

提示：全程跑技术状况=110米栏成绩-110米跑成绩（数值越小，说明技术水平越好）。

其他跨栏跑项目基本技术结构与110米栏相同，但上体前倾和手臂摆动较小，摆动腿抬起较低，起跨腿前伸幅度稍小，下栏着地点较近，整体动作更接近于短跑。

女子100米跨栏跑的起跨点距栏架为1.95～2.00米，起跨角度为62°～65°，下栏着地点距栏架为1.00～1.20米，栏间跑三步步长为1.60～1.65米、1.95米、1.80～1.85米。

400米跨栏跑，起跑之第一栏的距离为45米，男子跑21～23步，女子跑23～25步。起跨点，男子为2.10～2.15米，女子为1.9～2.0米。栏间跑距离为35米，男子一般跑15～17步（部分优秀选手跑13步），女子一般跑17～19步（部分优秀选手跑15步）。弯道过栏时，以右腿起跨较为有利。起跨时，右脚前脚掌内侧蹬地，左腿向左前方攻摆，右臂内侧倾斜向左前上方摆出，上体前倾时略向左转，右肩高于左肩。下栏时，用左腿前脚掌外侧在靠近左侧分道线处着地，右腿提拉过栏时向左前方用力。

知识链接

"亚洲飞人"刘翔

2004年8月28日，雅典奥运会男子110米栏决赛上，刘翔以12秒91的成绩打破了奥运会纪录，并平了由英国选手科林·杰克逊创造的世界纪录，夺得了金牌，成为中国田径项目上的第一个男子奥运冠军，创造了中国人在男子110米栏项目上的神话。8月12日，在第10届世界田径锦标赛上，刘翔成绩是13秒08屈居亚军，以0.01秒的微弱劣势遗憾错失集奥运会和世锦赛冠军于一身的宝贵机会，但创造了中国男选手在世锦赛历史上的最好成绩。9月17日，上海国际田径黄金大奖赛，刘翔以13秒05夺冠，并创造了当时个人运动生涯第二好成绩。

2006年7月12日，刘翔在国际田联超级大奖赛洛桑站男子110米栏的决赛中，以12秒88的成绩打破了沉睡13年之久的男子110米栏世界纪录，并夺得金牌，该项目原世界纪录是由刘翔和英国名将科林·杰克逊共同保持的12秒91。2006年9月9日，在德国斯图加特举行的国际田联田径大奖赛男子110米栏决赛中，刘翔以12秒93夺得冠军并打破赛会纪录，这也是中国选手第一次夺得国际田联总决赛冠军。

二、接力跑

接力跑是田径运动中唯一的集体项目。以队为单位，每队4人，每人跑相同距离。它能有效地发展速度、灵敏等身体素质，培养团结协作的集体主义精神。

目前，奥运会比赛项目分男、女4×100米接力跑和4×400米接力跑。接力棒为光滑、彩色的空心圆管，由整段木料、金属或其他适宜的坚固材料制成，长度为20～30厘米，周长为12～13厘米，重量不少于50克。

如图7-38所示，传棒人必须持棒跑完各自规定的距离，接棒者可以在接力区前10米内起跑，两人必须在20米的接力区内完成传、接棒。

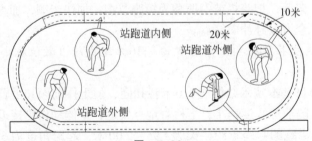

图 7-38

接力跑技术包括短跑技术和传、接棒技术。要求各队员在快速跑进的同时，配合默契。接力跑的距离越短，传、接棒技术要求越高。下面以4×100米接力跑为例，讲解接力跑技术。

1. 起跑技术

（1）持棒起跑。第一棒运动员通常采用蹲踞式起跑，其技术和短跑弯道起跑基本相同。如图7-39所示，用右手的中指、无名指和小指握住棒的末端，拇指和食指分开撑地，接力棒不得触及起跑线和起跑线前的地面。

图 7-39

（2）接棒起跑。接棒人选择恰当的起跑姿势，标准有两条：第一，是否有利于快速起跑和加速跑；第二，是否能清楚地看到传棒队员及设定的起跑标志线。

如图7-40所示，第二、三、四棒运动员可用站立式或一手撑地的半蹲踞式起跑姿势。第二、四棒运动员应站在跑道外侧，左腿在前（也可右腿在前），右手撑地，身体重心稍向右偏，头转向左后方，目视传棒队员的跑进和自己的起跑标志线（见图7-41）。第三棒运动员应站在跑道内侧，右脚在前（也可左腿在前），左手撑地，身体重心稍向左偏，头转向右后方，目视传棒队员的跑进和自己的起跑标志线（见图7-42）。

图 7-40　　　　　　　图 7-41　　　　　　　图 7-42

持棒运动员保持最快速度，接棒运动员根据持棒者的跑速有控制地进行加速，以便顺利快速地接棒。

2. 传、接棒技术

（1）传、接棒的方法。

① 上挑式。如图7-43所示，接棒人的手臂自然后伸，与躯干成40°~45°夹角，掌心向后，拇指与其他四指张开，虎口朝下，传棒人将棒由下向前上方"挑"送入接棒人手中。上挑式动作自然，容易掌握，但第二棒接棒人手握棒的中段，第三、四棒传接时由于棒的前端部分越来越少而易造成掉棒。

② 下压式。如图7-44所示，接棒人的手臂后伸，与躯干成50°~60°夹角，手腕内旋，掌心向上，虎口朝后，拇指向内，其余四指并拢向外，传棒人将棒的前端由上向前下方"压"入接棒人手中。下压式，各棒次接棒人均能握于棒的一端，但接棒时手腕动作紧张，掌心上向引起身体前倾而影响加速跑。

图 7-43　　　　　　　　　　　　　图 7-44

③ 混合式。这种方法综合了上述两种方法的优点。第一、三棒运动员以右手持棒，沿弯道内侧跑进，用"上挑式"将棒传入第二、四棒运动员左手中；第二棒运动员左手持棒，沿跑道外侧跑进，用"下压式"将棒传入第三棒运动员右手中。

4×400米接力跑，多采用换手传、接棒技术。接棒人用左手接棒后，立即换到右手。也可以用右手接棒，跑至最后一个直道时再换到左手传棒（第四棒可免）。

（2）传、接棒的时机。为了集中精神保持高速度，4×100米接力运动员均采用听传棒人信号而不看棒的接棒方式。传、接棒运动员在20米接力区内，双方均达到相对稳定的高速时，便是传、接棒的最佳时机。此时，一般距接力区前端3～5米。

传棒人跑到标志线时，接棒人开始由预跑区内或接力区后端迅速起跑。传棒人跑至接力区内，距接棒人1～1.5米时，向其发出"嘿"或"接"等传、接棒信号，接棒人听到后迅速向后伸手接棒（见图7-45）。

图 7-45

（3）起跑标志线的确定。起跑标志线与起跑点的距离，是根据传、接棒队员的跑速和传、接棒技术的熟练程度以及最佳传、接棒时机而定的，一般为5～6米。起跑标志线要在训练中多次实践反复调整才能准确确定。

（4）各棒队员的分配。接力跑要求各棒队员之间协调配合，并能够充分运用每个人的特长，保证在快速跑进中精确、默契、迅速地完成传、接棒动作。一般而言，第一棒应起跑好，并善于跑弯道；第二棒应速度快，耐力好，善于传、接棒；第三棒除应具备第二棒的长处外，还要善于跑弯道；第四棒通常是100米成绩最好、冲刺能力最强的。

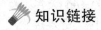知识链接

接力跑的演变

在17世纪时，葡萄牙一艘军舰外出，水兵上岸游玩，发现当地居民聚在一起进行一种有趣的游戏。参加者分成若干组，每组4人，每组有一人拿着空坛，比赛开始后，持空坛的人迅速跑向50米外的水坛，将水倒入空坛，然后拿着空坛跑回交给本组第二人。如此循环往复，直到全组跑完，最先跑完者获胜。葡萄牙水兵将这种游戏带入欧洲，并加以改变，以木棒代替空坛，很快就成为学校中的一项活动，以后又演变成田径运动中的接力赛。

三、径赛项目竞赛规则要点

（一）短跑、中长跑的名次判定

在田径比赛中，所有赛跑项目参赛者的名次取决于其身体躯干（不包括头、颈、臂、腿、手或足）抵达终点线后沿垂直面为止时的顺序，以先到达者名次列前。在任一赛次中，按成绩录取进入下一赛次时如遇运动员成绩相等，则终点摄像主裁判应考虑有关运动员的1/1000秒的实际成绩。如果成绩依然相等，则有关运动员均应进入下一赛次。如实际条件不允许，应抽签决定进入下一赛次的人选。在决赛中第一名成绩相同，

裁判长有权决定是否重赛，若无条件重赛，则并列第一；至于其他名次成绩相同，按并列处理。

（二）短跑及中长跑的起跑

在国际赛事中，所有400米或以下的径赛项目，必须采用蹲踞式起跑及起跑器。

发令员口令为"各就位""预备"，最后发令枪响。在"各就位"及"预备"口令之后，参赛者应立即完成有关动作，否则属起跑犯规。如果有运动员抢跑，发令员就会宣布起跑犯规。对第一次起跑犯规的运动员应给予警告，除了全能项目之外，每项比赛只允许一次起跑犯规而运动员不被取消资格，之后每次起跑犯规的运动员均将被取消该项目的比赛资格。

全能比赛中，如果一名运动员两次起跑犯规，将被取消比赛资格。

除此以外，在"各就位"口令发出后，以声音或动作扰乱他人，也判为起跑犯规。在枪声响起前有任何起跑动作，均属起跑犯规。如因仪器或其他原因而非运动员造成的起跑，应向所有运动员出示绿牌。

400米以上（不含400米）的径赛项目，均采取站立式起跑。发令员口令为"各就位"，当所有参赛者在起跑线后准备妥当静止后，便可鸣枪开始比赛。

（三）分道跑

在分道跑和部分分道跑的径赛项目中，参赛者越出跑道，获得实际利益或冲撞、阻碍其他参赛者，会被取消资格。如果参赛者被推或挤出指定的跑道，只要未获得实际利益也未影响他人，可不取消其参赛资格。同样，任何参赛者在直道中越出其跑道或在弯道中越出其跑道的外侧，只要没有获得实际利益及阻碍他人，均不算犯规。

（四）赛次和分组

径赛一般分为第一轮、第二轮、半决赛和决赛4个赛次。而赛次的安排和分组，以及每一赛次的录取人数等，将根据报名参加比赛的人数决定。预赛分组时要尽可能把成绩好的运动员平均分配到不同的小组中。在其后的各轮比赛中，分组依据运动员在前一轮的比赛成绩。如果可能，相同国家或地区的运动员应分开。

（五）分道

运动员在所有短跑、跨栏和4×100米接力赛中自始至终都必须在自己的跑道里。800米和4×400米接力赛，在自己的跑道里起跑，当运动员通过抢道标志线以后才能离开自己的跑道，切入里道。运动员的跑道由技术代表抽签确定。第二轮开始的各轮比赛，跑道的选择还需依据运动员在上一轮的比赛结果，如排名前4位的运动员抽签后分别占据第3、4、5、6跑道，后4名抽签排定第1、2、7、8跑道。

（六）接力赛

4×100米接力跑是分道进行的，接棒者可以在接力区前10米内起跑。

接力赛中，运动员必须在20米的接力区内里完成交接棒。"接力区内"的判定是根据接力棒的位置，而不是根据参赛者的身体或四肢的位置。

在4×400米接力跑中，第一棒全程及第二棒的第一弯道是分道跑，第二棒运动员要跑至抢道线后方可自由抢道。第一棒的传接必须在参赛者指定的跑道内进行，其余各棒的传接，裁判员根据第二棒及第三棒运动员通过200米起点处的先后，按次序让其第三棒及第四棒的队友在接力区内，由内至外排列等候接棒。所有接棒者均不可在接力区外起跑。

接力棒必须拿在手上，直到比赛结束为止。完成交接棒后，运动员应留在本队的跑道中以免因影响他人而被取消比赛资格。任何人掉了棒，必须由其本人拾回，而且要在不影响别人的情况下，方可越出自己的跑道以拾回接力棒。

（七）跨栏

各参赛者必须在自己的跑道内完成比赛，当参赛者跨越栏架时，若其腿或足从低于栏架顶的水平线跨越，或跨越并非自己赛道上的栏架，或故意以手或足撞倒任何栏架，均取消其参赛资格。

（八）风速

在100米、200米和100米栏、110米栏比赛中，如果顺风超过2米/秒，运动员创造的成绩就不能成为新的纪录。

（九）公路赛

奥运会公路赛包括男、女20千米竞走、男50千米竞走以及男、女马拉松比赛。

（1）起跑。当发令员召集运动员到出发线以后，运动员按抽签排定的顺序排列。发令员枪响以后比赛开始，任何人两次抢跑都会被取消比赛资格。

（2）取胜。躯干第一个触到终点线的运动员为优胜者。

（3）饮料站。在比赛的起点和终点应提供水和其他饮料，在比赛路线上每隔5千米设置一个饮料站。每一个饮料站内分别设有组委会提供的饮料和运动员自己准备的饮料。在两个饮料站之间还要设置饮水用水站，运动员经过时可以取饮用水，还可以取浸了水的海绵为身体降温。除了已经设置的站点之外，运动员不能从比赛线路的其他地方获得饮料，否则将被取消比赛资格。

（十）竞走

竞走比赛有两个核心规则。首先，竞走运动员必须始终保持至少有一只脚与地面接触。其次，前腿从着地的一瞬间起直到垂直位置必须始终伸直，膝关节不能弯曲。

比赛中有6～9名专职的竞走裁判员监督运动员。按规则规定，他们不能借助任何设备帮助判断，只能依靠自己的眼睛来判断运动员是否犯规。当竞走裁判员看到竞走运动员的动作有违反竞走技术的迹象时，应予以黄牌警告，并在赛后报告给主裁判。当运动员的行进方式违反竞走技术的规定，表现出肉眼可见的腾空或膝关节弯曲时，竞走裁判员须将一张红卡送交竞走主裁判。当竞走主裁判收到针对同一名运动员的3张来自不同竞走裁判员的红卡时，该运动员即被取消比赛资格，并由主裁判或主裁判助理向其出示红牌通知他（她）。

案例总结

田径无处不在

田径与人们的生活密切相关，走、跑、跳、掷是人类生活的基本技能，是田径运动项目中最基本的运动形式。这些自然动作和技能对学习和掌握田径运动各项技术有着十分密切的关系，这些自然动作规范，有助于正确、较快地掌握田径运动技术。

田径运动具有个体性，又具有广泛的群众性。田径运动除接力跑外，都是以个人为单位参加比赛的运动项目，团体成绩和名次大都是由个人成绩和名次及接力跑成绩的名次的计分相加决定的。田径运动是体育运动中最大的一个项目，它包括五大类的很多单项，是任何大型运动会中比赛项目最多，参赛运动员最多的项目，经常参加田径运动的人也最多。

参加田径运动很少受到条件限制。男女老少都可以在平原、田野、草地、小道、公路、河滩、沙地、丘陵、山冈、公园等较宽安全的地带从事田径运动。基层田径比赛要从实际出发，因地制宜，"任何坚固、均质、可以承受跑鞋鞋钉的地面均可用于田径竞赛"。使用简易的场地器材和设备也可举行基层田径运动会。

田径运动中各单项和全能项目，对人体形态、主要身体素质水平和心理机能等有不同的要求，运动员要从个人实际和特点出发，选择运动项目，掌握具有个人特点的先进、合理的运动技术。

★探索与思考★

1. 阐述短跑的技术要领。
2. 阐述中长跑的技术要领。
3. 阐述跨栏跑的技术要领。
4. 阐述接力跑的技术要领。

模块八　操类运动

 模块导读

"体操"是对所有体操项目的总称。体操可分为竞技体操、艺术体操和基本体操三大类。

体操运动中既有动力性动作,又有静力性动作。基本体操是指动作和技术都比较简单的一类体操,其主要目的、任务是强身健体和培养良好的身体姿态,它所面对的主要对象是广大的人民群众,最常见的有广播体操和为防治各种职业病的健身体操。而竞技性体操从字面上就可以看出,是指在赛场上以争取胜利、获得优异成绩、争夺奖牌为主要目的的一类体操。这类体操动作难度大、技术复杂,有一定的惊险性。

通过体操运动技能的学习,能培养在运动中体验运动乐趣和成功的感觉,同时有助于培养良好的体育道德和合作精神。

◎ 能力目标

1. 了解体操的起源与发展和分类。
2. 了解基本体操和健美操的区别和技术要点。
3. 掌握基本体操和健美操的技术要点。

专题 8.1　基 本 体 操

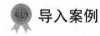 导入案例

广 播 体 操

广播体操是一项广为人知、锻炼者众多的体育运动。广播体操是一种徒手操,不用器械,只要有限的场地就可以开展,通常跟随广播进行锻炼,也可以用口令指挥节奏。

1951年11月24日,第一套广播体操公布。同日,中华全国体育总会筹备委员会、中央人民政府教育部、中央人民政府卫生部、中央人民革命军事委员会总政治部、中国新民主主义青年团中央委员会、中华全国总工会、中华全国民主妇女联合会、中华全国民主青年联合会和中华全国学生联合会九个单位发出"关于推行广播体操活动的联合通知"。同时中央人民政府新闻总署广播事业局和中华全国体育总会筹备委员会联合决定,在中央人民广播电台和各地人民广播电台举办广播体操节目,领导全国人民做操。1951年11月25日,《人民日报》发表了中华全国体育总会广播体操研究小组的文章《大家都来做广播体操》。中央人民广播电台的广播体操节目从1951年12月1日开始播放,各地人民广播电台陆续开始播放。每天喇叭一响,千百万人随着广播乐曲做操,这是中国历史上破天荒的新鲜事。曾经做广播体操在中国的百姓中是非常重要的健身方式,百万人同做广播体操的景象令一代又一代人难忘,现在开始做第八套广播体操,事业单位、企业单位都全面推行第八套广播体操。

一、体操运动简介

体操一词源于古希腊语，意为裸体技艺，与当时裸体操练有关。体操在中国、印度、埃及、古希腊、古罗马都有着悠久的历史。而产生于远古时代、被称为"瑜伽"的呼吸体操动作至今在印度仍流传。

体操对增强体质，提高人们的灵巧性、协调性和空间平衡能力有显著的效果。通过体操练习，不仅能使人的体型健美，而且还能培养机智果断、勇敢顽强的意志，是其他运动项目的基础。

现代体操的正式名称叫竞技体操，简称体操，它是一项在规定的器械上完成复杂、协调的动作，并根据动作的分值或动作的难度、编排与完成情况等给予评分的运动。体操是奥运会主要比赛项目之一。

现代竞技体操始于18世纪的欧洲，有德国体操和瑞典体操两大流派。1896年首届奥运会即有男子体操比赛，但早期几届奥运会项目比较杂乱，甚至包括赛跑、跳远、爬绳等。20世纪20年代，国际体操联合会将德国、瑞典两大流派结合起来，确立了现代竞技体操的项目。男子有自由体操、鞍马、吊环、跳马、双杠和单杠6个项目，女子有自由体操、高低杠、平衡木和跳马4个项目，分团体赛、个人全能赛和单项赛。

体操运动的基本特点之一是既能全面又能重点地锻炼身体。体操运动可以有效增强肌肉力量，改善平衡能力，提高灵敏程度，塑造健美形体，可以有针对性地进行局部练习以达到平衡发展和矫正某些畸形的目的，这些特点是其他运动项目所不具备的。

体操运动的许多技能在生活中有很高的实用价值，可以有效提高人们克服障碍、自我保护的能力，如基本体操中的攀登、爬越、荡绳、搬运，技巧中的各种滚动、滚翻，器械体操中的各种上法、下法等。这些技能的掌握对人们在生活中特殊情况下的自我和相互救助、保护有很大帮助，也使体操运动更加贴近实际生活。

长期从事体操活动的人，心脏总体积显著大于无训练的普通人。同时，运动使代谢、血液循环加快，增加血管的弹性，对防止心血管病起到积极作用。

体操运动还能增加人体的柔韧性、协调性，增强肌肉的力量、塑造健美的体态，对促进人体的运动系统、呼吸系统、循环系统、分泌系统、内脏和神经系统的活动能力，具有很重要的意义。

二、基础体操的基本技术

基本体操是以健身、提高身体素质、增强身体机能为主要目的，内容丰富多样，形式简便易学。它既有表演性，又有广泛的群众性，是广大青少年喜爱的运动项目。基本体操包括徒手体操、轻器械体操、器械体操等内容。

（一）基本练习

技巧运动是体操运动中一个独立的基础项目，它自成体系，是青少年喜爱的体操项目之一。技巧有多种形式：从技术结构上说，它由翻腾动作、平衡动作和抛接动作三大类组成，可以单人做、双人做、三人或四人和更多的人做。系统地练习技巧运动对于提高身体各器官的机能、肌肉放松和协调控制能力，增强关节韧带和骨骼系统生长、发育和稳固能力都有良好的影响，还能培养勇敢、果断、机智等意志品质。

技巧练习对于掌握和提高竞技体操的技术水平有着重要作用，自由体操就是在技巧运动的基础上，按一定的特定要求编创成套，在特定的场地（12米×12米）上进行的。技巧运动是竞技体操运动员训练最重要的基本内容之一。艺术体操、健美操也充分采用技巧运动训练的内容和手段进行训练。此外，田径、摔跤、柔道等项目也都经常把技巧动作用于专门的身体素质练习。下面就简单地介绍常用的技巧运动练习技术与方法。

（1）立卧撑要领（见图8-1）：由站立姿势开始，屈膝全蹲，两手撑地（两手距离与肩同宽），然后两脚用力蹬地收腹成蹲撑，再还原直立。

（2）仰卧起坐要领（见图8-2）：全身仰卧于垫子上，两腿屈膝稍分开，大小腿呈直角，两手指交叉贴于脑后，或放于体侧。由同伴压住两踝关节处。起坐时，以双肘触及或超过两膝为完成一次。仰卧时两肩胛必须触垫。

图 8-1　　　　　　　　　图 8-2

（3）俯卧挺身要领（见图8-3）：练习时要求逐渐增加上体上抬或四肢同时上抬的幅度。可以发展腹背肌力量。

图 8-3

（4）俯平衡（燕式平衡）要领（见图8-4）：由站立开始，右脚向前迈出一步，同时上体前倾，左腿直腿尽量后举，抬头挺胸，两臂侧举成俯平衡姿势。

图 8-4

（5）挺身跳要领（见图8-5）：由两臂斜后下举的半蹲开始，两臂用力向前上方摆起（掌心向前），同时两脚用力蹬地跳起（两腿后伸，脚面绷直），使身体在空中充分伸展。当身体下落时,屈髋和两腿微屈缓冲,用脚前掌着地后过渡到全脚着地。

图 8-5

(6) 跪跳起要领（见图8-6）：由跪立、臀后坐、上体前倾开始，两臂后举，接着用力向前上方摆至与头同高时制动伸髋抬上体，同时小腿和脚背用力下压，迅速收腹、提膝并跳起，最后呈蹲立状态。

(7) 侧手翻要领（见图8-7）：下面以向左侧为例说明。侧向站立，两臂侧举，左腿蹬地，上体侧倒，右腿向侧上摆，两手左右依次撑垫，经分腿手倒立，两臂依次左、右推起呈分腿站立，两臂侧平举。

图 8-6　　　　　　　　　图 8-7

(8) 肩肘倒立要领：坐撑，上体后倒，收腹举腿，当脚尖至头上方时，两臂在体侧下压。两腿向上伸展的同时，两手撑于腰背的两侧呈肩肘倒立，如图8-8所示。

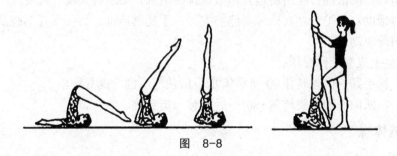

图 8-8

(9) 头手倒立要领：蹲撑、屈臂，两手与前额撑地呈等边三角形，然后两腿蹬直提臀，当臀部提至垂直面时，伸直髋关节呈头手倒立，如图8-9所示。

练习方法：①初学时先做一腿蹬地，另一腿摆动成头手倒立；②分腿开始，双手体前扶地，前倒重心前移至三角支撑，当臀部达支撑面后，双腿由两侧上提并拢成头手倒立。

保护与帮助：保护者站于锻炼者身后并扶其腰部，在锻炼者练习的同时帮助其维持平衡。

(10) 团身前滚翻要领（见图8-10）：由蹲姿开始，

图 8-9

两手向前撑地，两脚蹬地（要充分蹬直），同时提臀前移，屈臂缓冲低头，使头后部、颈、肩、背、腰和臀部依次着地。当背部着地时，屈膝团身，双手抱小腿，上体迅速跟上大腿，向前滚动成蹲立姿势。

练习方法：①仰撑抱小腿前后滚动；②由高处沿斜坡向低处做前滚翻。

保护与帮助：保护者跪立在锻炼者侧前面，当锻炼者头后部将要着地时，一手托颈，另一手去推臀部，双手顺势推其背使其呈蹲立姿势。

图 8-10

（11）鱼跃前滚翻要领（见图8-11）：半蹲、两臂后举，两臂前摆，同时两脚蹬地向前上方跃起，腾空时挺胸，稍屈髋，接着两臂撑垫顺势屈臂，低头做团身前滚翻起立。

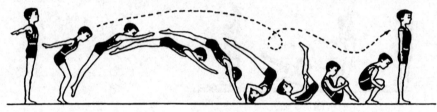

图 8-11

练习方法：①蹲立开始，双手远撑做前滚翻；②由高处向低处做前滚翻；③越过一定高度障碍物做前滚翻；④由助跑开始做鱼跃前滚翻，要求有高度、远度。

保护与帮助：保护者站在锻炼者侧前方，一手托其肩部，另一手托其腿部，帮助他缓冲落地向前滚动。

（12）垫上成套动作介绍。

男生：侧手翻→向外转体90°呈弓箭步→鱼跃前滚翻→挺身跳。

女生：鱼跃前滚翻→跳转体180°→后滚翻→挺身跳。

（二）器械体操

1. 单杠

单杠是男子竞技体操项目之一，单杠动作都是动力性的动作，包括摆动、屈伸、回环、转体、飞行、换握、空翻等动作，多以身体绕杠旋转的形式完成。作为比赛中的成套动作，不能停顿。经常从事单杠练习，可以培养勇敢、顽强的意志，增强上肢、肩带、躯干肌肉的力量和柔韧性，提高身体的协调性以及前庭分析器的平衡能力——空中感觉。

单杠高2.55米，由于这项运动危险性比较大，初学者应在低单杠上进行基本训练。单杠主要用于做摆动动作，在摆动过程中有单臂或双臂的支撑或悬垂握法也比较复杂，如脱手再握，很容易脱手甩出或掉下。因此，在练习过程中要加强保护与帮助意识，还要在器械设置上保证安全。专业运动员在练习单杠时手掌不断和杠子摩擦，为了不使手掌皮磨破，应该戴护掌和使用镁粉。下面就一些常用的单杠基本技术练习做简单介绍。

（1）引体向上要领（见图 8-12）：从高杠悬垂姿势开始，用力屈肘拉杠，使身体向上，直至下颏超过杠面呈屈臂悬垂姿势。然后两臂慢放，逐渐伸直，恢复成悬垂姿势，可反复进行。

（2）仰卧悬垂臂屈伸要领：锻炼者做仰卧悬垂姿势，另一同伴握其脚腕或小腿，将锻炼者的腿抬至水平部位，也可将锻炼者的脚放在稍高的器械上做臂屈伸。

图　8-12

（3）单腿蹬地翻上成支撑要领：由直臂正握单杠站立开始，屈臂，左腿后举，接着左腿迅速经前向后上方摆起，右脚蹬地后与左腿并拢，同时屈臂用力引体，倒肩，腹部靠杠。当身体翻转两腿至杠后水平部位时，制动两腿，抬上体，翻腕撑杠，两臂伸直成支撑。

练习方法：①跳上支撑前倒慢翻下；②单腿蹬高处做翻上。

保护与帮助：保护者站在杠前侧方，当锻炼者蹬地后，一手托其臀部，另一手托其肩部帮其翻转。

（4）支撑单腿摆越成骑撑要领：由支撑开始，右手推离杠，上体左移重心，同时右腿迅速经侧向前摆越过杠，右手接着握杠挺身成骑撑。

练习方法：①原地模仿练习；②在保护帮助下完成动作。

保护与帮助：保护者站于杠后，一手托肩帮锻炼者移动重心，另一手扶腿帮其侧上摆并前放。

（5）骑撑前回环要领：由右腿骑撑双手反握开始，两臂伸直撑杠，身体重心前移前提臀，右腿上举向前迈出，以左腿大腿前部压杠为轴，上体前倒靠近右大腿。当转270°时，右腿压杠，展髋。左腿继续后摆，两臂伸直压杠，翻腕立腰前后大分腿成骑撑。

练习方法：①帮助者站在锻炼者前，抱其右腿做迈步提臀前倒上体；②在杠前设立标志物练习前回环。

保护与帮助：保护者站在杠后，一手杠下扶手腕，一手扶大腿后部使其固定转轴，在转过270°后托后背帮其上成骑撑。

（6）支撑后摆下要领：由支撑开始，两腿先向前预摆。肩稍前倾，接着双腿向后上方摆腿，两臂伸直支撑；当后摆到极点要下落时，稍含胸制动双腿顶肩推手，挺身落下，如图 8-13 所示。

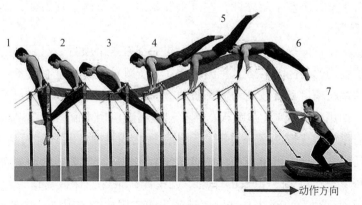

动作方向

图　8-13

练习方法：①低杠支撑后摆双手不离杠；②支撑后摆；③保护下完成。

保护与帮助：保护者站在杠后侧方，一手托锻炼者腹部，另一手托其腿部帮助后摆，然后扶身体落地。

2. 双杠

（1）双臂屈伸要领：屈肘身体下垂，肩低于肘，用力向上撑起。要求屈臂呼气，伸臂吸气，下降慢，撑起快。双臂屈伸可在支撑摆动中进行，如图8-14所示。

起始位置　　　　　　　　　结束位置

图 8-14

（2）分腿坐前进要领：由分腿坐开始，向前挺髋，上体前倒。两臂伸直在体前稍远处撑杠，同时两腿伸直用大腿内侧压杠后摆，并腿后进杠前摆，前摆到刚超出杠面时分腿，以大腿内侧沿杠向后滑至手前成分腿坐，继续前进。

练习方法：①练习支撑摆动前摆分腿坐；②在帮助下前扶双手压杠反弹并腿支撑、摆动。

保护与帮助：保护者站于杠侧，一手扶锻炼者的肩部（杠上），一手杠下托其腹部。

（3）支撑前摆挺身下要领：以右侧为例，由支撑前摆开始，当两腿前摆过垂直部位后，加速向前上方右外侧摆，身体重心右移，脚摆至极点时，制动腿，左手撑杠，右手前撑杠，两腿下压，右臂推开侧举，同时伸髋挺身落地，成左手握杠侧立。

（4）支撑后摆挺身下要领：以左侧下为例，由支撑后摆开始。当身体后摆接近极点时制动腿，右手推杠至左手后撑杠，左手松杠侧举，使身体平移出杠，挺身下。

3. 支撑跳跃

支撑跳跃是竞技体操中重要项目之一，男女都有这个项目，只是马的方向和高度有所不同。男子跳马的马高是1.35米，为纵向；女子跳马的马高是1.20米，为横向。

体操中的跳跃项目具有较高的锻炼价值。一方面，器械可以复杂也可以简单，还可以就地取材，如用S形的弹性跑跳板，调整器械高度，用木制斜坡跑跳板；还可以采用跳跃技术在有踏板或无踏板的条件下，利用障碍物或其他的跳马替代品进行跳跃练习。另一方面，动作多样化，可难可易，高难动作给人惊险、优美、新颖、奇特的感觉，简单动作给人以易学、实用、稳重的印象。无论什么条件、什么动作，经常进行跳跃练习，能培养勇敢、顽强的精神，掌握超越障碍的实用技能，促进循环器官、呼吸器官、前庭分析器官、运动器官的功能提高，对整个肌体有良好的影响，使人的身体得到全面发展，特别对增强下肢、肩带肌肉和韧带的功能有着良好的作用。

当前，支撑跳跃发展的总趋势是向着多周多轴转体以及复合轴的翻转动作方向发展，近年来又出现踺子上板技术，使动作的种类、难度增加。许多技巧翻腾动作已移至跳马上，目前的特点是助跑速度更快，推手力量更强，第二腾空高度更高，翻腾更复杂，落地更远。

（1）分腿腾越（横马或横箱）要领：快速助跑，积极踏跳，领臂含胸，稍屈髋，向前上方腾起。两臂主动前伸撑手并用力向下方顶肩推手，用力时稍提臀，屈髋分腿，制动两腿，推手后上体向上急振，两臂上摆，紧腰展髋挺身落地，如图8-15所示。

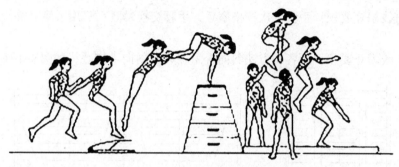

图 8-15

练习方法：①原地跳起，分腿挺身接并腿站立；②地上俯撑，脚蹬地、推手，成分腿立撑；③面对墙站立，距一步远，上体前倾两手直臂推墙做推手练习；④手撑器械原地跳起做屈髋分腿动作；⑤横马由低到高，踏跳板由近至远进行练习。

（2）分腿腾越（纵马或纵箱）要领：快速助跑，两脚用力踏跳，领臂含胸，向前上方跃起，两臂前摆撑马远端，并立即向前下方顶肩推手，同时两腿分开，髋微屈，越过器械后，两臂上举、挺身，然后并腿落地，如图8-16所示。

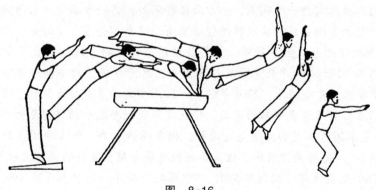

图 8-16

练习方法：①地上俯撑、蹬地后摆，推手收腿成分腿站立；②助跑几步，跳起推手后分腿站在高垫上；③纵山羊分腿腾越，踏跳板逐渐拉远；④近端低远端高的纵箱分腿腾越。

4. 利用肋木健身

（1）上肢和肩带的动作要领：握住与肩同高的肋木做压肩动作；握肋木做下蹲拉肩动作，如图8-17所示。

（2）躯干动作要领：侧对肋木，握住与头同高的肋木，做体侧屈；背对肋木，握住与头同高的肋木，做体后屈；肋木上做悬垂举腿的腹肌练习；扶住肋木，左右转髋。

（3）下肢动作要领：侧对肋木站立，一手握肋木，做向前、侧、后踢腿；一腿放在肋木上，做压腿动作（扶肋木下蹲，扶肋木提腿、倒立等）。

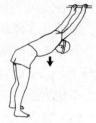

图 8-17

5. 攀登练习

（1）直线攀登要领：手脚依次按格攀登；手脚交换攀登；只用手攀登等，如图8-18所示。

（2）斜线攀登要领：用各种方法斜向上攀登后，斜向下攀登，如图8-19所示。

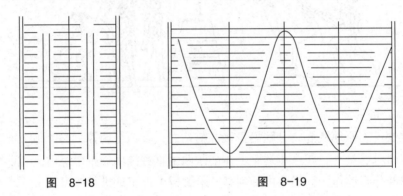

图 8-18　　　　　图 8-19

案例总结

震惊世界的"程菲跳"

2005年墨尔本世锦赛是中国体操队"兵败雅典"之后参加的第一场国际大赛。处于低谷的中国体操队需要一个亮点，一方面振奋军心；另一方面可以重新回到媒体和公众的视线，引起大家的关注。从以往的经验来看，这个"亮点"最好是一个得到命名的高难动作，并且以此夺取世界冠军，才是最佳的炒作题材。跳马一直是中国女队的弱项，历史上仅在20世纪80年代末由天津籍国手王惠莹申报了前手翻—直体前空翻转体180°并获得了命名。幸运的是，2005年就有一位天才运动员成功地做到了这一点，吹响了中国体操队在雅典后重新崛起的号角。她就是程菲，而这个动作就是大名鼎鼎的"程菲跳"。程菲是中国队少见的力量型运动员，出色的爆发力，加上中国队对动作姿态控制的"独门秘技"，使她成为世界上极为罕见的难度与质量兼备的优秀运动员。程菲跳，就是指踺子180°及直体前空翻转体540°。"程菲跳"的第一次亮相是在十运会之后举行的东亚运动会。不过很可惜，程菲在那次比赛中没跳成功。时间到了2005年墨尔本世锦赛，经过多次的训练以及比赛经验的积累，程菲的新动作稳定性大为增强，在预赛中她就成功完成，并获得了命名。在几天之后的决赛，程菲成功地完成了"阿玛纳尔跳"和"程菲跳"两个10分起评的高难跳马动作并轻松夺冠。程菲的夺冠创造了三个纪录：中国体操史上第一个女子跳马世界冠军；2001—2005周期世界上第一个也是唯一一个两跳均为10分起评的女子运动员；2001—2005周期女子跳马项目的最高得分。

1. 简述我国广播体操的发展历史。
2. 基础体操对人体健康的作用是什么？

专题8.2 健美操运动

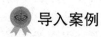

健美操的魅力

研究表明，音乐有控制细胞兴奋的作用，能对情绪产生积极的影响。具有一定的旋律、节奏和音响的乐曲，可有助于人体器官活动趋于协调一致，也有助于人体潜能的发挥。同时优美的音乐声波作用于大脑，可通过神经体液的调节，加速人体的新陈代谢，改善器官活动，使人精力充沛、精神饱满。又由于健美操练习具有较强的节奏性，大多选择曲调欢快、节奏强劲、能很快调动人的兴奋性的音乐进行伴奏，以产生烘托气氛，激发人们情绪的效应，所以通过热情奔放的动作与音乐的完美结合，健美操成了有感情、有灵魂、有声有色的体育艺术，使锻炼的过程充满乐趣与艺术享受。而锻炼者在音乐引导下，全身心地投入普遍性的节奏式样的运动，一起宣泄、抒情，共同欢乐，消除疲劳，恢复身心健康，在欢乐的气氛里进行交流，以增加友谊，发展愉快而自然的关系，从而使人变得刚毅开朗、乐观、快乐地生活与学习，满足自身各方面的需要，在增进生理健康的同时，也极大地促进了心理的健康发展。另外，即使不是亲身参与健美操运动，人们在观看健美操的比赛或表演时，也能通过对赛场上、舞台上所表现的健美操的各种美的共鸣与认同，获得一种感同身受的理解。

一、健美操运动简介

健美操运动是一项深受广大群众喜爱的，普及性极强的，集体操、舞蹈、音乐、健身、娱乐于一体的体育项目。

健美操比赛项目包括男子单人、女子单人、混合双人、三人（三男、三女、混合三种）、混合六人（三男、三女）、啦啦操等。比赛按性质分锦标赛和冠军赛两类。

健美操起源于1968年。1983年美国举行了首届健美操比赛，1984年首届远东区健美操大赛在日本举行。由于两次大赛的成功，1984年起健美操运动在世界各地全面兴起。每年国际上举办的活动有：健美操世界锦标赛、世界杯赛、世界冠军赛、世界巡回赛。国际健美操委员会力争在2004年将健美操项目带入奥运会。

随着人民生活水平的不断提高，健美操所特有的保健、医疗、健身、健美、娱乐的实用价值受到越来越多的人的重视，吸引了不同年龄的爱好者参与。

1987年，北京举办了首届全国健美操邀请赛，随后1988—1991年先后4年在北京、贵阳、昆明、北京举办了四届邀请赛。1992年起改名为全国锦标赛，成为每年举办的传统赛事。另外，1992年和1995年在北京举办了两届全国健美操冠军赛。1998年，举办了全国锦标赛暨全国健美操运动会。

二、健美操的基本技术

健美操基本技术是指动作中最主要和最稳定的部分，且所有动作都以此为核心加以扩展，而基本动作是掌握其他动作的基础。健美操基本动作包括基本姿态动作、基本难度动作和基础动作三大部分。

健美操中的基本姿态动作是指身体在静态和动态时的各部位姿势，它可以通过舞蹈的姿态进行训练。基本难度动作是指与竞技健美操中规定的特定动作相应的具有一定难度的动作。基础动作是根据人体结构活动特点而确立的具有代表性的动作，共分为7个部位的动作，即头颈、肩、胸、腰、髋部动作，以及上、下肢动作。

健美操基本动作的正确与否，不仅会影响人的健美姿态，还会影响动作的难易程度和锻炼效果。因此，正确掌握健美操的基本动作是健美操学习过程中至关重要的一环。

（一）手形

健美操中的手形有多种，是从芭蕾舞、现代舞、迪斯科、武术中吸收和发展来的。手形是手臂动作的延伸和表现，运用得好，会使健美操动作更加丰富，生动活泼，更具有感染力。

1. 掌形

掌形（见图8-20）包括分掌和合掌。

（1）分掌：五指用力分开，手腕保持一定的紧张程度。

（2）合掌：五指并拢伸直。

2. 拳形

拳形（见图8-21）是五指弯曲紧握，大拇指压在食指弯曲部位。

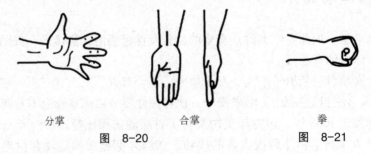

分掌　　　　　　合掌　　　　　　　拳

图　8-20　　　　　　　　　图　8-21

3. 芭蕾手势

芭蕾手势为五指微屈，后三指并拢且稍内收，拇指内扣。

4. 西班牙舞手势

西班牙舞手势为五指用力，小指、无名指、中指自掌指关节处依次弯曲，拇指稍内扣。

（二）身体各部位的动作

1. 头、颈部动作

（1）屈（见图8-22）：头颈关节角度的弯曲，包括前屈、后屈、左屈、右屈。

（2）转（见图8-23）：头颈部绕身体垂直轴的转动，包括向左、向右转。

（3）绕和绕环（见图8-24）：头以颈为轴心的弧形和圆形运动，包括左绕、右绕和左绕环、右绕环。

头、颈部动作要领：做各种形式头颈动作时，上体保持正直，速度要慢，头颈移动的方向要准确，颈部被动肌群充分伸展。

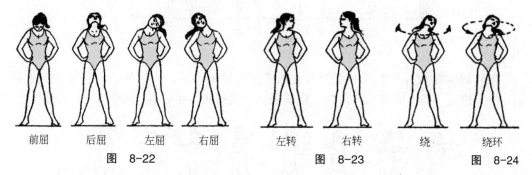

前屈　后屈　左屈　右屈　　左转　右转　　绕　绕环

图 8-22　　　　　　　图 8-23　　　　图 8-24

2. 肩部动作

（1）提肩：肩胛骨做向上的运动，包括单肩、双肩的同时提和依次提。

（2）沉肩：肩胛骨做向下的运动，包括单肩、双肩的同时沉和依次沉。

（3）绕肩：以肩关节为轴做小于360°的弧形运动，包括单肩向前和后绕，双肩同时或依次向前和向后绕。

（4）肩绕环：以肩关节为轴做360°及360°以上的圆形运动，包括单肩向前和后绕环，双肩同时或依次向前和后绕环。

（5）振肩：固定上体，肩急速向前或向后的摆动，包括双肩同时前、后振和依次前、后振。

提肩、沉肩、绕肩、肩绕环动作如图8-25所示。

肩部动作要领：

（1）提肩时尽力向上，沉肩时尽力向下，动作幅度大而有力。

（2）绕肩时上体不能摆动，两臂放松，头颈不能前探；动作连贯，速度均匀，幅度大。

（3）振肩动作要有速度、力度和弹性。

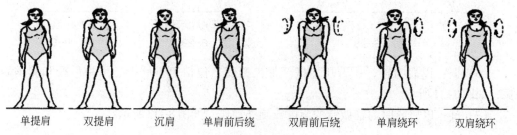

单提肩　双提肩　沉肩　单肩前后绕　双肩前后绕　单肩绕环　双肩绕环

图 8-25

3. 上肢（手臂）动作

（1）举：以肩为轴，臂的活动范围不超过180°，然后停止在某一部位的动作，包括单臂和双臂的前、后、侧以及不同中间方向的举（如前上举、侧上举等），如图8-26所示。

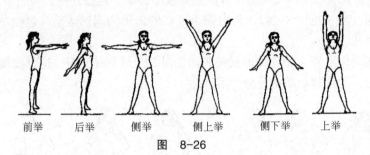

图 8-26

（2）屈：肘关节产生了一定的弯曲角度，包括头上屈、头后屈、肩侧屈、肩上侧屈、肩下侧屈、肩上前屈、胸前屈、胸前平屈、腰间屈、背后屈，如图8-27所示。

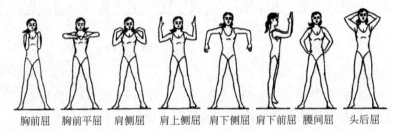

图 8-27

（3）摆：以肩关节带动手臂来完成臂的摆动动作，包括单臂和双臂同时或依次向前、后、左、右的摆，如图8-28所示。

（4）绕：双臂或单臂向内、外、前、后做180°以上及360°以下的弧形运动，如图8-29所示。

（5）绕环：以肩关节为轴，双臂或单臂做向前、向后、向内的绕环，如图8-30所示。

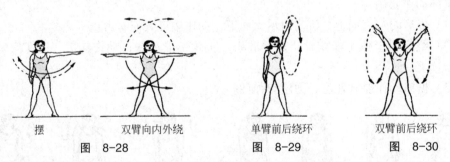

图 8-28　　图 8-29　　图 8-30

（6）振：以肩为轴，手臂用力摆至最大幅度，包括上举后振、下举后振和侧举后振，如图8-31所示。

（7）旋：以肩或肘为轴做臂的旋内或旋外动作，如图8-32所示。

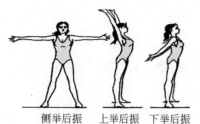
图 8-31

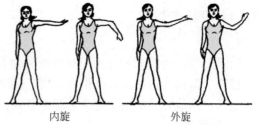
图 8-32

要求：

（1）做臂的举、屈伸时，肩下沉。

（2）做臂的摆动时，起与落要保持弧形。

（3）上体保持正直，位置准确，幅度要大，力达身体最远端。

（三）基本站立

1. 立

（1）直立：头颈、躯干和脚的纵轴保持在一条直线上。

（2）开立：两脚左右分开与肩同宽或宽于肩。

（3）点地立：一腿直立（重心在站立脚上）；另一腿向各方向伸直，脚尖点地。它包括前点立、侧点立、后点立。

（4）提踵立：两脚跟提起，用前脚掌站立。

立的姿势如图 8-33 所示。

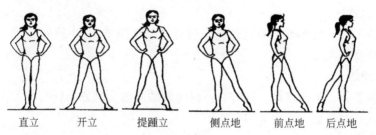
图 8-33

2. 弓步

弓步是指一腿向某方向迈出一步，膝关节弯曲成 90°左右，膝部与脚尖垂直，另一腿伸直。它包括左、右腿的前、侧、后弓步，如图 8-34 所示。

3. 跪立

跪立是指大腿与小腿成直角的跪姿，包括双腿跪立、单腿跪立。

跪立要领：

（1）站立时，头正直，上体保持挺直、沉肩、挺胸、收腹、收臀、立腰、立背、直膝。

（2）弓步时，前弓步和侧弓步的重心在两腿之间，后弓步的重心在后腿。

（3）提踵立时，两腿内侧肌群用力收紧，起踵越高越好。

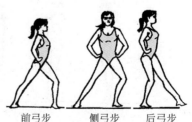
图 8-34

（四）下肢基本动作

1. 踏步

踏步要领：两脚交替，不间断地做屈膝上提，然后做踏地的动作。它包括脚尖不离地的踏步、脚离地的踏步、高抬腿的大幅度踏步。

要求：落地时，由脚尖过渡到脚跟着地；屈膝时，胯微收。两臂自然前后摆动。

2. 屈腿跳

屈腿跳要领：单腿跳起，同时另一腿屈膝向前、侧上提。大腿用力上提，小腿自然下垂。

3. 踢腿跳

踢腿跳要领：单腿跳起，同时另一腿直腿向前、侧方向踢出。它包括小幅度和大幅度的踢腿。踢腿时，需加速用力，上体保持正直、立腰。

踏步、屈腿跳、踢腿跳动作如图 8-35 所示。

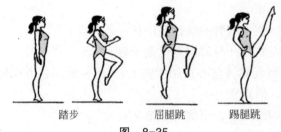

图 8-35

4. 后踢腿跳

后踢腿跳要领：为脚交替有短暂腾空过程（类似跑步），小腿向后屈，髋和膝在一条线上，小腿叠于大腿。

5. 弹踢腿跳

弹踢腿跳要领：单腿跳起，同时另一腿经屈膝向前、侧方向弹踢。大腿抬起至一定角度后，小腿自然伸直，膝关节稍有控制。

6. 开合跳

开合跳要领：并腿跳至开立，分腿跳至并立。分腿时，两腿自然外开，膝关节沿脚尖方向弯曲；跳起与落地时，屈膝缓冲。

7. 弓步跳

弓步跳要领：并腿跳起，落地时成前（侧、后）弓步。跳成弓步时，把握住身体重心。

后踢腿跳、弹踢腿跳、开合跳、弓步跳动作如图 8-36 所示。

图 8-36

（五）健美操成套组合

1. 预备姿势

预备姿势为站立。

2. 健美操成套组合一

（1）1×8拍下肢步伐：右脚一字步两次；上肢动作为1~2拍双臂胸前屈，3~4拍后摆，5拍胸前屈，6拍上举，7拍胸前屈，8拍放于体侧。

（2）2×8拍下肢步伐：右脚一字步两次；上肢动作为屈腿时击掌，5~8拍同1~4拍。

（3）3×8拍下肢步伐：侧并步4次（单单双）；上肢动作为1拍右臂肩侧屈，2拍还原，3拍左臂肩侧屈，4拍还原，5拍双臂胸前平屈，6拍还原，7~8拍同5~6拍。

（4）4×8拍下肢步伐：1~4拍左脚十字步一次，5~8拍踏步4次；上肢动作为1~4拍手臂自然摆动，5拍击掌，6拍还原，7~8拍同5~6拍。

第5~8个8拍动作相同，但方向相反。

3. 健美操成套组合二

（1）1×8拍下肢步伐：1~8拍右脚开始点地4次；上肢动作为1拍双臂屈臂右摆，2拍还原，3拍左摆，4拍还原，5拍右摆成右臂侧斜上举且右臂胸前平屈，6拍还原；7~8拍同5~6拍，但方向相反。

（2）2×8拍下肢步伐：1~4拍向右弧形走270°，5~8拍并腿半蹲两次；上肢动作为1~4拍手臂自然摆动，5拍双臂前举，6拍右臂胸前平屈（上体右转），7拍双臂前举，8拍放于体侧。

（3）3×8拍下肢动作：1~8拍左脚开始两次上步吸腿转体90°；上肢动作为1拍双臂前举，2拍屈腿后拉，3拍前举，4拍还原，5~8拍同1~4拍。

（4）4×8拍下肢步伐：1~8拍上步后屈腿4次；上肢动作为1~8拍手臂自然摆动，向前时胸前交叉。

第5~8个8拍动作相同，但方向相反。

4. 健美操成套组合三

（1）1×8拍下肢步伐：1~4拍向右交叉步，5~8拍左腿半蹲；上肢动作为1~3拍双臂经侧至上举，4拍胸前平屈，5~6拍双臂前举，7~8拍放于体侧。

（2）2×8拍下肢步伐：1~8拍侧点地4次（单单双）；上肢动作为1拍右臂左前举且左臂屈肘于腰间，2拍双臂屈肘于腰间；3~4拍同1~2拍但方向相反；5~8拍同1~2拍，重复两次。

（3）3×8拍1~8拍左腿开始向前走3步+屈腿3次；上肢动作为1拍双臂肩侧屈，2拍胸前交叉，3拍同1拍，4拍击掌，5拍肩侧屈，6拍腿下击掌，7~8拍同1~2拍。

（4）4×8拍下肢步伐：右腿开始向前走3步+屈腿3次，上肢动作同第3个8拍。

第5~8个8拍动作相同，但方向相反。

5. 健美操成套组合四

（1）1×8拍下肢步伐：1~8拍右腿开始V字步+A字步；上肢动作为1拍右臂侧斜上举，2拍双臂侧上举，3~4拍击掌两次，5拍右臂侧斜下举，6拍上臂侧斜下举，7~8拍击掌两次。

（2）2×8拍下肢步伐：1~8拍弹踢跳4次（单单双）；上肢动作为1拍双臂前举，2拍下摆，3~4拍同1~2拍，5拍前举，6拍胸前平屈，7~8拍同1~2拍。

（3）3×8拍下肢步伐：1~8拍左腿漫步两次；上肢动作为手臂自然摆动。

（4）4×8拍下肢步伐：1~8拍迈步后点地4次；上肢动作为1拍右臂胸前平屈，2拍右臂左下举，3~4拍同1~2拍但方向相反，5拍右臂侧斜上举，6拍右臂左下举，7~8拍同5~6拍但方向相反。

第5~8个8拍动作相同，但方向相反。

 案例总结

伤病也无法阻挡的健美操青年

16岁进入国家青年队，获得过世界冠军7次、全国冠军21余次，这个人就是两度荣获国家体育总局拟授予的"国际级运动健将"称号的麻东。2001年，因为胳膊经常脱臼，5岁的麻东被父母送到了武术队强身健体，几个月后，麻东因为突出的运动天赋被体操队选中。"体育运动最大的魅力就是你付出多少，它就会回馈多少。"渐渐被体育运动吸引的麻东在体操队度过了7年时光，然后进入健美操队。2012年，麻东离开家乡西安，来到北京大学附属竞技体育学校读书，同时成为健美操项目第一批国家青年队队员。国内最顶尖的师资力量、最优越的训练环境，让这个16岁少年更加坚定了自己的健美操之路。在国家青年队，麻东成了"最差"的一个，"我做一个简单动作，完成度还不如别人做一个更难的动作，内心非常自卑"。不仅技不如人，在平均身高172~174厘米的健美操队中，180厘米的身高也为麻东增加了训练难度，他需要拥有更强大的体能和灵活度。为了储备力量与技巧，老队员六七点离开训练场的时候，麻东独自加练到8点多。7点到9点别的队员去治疗了，他回到房间再完成10分钟靠倒立，500个俯卧撑。时间在一天又一天的"加练"中度过。付出终有回报，在2014年的第13届健美操世界锦标赛上，麻东拿到了他的第一个世界冠军。从队里"最差"到"世界冠军"，麻东靠的是内心的一股韧劲，这样的劲头即使在获得多个世界冠军后，仍丝毫未减。2016年，麻东在长安大学读大二，学校电视台的一期年末特别节目中，学校健美操队队员评价麻东："他很认真，每次训练结束收队后还会自己留下来加练。"2016年，麻东迎来了自己的"顶峰"，接连获得健美操世界锦标赛五人操冠军、团体冠军，国家体育总局还授予他国家体育运动荣誉奖章。

★探索与思考★

1. 健美操的内容和分类有哪些？
2. 健美操的特点和作用是什么？

模块九 游泳运动

模块导读

游泳是一种凭借自身肢体动作和水的作用力,在水中活动或前进的技能活动。人类的游泳是一种有意识的活动,一直与人类的生存、生产、生活紧密联系,是人类在同大自然斗争中为求生存而产生,随着人类社会的发展而发展,逐渐成为体育运动的重要项目。游泳是集水浴、空气浴、日光浴三者为一体的运动项目,是大学生喜爱的体育项目之一。它既是竞技性的重要体育项目,又是一项老少皆宜、便于推广普及的全民健身及休闲的体育活动。在日常的学习、工作中,利用双休日等余暇时间去游泳已成为一种发展中的社会时尚。

通过本模块的学习,可以使大学生克服怕水、厌水心理,树立安全第一的学习指导思想,端正学习态度,培养对游泳运动的学习兴趣。

◎ 能力目标
1. 了解游泳运动的发展历程。
2. 了解游泳运动的分类。
3. 掌握游泳的基本技术。
4. 能够具备蛙泳和自由泳其中之一的技术运用。

专题9.1 游泳运动概述

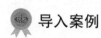
导入案例

游泳的由来

游泳运动是男女老幼都喜欢的体育项目之一。古代游泳,根据现有史料的考证,国内外较一致的看法是产生于居住在江、河、湖、海一带的古代人。他们为了生存,必然要在水中捕捉水鸟和鱼类作食物,通过观察和模仿鱼类、青蛙等动物在水中游动的动作,逐渐学会了游泳。

我国历史悠久,水域辽阔。据记载,游泳始于五千年前。但游泳作为一个体育项目得以发展还是近一两百年的事。

1828年,英国在利物浦乔治码头修造了第一个室内游泳池,这种泳池到19世纪30年代在英国各大城市相继出现。

1837年,在英国伦敦成立了第一个游泳组织,同时举办了英国最早的游泳比赛。

1869年1月,在伦敦成立了大城市游泳俱乐部联合会(现英国业余游泳协会前身),把游泳作为一个专门的运动项目正式固定下来,并随之传入英国的殖民地国家和地区,继而传遍全世界。随着游泳运动的发展,游泳被分为实用游泳和竞技游泳两大类。实用游泳又分为侧泳、潜泳、反蛙泳、踩水、救护、武装泅渡；竞技游泳分为蛙泳、爬泳、仰泳、蝶泳。

竞技游泳从第1届奥运会（1896年）就列入了奥运会正式项目。各种锦标赛、国际大型比赛不断推动着竞技游泳的发展，使它的技术动作更完善，创造了一个又一个优异的成绩。

一、游泳运动的发展历程

游泳的起源与发展是与人类社会的劳动、生产、娱乐及战争等活动紧密联系的，它是人类在征服自然、改造自然的生产劳动中产生的，在满足人们的娱乐、竞争的需要中发展起来的。

原始社会严酷的生存条件，迫使人类不断地提高自己的体力和智力。为了满足生存的需要，人们发展了走、跑步、跳跃、爬山、游水、投掷等技能。地球上布满了江、河、湖、海，人类不可避免地要与水打交道，当水阻路人们要涉过时，当水中有鱼人们要捕食时，游泳技能就产生了，这些都可以从5000多年前的中国古代陶器中刻画的人类潜入水中猎取水鸟及类似现代爬泳的图案中得到证实。

现代游泳竞赛的历史是与奥运会的发展紧密地联系在一起的。1896年举办第1届奥运会时，男子游泳即被列为竞赛项目之一，当时只有100米、200米、1200米自由泳3个比赛项目。1908年成立了国际业余游泳联合会，制定了国际游泳比赛规则。1912年在瑞典举行的第5届奥运会又将女子游泳列为比赛项目，当时只有100米自由泳和4×100米自由泳2个项目。

现代竞技游泳于19世纪末传入我国。在旧中国，由于贫穷落后，游泳运动不可能得到发展和普及。新中国成立以后，1953年毛泽东主席题词"发展体育运动，增强人民体质"，并身体力行地参加游泳活动，多次畅游长江，游泳运动得到了进一步普及和发展，运动水平也有较快的提高。1980年8月1日，国际业余游泳联合会恢复了我国的合法席位，迎来了中国游泳的黄金时代，中国游泳运动员在参加亚运会、世界游泳锦标赛、世界大学生游泳锦标赛、奥运会、世界杯游泳短池系列赛等国际高水平的游泳比赛中都取得了优异的成绩，跻身于泳坛强国，得到了国际游泳界的认可，使我国游泳运动的整体水平迈上了一个新的台阶。

二、游泳运动的分类

游泳运动包括游泳、跳水、水球和花样游泳4个项目，由于它们的技术特点不同，已成为独立的4个竞赛项目。

人类的游泳活动一直与我们的生存相联系。随着人类社会不断进步和发展，游泳也渐渐被用于军事、娱乐、竞技比赛、健身和康复治疗等。现阶段，如根据目的和功能的划分，游泳运动可分为竞技游泳、实用游泳、大众游泳三类（见图9-1）。

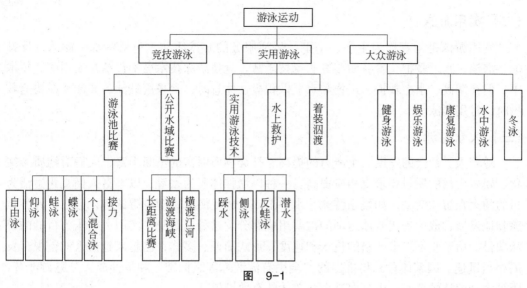

图 9-1

(一) 竞技游泳

符合竞赛规则、特定技术要求，以速度来决定名次的游泳称为竞技游泳。竞技游泳目前分为游泳池比赛（见表9-1）和公开水域比赛。根据国际游泳联合会规定在50米池比赛，列入国际游泳联合会世界纪录的男、女项目共40项，奥运会游泳比赛只设32项。在25米池比赛，国际游泳联合会承认的有男、女项目共46项世界纪录。

表 9-1

泳姿	距 离	
	50米池	25米池（短池）
自由泳	50米、100米、200米、400米、800米、1500米	50米、100米、200米、400米、800米
仰泳	50米、100米、200米	50米、100米、200米
蛙泳	50米、100米、200米	50米、100米、200米
蝶泳	50米、100米、200米	50米、100米、200米
个人混合泳	200米、400米	100米、200米、400米
自由泳接力	4×100米、4×200米	4×50米、4×100米、4×200米
混合泳接力	4×100米	4×50米、4×100米

注：①自由泳可采用任何泳姿。②个人混合泳的顺序为蝶泳→仰泳→蛙泳→自由泳；混合泳接力为仰泳→蛙泳→蝶泳→自由泳。

公开水域比赛是指在自然水域，如江、河、湖、海这些场域进行的游泳比赛，如游渡海峡、横渡江河、长距离游泳比赛等。这类比赛各有特定的规则要求，但没有严格的游泳泳式要求，运动员多采用自由泳参赛。

（二）实用游泳

实用游泳是指直接为生产、军事、生活服务的游泳活动，包括踩水、侧泳、反蛙泳、潜泳、水上救护、着装泅渡等非竞技游泳。竞技游泳技术虽不包括在实用游泳技术中，但在泅渡、水上救护、运物和水上做积极性休息时，常采用蛙泳、仰泳。在快速救护时，常用爬泳。

（三）大众游泳

随着人类社会的发展、生产力的提高、社会物质财富的不断丰富，人们对物质、文化、娱乐生活的质量要求也相应提高。一种以增强体质为宗旨，以丰富人们文化生活为目的的大众游泳活动，如娱乐游泳、水中游戏、康复游泳、健身游泳等，已在世界各地蓬勃地发展，成为现代游泳运动的重要组成部分。这种以健身、实用、娱乐为目的的游泳项目，由于它不追求严格的技术和速度，形式简便、多样，已越来越被人们重视，发展相当迅速。国家体育总局推出的"全民游泳锻炼等级标准"和举办成人分龄游泳赛，既是大众游泳的范畴，也是促进大众游泳的有效措施。

冬泳是指人们在冬季里的游泳活动，包括在人工游泳池和自然水域的低温水中游泳，是大众游泳中的一项重要内容。冬泳深受广大群众喜爱，在我国各省市都成立了冬泳俱乐部，更有效地促进了冬泳的开展。

三、游泳运动的意义

坚持游泳锻炼可促进和改善心血管系统的机能，使心肌收缩有力，使血液中血红蛋白量增加，提高人体的摄氧能力。长期从事游泳锻炼可增强呼吸系统功能，提高肺的容量，使神经系统机能得到改善，新陈代谢和体温调节能力得到加强。凡是坚持游泳锻炼的人，肌肉里蛋白质增加，肌纤维增粗，肌肉健美发达，且弹性增大，骨密度增加，骨骼增粗，使力量、速度、柔韧、耐力等身体素质明显提高。经常在水中锻炼的学生思维开阔，反应敏捷，理解能力强，勇于承受各种困难与险阻，经受得起挫折与成功的考验，自信心较强。

案例

游泳只是一种技能

游泳这一项目在1828年时就已经开始兴起了，开始这一项体育运动最初是在英国，时间追溯到19世纪第一次出现游泳池，自此之后，便在英国各大城市相继出现了不同规模的游泳池，而当地的人们也开始接受了这一项新奇的运动。在我国关于游泳的记载更是十分超前，早在5000多年以前，我们就已经有关于游泳的一些史料记载。一开始游泳是作为一种逃生运动来被人们广泛接受的，因为从古至今，不管是为了逃避追捕还是为了自救，游泳都是一门十分重要的求生技能，基本上很多人都需要用到。而在古埃及时就已经开始兴建了巨大的游泳池，而在当地就已经有很多的上流人士把游泳当成一项高档的社交活动，而后游泳渐渐传入了民间，也变成了民间的一项非常普通的健身活动，而在19世纪时，游泳则被当成了一种比赛，开始变得普遍，而且各国也相继成立了游泳协会，可见游泳的发展也是日渐成熟。

游泳还是一项全身的肌肉都能够参与其中的运动，多游泳可以提高人体内的代谢功能，以及能够增强人体的肌肉，因为在现今的社会很多人总是没有时间去运动，最常见的就是身上的肉没有弹性，游泳可以说是最合适的运动了，因为在游泳时，肌肉全部都被调动起来，而且还特别考验手脚的协调性，这样能够非常好地释放身体肌肉，能够有效减缓人体身肌肉和全身各处骨骼的衰老，对于年龄较大、运动量不大的人来说，这更是一项不可多得的好的运动项目。

四、游泳的安全卫生及自我救护

（一）游泳的安全卫生常识

游泳不仅在社会上是一项深受广大人民群众喜爱的体育活动，也是在校大学生积极参与的课程项目。不论是自行参与游泳运动还是在上课期间，都必须强调安全第一，自觉遵守游泳安全及其守则，防止意外事故和疾病的传染。

1. 重视安全教育并提高安全意识

《荀子·哀公》中讲到"水能载舟亦能覆舟""水火无情"。对于游泳运动中的安全教育是务必要实时灌输给初学者的，课堂上教师在每次课的准备部分都要强调并要做好相应的安全教育及措施，学生必须严格执行相关安全规定。教学过程中严密组织，核查人数，分组进行，落实好各项安全防范措施。

2. 选择安全卫生的游泳场所

进行游泳活动时，尽量到正规的人工游泳场馆，设施、救援等相对完善。一般人工游泳场馆会定期对水质进行检测、消毒、排污和过滤，水质较好，标识清晰。

3. 严格体检

进行游泳活动前，做好自己的身体体检工作，一是为了防止自身病情在游泳时发生意外事故，同时也为了避免相互传染。凡是患有心脏病、高血压、癫痫、活动性肺结核、传染性肝炎、皮肤病、红眼病、精神病、中耳炎、发烧、体表有创伤面者都不适宜游泳。女性生理期间未采取卫生措施的也不应下水游泳。

4. 做好准备工作

在进行游泳运动之前，不仅要遵循运动的科学规律进行热身活动，还要确保在游泳前忌酒、忌饱食、忌饥饿、忌疲劳。酒精能使肌体处于过度兴奋状态，酒后游泳易发溺水事故；饱食后游泳会诱发消化功能降低，影响食物的消化，容易引起痉挛，易出现腹痛、呕吐现象；空腹游泳会导致人体的血糖量下降，容易引起头晕、四肢无力现象；在大运动量后，身体机能明显出现疲惫状态，肌肉反应及收缩能力下降，容易引起抽筋，诱发溺水事故。

5. 预防疾病的传染

游泳者容易引起眼、耳的疾病，这是因为水中的杂质和细菌造成的。除选择干净卫生的游泳场所，也要注意预防。可在游泳后使用消炎类眼药水等进行局部消杀。不要用手直接揉眼睛，以防细菌感染。如有水进入耳内，切不要用手指或者指甲挖耳道，避免造成耳道创伤，加之水中细菌侵入造成中耳炎。游泳结束后，及时用干净的水冲洗身体，换干衣避免感冒。停止运动一段时间后再进行进食或其他活动。

案例

溺亡事件频发，安全意识薄弱

根据世界卫生组织的统计，全球每年约有37万人死于溺水，意味着每天每小时有40人因溺水而失去生命。每年夏天是发生溺水最严重的季节，在青少年意外伤害致死的事故中，溺水事故是"头号杀手"。溺水事故没有年龄和场所之分，溺水过程也十分迅速，常常在4~5分钟或5~6分钟内即死亡。溺水造成窒息后30~60秒心脏会停止跳动，随着缺氧的时间越长，神经系统便会遭受不可逆的损伤，所以溺水抢救的黄金时间就是4~6分钟。

溺水又称淹溺。溺水时口、鼻、咽喉部等气道入口处形成一道液/气界面，从而阻止人的呼吸，通过有效的人工通气迅速纠正缺氧是淹溺现场急救的关键。而第一目击者和专业急救人员快速有效的抢救是可以改变结局的。

（二）自我救护

1. 救护知识

当在水边遇到溺水者时，水中救护有两种，一种是间接救护；另一种是直接救护。

（1）间接救护。这是救护者利用救生器材救护的方法，可用竹竿、救生衣、救生圈、救生板等工具进行救护。

（2）直接救护。这是救护者不用救护器材，徒手对溺水者进行抢救的方法。直接救护时应根据距离、水情、溺水者神态，及时采取接近、托运措施。必要时要采取有效的解脱方法，然后用侧泳或蛙泳进行拖运（见图9-2）。

（3）岸上急救。将溺水者救上岸后，要尽快进行急救处理。轻度溺水者，先清除口中杂草和呕吐物等，使呼吸畅通，接着对溺水者进行排水。对已经昏迷、呼吸很弱或刚停止呼吸的溺水者，应立即进行人工呼吸。做人工呼吸时，首先要清除溺水者口中的污物，保持气道畅通。然后用拇指和食指按住其鼻子，吸足气，口对口慢慢持续吹气，同时放开捏着的鼻子，每分钟约做30次（见图9-3）。也可做胸外心脏按压，按压时两手叠放，十指相扣下压。下压要用力均匀，按压速度为每分钟60~80次（见图9-4）。

为了争取时间，岸上急救应抓住主要环节进行处理，可以同时用几个方法进行抢救。

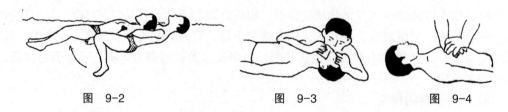

图 9-2　　　　　　　　　图 9-3　　　　　　　　　图 9-4

2. 自救知识

在游泳中，时常会发生痉挛、呛水等意外事故。因此，应了解和掌握一些自救知识，进行自我保护，防止发生意外。

（1）手指痉挛。将手指握成拳头，然后再用力张开，这样迅速交替做几次，直到解脱，如图9-5所示。

（2）手掌痉挛。用手掌将痉挛的手掌用力向下压，直到抽筋现象消除为止，如图9-6所示。

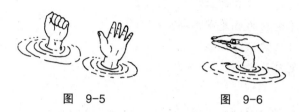

图 9-5　　　　　　　　　图 9-6

（3）上臂痉挛。握拳并尽量屈肘，然后用力伸直，反复进行，如图9-7所示。

（4）小腿或脚趾痉挛。先深吸一口气，仰浮在水中，用抽筋肢体对侧的手握住抽筋痉挛的腿的脚趾，并用力向身体方向拉，同时用另一手掌压在抽筋膝盖上，帮助小腿伸直，使痉挛现象消除，如图9-8所示。

（5）大腿痉挛。先吸一口气，仰浮在水中，痉挛腿屈膝，然后用双手抱住小腿用力使它贴在大腿上，并加振颤动作，随即向前伸直，使痉挛现象消除，如图9-9所示。

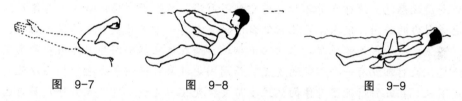

图 9-7　　　　　　图 9-8　　　　　　图 9-9

（6）呛水。呛水是指水从鼻腔或口腔进入呼吸道，是游泳时在水中吸气而引发的。要防止呛水，主要是多练习水中呼吸动作。一旦发生呛水要保持镇静，游泳动作不要乱，先憋气游，使头部完全露出水面再调整呼吸。这样呛水感觉就会缓解，直至消除。

案例总结

全民健身，从游泳开始

游泳是一项有益身心健康的运动项目，学会游泳，就等于掌握了一项终身受益的健身之法和生存技能。正如钟南山院士所说："每天坚持游泳，生活从简，运动从水。"可见游泳运动对增强身体健康，提升自身免疫力有很好的促进作用。

游泳本身就是一项全身性的运动，适宜在30℃以下的水中进行锻炼。因为相对较冷一些的水对人体的物理、化学刺激作用能使机体生理功能产生一系列变化。人体散热快，耗能大。为了能够尽快补充身体散发的热量，以保证冷热平衡，神经系统便会快速做出反应，使人体新陈代谢加快，增强人体对外界的适应能力，抵御温度变化。体温调节功能提高后，会很少出现伤风感冒的症状。因此游泳可以提高人体对疾病的抵抗力和免疫力。皮肤受到冷水刺激时，我们的血管则会收缩，也会将大量的血液驱入内脏和深部组织，引起内脏器官的血管扩张，继而皮肤的血管又扩张，大量血液又从内脏流入体表，内脏血管又处于收缩状态，这样全身血管不断地一张一缩得到锻炼，保持了管壁的弹性，有效地防止了血管硬化，增强了心脑功能。在游泳过程中，水压是可以改善心肺功能的，人如果站在齐胸的水中，则会受到一定的水压，那我们就必须要加深呼吸才能保证完成呼吸动作，使肌肉得到锻炼。因此，游泳也给我们增加了肺活量。

探索与思考

1. 游泳运动的分类有哪些？
2. 竞技游泳运动的项目有哪些？
3. 长期进行游泳运动的益处有哪些？
4. 游泳的安全卫生常识有哪些？
5. 简要阐述常见自救方法。

专题9.2　游泳的基本技术

  导入案例

"怕水"的恐惧心理

　　大家知道，人体正常体位是站立位，而主动前进时总是处于头上脚下的状态，游泳运动则不然，人们却是在俯卧或仰卧体位情况下沿着头顶方向前进的，这就打破了一般人的正常前庭感觉，使初学游泳者总感觉到不习惯，从而产生恐惧心理。人体在陆地上由于地球引力的作用，使人体无论在什么情况下都有一个支点或有可抓握的物品，而在水中则不然，由于人体的比重与水的比重相近，使人体在水中因浮力作用而产生忽沉忽浮的感觉，此时却没有一个固定的支点，而周围更没有可提供手抓握的物品以便使身体能稳定下来，在此种情况下身体的体位姿势发生变化（变成了仰卧或俯卧）而自己又无法使身体直立起来，恐惧心理又会进一步加剧。在陆地上的空气环境中，空气对机体的压力几乎感觉不到，而到了水中，水对身体的压力会明显增加，此时行走困难；特别是水对胸廓的压力增加，引起呼吸也不能像陆上那样轻松自如，因此也会导致恐惧心理的产生。在空气环境中，人们呼吸是在一种无意识的情况下随意实现的，而到了水中，呼吸就变成为有意识的。不会游泳的人到了水中，首先考虑的问题不是怎样浮起来或游起来，而是考虑怎样才能不会"呛水"，这样就必须改变以前用鼻子吸气的习惯，变成用口吸气。在改变呼吸方式过程中，往往由于不习惯会偶尔引起呛水咳嗽，从而导致恐惧的产生。

　　熟悉水性是初学游泳者的必经阶段，也是学游泳的第一课。熟悉水性的目的是体会和了解水的特征，逐步适应水的环境，并掌握一些游泳的最基本技术动作，如呼吸、浮体、滑行、踩水和站立等动作，为以后学习各种游泳技术打下基础。游泳姿势多种多样，但限于篇幅，本模块重点介绍蛙泳和自由泳技术的学练方法。

一、水中行走练习

　　水中行走是熟悉水性的第一步，初步体会水的阻力、浮力和压力，消除怕水心理。在齐腰深的水里，做各种方向的行走或跑的练习，也可做跳跃动作。学练方法如下。

（1）池边做向前、向后的行走练习。
（2）两人或集体做手拉手向前、向后的行进走练习。
（3）做向上、向前的跳跃练习。

(4) 在水中做集体接力和游戏等。

常见错误动作与纠正方法如表9-2所示。

表 9-2

常见错误动作	原 因	纠 正 方 法
不敢下水	怕水	鼓励，消除怕水心理
腿不敢向前移动	怕失去身体平衡	开始行走时速度慢些，脚站稳后再迈步
摔倒	走动时掌握不了身体平衡	身体向前移动时，腿向后蹬和向前抬腿时都要用力。身体稍前倾，重心落在两脚之间，两手在体侧维持平衡

二、呼吸练习

在水面上用口深吸气，在水中用口和鼻均匀呼气。这一练习是初学者学会游泳呼吸最基本的方法，如图9-10所示。学练方法如下。

（1）手扶池壁或在同伴的帮助下，用口深吸气后闭气，然后慢慢下蹲并把头全部浸入水中，停留片刻后起立，在水面换气。

（2）同上练习，要求把头慢慢浸入水中，稍闭气片刻，即用嘴鼻同时呼气，一直呼到快完，然后起立并在水面上用口呼气。

（3）两脚原地开立，按以上要求独立完成有节奏的连续吸、闭、呼的动作20～30次。稍休息后，再重复此练习。

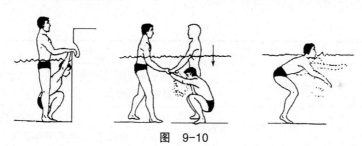

图 9-10

常见错误动作与纠正方法如表9-3所示。

表 9-3

常见错误动作	原 因	纠 正 方 法
用鼻吸气	动作概念不清，或受习惯动作影响	明确动作要领，练习时可用手捏鼻（或用鼻夹），强迫锻炼者用口吸气
没有在水下呼气	动作概念不清，或怕水心理影响	明确动作要领，练习时要用力呼气，要连续冒出气泡

三、浮体与站立练习

水中浮体与站立，目的是体会水的浮力，学会在水中控制身体、维持平衡，消除怕水心理，增强学会游泳的信心，如图9-11所示。学练方法如下。

（1）浮体。原地站立，深吸气后，下蹲低头抱膝，双膝尽量靠近胸部，下颌靠近膝盖，前脚掌蹬离池底，呈抱膝团身姿势，使自己自然漂浮水中。

（2）伸展浮体。两脚并立，两臂放松向前伸出。深吸气后，身体前倒并低头，两脚轻轻蹬离池底，呈俯卧姿势漂浮于水中，两臂两腿自然伸直。站立时，收腹、收腿，两臂向下按压水并抬头，两脚伸直，脚触池底站立。

图 9-11

常见错误动作与纠正方法如表9-4所示。

表 9-4

常见错误动作	原因	纠正方法
浮不起来	紧张，未深吸气	反复练习用口深吸气的动作和闭气动作。讲清道理，不要紧张
站立时向前倒	动作概念不清，两臂没有前伸和向下压水抬头动作	明确动作要领，练习时要求两臂向前伸直触池底站立。站立后，两手可在体前、体侧拨水，以帮助身体站稳

四、滑行练习

滑行练习是为各种泳姿打基础的动作，是熟悉水性练习的重点，目的是进一步体会水中的平衡和身体的滑行姿势，如图9-12所示。学练方法如下。

（1）池壁滑行。背向池壁，一手拉水槽，一臂前伸，同时，一脚站立，一脚贴池壁。深吸气后低头，上体在水中前倾或俯卧，大小腿尽量收紧，臀部靠近池壁，两脚掌贴住池壁。拉水槽的一臂向前伸出与前臂并拢，头夹于两臂之间，这时两脚用力蹬出，成流线型向前滑行。

（2）蹬池底滑行。两脚前后开立，两臂前上举。深吸气后上体前倒并屈膝，当头浸入水中时前脚掌用力蹬离池底，随后两脚并拢，使身体成流线型向前滑行。

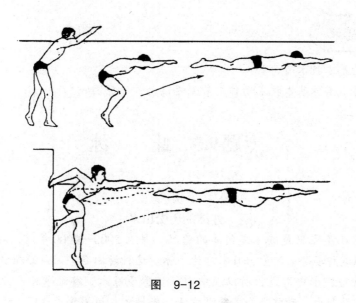

图 9-12

常见错误动作与纠正方法如表 9-5 所示。

表 9-5

常见错误动作	原 因	纠 正 方 法
蹬壁无力	蹬壁前，身体离池壁太远	蹬壁前，臀部尽量靠近池壁，大小腿尽量收紧，用力蹬壁
滑行时抬头塌腰	动作概念不清	明确要领。蹬出滑行时要求低头夹于两臂之间，使身体成流线型滑行

案例总结

克服"怕水"心理可从认识水开始

游泳是人在水中，在神经系统支配下，以骨为杠杆，关节为枢纽，肌肉收缩为动力，利用水的支撑为作用力，向前游进的一项周期性运动。人在水中静止时，会受到三个力：浮力、阻力和压力。水对人的浮力取决于人体排开水的体积，运动时还会受到水的阻力。因为人的比重和水的比重基本相当，当人体完全沉入水中时可以漂浮在水面上。但是，当人体的某一部分露出了水面（比如头部），那么浮力与重力失去平衡，人体就会下沉，如果露出水面的部分越多人体就下沉越快。所以，当人体展开或平躺在水里，就可以漂浮在水面上而不下沉，再加上适当的动力，人就可以前进了。当人体在水中运动时，受到一个相反的力——阻力，人体运动的力是和阻力同时产生的。游泳时既要克服水的阻力，又要利用阻力形成的反作用力，加上向前的推动力，比如划水和蹬腿，都受到一个向前的阻力，就是这个向前的阻力推动身体向前运动。阻力的大小和物体的形状有关，流线型在水中的阻力最小。同时阻力也跟截面成正比，截面越大，游泳时的阻力越大；截面越小，阻力也就越小。所以人在游泳时，身体尽量保持水平位置，呼吸时抬头不应过高，时间不宜过长，蹬腿划水力应尽量增大，了解了这些知识，对初学游泳者将有很大的帮助作用。

探索与思考

1. 游泳的基本技术有哪些？
2. 阐述造成游泳基本技术动作中常见错误动作的原因。

专题9.3 蛙　　泳

导入案例

蛙泳的历史由来

蛙泳一词在英文里是胸泳或俯泳的意思。早在2000—4000年前，在中国、罗马、埃及就有类似这种姿势的游泳，日本称为平泳。这种游泳姿势因俯卧在水面，划水与蹬腿动作酷似青蛙在水中游进，所以在中国一直称为蛙泳。游蛙泳时，身体姿势比较平稳，水的支撑面积大，动作省力，呼吸方便，能持久，适用于长时间、远距离游泳。采用这种姿势游泳，容易观察目标，动作隐蔽，声音小，实用价值很大，长期以来被广泛应用于渔猎、水上搬运、泅渡、救护等方面。蛙泳的起源说法不一。相传在古埃及和罗马帝国时，它是猎人潜入水中捕捉水鸟的游动方法之一。18世纪末，在欧洲军事学校中已设有专门教授蛙泳的课程。1875年8月，第1个被公认的英吉利海峡的征服者，便是用蛙泳横渡的。

蛙泳，顾名思义，由于模仿青蛙的游泳动作而得名，是最古老的一种泳姿之一，在我国群众基础极为广泛。但从运动技术角度来看，蛙泳的技术动作结构是4种泳姿中最为复杂的，臂、腿变化方向多，与其他泳姿的差别很大，所以又较难掌握好。蛙泳也是4种游泳姿势中速度最慢的一种，这是因为运动员从水下移臂到收腿都会给身体带来很大的阻力，使前进速度骤然下降，身体前进速度极不均匀。蛙泳也有一些独特的优点，如蛙泳的呼吸比较容易掌握，而且每个动作周期结束后都有一定的滑行放松时间，所以较容易学会，而且掌握动作节奏后很快就能游较长的距离。此外，还便于观察前方，在实用游泳如救生等领域有重要的地位。

一、蛙泳技术

（一）身体姿势

蛙泳在游进中，身体自然伸直，保持流线型。身体较水平地俯卧于水面，头略抬起，身体纵轴与水平面成5°~10°角。身体保持一定的紧张度，眼向前下方，如图9-13所示。

（二）腿的技术

腿部动作是蛙泳推动力的主要来源之一。腿的动作分为4部分，即收腿、翻脚、蹬夹水和滑行，应连贯地进行。

（1）收腿。收腿时屈膝屈髋，脚跟向臀部靠拢，两膝之间与肩同宽。收腿速度慢，力量小且自然，以减小阻力。

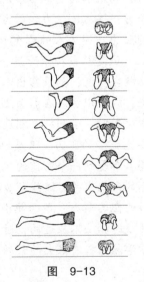

图 9-13

收腿完成后，大腿与躯干之间分成120°～140°角，大腿与小腿之间成40°～45°角。

（2）翻脚。收腿结束，两膝内扣的同时，两脚外翻，勾脚，使脚掌和小腿内侧形成向后对水最有力的推压。

（3）蹬夹水。蹬夹水是由腰腹与大腿协同发力，通过伸髋伸膝，以大腿小腿内侧面和脚掌向后做快速而有力的弧形蹬夹水动作。蹬水结束，踝关节伸直并拢，两腿伸直时有向下压的动作，以形成鞭打动作，有利于提高滑行速度。

（4）滑行。蹬夹水结束后，由于蹬腿的惯性作用，两腿有一个短暂的滑行阶段。这时两腿应尽量伸直并拢，以减小迎面阻力，为下一个动作周期做好准备。

蛙泳腿步技术动作口诀：边收边分慢收腿，两脚外翻对准水，两后弧形蹬夹水，两腿伸直漂一会儿。

（三）手臂技术

随着蛙泳技术的改进和发展，现代蛙泳技术更加强调划水的重要作用。蛙泳手臂动作由抓水、划水、收手和伸臂4个连贯动作所组成。

（1）抓水。两肩和手臂前伸，掌心转向外开始。抓水时小臂、上臂内旋，两掌心外斜并稍屈腕，两手分开向斜下方抓水，使手掌和前臂有压力感。当抓水结束时，两臂分开成40°～45°角，如图9-14所示。

（2）划水。划水是产生推进力的主要部分。当两臂分成40°～45°角时，手腕继续弯曲，逐渐屈肘向两侧下后方积极划水。到划水即将结束时，肘关节最大屈角为90°左右。整个划水过程应保持高肘完成，为迅速收手前伸创造有利条件，如图9-15所示。

图 9-14　　　　　　　　　　　图 9-15

（3）收手。收手是划水的继续，能产生较大的升力和推进力。收手时，两掌心相对，肘的位置低于手，肘关节弯曲成较小的锐角。

（4）伸臂。伸臂是在收手的基础上完成的，伸臂时掌心可以向下，也可以向内，在即将结束时再转为向下。为避免出现潜入过深，应注意伸臂时肩腰向前，同时向前压水，减小阻力，如图9-16所示。

蛙泳手臂技术动作口诀：两臂弧形侧下划，屈臂抬肘快内收，两手颏下向前伸，两臂伸直稍停留。

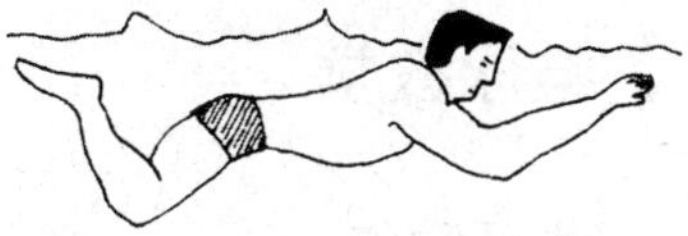

图 9-16

（四）呼吸及完整配合技术

蛙泳呼吸是用嘴吸气，用嘴鼻呼气。吸气时抬头使嘴露出水面做及时有力的快吸，再低头闭气，逐渐呼气。蛙泳的完整配合动作多采用划臂1次、蹬腿1次、呼吸1次的配合。

蛙泳的呼吸分早吸气和晚吸气两种类型。早吸气是指手臂刚开始划水时抬头吸气，收手和伸臂时低头呼气；晚吸气是指划水结束时吸气，吸气时间较短，伸臂时低头呼气。晚吸气有利于加强划水的力量，游泳运动员都采用晚吸气技术，如图9-17所示。

图 9-17

蛙泳臂、腿配合动作特别重要，它是动作协调、连贯和速度均匀的关键。正确的配合技术是，手臂划水时腿自然放松伸直，收腿时腿自然屈膝，开始伸臂时收腿，并快速蹬腿，如图9-18所示。

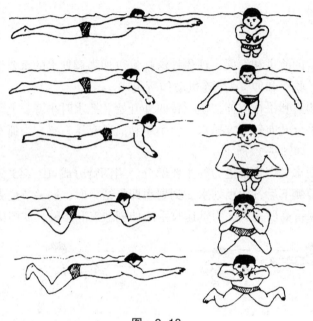

图 9-18

现代蛙泳技术的特点是头部起伏较大，且位置较高，高肘划水，快速蹬腿，整个动作频率快。

蛙泳完整技术动作配合口诀：划水腿不动，收手又收腿，先伸手臂后蹬腿，手腿伸直漂一会儿。

二、蛙泳教学

（一）腿部动作

腿是掌握蛙泳技术的基础。在教学中要抓住收、翻、蹬夹和滑行4个动作。在腿的一次动作中，要求收腿正确，翻脚充分，蹬夹连贯，滑行放松。在动作节奏上，强调收腿时要慢而放松，蹬腿时要快而有力。

1. 陆上模仿练习

（1）坐在池边，上体稍后仰，两手体后撑，做收、翻、蹬夹、停的动作，如图9-19所示。

（2）俯卧凳上做收、翻、蹬夹、停的动作。先做分解动作练习，然后过渡到完整动作练习，如图9-20所示。

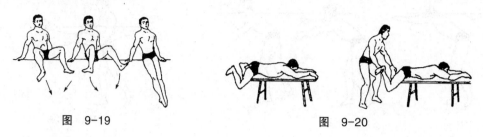

图 9-19　　　　　　　　　　　　图 9-20

2. 水中练习

（1）一手抓住水槽，一手撑在池壁上，身体呈俯卧浮于水中，做蹬腿练习，或在同伴帮助下做蹬腿练习，如图9-21所示。

（2）在水中靠池壁站立，蹬池边滑行后做蹬腿动作。要求边收边分，及时翻脚，用力蹬夹，动作连贯，如图9-22所示。

图 9-21　　　　　　　　　　　　图 9-22

（3）两手扶住浮板的近端，两臂伸直，面部浸入水中做蹬腿动作。

（4）蛙泳腿和呼吸练习：腿的动作基本掌握后，就做腿和呼吸的配合练习。当蹬夹动作结束、两腿并拢伸直时，抬头吸气，随后低头没入水中闭气再收腿，如图9-23所示。

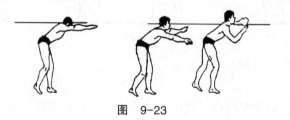

图 9-23

（二）手臂划水与呼吸配合

1. 陆上模仿练习

（1）在陆上两脚左右开立，向前弯腰做伸、划、收、伸的臂部动作。教学时采用小划臂的技术，开始不要强调划臂时的用力，而要着重体会划臂动作路线。强调两臂收手前伸的并拢及滑行动作，防止边伸边划。

（2）在陆上两脚左右开立，向前弯腰，两臂向前伸直并拢，做臂部与呼吸的配合练习。臂的动作是与呼吸动作紧密联系在一起的，教学时强调早吸气，即两手划下时抬头，划水时吸气。

2. 水中练习

（1）两脚前后开立，向前弯腰，两臂两肩浸没水中，边走边做手臂划水练习，如图9-24所示。

(2) 由同伴抱住锻炼者双腿，做手臂与呼吸配合动作练习，如图 9-25 所示。

图 9-24　　　　　　　　　　　　　　　图 9-25

（三）完整配合动作

强调蛙泳正确的腿、臂配合时间，在任何情况下，都是臂先腿后。在教学中有个口诀：划了胳臂儿再收腿儿，伸了胳臂儿再蹬腿儿。对初学者，要求早吸气，蹬完腿要有滑行，然后再做下一个动作。

1. 陆上模仿练习

（1）站立，两臂向上伸直并拢。一腿支撑，另一腿做模仿练习。配合动作是划臂、收手、收腿、伸臂、蹬腿，如图 9-26 所示。

图 9-26

（2）做以上动作，并配合抬头呼吸。

2. 水中练习

（1）蹬池边滑行后闭气做臂、腿配合动作。划一次臂后蹬一次腿，臂和腿依次交替进行。

（2）闭气滑行做划臂动作。腿伸直，收手同时收腿，臂伸直时蹬腿。

（3）在练习（2）的基础上加呼吸配合。做 2 次蹬腿、1 次划臂、1 次呼吸的练习。

（4）划臂、蹬腿、呼吸的完整配合单次练习。

（5）逐渐增长游泳距离，不断规范技术动作，反复强化练习。

案例总结

蛙泳的"口诀"

蛙泳配合需注意，腿臂呼吸要适宜；
两臂划水腿放松，收手同时要收腿；
两臂前伸腿蹬水，臂腿伸直滑一会；
划水头部慢抬起，伸手滑行慢呼吸。

1. 蛙泳的技术动作有哪些？
2. 蛙泳技术动作的要求有哪些？

专题 9.4　自　由　泳

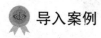

自由泳介绍

自由泳严格地说不是一种游泳姿势，而是竞技游泳的一种比赛项目，它的竞赛规则对游泳姿势几乎没有任何限制，而爬泳这种姿势结构合理，阻力小，速度均匀、快速，是最省力、速度最快的一种游泳姿势。人们在这种对泳姿几乎没有任何限制的比赛项目里往往会使用爬泳这种阻力小、速度快的泳姿，所以在现在，通常把自由泳和爬泳等同看待。19世纪初，澳大利亚人 R. 卡维尔用两腿交替打水，取代剪夹水技术取得胜利。1896年第1届奥运会自由泳被列为正式的比赛项目。1922年美国人韦斯摩洛改进用两臂交替划水和两腿6次交替打水配合，形成现代爬泳模式。20世纪50年代以前，游泳运动员都非常重视两腿打水的作用，一般都是两臂轮流划水1次就打腿6次。后来科研材料证明打腿的能量消耗比划臂大得多，而推动身体前进的动力主要来自臂部的划水动作。因此以臂为主的现代自由泳技术重视臂的划水动作和两臂的配合。

自由泳也称为爬泳，游行时身体俯卧在水面，双臂轮流划水，双腿上下交替打水，像是爬行，因此得名"爬泳"。现代竞技游泳比赛中并没有"爬泳"这个项目，而设有"自由泳"项目。在游泳的4种泳姿中，自由泳是游泳比赛中速度最快的。自由泳项目在国际游泳联合会承认的竞技游泳项目世界纪录中，男、女共有14项：50米、100米、200米、400米、800米、1500米（其中女子只有800米，没有1500米；男子只有1500米，没有800米）和4×100米、4×200米自由泳接力。与其他泳姿组合的男、女项目中也占有6项：200米、400米个人混合泳以及4×100米混合泳接力。

自由泳不仅速度快、项目多，而且也是另三种泳式的基础。自由泳的基本姿势是：身体俯卧在水中，依靠两腿上下交替连续打水，两臂轮流向后划水而向前游进。

一、自由泳技术

（一）身体姿势

身体在水中自然伸展，尽量保持水平，眼望池底，发际处于水平面。由于划手打腿和转头吸气等，躯干会形成围绕纵轴自然有节奏的左右转动，转动幅度不大，一般是两肩与水面构成的角度为35°～45°，如图9-27所示。

（二）腿部技术

自由泳腿部动作：两腿上下连续打水，两腿上下交替幅度，以两脚尖垂直距离计算为30～40厘米。脚稍向内转（呈内八字脚），脚尖自然绷直，踝关节放松，由大腿发力，带动小腿和脚鞭状打水。向上提时直腿，向下时大腿先下打，膝关节随之下打。然后小腿和脚依次下打，整个下打过程犹如甩鞭，如图9-28所示。

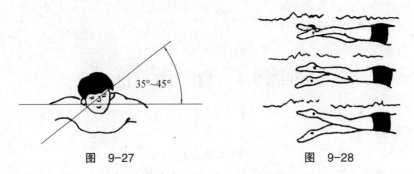

图 9-27　　　　　　　　　　　　　　图 9-28

(三) 臂部动作

自由泳时，手臂产生的划水动作是使身体前进的主要推进力。臂部动作是由两臂轮流向后划水，它由入水、抱水（又称抓水）、划水、出水、空中移臂5个连续动作组成，如图9-29所示。

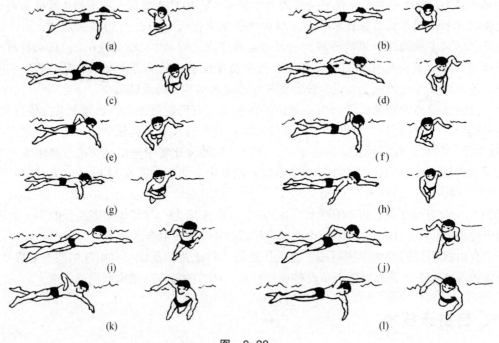

图 9-29

1. 入水

手入水时，手指自然伸直并拢，腕和肘部微屈，肘关节要高于手。指尖对着入水的前方插入水，入水点一般选择在肩与身体纵轴的延长线之间。入水顺序是手、小臂、上臂。入水时，臂应自然且有所控制，肘关节要高于手，如图9-29（a）所示。

2. 抱水

入水后，臂应积极前伸并屈腕抓水（手指下压，好似画了个半圆），此时肘关节应保持高肘姿势。整个手臂动作像抱着一个圆球。肩带肌群充分拉开，为划水做好准备，如图 9-29（b）～（e）所示。

3. 划水

划水是继臂抱水后，直至推向大腿旁。整个动作是通过屈臂到伸臂来完成的。这个阶段是划水的最有效部分。它的前半部分屈臂进行。划水时小臂速度快于上臂，以保持高肘，能使手臂处于更有力、更有效的角度向后划水。当划至肩垂直线，手指靠近中线时，屈肘为90°～110°，其后部分也可称为推水，与前半部分连贯并加速完成，中间没有停顿。推水时小臂与上臂要同时向后推水，直至划水结束（肘关节基本伸直为止）。如图 9-29（f）～（i）所示。在划水过程中，手掌始终要对准划水方向，有一定倾斜度，以保持最佳划水效果。

4. 出水

当划水结束时，臂借助推水的惯性作用向上提拉出水。出水前，手掌应靠近身体放松。出水顺序一般先肘关节，最后手臂（见图 9-29（i）和（j））。手臂出水动作必须迅速而不停顿，同时应自然柔和，小臂和手处于下垂姿势，且应尽量放松。

5. 空中移臂

移臂是随着出水动作的惯性力向前移动，直指入水位置。空中移臂时，肘部相对比小臂的位置高，且放松自如，尽量不破坏身体的流线型，同时要两臂相配合，这样动作更协调连贯，如图 9-29（k）和（l）所示。

(四) 两臂配合动作

自由泳的两臂配合是轮流滑动的，当一臂完成划水时，另一臂又进入划水动作。依照划水时两臂所处位置的不同，可以分为以下几种交叉形式。

（1）前交叉配合。当一臂入水时，另一臂正处于肩前方，约与水平面成30°角，如图 9-30（a）所示。

（2）中交叉配合。当一臂入水时，另一臂正处于肩下垂直部位，约与水平面成90°角，如图 9-30（b）所示。

（3）中后交叉配合。当一臂入水时，另一臂正处于胸腹下，约与水平面成120°角，如图 9-30（c）所示。

（4）后交叉配合。当一臂入水时，另一臂正处于腹下方，约与水平面成150°角，如图 9-30（d）所示。

交叉配合形式多样，对于初学者来说，采用前交叉配合形式，较易于掌握自由泳动作和呼吸动作。

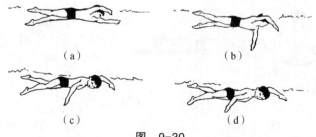

图 9-30

(五) 呼吸

自由泳的呼吸技术，难度相对来说大于另三种泳式。它是在空中移臂时进行的，一般是两臂各划一次过程中做一次呼吸动作（即呼气、吸气和短暂的闭气）。具体动作过程，以配合右臂动作为例。

当右臂划水于肩下方时，开始逐渐用嘴鼻平稳匀速地向外呼气。接着边加快呼气边向右转头。当右臂推水结束提肘出水的瞬间，快速将气呼尽。待嘴一露出水面，即张嘴迅速吸气。吸气在空中移臂至肩前就结束。然后边闭气，边将头迅速复位。闭气至右臂划水至肩下方时，又开始呼气、吸气、闭气的循环反复，如图9-29（h）~（k）所示。

随着人体机能水平、游泳能力的提高，现今选手们一般采用三次划水一次呼吸。这样既可减小身体转动而引起的阻力，又有助于保持身体的平衡。再则在赛程中，也利于了解左右两侧对手的游进情况，及时调整心态、游速，更好地运用技战术。

(六) 腿、臂和呼吸完整动作的配合

自由泳的完整配合技术，是匀速地不断向前游进的保证。完整配合技术，一般手臂各划一次水，呼吸一次，双腿打水有2次、4次、6次的，也有不规则打水或交叉打水等多种配合形式。这往往因个人的特点习惯，以及比赛项目或距离长短不一而异。

初学者以学习6次打腿、2次划手、1次呼吸的配合技术为好。这有利于学习过程中动作的协调，以及身体平衡的掌握。

二、自由泳教学

(一) 腿步的动作

可采用水陆结合的练习方法。

1. 陆上模仿

（1）坐在池边、岸上或垫子上，两臂后撑，两腿伸直。两脚自然伸展（不能勾脚），做上下交替打水动作，如图9-31（a）所示。

（2）俯卧池边或垫子上，两臂向前伸直，做展髋大腿带动小腿的打水动作，如图9-31（b）所示。

2. 水中练习

（1）手扶池槽打腿。一手拉池槽，另一手用其下掌根朝上支撑，身体俯卧与水平行，做直腿打水练习。开始练习时，可由同伴相助，托住腹部，帮助完成打腿，逐步过渡到独立完成，如图9-32所示。

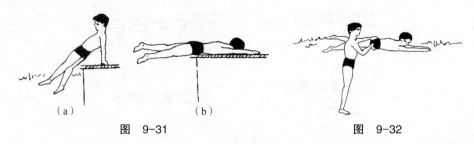

图 9-31　　　　　　　　　图 9-32

（2）蹬边滑行打腿。利用蹬边滑行的向前惯性，直腿打水。注意两臂必须伸直。当气憋不住时，两手下压，收腿，即可恢复站立姿势。此练习也可由同伴相助，当滑行打腿速度下降时，同伴可抓住其手，用力往前推送，能加快腿部技术的掌握，如

如图9-33（a）所示。

（3）扶板打腿。双臂伸直手扶板，肩自然前伸，切记手不要压板扛肩。可抬头扶板打腿，也可头浸入水中扶板打腿，如图9-33（b）和（c）所示。

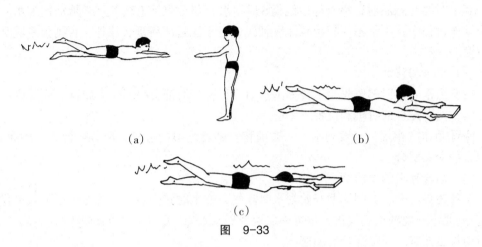

图 9-33

（二）呼吸动作

1. 手扶池槽呼吸练习

手扶池槽，上体前倾，浸入水中。待气呼尽后，头转向一侧。嘴出水吸气，目可视肩部。吸气后头即没入水中憋气呼气。

2. 两手交替扶池槽呼吸练习

待吸气时，头转向一侧，该侧手离开池槽，置身体一侧。吸气结束头部复位，手继续提出水并扶池槽。待头转向另一侧吸气时，该侧手脱离池槽。这样两手交替，两侧转头呼吸，为游进中的两侧呼吸掌握打好基础。

3. 扶板打腿与呼吸

双手扶板，头自然浸入水中。默数打腿次数，由6～12次，至18次。转头吸气，头围绕身体纵轴转，吸气要快。吸完气，头即可自然还原。

（三）臂部动作

1. 陆上模仿

两脚自然站立，上体前倾。练习初期，要求做直臂划水模仿动作，且单手练习。同时将单臂的动作分为口令："1"入水，"2"划水，"3"移臂。练习时可以心里默念口令"1""2""3"，配合动作进行练习。一臂模拟划水，另一臂必须伸直向前，膝关节保持伸直状，注意控制腰部，不能左右晃动（见图9-29）。随着训练的深入，臂部动作基本成型，要求：①入水后肘部要保持高肘抱水；②划水的后半段要加快；③移臂要放松，必须连贯进行。陆上模仿练习，从两手单独进行开始，至两臂基本掌握划水动作后，即可进行两臂交替的配合练习。

2. 水中站立模仿

双脚自然站立池底（可以前后分开站立，也可平行分开站立），上体前倾，肩约与水面平行，注意动作要领。

(1) 入水与抱水

手指先入水，入水点在肩与身体纵轴的延长线中间。臂入水和抱水时，肘要保持较高的位置。

(2) 划水和推水

划水时要注意屈肘，沿身体中线做S形划水。划至肩垂直线下，必须加快推水。在整个动作过程中，手掌不应超越身体纵轴线，也不能远离肩延长线外，否则会造成身体左右摆动。

(3) 出水和移臂

在臂出水时，肘部要先于手臂提出水面。移臂时肘部要高于手，屈臂前移要放松。

(4) 两臂配合的时机和位置

两臂动作应相反，一臂划水，一臂前移。随着练习的进步，两臂配合会因人而异，出现多种交叉配合。

(5) 结合呼吸的模仿练习

准备姿势同上，在同侧臂开始划水时呼气，推水时转头吸气。练习时可采取单臂划水3次、吸气1次的连续模仿，也可采取两臂划水3次、吸气1次的有规律的练习法。使呼吸动作更熟练，与臂配合更和谐。

3. 分解动作练习

打腿结合一臂划水的练习，练习适应按以上要求进行。必须要注意的是，在臂划水或呼吸的过程中，腿不能有停顿，必须连续不断地打动。一臂划水，另一臂向前伸直，控制好身体位置。待两臂基本掌握划水动作的前提下，即可进入两臂交替配合练习。

案例总结

初学者自由泳游不远

初学自由泳时感觉很累，也游不远。相信很多朋友心中都有这个问题，毕竟能够游得快而远是大家的心愿。在游泳姿势中，自由泳对我们的体力和血氧消耗很大，在自由泳换气时，最好我们的身体能够保证笔直。如果我们能够随心所欲地根据自己的体力调整游泳速度时，那么我们想要游得更远也就不成问题了。在自由泳时，如果想要长游不累，那么我们就要控制速度，在泳池中掌握好节奏，这样可以使我们更好地享受游泳。一方面，摄氧量和我们的心肺功能有关；另一方面，我们也可以通过增加吸氧时间来提高摄氧量。在自由泳过程中有一个滑行的过程，那么我们在游泳时就要刻意增加滑行的时间，这样就能够在滑行期间得到休息，也可以延长我们的运动时间。

探索与思考

1. 自由泳的基本技术有哪些？
2. 自由泳的基本技术动作的要求有哪些？

模块十 冰雪运动

模块导读

冰雪运动是我国北方广大学生非常喜欢的一项冬季户外运动,有效地开展冰雪运动可以使学生感受到冰雪运动的乐趣,促进学生心血管和呼吸系统机能的改善,增强腰、腹及腿部肌肉的力量和关节的灵活性,从而全面提高身体机能;经常参加冰雪运动可以有效地增强学生抗寒、耐寒能力,提高人体的平衡能力,培养学生勇敢、顽强、不畏困难的良好品质。

本模块介绍了冰雪运动的起源与发展、项目分类、运动装备及基本技术,使学生对冰雪运动有了一个初步的认识,指导学生学习冰雪运动的基本技术,帮助学生解决学习中出现的重点与难点,预防运动损伤的发生。

通过本模块的学习,可以使大学生加强组织纪律性,培养良好的学风和顽强的意志品质。

能力目标

1. 了解冰雪运动的起源与发展。
2. 了解冰雪运动项目分类、运动装备及基本技术点。
3. 了解滑冰及滑雪运动项目基本情况。
4. 掌握滑冰及滑雪运动前的准备工作和基本技术。
5. 熟悉滑冰及滑雪运动的场地、设施和装备。

专题10.1 滑冰运动

导入案例

悬疑丛生 中国女队痛失冬奥银

2018年2月20日的韩国平昌,短道速滑女子3000米接力赛正在进行。谁都没料到这场比赛有着充满争议的结局。中国、韩国、加拿大三支强队参与的这场决赛,充满了悬疑和刺激:韩国队第一个冲过终点拿到冠军,而第二个冲过终点的中国队被判犯规,没能站上领奖台。根据电视画面回看,中国队并没有明显的犯规动作,反倒是韩国队在倒数第五圈时交接棒有人摔倒,影响到了旁边加拿大队的交接棒。然而就在4位中国姑娘已经披好国旗,准备庆祝这枚来之不易的银牌时,中国队和加拿大队双双被判犯规、取消比赛成绩。中国短道速滑队主教练李琰赛后与裁判长进行沟通,并表示已提出申诉,而国际滑联有关负责人驳回了中国队的申诉,理由是提交申诉的截止时间是比赛结束后的30分钟,而中国队的申诉提交时间超时。

一、滑冰运动的缘起和发展

滑冰运动起源于荷兰。11—12世纪的荷兰、英国、瑞士一些国家就有脚绑兽骨、手持带尖木棍支撑冰面向前滑行的记载。13世纪中叶,荷兰出现一种镶嵌在木板上的铁制冰刀。1572年苏格兰人发明全铁制冰刀。17世纪后,这种最初的冰上运输形式逐渐发展成为一种运动项目。19世纪末和20世纪初,一些冰雪运动如滑雪、滑雪橇、滑冰、冰球等项目在欧美国家逐渐得到普及和发展。1887年挪威成立了世界上第一个滑雪俱乐部。1892年加拿大成立了世界上第一个冰球协会。1892年国际滑冰联盟在荷兰成立。1893年,在阿姆斯特丹举行了首届男子速度滑冰锦标赛。1908年,法国成立了世界范围的国际冰球联合会。在冰雪运动日益普及的情况下,现代奥运会创始人顾拜旦建议单独举办冬季奥运会。

1908年第4届夏季奥运会上增加了花样滑冰项目。1920年第7届夏季奥运会上增加了冰球项目。花样滑冰和冰球加入奥运会后引起了观众的极大兴趣。

正式的冬季奥林匹克运动会始于1924年。当时,在法国的夏蒙尼市承办了当时被称为"冬季运动周"的运动会,两年后国际奥委会正式将其更名为第1届冬季奥林匹克运动会。

二、滑冰运动项目种类

滑冰运动是指运动员以冰刀为用具,以竞速或者技巧展现为目的,在人工或天然冰面上进行滑行动作的运动,包括速度滑冰、花样滑冰和短道速度滑冰三个项目。

(一) 速度滑冰

速度滑冰简称速滑,是滑冰运动中历史最为悠久、开展最为广泛的项目。1763年2月4日在英国首次举行15千米速度滑冰赛,从19世纪80年代开始举办国际性的比赛,并于此时进入中国,北方的普通民众开始在冰面上开展多种速滑项目以及各种速滑表演节目。1889年在荷兰的阿姆斯特丹首次举办世界冠军赛,1892年,15个国家的代表在荷兰的席凡宁根成立了国际滑冰联盟(The International Skating Union, ISU),现在总部位于瑞士的洛桑,主要负责花滑与速滑等项目的推进,这是所有冬季项目的第一个组织。国际滑冰联盟建立了国际标准化的制度和章程,并组织国际化的冰上运动比赛,1893年它主办了第1届世界男子速滑锦标赛,对加强各国冰上运动的联系起到了重要的作用。在国际滑冰联盟成立后,速度滑冰的发展也由此进入了新的时代,并于1924年进入冬奥会比赛项目。

男、女速滑分别于1924年、1960年被列为冬奥会比赛项目。现比赛项目有男子500米、1000米、1500米、5000米、10000米;女子500米、1000米、1500米、3000米、5000米共10个小项。

(二) 花样滑冰

花样滑冰起源于18世纪的英国,后在德国、美国、加拿大等欧美国家迅速开展。1863年,被誉为"现代花滑之父"的美国人杰克逊·海因斯将滑冰运动与舞蹈艺术融为一体，在欧洲巡回表演，丰富了花样滑冰的内容和形式。1868年，美国的丹尼尔·梅伊和乔治·梅伊首次表演了双人滑。1872年，奥地利首次举办了花样滑冰比赛。1896年，首次世界男子单人花样滑冰锦标赛在俄国彼得堡举行。1906年，首次世界女子单人花样滑冰锦标赛在瑞士达沃斯举行；1924年被列为首届冬季奥运会的比赛项目，目前设有包括男、女单人滑，双人滑和冰上舞蹈4个比赛项目。

滑冰在中国有悠久的历史，《宋史》已有关于"冰嬉"的记载。元朝以后，冰嬉更为盛行。明代《帝京岁时纪胜》中有"冰床、冰擦"的记载，都是指在冰冻的江河湖泊上做滑冰游戏。清乾隆年间，画家沈源的一幅《冰嬉赋》图中有大蝎子、金鸡独立、哪吒探海等姿势。清末，专为慈禧观赏的北京北海花样滑冰表演中，已有双飞燕、蝶恋花等双人动作和朝天镫、童子拜佛等单人动作。那时民间的冰上表演有猿猴抱桃、卧鱼、鹞子盘云、凤凰展翅、摇身晃等动作。1930年前后，西方花样滑冰传到中国，北京、天津、哈尔滨、长春、沈阳等城市的学校，有些学生参加了花样滑冰运动。1935年，在北京举行的滑冰比赛会上进行了花样滑冰表演赛。1942年冬，在延安的延河上举行了冰上运动会，表演了花样滑冰的图形和自由滑。1953年2月在哈尔滨举行了第1次全国冰上运动大会，花样滑冰被列为比赛项目。1979年10月，中国花样滑冰运动员参加了在日本举行的NHK杯国际邀请赛，1980年2月参加了第13届冬季奥林匹克运动会的花样滑冰比赛，1980年3月参加了第70届世界花样滑冰锦标赛。1992年，陈露先后夺得冬奥会第6名、世锦赛第3名，在世界舞台全面展示了中国花滑运动的新形象。此后几年，陈露在世锦赛上摘金夺银，1994年、1998年两届冬奥运连续夺得第三名，为中国花滑运动在世界赛场争得一席之地。从此中国选手成为世界花滑界的一支主要力量。2010年温哥华奥运会成为中国花滑选手夺金的见证地，申雪/赵宏博、庞清/佟健，这两对征战多届冬奥会的老将包揽了冠亚军，共同创造了中国冰雪运动的新辉煌。

（三）短跑道速度滑冰

短跑道速度滑冰简称短道速滑，起源于加拿大。19世纪80年代，加拿大修建室内冰球场，一些速度滑冰爱好者经常到室内冰球场练习。至90年代中期，加拿大的蒙特利尔、魁北克、温尼伯等城市相继出现室内速度滑冰比赛。1905年加拿大首次举行全国短道速滑锦标赛，后逐渐在欧美国家广泛开展。1969年加拿大在第33届国际滑冰联盟代表大会上，向与会代表散发了《短跑道速度滑冰规则》，1975年国际滑冰联盟成立短跑道速度滑冰技术委员会。1976年首次在美国伊利诺伊州的尚佩思举行国际短道速滑赛，1981年起举办世界短道速滑锦标赛。现有男子500米、1000米、1500米、5000米接力，女子500米、1000米、1500米、3000米接力共8个比赛项目。

短道速滑是所有滑冰项目中最为激烈、精彩的项目，观众的参与度极高。相对于速度滑冰，短道速滑属于短距离的竞技选手之间的比赛在同一个赛道上进行，会出现抢位、碰撞、摔倒等现象，除了对运动员的身体素质有较高的要求，同时也需要有很好的起跑技术、抢位技术以及局势判断的能力。

三、滑冰前基本准备

（一）选择适合的装备

在滑冰运动竞技比赛项目中，不同项目所需装备不尽相同。作为初学者，可根据天气、场地、活动量、活动目的等不同选择适合自己的装备。主要包括冰刀、服装和护具三大类。

1. 冰刀的选择

冰刀根据结构和运动特点大致可分为速滑冰刀、花样冰刀、冰球冰刀三类。其中速滑冰刀分为大跑道冰刀和短跑道冰刀，分别对应速度滑冰项目和短道速滑项目；花样冰刀根据冰上动作和刀齿及刀体形状又分为自由花样冰刀、规定图形花样冰刀、冰上舞蹈花样冰刀，以适应不同比赛内容要求；冰球冰刀分为守门员冰球刀和球员冰刀，其中球员冰刀针对比赛时球员急停、急转和加速滑行的需要进行了针对性涉及，十分适合滑冰运动初学者的需求。虽然三类冰刀有不同之处，但滑行时蹬冰原理基本相似，就冰刀的结构特点来说，冰球冰刀和花样冰刀相对容易被初学者所掌握，速滑冰刀能够满足对滑行速度的追求，因此初学者可根据实际情况和自身需求选择适合自己的冰刀。

2. 服装的选择

在滑冰竞技比赛中，对各项目比赛服装有专门规定。其中速度滑冰个人比赛项目中要求运动员身穿专门的尼龙连体比赛服进行比赛；在速度滑冰集体出发、团体追逐比赛项目和短道速滑全部比赛项目中，要求运动员穿戴装备专用头盔、专用防切割比赛服、塑料或防切割材料护腿、防切割或皮质手套、防切割护颈和护踝、防护眼镜等专门装备。在花样滑冰比赛中，男子选手必须穿上衣长裤，不得穿露胸无袖上衣和紧身裤，女选手必须穿连衣裙或紧身长裤，但是不得穿上下分开的服装，前后裙子的长度要可以遮盖住臀部。所有项目运动员都可以在比赛服装中穿着起保暖作用的衣物，但是要求必须紧贴皮肤，不得遮挡住比赛服装或影响比赛服装的整体协调性。比赛中不得佩戴围巾、腰带等有可能对运动员带来不安全因素的物品。

对于初学者，以保暖、舒适和安全为原则。根据运动的场地环境，选择适合自己的服装即可。需要注意的是，不要选择过于肥大的衣物，影响滑冰技术动作的发挥，也不要佩戴过长的围巾、过于坚硬的装饰物等有安全隐患的服饰。

3. 护具的选择

在竞技比赛中，针对可能出现的危险因素，对运动员护具的穿戴进行了专门的规定。作为初学者，可根据实际情况，以保证安全，不过度浪费原则，选择适合自己的护具。一般的建议是配备头盔、护腕、护肘和护膝作为基本护具。

（二）树立基本安全意识

滑冰运动在坚硬的冰面上进行，参与者穿着锋利的冰刀进行滑行，相对于其他运动项目而言危险性较大，因此需要初学者必须树立安全意识，防止意外的发生。

（1）上冰前要佩戴好安全护具，夏季应穿着长裤，身上不佩戴尖锐物品，以免摔倒后划伤。

（2）检查冰鞋是否穿着正确并系好冰鞋带，防止运动过程中发生冰鞋脱落等意外情况，造成自身和他人的危险。

（3）做好热身运动，使身体充分伸展，防止运动过程中发生挫伤、扭伤、拉伤等运动伤害。

（4）初学者在练习时如果意识到要跌倒，应尽量使自己身体向前面或是侧面跌倒，从而避免摔伤后脑。

四、滑冰的基本技术

（一）技术准备

1. 站立练习

两脚略分开约与肩同宽，两脚尖稍向外转形成小"八"字形，两腿稍弯曲，上体稍向前倾，两臂伸向侧前方与腰同高，目视前方。站立时，身体重心要通过两脚平稳的进压到刀刃上，踝关节不得向内侧或向外倒。

2. 平衡练习

初学者可先在陆地上、后在冰上进行基础练习。练习中，手扶栏杆或在同伴的扶持下，慢慢站直身体，使身体重心尽量落在两脚冰刀之间，保持两脚不左右扭动，做好站立姿势。然后放开栏杆，逐渐体会身体重心在两脚冰刀上维持好平衡的感觉，再做一些原地提踵和原地踏步练习。

3. 小步走练习

冰上站立，两脚分开比肩稍窄，向前迈步。以脚上的冰刀内刃向侧后方蹬冰向前行，步子开始要小一点，慢点走，然后逐渐加快速度前行。小步走时，眼向前看，两臂稍分开放在提前侧，上体稍左右晃动，练习移动重心并体会维持身体平衡的感觉。如果双脚能借助惯性前滑时，这说明身体已经逐渐适应了滑行状态，初步具有了在冰上滑行条件下控制自身平衡的能力。

通过以上3项专门的适应性练习，初学者可基本学会使用冰刀实现基本的技术准备，接下来便可以开始学习基本滑行技术。

（二）向前滑行技术

1. 双足向前滑行

上体直立姿势，目视正前方，手心向下，两臂向侧前方伸展，双足稍分开，与肩同宽，两只冰刀平行站立。在蹬冰时，首先双膝微屈，然后将重心移至右足，用右足刃前半部分向侧方蹬冰。在完成蹬冰动作后，迅速将蹬冰足收回原位置，将重心放在双足之间，形成双足向前滑行动作，然后再换另一足蹬冰，做同样双足滑行动作。如此反复交替至比较熟练。

2. 单足蹬冰，单足向前滑行

在比较熟练地掌握了单足蹬冰，双足向前滑行动作后，可以进行单足蹬冰、单足滑行的练习。其准备姿势同前，只是在蹬冰时，身体重心要确实移到滑足上，在蹬冰结束后，要保持重心不变和单足向前滑行姿势，此时蹬冰足应尽快放在滑足足跟后，以保持重心平稳。初练时可以一拍蹬冰一拍滑行，双足交替进行练习。经过一段练习，重心保持较稳后，可以做一拍蹬冰、二拍滑行或三拍滑行。最后可以做一次蹬冰，尽量坚持一次滑行的长度，这样做既可以提高身体保持平衡的能力，也可以练习增加蹬冰力量。

3. 双足向前弧线滑行

以右足蹬冰，双足向左前弧线滑行为例进行说明。双足呈丁字形站立于冰面上，左足在前，右足在后，双膝微屈，用右足冰刀内刃前部做蹬冰动作，此时身体重心稍向前移至左足外刃一侧，蹬冰后右足尽快回到左足内侧，呈双足滑行姿势，用左前外刃和右前内刃双足向左呈弧线滑行。在滑行中身体重心应稍偏于左足，右足前内刃起支撑协助滑行作用。身体纵轴稍向左倾，两臂自然伸向身体两侧，左臂稍向后，右臂稍向前，这样便于向左呈弧线滑行。用同样的方法而相反的姿势和动作做左足蹬冰、双足向前右侧弧线滑行。

在练习以上滑行动作时，要注意身体不能转动过急，身体纵轴倾斜角度不能过大，在练习中要充分体会双足内外刃的用力和重心移动，以便为下一个技术动作打下一个基础。初练时，速度不能过快，伴随着技术的熟练，可以适当加速，加大倾斜角度和弧线的曲度。初学者弧线的曲度以圆的直径为5～7米为宜。

4. 单足向前弧线滑行

准备姿势和技术动作与单足蹬冰、双足向前弧线滑行相同，不同之处在于：在蹬冰后应立即将重心移至滑行足，蹬冰足应尽快放在滑足足跟后，足尖向下，呈单足向前弧线滑行姿势。由于是单足滑行，身体重心完全落在滑足冰刀上，身体倾斜要比双足弧线滑行大一些，两臂应发挥调解平衡的作用，切忌转体过急，造成重心不稳，两侧交替进行练习。在练习熟练后，可以在逐步熟练的基础上适当加大单足滑行的时间和距离，为单足半圆滑行打好基础。

5. 前交叉步滑行

前交叉步分左前外—右前内交叉步和右前外—左前内交叉步。以前者为例，双足平行站在冰上，首先用右足前内刃蹬冰，在前外刃滑行，身体向左倾斜，左臂在后，右臂伸向前，然后将右足经左腿前交叉放在左足前方，同时重心由左足移至右足，呈右前内刃滑行，并用左前外刃向右后侧方蹬冰，右腿屈曲，左腿伸直，两腿呈交叉状，如此反复蹬冰和滑行，便形成了左前外—右前内交叉步滑行。

（三）向后滑行技术

1. 双足向后滑行

在练习双足向后滑行时，首先要双足平行站在冰上，由左足或右足内刃做原地向后蹬冰练习，蹬冰动作要与臀部和腰部的摆动协调配合，然后再练习向后双足滑行动作。双足平行站立，用左后内刃蹬冰，重心稍向右足移动，用腰部、臀部及两臂的摆动配合滑行，然后再用右后内刃蹬冰，做相反的动作向后做双足滑行。如此交替蹬冰和向后滑行，便形成了两条平行的曲线。

2. 单足向后滑行

准备姿势同单足蹬冰，双足曲线向后滑行，蹬冰方法和动作也完全相同，只是在完成蹬冰动作后，立即将身体重心移至滑行足，蹬冰足立即抬离冰面，放在滑足前方线痕之上，形成单足向后滑行动作，两臂在身体两侧协助保持平衡，两足交替上述动作，便形成单足交替蹬冰和滑行动作。

3. 双足向后弧线滑行

左后外刃蹬冰后，双足靠近呈右外刃，左后内刃双足滑行，身体向右倾斜，右臂向右，左臂向左，左臂在前，头转向右后方。用同样的方法、相反的动作和姿势，做右后内刃蹬冰，双足（右后内刃，左后外刃）向右后呈弧线滑行。

4. 单足向后弧线滑行

用左后内刃蹬冰，并立即将身体重心放到右足后外刃上，形成右后外刃单足弧线滑行，此时，蹬冰足应尽快抬离冰面，放到滑足前滑线之上，右臂向后，左臂向前，头向右侧，滑腿微屈。用同样的方法、相反的动作和姿势，做右后内刃蹬冰，左后外刃弧线滑行。也可以用在后内刃蹬冰，身体向左倾斜，右臂向后，左臂左前，形成右后内刃弧线滑行，蹬冰后蹬冰足应尽快抬离冰面，放到滑线之上滑足的前方。

5. 单足蹬冰，单足向后弧线滑行

用左后内刃蹬冰，并立即将身体重心放到右足后外刃上，形成右后外刃单足弧线滑行，此时，蹬冰足应尽快抬离冰面，放到滑足前滑线之上，右臂向后，左臂向前，头向右侧，滑腿微屈。用同样的方法、相反的动作和姿势，做右后内刃蹬冰，左后外刃弧线滑行。

也可以用在后内刃蹬冰，身体向左倾斜，右臂向后，左臂左前，形成右后内刃弧线滑行，蹬冰后蹬冰足应尽快抬离冰面，放到滑线之上滑足的前方。

（四）停止技术

1. "8"字停止法

在获得一定的向前滑行速度后，两脚平行分开滑冰，随后脚尖内转，两脚以内刃柔和地压紧冰面，同时两腿弯曲，上体稍前倾，臀部后坐，两臂前伸，维持身体平衡，这样就会逐渐减速至停止。

2. T形停止法

单脚向前滑行开始，浮足在滑行脚的后跟处呈T形放好后，用浮足内刃放在冰面上柔和地压紧冰面，减缓滑行速度至停止。

3. 双脚急停法

在向前滑行时，两脚同时做顺时针（或逆时针）一方向急转，左脚以内刃、右脚以外刃与滑行方向成90°角压紧冰面，同时身体向右急转，重心移至右腿上两膝弯曲，两臂前侧伸，即可使身体停止下来。

4. 向后滑行急停法

由于花样滑冰鞋底的冰刀前缘有刀齿，所以在向后滑行的过程中只要抬起脚跟做提踵动作，冰刀的刀齿就会起制动性摩擦冰面的作用，从而达到降低滑行速度并停下来的目的。做刀齿摩擦冰面的同时，注意身体要稍向前倾，两臂侧举维持平衡。

案例总结

用实力让黑手"无从下手"

2018年2月22日晚，平昌冬奥会短道速滑男子500米决赛上演，中国选手武大靖一骑绝尘，1/4决赛即打破世界纪录的他，顶住重重压力，没有给韩国队任何机会，以39秒584的成绩再次刷新自己刚创造的世界纪录和奥运纪录，获得冠军，为祖国拿下该届冬奥首块金牌！这个冠军赢得没有一点瑕疵，让所有对手和观众心服口服，让幕后操纵者"无计可施"。中国队用实力说话，用实力夺冠！

★探索与思考★

1. 初学者如何选择滑冰运动器材？
2. 几种冰刀在滑行中有哪些区别？

专题10.2 滑雪运动

冬奥会上羸弱的中国雪上项目

2018年韩国平昌冬奥会，中国队取得了1枚金牌、6枚银牌、2枚铜牌，共9枚奖牌的成绩。其中冰上项目取得了1金、3银、1铜的成绩，雪上项目仅仅取得3银、1铜的成绩。除了在奖牌数量上不如冰上项目外，在奖牌分布面上也不如冰上项目。和冰上项目相比，中国冬奥军团的雪上项目显得过于羸弱，尤其值得一提的是，中国队在自由式滑雪空中技巧这一优势项目中连续多届奥运会屡失金牌。中国冬奥体育代表团"冰强雪弱"的现状依然明显，雪上项目很难在冬奥会赛场上有所作为。

一、滑雪运动的缘起和发展

（一）滑雪运动的缘起

关于古代滑雪运动的起源，目前有两种主流观点：一种观点是世界雪坛（特别是欧洲）不少人把挪威称为"滑雪的故乡"；另一种观点认为中国的阿勒泰地域是人类滑雪运动的发源地。

无论哪种观点，都一致认为最早的滑雪活动是人们为了利用雪、征服雪而作为行走、狩猎、运输、战争等内容的手段，大约开始于公元前2500年以前。滑雪的踪迹最早可以在西伯利亚贝加尔湖以南的阿勒泰地域的历史记载中见到。在挪威的山洞岩石上也发现了刻有穿滑雪板的人体雕刻。最早的滑雪器具可能是人们把"雪踏"形状的器具用皮条绑在脚上，这主要是为了不陷进雪中，进而作为在雪面上走滑的用具。

公元前4世纪，希腊历史学家在小亚细亚旅行时，见到有关记载说，亚美伊亚山民穿着原始的雪靴，就如同在马脚上扎上布袋一样在雪上走滑。在中国古代地理书《山海经》的第十八卷《海内经》中曾有记载为"有丁令国，其民自膝以下有毛，马蹄善走"，这是有关中国滑雪的最早论述。所谓丁令国，即在贝加尔湖以南直至阿勒泰山一带从事游牧的我国北方的一个民族。此外，在中国的古籍魏志卷三十五的末尾曾指出"北丁令有马胫国，其人严似雁鹫，自膝以上身首为人，膝以下有毛，有马胫、马蹄，不骑马而能奔驰，驭马更快，为人勇猛善战"。这段文字也清晰地描绘了奔驰雪上的古代人形象。

（二）现代滑雪运动的发展情况

现代滑雪运动被公认为起源于欧洲。20世纪初叶，伴随人类社会的进步，经济科技的发展，滑雪运动冲开了原有的局限，经过近代哺乳，跳跃式登上了现代的历程。现代滑雪运动在场地建设、器材设备的研制、技术理论的探讨、参与的人口等各领域得以全面发展，竞技滑雪、滑雪旅游在近几十年处于突飞猛进的扩展中。当代滑雪的重心在欧洲，大众参与程度可谓达到登峰造极的高度，其次是北美的美国、加拿大及亚洲的日本，目前世界五大洲都开展了滑雪运动。

（三）我国滑雪运动的发展情况

我国的近代与现代滑雪运动发展缓慢，近代滑雪是20世纪二三十年代从俄罗斯及日本传入，并在部分地区零星开展。1957年我国组织了第一次全国性的滑雪比赛，从此拉开了新中国近代滑雪运动的序幕，以东北地区为代表陆续开展了滑雪运动。由于受到自然条件和经济不发达的制约，发展速度缓慢，而且多局限于竞技滑雪领域。我国于1980年第13届冬奥会才首次参加冬奥会，就此开始实现现代滑雪的起步。

改革开放以来，群众性的旅游休闲滑雪自20世纪末期逐步开展，中国的滑雪产业已成为朝阳产业，1996年之后的不足十年间，滑雪场的数量与滑雪人口迅猛增加。目前全国有超过20余个省级行政区域开展了大众滑雪运动并且以迅猛速度发展。

目前，中国的竞技滑雪运动除空中技巧项目已获得冬奥会银牌及多次世界杯冠军，冬季两项除女子成绩突出外，其他诸多滑雪项目及滑雪领域较国外滑雪运动水平先进的国家存在着很大的差距。

二、滑雪运动的分类

滑雪运动是指人们以各类雪板为用具，以竞速或者技巧展现为目的，在人工或天然雪面上进行滑行动作的运动。

按照滑雪的目的和功能可将滑雪运动分为实用滑雪、冒险滑雪、竞技滑雪、娱乐滑雪四类。

（1）实用滑雪。实用滑雪是滑雪最初的功能，作为一种运输方式和手段与人类社会生产密切联系，目前已经被竞技滑雪、大众滑雪和冒险滑雪所替代。

（2）冒险滑雪。冒险滑雪也称为探险滑雪、特殊滑雪，是部分狂热的爱好者为了超越自我、征服大自然而开发的一种特殊滑雪运动，包括极限滑雪、定向滑雪、登山滑雪等。

（3）竞技滑雪。竞技滑雪以竞赛为目的，是现代滑雪发展的产物，作为冬奥会项目，形成了完善的体系，包括高山滑雪（国外称阿尔卑斯滑雪）、越野滑雪、跳台滑雪、北欧两项、自由式滑雪、单板滑雪、冬季两项、登山滑雪等冬奥会和非冬奥会项目。

（4）娱乐滑雪。娱乐滑雪是以健身和娱乐为目的的群众性滑雪运动，也称为休闲滑雪或者大众滑雪，以高山滑雪、单板滑雪和越野滑雪为主。

三、滑雪运动的场地、设施和装备

（一）滑雪运动场地

滑雪场地根据项目不同，可以分为滑雪道、跳台、U形池和单板公园等不同种类、不同类型，大型的滑雪场可能囊括所有的滑雪场地类型，中小型可能包含一种或几种场地类型。目前世界上数量最多的是高山滑雪场地，一般是由初、中、高级雪道组成。我国也以高山滑雪场地为主。

（二）滑雪运动设施

1. 索道

在滑雪场，人们通过索道往返于各种类型场地之间。索道是滑雪场的必备设备，每个滑雪场的雪道之间都由索道连接，根据不同的坡度和长度，可配置传动式索道，拖牵式索道，吊椅式索道以及吊箱式索道。

乘坐索道时要注意以下几点。一是乘坐夹腿式拖牵时，双腿要夹紧身体，略微后仰，使身体重量直接作用在把杆上，在到达终点后，一定要先松开把手，再离开索道；二是乘坐托臀式拖牵时，上体和腿要伸直，身体略微后仰，使身体重量直接作用在拖杆上；三是在乘坐吊椅式索道过程中，应保持身体平稳，不能晃动，防止雪板或雪仗脱落，在下吊椅时，利用雪杖的撑动，迅速离开索道，以免被运行中的吊椅刮倒，同时也给后面的乘坐者让出下索道的位置。

2. 造雪机和压雪车

造雪机是把水高压喷射雾化后，通过外界冷空气的作用，将水雾变成雪的人工造雪机器，利用造雪机可以保证雪道雪量充足。

压雪车是修整滑雪场的专用车辆，具有平、推、压雪的功能，是保证滑雪的舒适性、安全性的机械。

（三）滑雪运动装备

1. 滑雪板

不同项目所使用的滑雪板各不相同，可以分为高山滑雪、越野滑雪、自由式滑雪、单板等类型滑雪板。滑雪板由板头、板腰和板尾构成，滑雪板两端翘起，两侧由板刃包裹。滑雪板的长度、宽度、弧度、硬度决定了滑雪板的性能，雪板越长，滑行速度越快，越难控制；相反雪板越短，滑行速度越慢，越容易控制。

2. 固定器

固定器是连接滑雪板和滑雪鞋的装置，一般由金属材质构成，首要作用是将滑雪鞋固定在滑雪板上；次要作用是在滑雪者摔倒时可以使滑雪板自动脱落，避免人员受伤。固定器由前、中、后三个部分组成，前部和后部可以将滑雪板与滑雪鞋固定为一体，固定器可在横向外力过大，也就是侧摔时自动脱开，使雪板和雪鞋分离，以避免造成滑雪者的伤害。

3. 滑雪鞋

滑雪鞋对脚和踝关节有固定保护、保暖等作用，滑雪鞋的种类很多，从功能上可以分为竞技滑雪鞋和休闲滑雪鞋，都设有调整松紧的卡子和调整前倾角度的装置，用于连接滑雪板。

挑选滑雪鞋的号码，应根据脚的大小、技术水平和个人爱好等因素决定，穿鞋时要打开鞋面的卡子，穿完鞋后用脚跟踏地穿实，然后依次固定扣紧夹子及加固带，适度调节松紧穿。脱掉雪鞋时，先清除鞋面的覆雪，然后松开夹子和加固带，将脚从鞋内抽出，将鞋上夹子和加固带扣好即可。

4. 滑雪头盔和滑雪镜

滑雪头盔是硬质材质注塑而成的，款式多种。头盔的作用是当滑雪者失控跌倒后，保护头部不致被雪面或其他物体撞伤。在参加比赛快速滑行及在树林中穿行时必须戴头盔。

滑雪镜一般有两种，一种是太阳镜，另一种是封闭式防风专用高山滑雪镜。滑雪镜主要功能有防止冷风对眼睛的刺激，防止紫外线对眼睛的伤害（直射或雪面反射），保证滑雪者的视线正常，跌倒后不会刺伤眼睛和脸部，在光线暗淡条件下起到增光的作用，等等。

5. 滑雪杖

滑雪杖的功能是支撑、加速、维持平衡、引导转变（点杖）。滑雪杖的杖杆部分由轻铝合金材料制成，上粗下细，有鞘度；其上端有握柄和握革，便于手握和防止雪杖脱落；其下端有杖尖，防止雪杖在硬雪撑插时脱滑，杖尖以上有圆形或雪花形雪轮，限制雪杖过深插入雪面。滑雪杖在选用时其高度应大致与肘部同高或略低些，初学者可再高一点，以便限制上体过分前弯曲。滑雪杖越轻越好，握革环状的大小可根据持杖者手的大小调解。

6. 滑雪服

滑雪服具有保暖、防风、防水、吸汗、耐磨等作用。选择滑雪服应注意，不能选择太大或太紧的服装，滑雪服的外料应选耐磨、防风、防水的材料，内层应选保暖透气的材料。从颜色上看，最好选用与雪色反差较大的醒目颜色。

7. 帽子和手套

大众滑雪者选择佩戴滑雪帽，它的主要作用是头部的保温作用，避免耳部冻伤，并预防感冒。可根据气温的冷暖变化情况选择厚或薄的滑雪帽。由于经常要用手去整理滑雪器材和掌握雪仗，持握雪杖，因此滑雪手套是滑雪者的必备用品，应当选择尽量宽大的滑雪手套，手套腕口要长，最好能将袖口套住。滑雪手套要保暖防水，并可以保护手部安全。

四、滑雪运动基本入门技术

从当前滑雪运动发展现状分析，高山滑雪作为娱乐滑雪的主要形式，同时也是竞技滑雪的主要项目，受到几乎所有滑雪爱好者的欢迎，无论从人数、器材、场地及设施等各个角度来看，都是滑雪运动的主体。因此，高山滑雪基本技术成为滑雪运动的入门技术。

（一）前导练习

1. 不着雪板的练习

穿上雪鞋后，由于雪鞋的鞋勒较高，踝关节的可动性很小，活动受限，为了尽快适应雪鞋及提高对雪的兴趣，可进行不持雪杖而只穿着滑雪鞋的各种游戏，通过各种游戏及活动，使锻炼者在不知不觉中提高了对雪鞋的适应性，增强了对雪的兴趣。在此基础上，两手持雪杖进行有支撑的走或慢跑的练习，体会雪杖与运动的配合。

2. 着雪板的练习

（1）站立练习。穿雪板站立姿势是滑雪者进入雪场后应持的基本体态姿势，分为平地站立姿势与斜坡站立姿势。

① 平地站立练习：身体放松并自然站立，双雪板平行，间距不超过胯宽，双雪板放平，共承体重，重心居中，压力均匀，双雪杖起立插于固定器前部的外侧，目视相关方向。

② 斜坡站立练习：在平地站立姿势的前提下，加进雪板的立刃及身体的小反弓形姿势，左、右不对称。双雪板平行横在山坡上，与滚落线垂直，山上板较山下板位置略高，山上侧腿微曲，可稍前于山下侧腿半脚距离，双膝微微向山上侧倾斜，山下板立内刃承担主要体重，刻住雪面；山上板立外刃刻住雪面，重心向山下侧偏移，上体微微向山下侧与立刃的雪板对应横倾和转向，形成微小的反弓反向姿势。

（2）穿雪板原地改变方向练习。原地变向是指滑雪者在平地或坡面上处于非滑行的"静态"状态下改变方向。初学者只有掌握了原地改变方向之后才能比较自如地进行各种练习。

① 踏步式变向：无论板尖展开变向还是板尾展开变向，都要注意雪杖的位置，板尖展开变向时雪杖支撑位置应在体前。初练时雪板一次展开距离不宜过大，随着对雪板的适应，再逐渐加大展开的角度与距离。在展开雪板时，身体重心要明显地放在支撑腿上，移动要快。展开雪板时，要保持身体的平稳站立姿态。

② 180°变向（向后转）：呈穿板站立姿势，雪板与滚落线垂直；双雪杖稍前移至体前两侧支撑，左板后部提起向后预摆；右板承重，左板向前上踢成起立状态；将直立的左板以板尾为轴心向左侧下方转动约180°，在右板内侧着地并承重，左雪板转动的同时，上体跟着左转约90°；体重移至左腿，右板抬起从左腿后侧通过并力争也转动180°，放到左板同一方向并平行的位置上，上体随同右板再左转约90°；双板同时承重，完成了向后转体的目的；两雪杖在体侧根据转向情况顺势支撑，维持平衡，协助后转，雪杖不要影响雪板的动作；滑雪杖妨碍雪板转动和雪板不垂直滚落线，安然后转是不可能进行的。

（3）着雪板移动练习。

① 着单板练习：一只脚穿雪鞋，另一只脚穿着雪板，通过穿雪鞋脚的蹬动及穿着雪板脚的支撑及滑进，循序渐进地提高对雪板和雪板着雪感觉的体会及提高支撑平衡能力。练习内容包括平地行走、单板撑杖滑行、各种登坡。

② 着双板练习：在平坦场地进行，其目的是进一步适应雪板、雪鞋及雪杖，达到人与器材的协调一致，练习方法包括走、滑行、双杖推进滑行及双杖推进滑行到停止。

（二）登坡技术

登坡技术是指滑雪者穿着雪板从山下向山上移动。登坡因技术水平、雪质、坡度和滑雪者自身体力的不同而采用不同的登坡方法。

1. 双板平行登坡

双板平行登坡可适用于各种坡面，登坡者侧对垂直落下线，可用雪杖协助登坡。双板平行登坡可用于直登坡，也可用于斜登坡。其动作要领如下：向上迈出的板步幅不要太大，迈出时保持双板平行，重心随之向上移动，可用杖协助支撑；用上侧板外刃刻住雪面后重心随之移到上侧板上，接着下侧腿向上侧腿靠拢，并用内刃刻住雪面；下侧板内刃刻住雪面后，再进行第二步的登行。

2. 八字登坡

八字登坡一般用于缓、中坡。登坡者应面对登坡方向，垂直向上登行。其动作要领如下：面对山坡，用两板内刃刻住雪面，身体前倾，向前上方依次迈出雪板，步子不宜过大，防止板尾交叉，同侧的雪杖协助支撑，可用手握住雪杖握把的头。在向上登坡时重要的是板内刃刻住雪面后重心移动。

（三）停止、安全摔倒与站起

1. 停止

减速或停止是通过对雪板的控制使雪板与前进方向成一定的角度或完全横对前进方向的同时，增大立刃的程度以加大摩擦力来完成的。初学者主要采取犁式停止法。其动作要领如下：在滑降中使雪板成犁式状态。重心稍后移，形成稍后坐姿势的同时两板尾蹬开，使立刃、两侧内刃逐渐加大刮雪力量；逐渐加大板尾向外侧的立刃和蹬出力量直至停止。

2. 安全摔倒

这是指在滑降过程中，通过主动摔倒的方式分解冲力，避免撞击，化解险情。其动作要领如下：跌倒前急剧下蹲，降低重心；臀部向后侧方坐下，臀部一侧触及雪面，头朝上向山下滑动。防止头部触地或向前摔倒；尽量使双脚举起、双臂外放，尽可能使雪板、雪杖离开雪面，不要挣扎，顺其自然下滑，严防滚翻；没停止之前或受伤后，不要盲目乱动。

3. 站起

在山坡上摔倒后，首先要弄清自己的头朝什么方向，然后再移动身体使头朝山上、雪板朝山下方向，形成侧卧状态。然后是抬起上体形成侧坐，收双板时使双板横对山下侧，尽量使双板靠近臀部并用山上侧板外刃刻住雪面，再用手或雪杖支撑站起。

（四）滑降技术

高山滑雪滑降是基本顺着滚落线由上向下的滑行，通常是只靠重力自动加速的滑行。滑降技术是高山滑雪的基础技术，是滑行速度最快的技术，应用于高山滑雪，乃至其他滑雪项目诸多技术领域。

1. 滑降的基本姿势

高山滑雪滑降（滑雪）的基本姿势是最基础的姿势，是在"穿雪板自然站立"姿势的基础上增加几个简单的人体动作，被视为滑雪实际技术的第一位，几乎应用于滑雪技术全领域，对高山滑雪各种技术有着决定性、长久的影响。

2. 基本姿势的动作要领

（1）呈"平地穿雪板站立姿势"，身体放松，双雪板平行放平，受力均匀，两板距离约同胯宽。

（2）双脚或双脚弓处承担体重，并结实地将雪板踩住，做到脚下不发虚，重心不落后和"下沉"，两侧居中。

（3）双膝前顶，使其具有万向接头的功能，有弹性地调整姿势。

（4）臀部适度上提，收腹，上体微前倾。

（5）提起双雪杖，肩放松，双手握杖置于固定器前部外侧，与腰部同高，微外展，杖尖不拖地。

（6）目视前方10~20米的雪面。

（7）进入学习转弯点杖阶段，在进入中级水平之后，基本姿势应适度压缩，便于上下肢的配合，适应快速滑行。

3. 滑降的技术的种类

（1）直滑降。直滑降是指雪板呈平行状态，雪板底面与雪面吻合，与滚落线方向相同，自上而下滑行。直滑降的技术重点是用腿部的屈伸调解并保持正确的滑行姿势。包括双板平行直滑降、犁式直滑降等类型。

（2）斜滑降。斜滑降是指与滚落线形成一定角度，向斜下方滑行的方式。斜滑降技术是高山滑雪基本功练习的主要内容，包括双板平行斜滑降、犁式斜滑降等类型。

（3）横滑降。横滑降是指双雪板横在山坡上，与滚落线大致垂直，沿着滚落线的方向自上而下滑降。横滑降呈"坡面穿雪板站立姿势"，两板尽量平行靠近，山上板也可稍靠前；身体侧对滚落线方向，与斜滑降比较上体有更大的向山下扭转的感觉；双腿基本直立，由双雪板山上侧立刃刻住雪面，通过调整雪板立刃角的大小及放平来增减下滑的速度。加大立刃时减速，放平雪板时速度增快；滑雪杖基本不用，当横滑速度太慢时，可用雪杖放于上侧支撑；雪板前部用力大些，雪板向前下方滑动；雪板后部用力大些，雪板向后下方滑动。

（五）转弯技术

转弯也称为"回转"，是指利用相适应的动作方式使滑雪板不时地改变方向的滑降。转弯时雪板在雪面上运行的板迹是连续的S形曲线。转弯是高山滑雪技术的重点、关键和精华。

按转弯时雪板的板型及动作结构的不同分类，有犁式转弯、犁式连续转弯、半犁式转弯、半犁式连续转弯、踏步式转弯、绕山急转弯、登冰式转弯、双板平行转弯、双板平行连续转弯、双板平行摆动转弯、登跨式转弯、跳跃式转弯、卡宾式转弯技术。下面仅介绍犁式转弯和卡宾式转弯。

1. 犁式转弯

犁式转弯是高山滑雪转弯的重要基础技术。犁式转弯是在犁式直滑降的基础上，向一侧雪板移动重力（或增大一侧雪板的立刃或加强一侧腿部蹬转力，改变雪板迎）的方式，左、右轮换地强化主动板的作用，达到左右转弯。

犁式转弯技术：犁式直滑降状态中向一侧雪板移动体重（横移重心），促使该雪板成为主动板，便形成犁式的自然转弯。在犁式直滑降状态中加大一侧雪板的立刃，使其产生较大的雪面阻力，促使该雪板成为主动板，便形成犁式的转弯。在犁式直滑降状态中，强化一只雪板的蹬转力，改变该雪板形成迎角变为主动板，实现犁式转弯。

2. 卡宾式转弯

当代卡宾滑雪板的出现，滑雪技术较传统板型技术又增添了新的特点。

卡宾式转弯技术：增宽双板间的距离，一般为肩宽，特别是在陡坡、斜坡、硬雪中的滑行，更不能收窄，应尽量在合理范围内增大支撑面积；双雪板始终趋于在雪面上滑行，简化了引申及"提并板"过程，双雪板基本是"原地变刃"进行转弯；腰部以上的躯体稳定，增加了上体对转弯的导向功能；身体重心通常总处于中间，而不是向前或向后；转弯的动作更向下肢胯部集中；双雪板负重比例差缩小，可根据实际情况调整两只雪板间的重力比例。

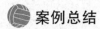案例总结

小花绽放，中国滑雪未来可期

2019年2月24日下午，宫乃莹在国际雪联单板滑雪平行项目世界杯崇礼站的平行回转项目决赛中战胜瑞士选手佐格。两人一路紧咬，直到最后三个旗门才见分晓，宫乃莹最终以0.35秒的优势摘金。

一天前，这位20岁的中国单板滑雪选手仅仅跻身大回转项目16强。面对记者时，她感叹自己发挥不够好，用力不够。一天后，宫乃莹在这条为2022年冬奥会新建的赛道上斩获冠军。中国队的臧汝心和宫乃莹进入平行回转比赛的16强。1/8决赛中，臧汝心被佐格淘汰，宫乃莹则战胜了波兰选手克鲁尔。1/4决赛中，宫乃莹战胜了新西兰选手萨宾娜。半决赛中，面对德国名将约尔格，宫乃莹以0.16秒的优势涉险挺进决赛并最终战胜佐格夺冠。颁奖仪式前后，宫乃莹一直身披国旗，嘴唇有些颤抖。她说："今天比的是平行回转（非奥项目），奥运会上比的是平行大回转，我希望在北京冬奥会的平行大回转上取得前四名的成绩吧。"期待我国滑雪运动取得新的突破。

★探索与思考★

1. 雪仗在滑雪运动中的作用重要吗？
2. 如果可能，你希望成为哪个雪上项目的选手并代表中国队参加冬奥会？为什么？

模块十一　武术与民族传统体育

模块导读

　　武术具有明确的体育属性，当今武术主要包含的社会哲学、中医学、伦理学、兵学、美学、气功等多种传统文化思想和文化观念，都是注重内外兼修的体现，诸如整体观、阴阳变化观、形神论、气论、动静说、刚柔说等，逐步形成了独具民族风貌的武术文化体系。它内涵丰富，寓意深，既具备了人类体育运动强身健体的共同特征，又具有东方文明所特有的哲理性、科学性和艺术性，较集中地体现了中国人民在体育领域中的智慧结晶。它从一个侧面反映了东方的民族文化光彩。因此，从广义上认识，武术不仅是一个运动项目，而且是一项民族体育，是中国人民长期积累起来的一宗宝贵文化遗产。

　　中国传统体育最早见于20世纪初的清末，当时对幼儿进行全面教育时说："保全身体之健旺，体育发达基地。"以此进行身体的养护、培养和训练等身体教育过程。中国传统体育项目很多，诸如武术、射箭、摔跤、赛龙舟、毽球、跳绳、荡秋千等。

　　通过学习武术和其他民族体育项目，有助于在运动中体验运动乐趣和成功的感觉，同时表现良好的体育道德和合作精神。

能力目标

1. 了解我国传统体育的特点。
2. 了解武术、太极拳的技术要求。
3. 掌握武术、太极拳的技术要点。

专题11.1　武　术　运　动

导入案例

中国武术"入奥梦"又进一步

　　2017年8月国际奥委会在巴西里约表决通过攀岩、滑板等5个大项进入东京奥运会。武术作为备选的8个项目之一，虽然没有成功进入东京奥运会，虽有些遗憾，但也说明武术距离奥运会又近了一步。

　　推动中国武术成为奥运会正式比赛项目，是中国人多年的梦想，体育主管部门也把武术入奥作为一个重要目标。多年来我国始终致力于通过各种方式推动武术走出国门，走向世界，提高武术在国际上的参与度、影响力，从而让武术入奥获得更多的国际支持。在2008年北京奥运会上，武术第一次成为特设项目走进奥运会舞台。尽管没有成功进入东京奥运会，但是能够成为8个后补项目之一，也说明中国武术的国际影响力与日俱增，未来充满无限可能。

一、武术运动简介

从历史上看,有不少归属武术类的名称,春秋战国时称"技击"(战术技巧一类);汉代出现了"武艺"一词,并沿用至明末;清初又借用南朝《文选》中"偃闭武术"(当时泛指军事)的"武术"一词,1949年后仍沿用"武术"一词。

随着历史的变迁和冷兵器的逐步消亡,以及专用武术器械的生产及拳械套路的大量出现,对抗性项目、武术竞赛规则的制定,武术已演化成为体育运动项目之一。武术的体育化使其内容、形式及训练手段等都发生了很大变化,反映事物本质属性的概念也在不断变化。发展到今天,武林的基本定义可概括为:武术是以技击为主要内容,以套路和搏斗为运动形式,注重内外兼修的中国传统体育项目。应从这一定义出发来认识武术。

(一)武术的产生和发展

武术在我国有悠久的历史,它的产生,缘起于我国远古祖先的生产劳动。在原始社会生产力极为低下的社会条件下,人们为了生存的需要,就必须依靠群体力量同自然界搏斗。人们在狩猎的生产活动中,逐渐积累了劈、砍、刺的技能。这些原始形态的攻防技能是低级的,还没有脱离生产技能的范畴,却是武术技术形成的基础。武术作为独立的社会文化现象,是同中华民族文明的产生同步的。

武术萌芽于原始社会时期。氏族公社时代,经常发生部落战争,因此在战场上搏斗的经验也不断得到总结,比较成功的一击一刺、一拳一腿反复被模仿、传授、习练着,促进了武术的产生。

武术成形于奴隶社会时期。夏朝建立,经过连绵不断的战火,武术为了适应实战需要进一步向实用化、规范化发展,夏朝时期的武术活动主要在以下两个方面发展:①军队的武术活动。②以武术为主的学校教育。商周时期,商代出现了武术训练的重要手段——田猎,商周利用"武舞"来训练士兵,鼓舞士气,周代设的"庠""序"等学校中也把射御、习舞干戈列为教育内容之一。相传在周时期出现了一部中国武术史上重要的著作《周易》,又称《易经》,"一阴一阳为之道"这本书涵盖很丰富的哲学思想,对我国养生学的发展影响极为深远,其"易有太极,是生两仪,两仪生四象,四象生八卦"产生了太极学说,从此奠定中国武术体系。进入春秋战国以后,诸侯争霸,都很重视技击术在战场中的运用。齐桓公举行春秋两季的"角试"来选拔天下英雄,以勇受禄。在这一时期,剑的制造及应用都得到了空前的发展。

武术发展于封建社会时期。秦汉以来,盛行角骶、手搏、击剑等。随着"宴乐兴舞"的习俗,手持器械的舞练时常在乐饮酒酣时出现,如《史记·项羽本纪》记载的"鸿门宴"中"项庄舞剑,意在沛公"便是这一形式的反映。此外,还有"刀舞""钺舞""双戟舞"等,虽具娱乐性,但从技术上更近于今天套路形式的运动,而不近于舞蹈。

唐朝以来开始实行武举制,对武术的发展起了促进作用,如对有一技之长的士兵授予荣誉称号。裴旻将军的剑术独冠一时,有与李白诗歌、张旭草书并称唐代三绝的美誉,可见武术作为一种文化形式已相当具有影响。

宋元时期，以民间结社的武艺组织为主体的民间练武活动蓬勃兴起，有习枪弄棒的"英略社"，习射练刀的"弓箭社"等。由于商业经济活跃，出现了浪迹江湖、习武卖艺为生的"路歧人"。不仅有单练，而且有"枪对牌""剑对牌"等对练。

明清时期是武术大发展时期，流派林立，拳种纷呈。拳术有长拳、猴拳、少林拳、内家拳等几十家之多，同时形成了太极拳、形意拳、八卦拳等主要的拳种体系。

到了近代，武术顺应时代的变化，逐步成为中国近代体育的有机组成部分。20世纪初，民间出现了许多拳社、武士会等武术组织。1910年在上海成立了"精武体育会"，1927年在南京成立了"中央国术馆"。1936年中国武术队赴柏林奥运会参加表演。

中华人民共和国成立后，武术成为社会主义文化和人民体育事业的一个组成部分，得到了蓬勃发展。1950年中华全国体育总会召开了武术座谈会，倡导发展武术运动。1956年中国武术协会建立了武术协会、武术队等，形成了空前广泛的群众性武术活动网，为武术的发展开拓了广阔的道路。1985年，在西安举行了首届国际武术邀请赛，并成立了国际武术联合会筹委会，这是武术发展中历史性的突破。1987年在日本横滨举行了第1届亚洲武术锦标赛，标志着武术走进亚运会。1990年武术首次被列入第11届亚运会竞赛项目。1999年，国际武联被吸收为国际奥委会的正式国际体育单项联合成员，这是武术发展中的又一历史性突破，意味着有可能将成为奥运项目，意味着我国"把武术推向世界"的雄伟目标的进一步实现。

（二）武术的形式、内容和分类

武术的内容丰富多彩，按其运动形式可分为以下两大类。

1. 套路运动

武术动作以攻守进退、动静疾徐、刚柔虚实等矛盾运动的变化规律编成的整套练习形式，主要内容包括拳术、器械、对练、集体表演。

（1）拳术：徒手练习的套路运动。它的种类很多，主要有长拳、太极拳、南拳、形意拳、八卦掌、通背拳、象形拳等。

（2）器械：分为长器械、短器械、双器械、软器械。其中刀、枪、剑、棍是目前最为常见的重点竞赛项目。

（3）对练：是在单练的基础上，两人或两人以上在预定的条件下进行的攻防的假设性实战练习。其中包括徒手对练、器械对练、徒手与器械的对练等。

（4）集体表演：是以6人以上的徒手或器械集体演练，可变换队形与图案和采用音乐伴奏，要求队形整齐，动作协调一致。

2. 搏斗运动

两人在特定条件下按照一定的规则进行斗智较力的对抗练习形式。目前武术竞赛中正在开展的有散手、推手、短兵三项。

（1）散手：即散打，是两人按照一定的规则使用踢、打、摔、拿等方法制胜对方的竞技项目。

（2）推手：是两人按照一定的规则使用掤、捋、挤、按、肘、靠等手法，双方沾连粘随，通过肌肉的感觉来判断对方的用劲，然后借劲发力将对方推出，以此决定胜负的竞技项目。

（3）短兵：是两人手持一种用藤、皮、棉制作的短棒似的器械，在约533厘米直径的圆形场地内，按照一定的规则，使用劈、砍、刺、崩、点、斩等方法进行决胜负的竞技项目。

（三）武术的特点和作用

武术在长期的历史演变中逐渐形成了自己的运动规律，它以独特的技术风格和多方面的社会功能享誉于世。

1. 武术的特点

（1）寓技击于体育之中。武术最初作为军事训练手段，与古代军事斗争紧密相连，其技击的特性是显而易见的。在实用中，其目的在于杀伤、制伏对方，它常以最有效的技击方法，迫使对方失去反抗能力。这些技击术至今仍在军队、公安中被采用。武术作为体育运动，技术上仍不失为攻防技击的特性，而是将技击寓于搏斗与套路运动中。搏斗运动集中体现了武术攻防格斗的特点，在技术上与实用技击基本上是一致的，但是从体育观念出发，它受到竞赛规则的制约，以不伤害对方为原则。如在散手中对武术中有些传统的实用技击方法做了限制，而且严格规定了击打部位和保护护具；短兵中使用的器具也做了相应的变化；而推手则是在特殊技术规定下进行竞技对抗的。因此，可以说武术的搏斗运动具有很强的攻防技击性，但又与实用技击有所区别。

套路运动是中国武术的一个特有的表现形式，不少动作在技术规格、运动幅度等方面与技击的原形动作有所变化，但是动作方法仍然保留了技击的特性。即使因联结贯串及演练技巧上的需要，穿插了一些不一定具有攻防技击意义的动作，然而就整套技术而言，主要的动作仍然是以踢、打、摔、拿、击、刺诸法为主，是套路的技术核心。它的攻防技击特性是通过一招一式来表现的，汇集百家，它的技击方法是极其丰富的，在散手、短兵中不宜采用的技术方法，在套路运动中仍有所体现。

（2）内外合一，形神兼备的民族风格。既究形体规范，又求精神传意、内外合一的整体观，是中国武术的一大特色。所谓内，是指心、神、意等心志活动和气息的运行；所谓外，即手眼身步等形体活动。内与外、形与神是相互联系统一的整体。

武术"内外合一，形神兼备"的特点主要通过武术功法和技法来体现。"内练精气神，外练筋骨皮"是各家各派练功的准则，如太极拳主张身心合修，要求"以心行气，以气运身"。形意拳讲究"内三合，外三合"。此外武术套路在技术上往往要求把内在精气神与外部形体动作紧密相合，完整一气，做到"心动形随""形断意连""势断气连"。

（3）广泛的适应性。武术的练习形式、内容丰富多样，有竞技对抗性的散手、推手、短兵，有适合演练的各种拳术、器械和对练，还有与其相适应的各种练功方法。不同的拳种和器械有不同的动作结构、技术要求、运动风格和运动量，分别适应人们不同年龄、性别、体质的需求，人们可以根据自己的条件和兴趣爱好进行选择练习，同时它对场地、器材的要求较低，俗称"拳打卧牛之地"，锻炼者可以根据场地的大小变化练习内容和方式，即使一时没有器械，也可以徒手练拳、练功。一般来说，受时间、季节限制也很小。较之不少体育运动项目具有更为广泛的适应性，武术能在广大民间历久不衰，与这一特点不无关系，利用这一特点可为现代群众性体育活动提供方便，使武术进一步社会化。

2. 武术的作用

武术具有健身、防身、修身养性、娱乐观赏等多方面的作用，是人们增强体质，振奋精神的一种好手段。

（1）改善和增强体质。武术具有强体健身的作用，武术运动的动作包含着屈伸、回环、平衡、跳跃、翻腾、跌扑等，人体各部位几乎都要参与运动。系统地进行武术训练，对人体速度、力量、灵巧、耐力、柔韧等身体素质要求较高，人体各部位"一动无有不动"，使人的身心都得到全面锻炼。

（2）提高防身自卫的能力。武术套路运动和搏斗运动，都是以技击作为它的中心内容的，通过武术锻炼，不仅能够达到增强体质的作用，而且能够学会攻防格斗技术，特别是武术功力训练，更能发挥技击的实效性。

（3）锻炼意志，培养道德情操。"未曾习武先学礼，夫曾习武先习德"，传统中始终把武德列为习武教武的先决条件。武术在中国几千年绵延的历史中，一向重礼仪，讲道德，"尚武崇德"，包含了深刻广泛的道德内容，比如互教互学、以武会友、切磋技艺、讲礼守信、见义勇为、不逞强凌弱等品德。激烈的攻防技术和人生修行结合起来，是中国武术传统道德观念的体现。经过长期锻炼，可以培养人们勤奋、刻苦、果敢、顽强、虚心好学、勇于进取的良好习性和意志品德。

（4）娱乐观赏，丰富文化生活。武术具有很高的观赏价值，无论是套路表演还是散手比赛，历来为人们喜闻乐见。唐代大诗人李白好友崔宗字赞他"起舞拂长剑，四座皆扬眉"。汉代打擂台，"三百里内皆来观"。都说明无论是显现武术功力与技巧的竞赛表演套路，还是斗智较勇的对抗性散手比赛，都会引人入胜，给人以美的享受，都具有很高的观赏价值。通过观赏，给人以启迪教育和乐趣。

武术运动内涵丰富，技理相通，入门之后会有"艺无止境"之感。群众性的武术活动，便成为人们切磋技艺、交流思想、增进友谊的良好手段。随着武术在世界广泛传播，还可促进与国外武术爱好者的交流。许多国家武术爱好者喜爱武术套路，也喜爱武术散手，他们通过练武了解认识中国文化，探求东方的文明。武术通过体育竞技、文化交流等途径，在与世界各国人民友好交往中发挥着越来越大的作用。

二、武术运动的基本技术

武术运动的基本功是指以武术运动中具有共性的基本训练为内容，以获得和运用技法必备的各种能力为锻炼目的一类身体练习。

1. 压肩

压肩动作要领：两手抓握肋木，上体前俯、挺胸、塌腰、收髋，并做下压肩运动，也可以两人相对站立互相扶按肩部，做体前屈的振动压肩动作，还可以由助手帮助做压肩练习。

2. 单臂绕环

单臂绕环动作要领：右臂由上向前、下、后绕环，为前绕环，右手臂向上向后、下、前绕环，向后绕环。练习时，应左右交替练习。当进行左臂练习时，则转换呈右弓站立。

3. 压腿

（1）正压腿动作要领：左腿提起，脚跟放在肋木上，脚尖勾起，两手扶按膝上。两腿伸直、立腰、收髋，上体前屈并向下振压。练习时，左右腿交替进行。

（2）侧压腿动作要领：右腿支撑脚尖外展，把左腿脚跟放在肋木上，脚尖勾起。右臂上举，左掌放于左胸前。两脚伸直、立腰、展髋，上体左侧振压。练习时，左右交替进行。

（3）仆步压腿动作要领：两腿左右开立，右腿屈膝全蹲，全脚掌着地，左腿挺膝伸直，脚尖里扣，然后两手分别抓握两脚外侧，呈左仆步向前和向下振压。练习时，左右交替进行练习。

4．踢腿

（1）正踢腿动作要领：预备势并脚直立，两臂双举成立掌；左脚向前上半步，左脚伸直支撑，全脚掌着地。右脚膝部挺直，右脚勾紧脚尖向前额踢起，两眼平视，两手臂不要前后摇动。练习时，左右交替练习；挺胸、身正、立腰、收髋；支撑腿脚趾抓地，脚跟不要抬起；摆动腿过腰发力。

（2）侧踢腿动作要领：左脚向右前上半步，脚尖外展，全脚掌着地，左腿伸直支撑。右脚跟稍提起，身体略左转，右臂后举，随即右脚脚尖勾直向右耳侧上踢。同时右臂屈时立掌附于左肩前，左臂上举伸直做亮掌动作。两眼平视前方踢左腿为左侧踢，踢右腿为右侧踢。

（3）外摆腿动作要领（见图11-1）：左腿向右前上半步，右脚尖勾紧，向左侧踢起，经面前向右侧上方外摆，直腿落在左腿部，眼向前平视；左掌可在右侧上方击响，也可不击响。练习时，左右交替练习。

图 11-1

（4）里合腿动作要领（见图11-2）：左腿向右前上半步，左腿步勾起里扣并向左侧踢起。经面前向右侧上方直腿里合，落于右腿外侧；右手掌在右侧上方迎击右脚掌（击响），两眼平视前方。左右交替练习。

5．劈叉

劈叉动作要领：劈叉主要是为了加大髋关节的活动幅度，增进腿部的柔韧性。劈叉可结合压腿和搬腿进行。劈叉可分为竖叉、横叉两种。在此以竖叉方法为例介绍。两手左右扶地或平举，两腿前后分形直线。右腿后侧着地，脚尖勾起，右腿的内侧或前侧着地。

图 11-2

6．后扫腿

后扫腿动作要领：左脚前上一步呈左弓步，同时两掌从两腰侧向前推掌、目视指尖，如图11-3（a）所示。

左脚尖内扣，左腿屈膝全蹲，成右仆步姿势，同时上体右转并前俯；两掌随上体右转在右膝内侧扶地，随着两手撑地、上体向右后拧转的惯性力量，以左脚掌为轴，右腿掌贴地向后扫转一周，如图11-3（b）和（c）所示。

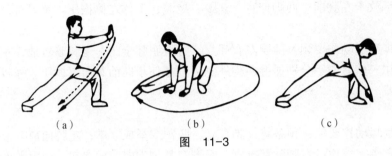

图 11-3

7. 手形手法

1）手形

（1）拳动作要领：四指并拢紧握，拇指屈扣于食指和中指的中节，如图11-4所示。

（2）掌动作要领：四指并拢伸直，拇指扣于虎口外，如图11-5所示。

（3）勾动作要领：五指指尖紧撮在一起，屈腕，如图11-6所示。

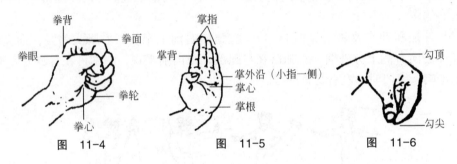

2）手法

（1）冲拳（以右冲拳为例）动作要领：双腿开立，双手握拳于腰间，肘关节位于腰后侧，右臂内旋，同时拧腰、顺肩，肘关节置于腰后，右前臂内旋，右拳从腰间向前猛力冲出，同时拧腰、顺肩、力达拳面，两眼平视前方。

（2）推掌（以右推掌为例）动作要领：准备姿势同冲拳。右拳变掌，前臂内旋，以掌根和外缘为力点向前猛力推出。同时拧腰、顺肩、臂伸直，力达拳跟和掌外缘。

8. 步型步法

1）步型

（1）弓步动作要领：左脚向前上一大步（为本人脚掌的4~5倍），脚尖微内扣，屈膝半蹲，在大腿接近水平，膝与脚尖垂直。右腿挺膝伸直，脚尖内扣向右前方，脚掌贴紧地面。上体正对前方，两手抱拳于腰间。两眼平视前方。左腿弓为左弓步，右腿弓为右弓步。

（2）马步动作要领：两脚平行开立（宽度约为本人脚掌的3倍），脚尖正对前方，屈膝半蹲，膝部不超过脚尖，大腿接近水平，全脚掌着地，身体重心在两腿之间，两手抱于腰间，两眼平视前方。

（3）虚步（以左虚步为例）动作要领：两脚前后开立，两手叉腰，两眼平视前方，右脚外展，屈膝半蹲，左脚脚跟离地脚面绷平，脚尖微内和，虚点地面，膝微屈，重心落于后脚上。

（4）仆步（以右仆步为例）动作要领：两脚左右开立，距离一大步，两手抱于腰间，两眼平视前方，右腿屈膝全蹲，大腿和小腿靠在一起，臀部接近小腿，右脚全脚掌着地，脚尖和膝关节外展，左脚挺直平仆，脚尖里扣，全脚掌着地。

（5）歇步动作要领：两手抱拳于腰间，两眼平视左前方，两脚交叉靠拢蹲，左脚脚掌着地，脚尖外展，右脚前脚掌着地，膝部贴近左小腿外侧，臀部坐在右腿接近脚跟处。

（6）丁步动作要领：两手抱拳于腰间，两眼平视前方，两腿屈膝半蹲，右脚全脚着地，左脚脚跟提起，脚尖虚点地面，贴于右脚脚弓外，重心落于右腿上。

2）步法

（1）击步动作要领：两眼向前平视，上体前倾，后脚提起，前脚随即蹬地前纵，在空中时后脚向前脚碰击，如图11-7（a）和（b）所示。落地时，后脚先落，前脚后落，如图11-7（c）所示。

（2）垫步动作要领：后脚提起，向前脚处落步，前脚立即蹬地向前上方跳起，将位置让于后脚，然后再向前落步；两眼平视前方，如图11-8所示。

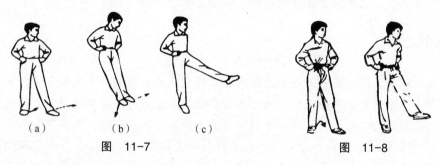

图 11-7　　　　　　　　图 11-8

9. 跳跃

（1）大跃步前穿动作要领：预备姿势左脚向前上一步，重心前移，左掌后摆，右掌向左腿外侧后摆，如图11-9（a）所示。右腿屈膝用力向前摆，左脚立即蹬地向前跃出，两臂向前，向上划立圆摆起，上体右转，眼看左掌，如图11-9（b）所示。右脚于前方落地成全蹲，左脚随即落地铲出呈仆步，右掌变拳抱于腰间，右掌由上向下划弧成立掌，停于胸前，目视前下方，如图11-9（c）所示。

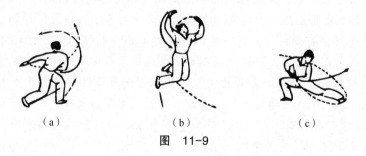

图 11-9

注意：跳得高，跃得远，幅度要大。

（2）腾空飞脚动作要领：右脚向前上一大步，上体略后仰，左臂向头上摆起，右臂自然摆至身后；左脚向前、向上提踢，右脚蹬地跃起身体腾空，右臂由下向前、向头上摆起，右手背迎击左手掌，如图11-10（a）和（b）所示。在空中，右腿向前上方弹踢、脚面绷平，右手迎击右脚面，同时左腿屈膝，左脚收控于右腿侧，脚面绷直，脚尖向下；左手在击响的同时摆至左侧方变勾手，勾尖向下，略高于肩；上体微前倾，两眼平视前方，如图11-10（c）所示。

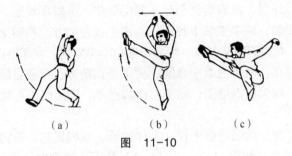

图 11-10

注意：
（1）腿在击响的一瞬间，屈膝收控于右腿侧。
（2）在腾空的最高点完成击响动作，拍击动作必须连续、准确、响亮。
（3）在空中，上体正直且微向前倾，不要坐臀。

案例总结

"中国拳王"王芗斋

　　大成拳的开山鼻祖王芗斋是我国近代著名的实战拳法大师，卓越的拳学改革家、理论家，在武林中享有崇高的声誉。王芗斋自小跟随形意拳大师郭云深学艺，弱冠之年功成艺就，后游历大江南北，与各派名家高手交流切磋，取长补短，集各家拳术之长创立大成拳，一生所遇武林高手逾千人，无不称其功夫出神入化，武德高尚，在外强入侵时，他多次击败国外拳术家，大长民族志气，被近代武林尊称为一代拳圣。王芗斋自幼体弱，又患有先天性哮喘，家人恐其不寿，便送至郭云深先生处学艺。郭老为形意门中的著名实战家，素以"半步崩拳打遍天下无敌手"称誉武林。王芗斋聪明过人，锻炼刻苦，学艺进步很快，深得郭云深喜爱，视如已出。1918年，王芗斋只身南行，访各家名师，以武会友，探讨武术真谛，充实自我。1929年世界轻量级拳击冠军、匈牙利拳击家英格正在上海青年会任拳击教练，因打败了几名中国武师，便扬言中国拳术无实战价值。而王芗斋与之交手，仅在相互一接触之间，英格已被击出丈外仰卧尘埃。后来，英格在英国伦敦《泰晤士报》上发表《我所认识的中国拳术》一文，详细介绍了较技过程，说他接手之际便有如同被电闪击中之感，对此极为惊诧不解。1940年，日本在东京举办大东亚武术竞赛大会，邀请我国参加，并通过伪新民会顾问武田熙邀请王芗斋出席。南京伪政权组织了以马良为首的代表团前往，王芗斋说"这是儿皇帝的代表团"，以病为由辞绝。马良代表团到日本后，日方人士说"王芗斋未来，不能承认是中国代表团"。此后，日本武术名家泽井健一、八田、宇作美、日野等人先后到中国与王芗斋先生比武，均失败而归。

探索与思考

1. 武术套路与散打各有什么样的特点？
2. 武术技术联系时有哪些注意事项？

专题11.2 太极拳

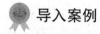

太极拳发源地之争

1927年，温县陈家沟一代太极拳宗师陈照丕在北京设擂，创下了十几天不败的战绩，轰动京城。从此，陈式太极拳名扬天下，但也引发了关于太极拳源自何处的争论。

80多年来，关于太极拳的起源地的两种说法始终处于争论之中。一种说法是太极拳发源于武当山，由张三丰所创；另一种说法是河南焦作温县陈家沟陈王廷始创。2007年3月20日至21日，由中国民协组织国内武术、考古、民俗等方面的知名专家组成评审考察组，对温县申报的中国太极拳发源地进行了实地考察，并于同年6月正式认定：温县陈家沟是中国太极拳的发源地。2014年7月，文化部公示了第四批国家级非物质文化遗产推荐项目名单，尽管福建邵武申请的"张三丰太极拳"位列其中，但在最终的评选结果中"张三丰太极拳"落选，至此历时80余年的太极拳起源地之争尘埃落定。

太极拳运动以其松、慢、匀、圆的独特风格和良好的锻炼效果深受不同年龄人群的喜爱。

一、太极拳运动的起源与发展

太极拳运动属于中国拳术之一，是中华民族五千年传统文化的结晶，也是我国精神文明宝库的瑰宝。太极拳运动在我国源远流长，关于太极拳的起源与创始人，历来众说纷纭，大致有以下几种观点：唐朝（618—907年）许宣平、宋朝（960—1278年）张三峰、明朝（1368—1644年）张三丰、明朝（1644—1911年）王宗岳。也有武术史研究者查阅县志和《陈氏家谱》后提出陈王廷才是太极拳的创造者。纵观近现代太极拳的发展就可见一斑，太极拳并非一人所创，而是前人不断开发、总结、整理、创新、发展而来。

太极拳数百年绵延不绝，名手辈出，流派纷呈。随着历史的发展和社会的变迁，太极拳的技术防御和祛病强身作用得到了不断的发展，在民间得以广泛流传，发展成为寓攻防技术和强身健体为一体的一种拳术。值得一提的是，明朝山西民间武术家王宗岳，他著有《太极拳论》《太极拳解》《行功心解》，对后人学习、研究太极拳具有极大的参考作用。另一个在太极拳发展史里做出卓越贡献的人物是河北永年人杨露禅，三下陈家沟十余载向陈长兴学习太极拳，朝夕苦练，寒暑无间，尊师重道，终得太极精髓。他于1851年将太极拳带入当时的经济和文化中心北京，使太极拳得到广泛的发展，称为杨氏太极拳。随其学拳者甚多，在其影响下，吴、孙、武式太极拳相继问世，流传至今已有一百多年，成为以姓氏命名的陈、杨、吴、孙、武氏太极拳等。

中华人民共和国成立后，太极拳发展很快，打太极拳的人遍及全国。当前，仅北京市公园、街头和体育场就设有太极拳辅导站数百处，吸引了大批爱好者。卫生、教育、体育各部门都把太极拳列为重要项目来开展，出版了上百万册的太极拳书籍、挂图。太极拳在国外也受到普遍欢迎。欧美、东南亚、日本等国家和地区都有太极拳活动。据不完全统计，仅美国就已有30多种太极拳书籍出版。许多国家成立了太极拳协会等团体，积极与中国进行交流活动。太极拳作为中国特有的民族体育项目，已经引起很多国际友人的兴趣和爱好。太极拳是中华民族辩证的理论思维与武术、艺术、气功引导术的完美结合，是高层次的人体文化。其拳理来源于《易经》《黄帝内经》《黄庭经》《纪效新书》等中国传统哲学、医术、武术等经典著作，并在其长期的发展过程中吸收了道、儒、释等文化的合理内容，故太极拳被称为"国粹"。

二、太极拳运动的特点和作用

（一）太极拳运动的特点

中正安定，舒展自然（姿势），轻灵沉稳，圆活连贯（动作），基于腰腿，周身联合（协调），虚实刚柔，松整相济（劲力），动中寓静，意领神随（意念），开合有序，呼吸平顺（节奏），太极拳运动如"行云流水，连绵不断"。这种运动既自然又高雅，可亲身体会到音乐的韵律、哲学的内涵、美的造型、诗的意境。

（二）太极拳运动的作用

经常参加太极拳运动对神经系统有良好的影响，能使人精神饱满、思路敏捷，还能使人克服不良的身体姿态，提高肌肉的运动能力，特别是提高各肌群的协调能力，对提高肌肉的代谢能力有积极的作用。太极拳运动对预防、治疗癌症有一定的作用，是预防高血压、降低血脂和防治心血管疾病的最好锻炼方法。通过练习太极拳，能有效调节体内的阴阳平衡，使内气开合、升降、聚散有度，这种特殊的生理状态是祛病疗症、增强体质、提高健康水平的传统锻炼方法。

三、二十四式简化太极拳

（一）起势

（1）身体自然直立，两脚开立，与肩同宽，脚尖向前；两臂自然下垂，两手放在大腿外侧；眼向前平看，如图11-11（a）所示。

（2）两臂慢慢向前平举，两手高与肩平，与肩同宽，手心向下，如图11-11（b）和（c）所示。

（3）上体保持正直，两腿屈膝下蹲；同时两掌轻轻下按，两肘下垂与两膝相对；眼平看前方，如图11-11（d）所示。

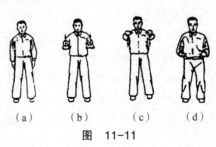

图 11-11

（二）左右野马分鬃

（1）上体微向右转，身体重心移右腿上；同时右臂收在胸前平屈，手心向下，左手经体前向右下划弧并放在右手下，手心向上，两手心相对呈抱球状；左脚随即收到右脚内侧，脚尖点地；眼看右手，如图11-12（a）和（b）所示。

（2）上体微向左转，左脚向左前方迈出，右脚跟后蹬，右腿自然伸直，呈左弓步；同时上体继续向左转，左右手随体转慢慢分别向左上、右下分开，左手高于眼平（手心斜向上），肘微屈；右手落在右胯旁，肘也微屈，手心向下，指尖向前；眼看左手，如图11-12（c）～（e）所示。

（3）上体慢慢后坐，身体重心移至右腿，左脚尖翘起，微向外撇，随后脚掌慢慢踏实，左腿慢慢前弓，身体左转，身体重心再移至左腿；同时左手翻转向下，左臂收在胸前平屈，右手向左上划弧并放在左手下，两手心相对呈抱球状；右脚随即收到左脚内侧，脚尖点地；眼看左手，如图11-12（f）～（i）所示。

（4）右腿向右前方迈出，左腿自然伸直，呈右弓步；同时上体右转，左右手随转体分别慢慢向左下、右上分开，右手高与眼平（手心斜向上），肘微屈；左手落在左胯旁，肘也微屈，手心向下，指尖向前；眼看右手，如图11-12（j）和（k）所示。

（5）与（3）解同，只是左右相反，如图11-12（l）和（m）所示。

（6）与（4）解同，只是左右相反，如图11-12（n）和（o）所示。

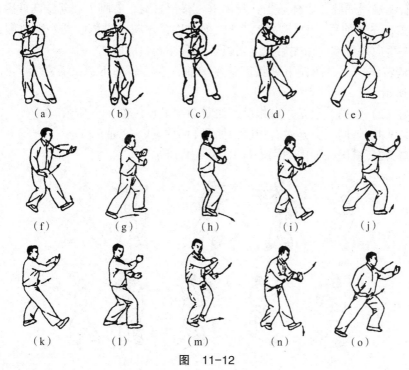

图 11-12

（三）白鹤亮翅

（1）上体微向左转，左手翻掌向下，左臂平屈胸前，右手向右上划弧，手心转向上，与左手呈抱球状；眼看左手，如图11-13（a）所示。

图 11-13

（2）右脚跟进半步，上体后坐，身体重心移至右腿，上体先向右转，面向右前方，眼看右手，然后右脚稍向前移，脚尖点地呈左虚步，同时上体再微向左转，面向前方，两手随体转慢慢向右上、左下分开，右手上提停于右额前，手心向下，左手落于左胯前，手心向下，指尖向前；目视看前方，如图11-13（b）和（c）所示。

（四）左右搂膝拗步

（1）右手从体前下落，由下向后上方划弧至右肩外侧，肘微屈，手与耳同高，手心斜向上，左手由左下向上、向右下方划弧至右胸前，手心斜向上，同时上体先微向左再向右转，左脚收至右脚内侧，脚尖点地；目视右手，如图11-14（a）~（c）所示。

（2）上体左转，左脚向前（偏左）迈出左弓步；同时右手屈回由耳侧向前推出，高与鼻尖平，左手向下由膝前搂过落左胯旁，指尖向前；目视右手手指，如图11-14（d）和（e）所示。

（3）右腿慢慢屈膝，上体后坐，身体重心移至右腿，右脚尖翘起微向外撇，随后脚掌慢慢踏实，左腿前弓，身体左转，身体重心移至左腿，右脚收到左脚内侧，脚尖点地；同时左手向外翻掌，由左后向上划弧至左肩外侧，肘微屈，手与耳同高，手心斜向上；右手随转体向上、向左下划弧落于左胸前，手心斜向下；眼看左手，如图11-14（f）~（h）所示。

（4）与（2）解同，只是左右相反，如图11-14（i）和（j）所示。

（5）与（3）解同，只是左右相反，如图11-14（k）~（m）所示。

（6）与（2）解同，如图11-14（n）和（o）所示。

图 11-14

（五）手挥琵琶

右脚跟进半步，上体后坐，身体重心转至右腿上，上体半面向右转，左脚略提起稍向前移，变成左虚步，脚跟着地，脚尖翘起，膝部微屈；同时左手由左下向上挑举，高与鼻尖平，掌心向右；臂微屈，右手收回放在左臂肘部里侧，掌心向左；眼看左手食指，如图11-15所示。

图 11-15

（六）左右倒卷肱

（1）上体右转，右手翻掌（手心向上）经腹前由下向后上方划弧平举，臂微屈，左手随即翻掌向上；眼的视线随着向右转体先向右看，再转向前方看左手，如图11-16（a）和（b）所示。

（2）右臂屈肘折向前，右手由耳侧向前推出，手心向前，左臂屈肘后撤，手心向上，撤至左肋外侧，同时左腿轻轻提起向后（偏正）退一步，脚掌先着地，然后全脚慢慢踏实，身体重心移左腿上，呈右虚步，右脚随转体以脚掌为轴扭正；目视左手，如图11-16（c）和（d）所示。

（3）上体微向左转，同时左手随转体向后上方划弧平举，手心向上，右手随即翻掌，掌心向上；眼随转体先向左看，再转向前方看右手，如图11-16（e）所示。

（4）与（2）解同，只是左右相反，如图11-16（f）和（g）所示。

（5）与（3）解同，只是左右相反，如图11-16（h）所示。

（6）与（2）解同，如图11-16（i）和（j）所示。

（7）与（3）解同，如图11-16（k）所示。

（8）与（2）解同，只是左右相反，如图11-16（l）和（m）所示。

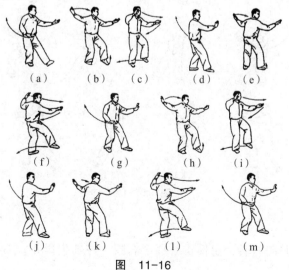

图 11-16

（七）左揽雀尾

（1）上体微向右转，同时右手随转体向后上方划弧平举，手心向上，左手放松，手心向下；眼看左手，如图11-17（a）所示。

（2）身体继续向右转，左手自然下落，逐渐翻掌经前划弧至右肋前，手心向上；右臂屈肘，手心转向下，收至右胸前，两手相对呈抱球状；同时身体重心落在右腿上，左脚收到右脚内侧，脚尖点地；眼看右手，如图11-17（b）和（c）所示。

（3）上体微向左转，左脚向左前方迈出，上体向左转，右腿自然蹬直，左腿屈膝，呈左弓步；同时左臂向前方绷出（即左臂平屈呈弓形，用前臂外侧和手背向前方推出），高与肩平，手心向后；右手向右下落放于右胯旁，手心向下，指尖向前；眼看左前臂，如图11-17（d）和（e）所示。

（4）身体微向左转，左手随即前伸翻掌向下，右手翻掌向上，经腹前向上、向前伸至左前臂下方；然后两手直持，即上体向右转，两手经腹前向左后上方划弧，直至右手心向上，高与肩齐，左臂平屈于胸前，手心向后；同时身体重心移至右腿；眼看右手，如图11-17（f）和（g）所示。

（5）上体微向左转，左臂屈肘折回，右手附于左手腕里侧（相距约5厘米），上体继续向左转，双手同时向前慢慢挤出，左手心向后，右手心向前，左前臂要保持半圆；同时身体重心逐渐前移变成左弓步；眼看左手腕部，图11-17（h）和（i）所示。

（6）左手翻掌，手心向下，右手经左腕上方向前，向右伸出，高与左手齐，手心向下，两手左右分开，宽与肩同；然后右腿屈膝，上体慢慢后坐，身体重心移至右腿上，左脚尖翘起；同时两手屈肘回收至腹前，手心均向前下方；眼向前平看，如图11-17（j）～（l）所示。

（7）上式不停。身体重心慢慢前移，同时两手向前、向上推出，掌心向前；左腿前弓呈左弓步；眼平看前方，如图11-17（m）所示。

图 11-17

（八）右揽雀尾

（1）上体后坐并向右转，身体重心移至右腿，左腿尖里扣；右手向右划弧至右侧，然后由右下经前腹向左上划弧至肋前，手心向上；左臂平屈胸前，左手掌向下与右手呈抱球状；同时身体重心再移至左腿上，右脚收至左脚内侧，脚尖点地；眼看左手，如图11-18中（a）～（d）所示。

（2）同"左揽雀尾"（3）解，只是左右相反，如图11-18（e）和（f）所示。
（3）同"左揽雀尾"（4）解，只是左右相反，如图11-18（g）和（h）所示。
（4）同"左揽雀尾"（5）解，只是左右相反，如图11-18（i）和（j）所示。
（5）同"左揽雀尾"（6）解，只是左右相反，如图11-18（k）～（m）所示。
（6）同"左揽雀尾"（7）解，只是左右相反，如图11-18（n）所示。

图 11-18

（九）单鞭

（1）上体后坐，身体重心逐渐移至左腿上，右脚尖里扣；同时上体左转，两手（左高右低）向左弧形运转，直至左臂平举，伸于身体左侧，手心向左，右手经腹前运至左肋前，手心向上方；眼看左手，如图11-19（a）和（b）所示。

（2）身体重心再渐渐移至右腿上，上体右转，左脚向右脚靠拢，脚尖点地；同时右手向右上方划弧（手心由里转向外），至右侧方时变钩手，臂与肩平；左手向下经腹前向右上划弧停于右肩前，手心向里；眼看左手，如图11-19（c）和（d）所示。

（3）上体微向左转，左脚向左前侧方迈出，右脚跟后蹬，呈左弓步；在身体重心移向左腿的同时，左掌随上体的继续左转慢慢翻转向前推出，手心向前，手指与眼齐平，臂微屈；眼看左手，如图11-19（e）和（f）所示。

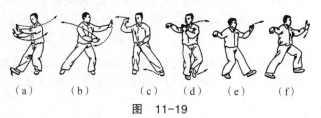

图 11-19

(十) 云手

(1) 身体重心移至右腿上，身体渐向右转，左脚尖里扣；左手经腹前向右上划弧至右肩前，手心斜向后，同时右手变掌，手心向右前；眼看左手，如图 11-20（a）～（c）所示。

(2) 上体慢慢左转，身体重心随之逐渐左移；左手由脸前向左侧运转，手心渐渐转向左方；右手由右下经腹前向左上划弧，至左肩前，手心斜向后；同时右脚靠近左脚，呈小开立步（两脚距离 10～20 厘米）；眼看右手，如图 11-20（d）和（e）所示。

(3) 上体再向右转，同时左手经腹前向右上划弧至右肩前，手心斜向后；右手向右侧运转，手心翻转向右；随之左脚向左横跨一步；眼看左手，如图 11-20（f）～（h）所示。

(4) 同（2）解，如图 11-20（i）和（j）所示。

(5) 同（3）解，如图 11-20（k）～（m）所示。

(6) 同（2）解，如图 11-20（n）和（o）所示。

图 11-20

(十一) 单鞭

(1) 上体向右转，右手随之向右运转，至右侧方时变成钩手；左手经腹前向右上划弧至右肩前，手心向前；身体重心落在右腿上，左脚尖点地；眼看左手，如图 11-21（a）～（c）所示。

(2) 上体微向左转，左脚向左前侧方迈出，右脚跟后蹬，呈左弓步；在身体重心移向左腿的同时，上体继续左转，左掌慢慢翻转向前推出，呈"单鞭"式，如图 11-21（d）和（e）所示。

（十二）高探马

（1）右脚跟进半步，身体重心逐渐后移至右腿上，右勾手变成掌，两手翻转向上，两肘屈；同时身体微向右转，左脚跟渐渐离地；眼看左前方，如图 11-22（a）所示。

（2）上体微向左转，面向前方；右掌经右耳旁向前推出，手心向前，手指与眼同高；左手收至左侧腰前，手心向上；同时左脚微向前移，脚尖点地，呈左虚步；眼看右手，如图 11-22（b）所示。

图 11-21　　　　　　　　　　　　图 11-22

（十三）右蹬脚

（1）左手手心向上，前伸至右手腕背面，两手相互交叉，随即向两侧分开并向下划弧，手心斜向下；同时左脚提起向左前侧方进步（脚尖略外撇）；身体重心前移，右腿自然蹬直，呈左弓步；眼看前方，如图 11-23（a）~（c）所示。

（2）两手由外圈向里圈划弧，两手交叉合抱于胸前，右手在外，手心均向后；同时右脚向左脚靠拢，脚尖点地；眼平看右前方，如图 11-23（d）所示。

（3）两臂左右划弧分开平举，肘部微屈；手心均向外；同时右腿屈膝提起，右脚向右前方慢慢蹬出；眼看右手，如图 11-23（e）和（f）所示。

图 11-23

（十四）双峰贯耳

（1）右腿收回，屈膝平举，左手由后向上、向前下落至体前，两手均翻转向上，两手同时向下划弧分落于右膝盖两侧；眼看前方，如图 11-24（a）和（b）所示。

（2）右脚向右前方落下，身体重心渐渐前移，呈右弓步，面向右前方；同时两手下落，慢慢变拳，分别从两侧向上、向前划弧至面部前方，呈钳形状，两拳相对，高与耳齐，拳眼都斜向内下（两拳中间距离10~20厘米）；眼看右拳，如图 11-24（c）和（d）所示。

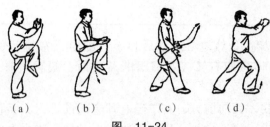

图 11-24

(十五) 转身左蹬脚

(1) 左腿屈膝后坐，身体重心转移至右腿，上体右转，右脚尖里扣；同时两拳变掌，由上向左右划弧分开平举，手心向前；眼看左手，如图11-25（a）和（b）所示。

(2) 身体重心再移至右腿，左脚收至右脚内侧，脚尖点地；同时两手由外圈向里圈划弧合抱于胸前，左手在外，手心均向后；眼平看左方，如图11-25（c）和（d）所示。

(3) 两臂左右划弧分开平举，肘部微屈，手心均向外；同时左腿屈膝提起，左脚向左前方慢慢蹬出；眼看左手，如图11-25（e）和（f）所示。

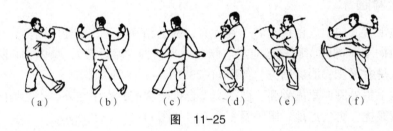

图 11-25

(十六) 左下势独立

(1) 左腿收回平屈，上体右转；右掌变成勾手，左掌向上、向右划弧下落，立于右肩前，掌心斜向后；眼看右手，如图11-26（a）和（b）所示。

(2) 右腿慢慢屈膝下蹲，左腿由内向左侧（偏后）伸出，呈左仆步；左手下落（掌心向外）向左下顺左腿内侧向前穿出；眼看左手，如图11-26（c）和（d）所示。

(3) 身体重心前移，左脚跟为轴，脚尖尽量向外撇，左腿前弓，右腿后蹬，右脚尖里扣；上体微向左转并向前起身；同时左臂继续向前伸出（立掌），掌心向右，右勾手下落，勾尖向后；眼看左手，如图11-26（e）所示。

(4) 右腿慢慢提起平屈，呈左独立式，同时右勾手变掌，并由后下方顺右腿外侧向前弧形摆出，屈臂立于右腿上方，肘与膝相对，手心向左；左手落于左胯旁，手心向下，指尖向前；眼看右手，如图11-26（f）和（g）所示。

图 11-26

（十七）右下势独立

（1）右脚下落于左脚，脚掌着地，然后左脚前掌为轴脚跟转动，身体随之左转；同时左手向后平举变成勾手，右掌随着转体向左侧划弧，立于左肩前，掌心斜向后；眼看左手，如图11-27（a）和（b）所示。

（2）同"左下势独立"（2）解，只是左右相反，如图11-27（c）和（d）所示。

（3）同"左下势独立"（3）解，只是左右相反，如图11-27（e）所示。

（4）同"左下势独立"（4）解，只是左右相反，如图11-27（f）和（g）所示。

图 11-27

（十八）左右穿梭

（1）身体微向左转，左脚向前落地，脚尖外撇，右脚跟落地，两腿屈膝呈半坐盘式，同时两手在左胸前呈抱球状（左上右下）；然后右脚收到左脚的内侧，脚尖点地；眼看左前臂，如图11-28（a）~（c）所示。

（2）身体右转，右脚向右前方迈出，屈膝弓腿，呈右弓步；同时右手由脸前向上举交翻掌停在右额前，手心斜向上；左手先向左下再经体前向前推出，高与鼻尖平，手心向前；眼看左手，如图11-28（d）~（f）所示。

（3）身体重心略向后移，右脚尖稍向外撇，随即身体重心再移至右腿，左脚跟进，停于右脚内侧，脚尖点地；同时两手在胸前呈抱球状（右上左下）；眼看左前臂，如图11-28（g）和（h）所示。

（4）同（2）解，只是左右相反，如图11-28（i）~（k）所示。

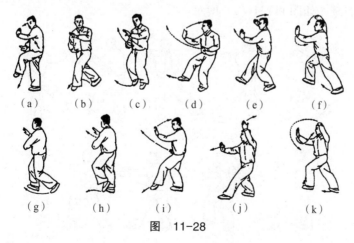

图 11-28

（十九）海底针

右脚向前跟进半步，身体重心移至右腿，左脚稍向前移，脚尖点地，呈左虚步；同时身体稍向右转，右手下落经体前向后，向上提抽至肩上耳旁，再随身体左转，由右耳旁斜向前下方插出，掌心向左，指尖斜向下；与此同时，左手向前，向下划弧落于左胯旁，手心向下，指尖向前；眼看前下方，如图11-29（a）和（b）所示。

（二十）闪通臂

上体稍向右转，左脚向前迈出，屈膝弓腿呈左弓步，同时右手由体前上提，屈臂上举，停于右额前上方，掌心翻转斜向上，拇指向下；左手上起经胸前向前推出，高与鼻尖平，手心向前；眼看左手，如图11-30（a）～（c）所示。

图 11-29　　　　　　图 11-30

（二十一）转身搬拦捶

（1）上体后坐，身体重心移至右腿上，左脚尖里扣，身体向右后转，然后身体再移至左腿上；与此同时，右手随着转体向右、向下（变拳）经腹前划弧至左肋旁，拳心向下；左掌上举于头前，掌心斜向上；眼看前方，如图11-31（a）和（b）所示。

（2）向右转体，右拳经胸前向前翻转撇出，拳心向上，左手落于左胯前，掌心向下，指尖向前；同时右脚收回后（不要停顿或脚尖点地）即向前迈出，脚尖外撇；眼看右拳，如图11-31（c）和（d）所示。

（3）身体重心移至右腿上，左脚向前迈一步；左手上起经左侧向前上划弧拦出，掌心向前下方；同时右拳向右划弧收到右腰旁，拳心向上；眼看左手，如图11-31（e）和（f）所示。

（4）左腿前弓呈左弓步，同时右拳向前打出，拳眼向上，高与胸平，左手附于右前臂里侧；眼看右拳，如图11-31（g）所示。

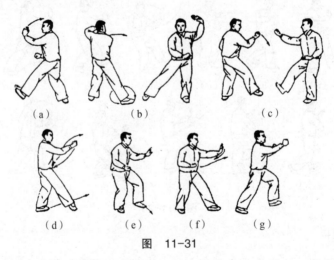

图 11-31

（二十二）如封似闭

（1）左手由右腕下向前伸出，右拳变掌，两手手心逐渐翻转向上并慢慢分开；同时身体后坐，左脚尖翘起，身体重心移至右腿；眼看前方，如图11-32（a）~（c）所示。

（2）两手在胸前翻掌，向下经腹前再向上、向前推出，腕部与肩平，手心向前；同时左腿前弓呈左弓；眼看前方，如图11-32（d）~（f）所示。

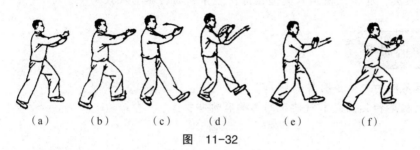

图 11-32

（二十三）十字手

（1）屈膝后坐，身体重心移向右腿，左脚尖里扣，向右转体；右手随着转体动作向右平摆划弧，与左手呈两臂侧平举，掌心向前，肘部微屈；同时右脚尖随着转体稍向外撇，呈右侧弓步；眼看右手，如图11-33（a）和（b）所示。

（2）身体重心慢慢移至左腿，右脚尖里扣，随即向左收回，两脚距离与肩同宽，两腿逐渐蹬直，呈开立步；同时两手向下经腹前向上划弧交叉合抱于胸前，两臂撑圆，腕高与肩平，右手在外，呈十字手，手心均向后；眼看前方，如图11-33（c）和（d）所示。

（二十四）收势

两手向外翻掌，手心向下，两臂慢慢下落，停于身体两侧；眼看前方，如图11-34（a）和（b）所示。

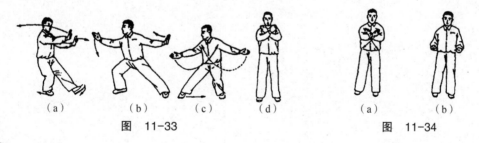

图 11-33　　　　　　　　　　图 11-34

案例总结

三家归一　德艺双馨——武术名家左致强

左致强，男，1941年出生，河北省唐山市，出生于武术世家。其父凭一身武艺曾追随武林高手、民族英雄节振国，同日本侵略者进行过殊死搏斗。受乡情民风及家风熏染，从小就对中国传统武术兴趣极浓，孩童时就开始习武。9岁时师从北京著名武术家、形意拳大师丁连堂学习形意拳。1972年拜仙衣八卦掌第三代传人王巨章先生学习仙衣八卦、链子锤等。1980年调秦皇岛市工作，1982年在武术赛事上夺魁，因而得到武术巨擘、太极拳泰斗、秦皇岛市武协主席、赛事总裁判长李经梧先生厚爱，而成其为入室弟子，亲授太极拳、械、太极推手和太极内功。李师辞世后，于2001年再拜陈式太极拳名家冯志强先生为师，尽得真传。经过数十年勤学苦练，加之对传统武术的浓厚兴趣，痴迷追求和高妙悟性，精通形意、八卦、太极三大内家拳流派，成为当今闻名遐迩的武术名家。他为人亲和，平易风趣，为交流武术，弘扬太极，足迹踏遍渤海之滨、大江南北，传帮带徒。2007年荣获"武当百杰"殊荣。由于致力于社会进步，贡献突出，影响较大，其传记被编入大型国际交流系列《世界名人录》。

★探索与思考★

1. 五禽戏和太极拳有什么联系？
2. 太极拳和其他武术对健康的影响有哪些？

模块十二　新兴体育运动

模块导读

　　新型运动是指在国际上比较流行，但在国内开展不久的或国内新创的、深受青少年喜爱并适合在学校开展的运动项目。新型运动包括轮滑、定向运动、独轮车、攀岩、滑板等。本模块主要介绍了轮滑运动和定向运动的基本的理论知识、技术和技能，培养学生对轮滑运动和定向运动的兴趣，提高学生运动能力、有氧代谢能力和平衡能力，改善心肺功能，增强四肢和躯干的肌肉力量，促进学生身心全面发展，进一步增强体质，养成良好的体育健身意识，为终身体育奠定基础。

能力目标

1. 了解轮滑运动和定向运动的起源与发展。
2. 学习并掌握轮滑运动的基本技术及其练习方法。
3. 更好地欣赏和参与轮滑运动。
4. 能够准确掌握地图的使用。
5. 能够完成简单的定向运动。

专题12.1　轮　滑　运　动

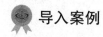
导入案例

轮滑鞋的历史

　　据说在公元1100年时，溜冰鞋是当时的猎人为了帮助自己能够在冬天进行打猎游戏而制作。他们将骨头装在长皮靴的脚掌上，轮滑鞋最早的样子就有了。

　　历史上第一双溜冰鞋却是创造于公元1700年，出自苏格兰人Dutchman之手。他希望自己能够在夏天模拟出冬天溜冰的感觉，于是把敲钉的线轴长条木附在他鞋子上的线轴上面。也就是在这一年，在爱丁堡，世界上第一个溜冰俱乐部诞生了。

一、轮滑运动的魅力

（一）轮滑运动概述

　　轮滑运动原称为"溜旱冰"或"滑旱冰"，是一项融健身、竞技、娱乐、趣味、技巧、艺术、休闲、惊险于一体的体育运动项目。1987年1月1日，我国根据国际通用名称，将这一运动正式更名为"轮滑"。轮滑运动可有效地改善和提高运动者的机体中枢神经系统功能，提高呼吸系统、消化系统、血液循环系统等内脏器官的功能，能够全面协调和综合发展人体的速度、力量、耐力、灵敏等各方面素质，特别是对青少年的身心发展具有积极作用。由于这一运动受气候和场地条件的限制很小，其用具便于携带、技术容易掌握。轮滑竞赛项目包括速度轮滑、花样轮滑、自由轮滑、轮滑球、极限轮滑。

（二）轮滑运动基本准备

1. 轮滑鞋

一般分为外壳和内胆两部分，但速滑鞋和个别的专业平花鞋是没有外壳和内胆之分的。轮滑鞋中，只有速滑鞋少了一个其他品种轮滑鞋都有的东西，叫cuff（护腕），它的作用是保护脚踝，便于让脚踝的力量很好地发挥出来。内胆是在鞋里面那层厚厚的海绵，可以掏出来单独清洗，它的作用是可以缓解脚部和外壳之间的摩擦，最重要的是厚实的内胆棉可以使轮滑鞋的包脚性非常好，从而把轮滑鞋的性能完美地发挥出来，更便于使用者学习轮滑技能。轮滑鞋的刀架即为连接轮子及鞋子之间的金属框架。刀架的材质和结构形式是决定轮滑鞋性能的第二大要点。除了一些成人专业速滑鞋的刀架装有五个轮子，以及一些非常简单的儿童玩具鞋的刀架只装三个轮子之外，其他所有的单排轮滑鞋的刀架都装有四个轮子。现今的单排轮滑鞋的轮子一般都是PU材料（类似塑料），可以适应各种场地和状况。轮子由外面的轮胶和里面硬质的轮毂构成。轮胶的硬度为80A~85A（A为硬度标记）。数字越大，硬度越大，轮子就越耐磨。而轮子中的轴承安装在轮子的轮毂里面，轮子的两面各安装一个轴承，两个轴承之间装有一个轴承定位套，其作用是给轴承定位，不让它在轮毂里有攒动，从而达到轴承转动的理想状态。

2. 护具

在轮滑时，人们很容易忽视护具这一非常重要的装备。轮滑护具包括头盔、护掌、护肘和护膝。不同的轮滑形式的护具也不尽相同，所以在购买护具时，不但要辨别护具的安全性能，还要购买属于自己轮滑形式的护具。带护具不仅能保护自己，还能保持良好的练习心态，从而更好地完成此项运动的各种技术。

二、轮滑运动基本技术

（一）站姿

第一种是普通的平行站立，即将两只脚平行稍窄于肩，双膝微弯以保持重心，以脚踝的力量控制好身体，不要让脚左右摆动，要保证轮子垂直于地面。穿专业平花鞋平行站立时，因为鞋的结构设计影响，两脚会自然地向外压外刃。第二种是应用于非平整地面的丁字形站立（也叫T形站立），即一只鞋的最后一个轮子抵在另一只鞋的第二和第三只轮子之间，双膝微弯，双腿之间稍有间隙，以保持重心，仍然是以脚踝控制鞋子。

（二）起步

从T形站姿起步，让一只脚保持前进姿势，脚尖向前，另一只脚向身体侧后方蹬地推出，就会有向前前进的力量。此时身体的重心应完全放在前脚上，身体稍向前倾（不是驼背），这样后脚的发力收回过程才能顺畅。后脚收回后，换另一只脚向身体侧后方蹬出，重心位置依然放在前脚上，以此类推。

（三）滑行

滑行时为保持较好的平衡，要尽量屈膝弯腰，目的是稳定重心和便于发力。

（四）身体的重心

滑行时身体的重心要始终稍向前倾，随着两脚的不断交替，重心要不断地转移。当一只脚向侧后方蹬出时，身体重心必须要完全放在另一条腿上，这样才能保证蹬出的腿很顺畅地收回来。当这条腿收回落地时，重心马上转移到这条腿上，再把另一条腿蹬出。切记每次蹬腿时，身体重心都要完全放在另一条腿上，如此不断循环。

（五）滑行姿势

双膝微弯，身体稍向前倾以保持重心。滑行速度越快，屈膝弯腰的幅度越大。标准的速滑姿势为双手自然背后（无摆臂的情况下），背部与地面平行，大腿与小腿弯曲角度不大于120°。

（六）停止

以上述姿势滑行，双脚靠近保持平行，有刹车块的脚稍稍向前，使两脚距离相差约有半个脚，提起脚尖直到刹车块碰触到地面，然后慢慢将重心移到有刹车块的脚来增加压力，直到停下来。

三、轮滑运动基本技术练习方法

（一）直线滑行练习

静蹲姿势准备：首先身体将重心转移至一条腿上，另一条腿用脚内侧向斜后方蹬地，蹬地后迅速收回至静蹲姿势自由滑行，此过程中上身始终保持静蹲姿势，不能变。接着重心转移另一侧，换用另一条腿蹬地，左右如此往复练习，要领同上。直线滑行练习，蹬出脚收回至静蹲姿势时，不必再保持静蹲姿势自由滑行，而是一条腿蹬出收回后，另一条腿马上再蹬出收回，如此循环练习。滑行过程中加入摆臂动作的目的和我们陆地上跑步、走步摆臂的原理是一样的，都是为了更好地保持平衡以达到平稳加速的目的。两臂用力一前一后摆动，摆幅高度为向前摆时手的高度不超过面部，以视线以下为佳；向后摆动时，手要从身体下面过再向上摆动，手臂伸直，尽量向身体内侧收，不要太向外打，摆动高度为尽可能地向后摆到一个自由高度。弯道滑行时内侧的手臂自然背后，外侧的手臂用力摆动以保持平衡，此时摆臂的幅度可稍减小。

（二）弯道滑行练习

弯道滑行要克服的难点就是自身体重造成的离心力。由于弯道时的离心力，所以我们的身体就要向弯道内侧倾斜，而且转弯半径越小的弯道，身体倾斜度越大。平行转弯是直线滑行的基本转弯，入弯时两脚一前一后平行错开，弯道内侧的脚向前挫，弯道外侧的脚向后挫，然后身体重心向弯道内侧倒。

（三）滑行停止练习

停止就是滑行中的刹车。最基本的刹车就是T刹，它适用于一般的直线滑行的刹停。而急速的速滑选手则需要进行减速之后再用一种叫 A 刹的刹车方式停止。T 刹的要领是在向前滑行中先将重心完全放在一条腿上，该腿膝盖弯曲，同时把另一只脚横放在支撑脚的后面，让两脚脚尖角度为 90°，然后后面的脚轻拖地面，减缓滑行速度，直到停止滑行。在此过程中，重心始终放在前面的腿上，上身始终保持正直，后腿的膝盖朝向要和后脚脚尖的朝向一致，两膝盖不可紧挨。

案例总结

天才少女：冯辉的轮滑人生

冯辉从 9 岁开始学习轮滑，16 岁就已经是蝉联五届轮滑世锦赛平地花式青年女子组的冠军，被誉为天才轮滑少女。她从 2011 年韩国南原轮滑公开赛中就开始崭露头角，到 2011 年新世界杯上海轮滑大奖赛中一鸣惊人，冯辉的轮滑成就震惊世界。曾经上过湖南卫视、江苏卫视等各大综艺电视，并且成功与国影传媒成功签约，成为轮滑圈第一位轮滑明星艺人。她的比赛视频点击量超过 3000 万，战绩赫赫的冯辉也是一位公益大使，连续 5 年的轮滑公益助学行的足迹遍布高海拔的西藏。冯辉对于自由式轮滑运动而言，是一个里程碑式的人物，有太多人因为她才了解自由式轮滑这项运动。谈到自己在轮滑上取得的成就，冯辉认为最重要的是兴趣。"我喜欢带轮子的东西，一开始学的时候我就对轮滑的兴趣非常浓厚。现在有空了还会跟爸爸去骑山地车。"冯辉说。此外，在接受了一个月的轮滑启蒙教育后，冯辉便加入当地一个高水平的轮滑俱乐部接受培训。"教练教完后，回家我再自己摸索，所以进步比较快。"冯辉说，"轮滑是学无止境的一项运动，有魔性，可以带给你很多，你可以发明自己的动作。"

1. 轮滑运动如何进行刹车？
2. 弯道滑行练习时应注意什么？

专题 12.2 定向运动

导入案例

世界定向锦标赛

世界定向锦标赛从 1966 年开始举办，截至 2003 年以前，每两年举办一届（1977 年和 1978 年比赛除外）。从 2003 年开始，世界定向锦标赛每年举办一届。该赛事由国际定向联合会主办。

定向运动起源于瑞典。最初只是一项军事体育活动。真正的定向比赛于 1895 年在瑞典斯德哥尔摩和挪威奥斯陆的军营区举行，标志着定向运动作为一种体育比赛项目的诞生。距今已有百年历史。

定向运动本身作为一种体育项目开展是从 20 世纪初在北欧开始的。到 20 世纪 30 年代已在芬兰、挪威、瑞典、丹麦立足。1932 年举行了第一次世界定向运动比赛。

1961年国际定向联合会（IOF）在丹麦哥本哈根成立。国际定向联合会是世界定向运动的行政实体，是国际体育联合会总会之一。定向运动也是国际承认的奥林匹克体育项目。

1966年，第一届世界定向锦标赛（WOC）在芬兰举行，男女冠军分别被瑞典人林德克·维斯特和挪威人里斯塔夺得。世界定向锦标赛开始时仅进行个人赛和接力比赛，1991年，短距离成为在芬兰举行的世锦赛的正式比赛项目。2001年，在芬兰的世锦赛上增加了超短距离项目。

一、定向运动简介

国际定向运动联合会将定向运动定义为一项参赛者借助地图和指北针在尽可能短的时间内到达若干个被分别标记在地图上和实地中检查点的运动。也就是说，参赛者利用一张详细精确的地图和一个指北针，按顺序到定向运动地图上所指示的各个点标，并以最短时间到达所有点标者为胜利者。

通常可以这样理解，任何一张普通的地图都可以用来进行定向运动，但就定向运动的比赛而言，需要专用的定向运动地图，如图12-1所示。专用的定向运动地图标绘的路线称为定向比赛路线，它包括一个起点（等边三角形）、一个终点（两个同心圆）和若干个带有序号的检查点（单圆圈）。并从起点开始，用连线将检查点按序号连起来，直到终点。在实地，检查点位于检查点圆圈圆心处的地形特征上，并用一个橘黄色和白色相间的点标旗在这个特征上或特征旁标记出来，这个特征被称为检查点特征。每个检查点都有一个或多个带有唯一编码的打卡器，为参赛者提供到访记录。参赛者手持检查卡，由起点开始，按顺序到访比赛线路上的各个检查点，并在检查卡上留下打卡器的编码，直到终点完成比赛，如图12-2所示。

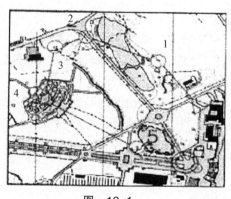
图 12-1

图 12-2

在比赛前，运动员还会得到一张检查点说明表。如图12-3所示是国际定联制定的一套对检查点位置进行精简说明的通用符号体系，它的应用减少了路线选择的偶然性，使路线选择技能在比赛中变得更加重要。定向运动通常设在森林、郊外和城市公园里进行，也可在大学校园里进行。按照运动模式，国际定联将定向运动分为徒步定向和工具定向。其中徒步定向也被称为定向越野，工具定向分为滑雪定向、山地车定向、残疾人轮椅定向等。下面主要讨论徒步定向。

图 12-3

按照国际定联赛事规则，定向运动按照比赛时间分为日间赛和夜间赛；按照比赛性质分为个人赛、接力赛和团体赛；按照比赛成绩的计算方法分为单程赛、多程赛和资格赛；按照比赛距离分为长距离赛、中距离赛、短距离赛和其他距离赛；按照参赛者性别、年龄和运动等级，又可以分为男女少年组、青年组、老年组，或分为初级组、高级组、精英组等。

二、定向运动的基本技术

（一）识定向地图

地图一般分成普通地图和专题地图。其中普通地图是全面反映地球表面一定区域的自然和社会经济的一般概貌，包括地形图和国家基本地形图。专题地图是以普通地图为基础，根据专业需要，突出反映一种或几种主题要素的地图。

定向地图是专题地图的一种。定向地图是在基本地形地图的基础上，通过专门的制图软件制作，用于定向运动训练和比赛的专用地图。这种地图上的地貌和地物符号要求更准确精细地表示实际地形中的状况，且用各种颜色和符号表示不同的地貌和地物，以及实际地形的可通行状况。它是一种附加了地面妨碍通行信息和易跑性信息，用磁北方向线定向的详细的地形图。

为了能为高速奔跑中的参赛者导航提供帮助，定向地图强调在确保地图清晰易读的前提下，详细描述所有可能影响读图、路线选择及对导航有重要意义的特征，特别是强调描述奔跑时可以观察到的明显特征、妨碍奔跑或通行的特征和植被的易跑性和通视度。因此，定向地图要求对读图和选择路线有影响的因素都表示出来。一张标准的定向运动地图，如图12-4所示，一般包括比例尺、等高距、地貌符号、地物符号、图例说明、检查点符号说明等内容。

图 12-4

1. 定向地图上的比例尺

定向地图中的比例尺是指地图上某一线段的长度与相应实地的水平距离之比，实际上就是指地表现象的缩小程度。其算术表达式为

地图比例尺=图上距离÷实地距离

国际定向联合会规定，定向地图比例尺一般为1∶15000。而1∶10000的地图一般用于接力赛和短距离赛，同时也用于年龄较大（≥45岁）的组别和年龄较小（≤16岁）的组别，因为年龄较大会看不清地图上的细线条和小符号，年龄小的还不具有识别复杂地图的能力。大比例尺图使地图容纳更多的细节，而且线条尺寸也将扩大50%。可见，比例尺中的分母越小，地图比例尺就越大，地图上的描绘就越详尽；分母越大，地图上比例尺就越小，地图上描绘的内容就越简略。

（1）在地图上表示的比例尺一般有数字式、文字式和图解式三种形式。

① 数字式：用阿拉伯数字表示，如1∶1000或者1/1000。

② 文字式：用文字注解的方式表示，例如"万分之一"。

③ 图解式：用图形加注记的形式表示，如图12-5所示。

图 12-5

（2）数字比例尺的换算。比例尺1∶1000说明地图上的1厘米=实际地形上的1000厘米（10米）。

当今，大多数森林定向图的比例尺为1∶10000，大多数公园定向图为1∶4000/5000。通过比例尺可以了解到地图的精确程度。正如前面提到的，地图比例尺越大，地图上描绘的内容就越详尽，精确度就越高；地图上的比例尺越小，地图上描绘的内容就越简略，精确度就越低。

2. 定向地图的地貌符号

定向地图是利用等高线来表示山的形态及起伏状态的。等高线是地球表面上高度相等的各点连接而成的曲线，国家基本地形图和定向地图都采用等高线显示地貌。利用等高线，不仅可以了解地面上各处的高差和地势起伏的特征，还可以根据地图上等高线的密度和图像分析地貌特征。在地物稀少的地方及森林中，地貌就是主要的甚至是唯一的行进参照物。下面介绍有关用等高线显示地貌的原理和相关知识。

（1）等高线按其作用不同，分为首曲线、计曲线、间曲线和助曲线四种。

① 首曲线也叫基本等高线，它是一张地图中所绘的细实线，用于显示地貌的基本形态。

② 计曲线也叫加粗等高线，从规定的高程起算面，每隔5个等高距将首曲线加粗成一条粗实线，以便在地图上判读和计算高程。

③ 间曲线也叫半距等高线，主要用于显示首曲线不能显示的局部地区地形，按1/2等高距绘制的细长虚线。

④ 助曲线也叫辅助等高线，用于显示间曲线仍不能显示的局部地区地形，按1/4等高距绘制的细短虚线。

（2）等高线显示地貌的特点如下所列。

① 在同一条等高线上，各点的高度相等，并各自闭合。

② 在同一幅地图上比较，等高线条数较多，山就高；等高线条数少，山就低。

③ 在同一幅地图上比较，等高线间隔大，坡度平缓；等高线间隔小，坡度较陡。等高线的弯曲形状与相应的实地地貌形态相似。

（3）等高距是指相邻两条基本等高线间的实地垂直距离。等高距大小受地图比例尺限制，地图比例尺越大，等高距越小，反之亦然。因此，大比例尺地图表示地貌相对详细，小比例尺地图表示地貌相对简略。我国现有的1∶10000比例尺地图等高距为5米，在平坦地形中可以用2.5米的等高距，但不允许在同一张地图中使用不同的等高距。

（4）图上基本地貌形态包括山顶、山背、山谷、鞍部、山脊等，如图12-6所示。

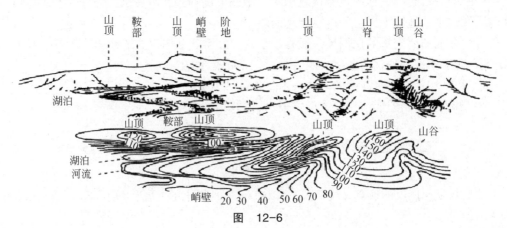

图 12-6

① 山顶：在地图上以等高线形成的小环圈表示，有时在小环圈外侧绘制用示坡线表示的凸出的山顶。若在圈内绘制，则表示如火山口似的凹形山顶。

② 山背：从山顶到山脚凸出的部位，也叫山梁。在地图上以成组的等高线向外凸出的曲线表示山背，这些成组的等高线凸出部位的顶点的连线是分水线。

③ 山谷：相邻两山背之间低凹狭窄的地方。在地图上用等高线表示山谷时，以等高线所围成的闭合曲线的凹入部分表示；成组等高线向内凹入部位等点的连线称为合水线。

④ 鞍部：相邻两山之间的地形如马鞍状的部分。在地图上用一对表示山背的等高线和一对表示山谷的等高线组合来表示鞍部。

⑤ 山脊：山头、山背、鞍部突出的高处连绵相连，如同兽脊凸起的部分。在地图上为山头、山背、鞍部突出的高处连绵相连的曲线为山脊线。

⑥ 洼地：地表面凹下的部分又称凹地。

⑦ 台地：山坡上平的或接近平的部分又称阶地。

3. 定向地图中的地物符号

（1）符号的分类有以下几种。

① 依比例尺表示的符号。实地面积较大的地物，如城镇、湖泊等，其符号图形的外部轮廓是按比例尺缩绘的。

② 半依比例尺表示的符号。实地线状的地物，如道路、沟渠、电线、围墙等。这类地物符号的长度是按比例尺缩绘的，但宽度不是。因此，在地图上只能量取其长度，而不能取其宽度。

③ 不依比例尺表示的符号。实地面积很小的对定向越野有影响和有方位意义的独立地物，如窑、独立坟、独立树等。大多数独立地物突出地面，明显易跑，有利于运动员概略定向和精确定向。

（2）符号的构成要素如下所述。

① 符号的图形具有图案化和系统化的特点。所谓图案化，就是符号图形有些类似于事物本身的形状。这类图形既形象，又简单、规则，因而便于根据符号图形联想实际事物的形态。符号图形系统化，是指各种符号图形具有内在的联系，通过图形的变化，可以把事物的量和质等特征表现出来。

② 符号的大小主要反映事物的重要程度及数量差异。一般来说，表示重要的、数量多的符号大些；反之，则符号小些。

③ 符号的颜色主要表示事物的质量差异、数量差异和区分事物的重要程度。在定向地图上有7种颜色，其中棕色用于描绘地貌和人工铺砌的地表，如等高线表示地表起伏；黑色和灰色用于描述岩石和石头、人造地物、包括磁北线和套印标记在内的技术符号；白色用于描绘开阔易跑的林地；蓝色用于描绘水系。在黑色占较大面积，而蓝色所占面积较小的情况下，也常用蓝色表示磁北线；绿色用于描绘植被，以不同网点疏密的绿色、线条或复色表示植物的疏密和对奔跑的影响度，绿色块越深，线条越密，植物越密，对奔跑影响也越大；黄色用于描绘植被，黄色和绿色结合而成的黄绿色用于描绘禁止进入的居民地和植被区域，以不同网点疏密及花纹图案表示植物与地面开阔、空旷度，黄色越深，通视度和奔跑度越好；紫红色用于描绘比赛线路，多表示越野点标位

置、线路方向、禁区等。

4. 定向地图中的图注记

定向地图中的图例注记除了比例尺注记和等高距注记外，还有图例说明、检查点说明及图名和出版单位说明等。

（1）图例说明可以帮助定向运动参与者理解地图所表示的事物。它采用的是国际语言符号，所有符号全球通用。根据国际定向联合会的《国际定向图制图规范》，定向地图上的言语符号分为地貌、岩面与石块、水体与湿地、人工地物、植被、技术符号、线路符号7个类别。

（2）检查点说明。一般情况下，检查点说明采取符号化的形式说明，特殊情况可以同时提供符号和文字说明。检查点说明符号是为定向运动参与者提供一种无须语言翻译就能够准确理解检查点说明的可靠方法。其目的是为地图上描绘检查点特征，点标旗与该特征间的位置关系提供更精确的说明。找到一个设置良好的检查点主要依靠读图，而检查点说明只能起到辅助的作用，并且应该尽可能地简短。

5. 磁北线

定向地图的方位是上北下南、左西右东。图上绘有的若干条相等距离的、平行的、北端带有箭头的红色细线条就是磁北方向线。磁北方向线所指的方向是地图的北方。可用这条线确定地图的方位、标定地图、量测磁方位角和估算距离等。

6. 运动路线

一条完整的定向运动路线由一个起点、若干个检查点和一个终点组成。①起点或发图点（假如不在起点）：等边三角形，其一角要指向第一个检查点。②检查点：圆圈表示。其尺寸确定受检查点周围细部地形影响，为使某些重要细部更完整，圆圈也可以部分断开。③终点：双圆圈表示。三角形或圆圈的中心表示地物的精确位置，但并不肯定就有标志。检查点要依次编号并使字头朝北。遇到重要的细部，连线可以部分断开。必经路线在图上用虚线表示。

（二）读定向地图

地图阅读是指读图者通过对地图符号的识别与解释，认知地图所表达的对象的过程，因此也称读图。定向运动中的读图是在行进过程中对定向地图符号进行识别和解释，将在二维平面上表达的特征转换为三维空间中的特征，并与实地特征进行核对的过程。因此，在定向运动中，读图是一个由确定站立点→标定地图→识别与解释地图符号→实地核对地图→确定站立点构成的一个动态的循环过程。

1. 确定站立点

起点为参赛者提供了一个明确的站立点，因此定向运动中站立点的确定实际上是一个在新的站立点与已知站立点之间联系的过程，这个过程建立在正确的持图方法——折叠地图和拇指辅行的基础上。

（1）折叠地图是指将地图折叠成适当大小，以方便运用拇指辅行技术，并使读图时的注意力集中在即将寻找的一两个检查点上的定向技术。折叠地图时要注意以下几点：沿磁北线方向或者沿行进方向平行折叠地图；折叠后的地图大小要适当，既要方便运用拇指辅行技术，又要保证在图上有足够的可视区域。

（2）拇指辅行是运用折叠地图技术，将拇指或拇指指北针前端右侧顶角放在地图上自己能够完全确定的站立点位置后面，并且随着身体在山地中的移动，在地图上移动拇指将新的站立点与已知站立点联系起来，确保随时能够确定自己站立点的技术。为了能方便地运用这一技术，在持图时要掌握一个要点：用手掌托着地图，而不是用指尖拿着地图。

2. 标定地图

标定地图就是为了使定向地图的方位与现地的方向相一致。这是使用定向地图的最重要的前提。利用指北针可以方便标定地图，但定向高手通常利用实地的特征来标定地图，只在特征较少或通视度不良的情况下才用指北针标定地图。利用实地标定地图有以下两种情况。

（1）转动地图标定地图。这种情况发生在参赛者沿着选定路线行进时，随着前进方向的改变，同时向身体转动方向相反的方向转动地图，使实地中在身体前方和身体左右侧的特征位在地图上也分别位于拇指指尖的前方和左右侧，地图即被标定。

（2）转动身体标定地图。这种情况发生在参赛者要确定行进方向时。水平持握地图于身体前面正中的位置，高与腰或胸齐，并使地图上的目标位置位于身体前方的正中线上，转动身体，使实地中在身体前方和身体左右侧的特征位在地图上也分别位于拇指指尖的前方和左右侧，地图即被标定。这时身体正前方面对的方向就是目标所在的方向。

（三）使用指北针

指北针是定向运动中最重要的仪器，是定向运动可以使用的唯一合法帮助。常见的定向运动指北针有三种类型：刻度盘指北针、拇指指北针和拇指刻度指北针。其中每类又包括专业型和初学者使用的简易型。

（1）拇指指北针的持握方法。读图时用拇指指北针前端右侧顶角压在自己在地图上目前的位置后面，水平持握地图于身体前面正中的位置，高与腰或胸齐，前进方向箭头与身体正中线平行指向身体正前方。

（2）标定地图。沿着选定路线行进时，随着前进方向的改变，同时向身体转动方向相反的方向转动地图，当地图磁北线的北端与指北针磁针的红端（北端）一致时，地图即被标定。

（3）确定方向。用拇指指北针确定方向可以分两步完成。

① 将拇指指北针的右侧顶角放在地图上自己目前的位置上，并使基板上的前进方向线与目前站立点和目标点位置的连线平行。

② 水平持握指北针于身体前面正中的位置，高与腰或胸齐。转动身体直到指北针磁针与磁北线平行，磁针的北端（红端）与磁北标定线的北端一致，箭头所指的方向即前进方向或目标所在方向。

（四）实地判定方位

了解实地的方位是使用地图的前提。除了利用指北针帮助判断方位的方法外，还可以利用地物特征、太阳和手表及夜间利用星体来判定方位。

1. 利用地物特征判定方位

房屋门一般朝南开，在我国北方尤其如此。庙宇通常也南向设门，尤其是庙宇群中的主要殿堂。树木通常朝南的一侧枝叶茂盛，色泽鲜艳，树皮光滑，向北的一侧则相反。同时，朝北一侧的树干上可能生有青苔。凸出地物，例如墙、地埂、石块等，其向北一侧的基部较潮湿，并可能生长苔类植物。凹入地物，例如河流、水塘、坑等，其向北一侧的边缘（岸、边）的情况与凸出地物相同。

2. 利用太阳与手表判定方位

上午9：00至下午4：00之间按下面这句话去做，就能较快地辨别出概略的方向："时数折半对太阳，'12'指的是北方"。如在上午9：00，应以4：30的位置对向太阳；如在下午2：00，则应以7：00的位置对向太阳，此时"12"字的方向即为北方。为提高判定的准确性，可在"时数折半"的位置上竖一细针或草棍，并使其阴影通过表盘中心，如图12-7所示。

图 12-7

注意：

（1）"时数"是按一日24小时而言的，如13：00，就是13时。

（2）在判定方向时，时表应平置（表面向上）。

（3）此方法在南、北纬度20°30′之间地区的中午前后不宜使用。

（4）要注意时差的问题。即要采用"以标准时的经线为准，每向东15°加1小时，每向西15°减1小时"的方法将标准时间换算为当地时间。

3. 夜间利用星体判定方位

（1）利用北极星。北极星位于正北天空，观察时，其距离地平面的高度约相当于当地的纬度。寻找时，通常要根据北斗七星（即大熊星座）或W星（即仙后星座）确定。北斗七星是7个比较亮的星，形状像一把勺子，将勺头甲乙两星连一直线并向勺口方向延长，约为甲乙两星间隔的5倍处有一颗略暗的星，即北极星。当地球自转看不到北斗七星时，则可利用W星寻找。W星由5颗较亮的星组成，形状像W字母，向W字母缺口方向延伸约为缺口宽度的2倍处就是北极星。

（2）利用南十字星。在北纬23°30′以南的地区，夜间有时可以看到南十字星，它也可以用于辨别方向。南十字星由4颗较亮的星组成，形同十字。在南十字星的右下方，沿甲乙两星的连线向下延长约该两星的4倍半处（无可见的星）就是正南方。

（五）标定地图

标定地图是使地图和实地保持一致，它是定向运动的基本技能之一。通过标定地图，可以帮助我们迅速查看地图，了解实地地物的分布和地貌的起伏及它们之间的关系，还可以帮助我们根据地图上的路线选择具体的实地运动路线。常见的标定地图的方法有概略标定、利用指北针标定和利用地物标定。

1. 概略标定

如果已知实地方位和站立点的图上位置，只要将地图正置，使地图上方（即磁北方向）与实地北方向保持一致，地图就被标定了。越野图上的方位是：上北、下南、左西、右东。当我们在现地正确地辨别了方向之后，只要将越野图的上方对向现在的北方，地图即已标定。这种方法简便迅速，是定向越野比赛中最常用的方法。

2. 利用指北针标定

使指北针的北方向与地图北方向保持一致，地图即被标定。先使透明式指北针圆盒内的定向箭头朝向地图上方，并使箭头两侧的平行线与越野图上的磁北线重合（或平行），然后转动地图，使磁针北端对正磁北方向，地图即已标定。

3. 利用地物标定

（1）利用明显地貌、地物点的标定。利用地图、实地对应的明显地貌或地物作为参照点标定地图。例如，作为地貌参照点的有山头、鞍部、山凸、山谷等，作为地物参照点的有塔、桥、独立房等。

利用地貌和地物参照点标定地图的前提是：必须知道实地站立点在地图上的位置，以及地图上和实地都有明显的同一地貌或地物。

（2）利用地貌、地物的线标定。利用线状的地貌或地物作为参照物标定地图。可作为线状地貌参照物的有山脊、分水线、长形陡崖、长堤等，作为线状地物参照物有江河、沟渠、道路、围墙、电力线等。

（3）利用明显面状地物标定。如利用池塘标定地图，只要将图上池塘与实地池塘外形轮廓对应，即图上池塘与实地池塘概略重合，地图就被标定。

（4）利用直长地物标定。利用直长地物（如道路、土垣、沟渠、高压线等）标定地图，首先应在图上找到这段直长地物，对照两侧地形，使图与现地各地形点的关系位置概略相符，然后转动地图，使图上的直长地物与现在的直长地物方向一致，地图即已标定。

（六）图地对照，确立站立点和目标点

图地对照就是将地图与相应实地的地物、地貌进行逐一对照。确定站立点，就是在实地确定自己站立点在地图上的相应位置。

1. 确定站立点

（1）直接确定。当自己所处位置是在明显地形点上时，只要从图上找出该地形点的

站立点即可确定。这是一种在行进中，特别是奔跑中最常用的方法。但是，采用直接确定法的困难在于，在紧张的进程中，怎样才能很快地发现可供利用的明显地形点；当同一种明显的地形点互相靠近时，怎样才能够正确地区别它们，防止"张冠李戴"。因此，需要记住一些可以称得上是明显地形点的地物和地貌，如现状地物的拐弯点、交叉点（呈十字形）、交汇点（呈丁字形）和端点；面状地物的中心或者有特征的边缘；山地、鞍部、洼地；特殊的地貌形态，如陡崖、冲沟等；谷地的拐弯。交叉和交汇点；山脊、山背线上的转折点和坡度变换点。

（2）利用位置关系确定。当站立点位于明显地形点附近时，可以采用位置关系法。利用位置关系法确定站立点主要依据两个要素，一是站立点至明显点的方向，二是站立点至明显点的距离。在地形起伏明显的地方，还可以结合高差情况进行判定。

（3）利用交汇法确定。当站立点附近无明显地形点时，可以利用交汇法确定站立点。按不同情况，它又可以具体分为90°法、截线法、后方交汇法和磁方位角交汇法。这些方法的优点是：不需要判断或测量距离，也能确定出较为准确的站立点位置，这对于初学者学习和巩固使用定向地图的训练是很有意义的。但是，它们中的一些方法，要么只能在某些特定的条件下才能运用，要么就是步骤烦琐、费时费力，因此在定向越野比赛中一般较少使用。

2. 确定目标点

确定目标点就是确定实地某一目标在地图上相应的位置。在进行地图与实地对照训练时，以及在运动途中需要明确运动方向和运动的具体路线时，都需要确定目标点的图上位置。主要用分析法确定，即在已知的站立点标定地图，以站立点为准，向目标点瞄准，根据站立点到目标点的距离，依据比例尺确定目标点的图上位置。利用此法确定明显目标点的精度较高，但确定一般目标点时，由于站立点到目标点的距离不容易确定，容易失误。因此，重要的是在此基础上，根据目标点所在的实地的细部地形特征进行分析比较，确定其图上的位置。在快速奔跑时，可用目测瞄准，然后根据目标点所在实地位置的细部特征确定。

图地对照、确定站立点和目标点，三者互为条件，有密切联系。通过对照地形，可以确定站立点与目标点；知道站立点或某个目标点的图上位置，可以提高图地对照的速度和精度。同时，知道站立点的图上位置，可以确定目标点；知道了目标点的图上位置，可以确定站立点。在三者中，虽然重点是站立点的确定，但由于互为条件，因此，图地对照、确定站立点和确定目标点没有固定的先后顺序，可根据具体情况而定。

（七）路线选择

当了解了地图和指北针后，定向运动参与者必须在两个点标之间选择一条最佳行进路线。首先，要考虑所选择的路线的难度及安全性。什么才是最快的路线？什么才是最安全的路线？最安全的路线不一定是最快的路线，但是最快的路线一定是比较安全的路线。选择安全的路线是保证选择出最快路线的一个基本前提。沿直线方向前进的不一定是最快、最好的路线选择。

路线选择所需要考虑的速度因素。在不同地貌上的运动速度是不同的，表12-1粗略地指出在不同的地形上行进每千米所需要的分钟数。如果走在丘陵起伏、树木遍布的乡间，绕道的距离可能比走公路的2倍还多。当然，上面提供的时间数是有变化的。在早春，穿越湿草地所花的时间当然会比在盛夏走干草地的时间要长。

表 12-1　　　　　　　　　　　　　　　　　　　　　　　　　　　　单位：分钟

方式	大路	小径	森林	较难通行的林地
步行	12	17	22	27
慢跑	6	8	10	14
快跑	4	6	8	10

 知识链接

路线选择遵循的原则

1. 尽可能节省时间

运动中，如遇到地形起伏不定、空阔的原野、草地、可通行的沼泽地、树林稀疏和树木下面空阔可跑等地域，坚持"选近不选远"的原则，可选择直接越野的方法。

选择越野路线，首先应该在确定好运动方向的前提下，认真分析地图，仔细观察实地地形，充分利用地图和指北针，把握好运动方向和运动路线，查看分析定向竞赛彩色地图。一般白色或浅黄色区域为可跑地域，应选择直接越野；黄色区域为半空旷地域，要认真分析地图，仔细观察地形，确认直接越野的可行性和可靠性。越野的办法可根据实际情况，选择实地目标方向明显的地貌或地物作为参照物定向越野。实地目标点不可见，且目标点方向无明显参照物时，也可以利用指北针定向越野，同时估量出站立点到目标点间的实地距离。实际应用时，第一要把握好运动方向，第二要把握好实际奔跑的路程。

2. 尽可能节省体力

在定向运动中，坚持"有路不越野"的原则，利用道路奔跑，既省时又省力。在利用道路时，应该根据实际情况仔细查看地图，以便分析地形并充分合理地利用道路。查看分析定向运动竞赛彩色地图，如要穿越绿色不可通行的区域，如有道路应该充分利用道路。翻越高山峻岭或跨越深沟宽河，若有道路也应该首选道路。在运动中若有多条道路可选，应该仔细查看地图分析地形，弄清楚各道路的走向和下段路程的连接点，比较它们的路程距离等，选择快捷、省力的最佳运动道路。在定向运动中，还应该学会利用地图上未标注的山间小径，因合理利用这些小径将会获益匪浅。

3. 仔细读图，综合考虑

在定向运动中，要求运动员充分利用地图和指北针，仔细分析地图，判定地形，确定正确的运动方向和运动路线。在前进的道路上遇到大的障碍时，坚持"统观全局，提前绕"的原则，最好不要采用先抵达大的障碍物或穿越障碍途中发现难以通行再走回头路的做法。这样不但浪费时间消耗体力，有时还可能发生意外的事故。在前进大道路上遇到大的障碍时，应该提前做出判断和选择，遇到大的难以逾越的障碍物时，选择最佳的迂回路线，提前绕行。

（八）基本运动方法

1. 沿线运动法

沿线运动法也称导线法。当站立点距离检查点较远，途中地形又很复杂时，可以采用此法。"线"是指道路、沟渠、高压线等，运动员依靠线状地物控制运动方向。行进过程中，要多次利用各个明显地形点，确保前进方向与路线的正确性。但需注意，切勿将相似的地形点用错。

2. 分段运动法

分段运动法是初学者平时训练和比赛时最理想的运动方法。它能使你正确把握运动方向，随时明确站立点在图上的位置，并能减少看图时间，提高运动速度。

3. 连续运动法

由于"分段运动法"必须在检查点和各个辅助目标作短暂的停留用来进行对照地形，选择辅助目标与具体运动路线。对于有一定基础的参赛者来说，就显得作用不大，浪费时间。这种方法是在分段运动法的基础上提高一步。采用此方法，可把在各辅助目标要做的工作提前，即从某一检查点到达第一个辅助目标之前在奔跑过程中边跑边进行图上分析，分析下一段通视地域内的地形，并在图上选择好下一个辅助目标及下一个目标点运动的具体路线。到第一个辅助目标后，如果观察到的地形与到达之前的从地图上分析的地形一致，即可不在此停留而做连续的运动，如此类推到检查点。到达检查点前，同样可分析检查点之后的路线，到达检查点后，只需"做记"即可迅速向下一个检查点运动。这就需要参赛者必须做到"人在实地走，心在图前移"。

4. 一次记忆运动法

一次记忆运动法供技术全面、经验丰富的参赛者，在连续运动的基础上采用。这种方法是在出发点把在地图上选择的从出发点到第一号检查点的最佳路线，一次性地记在脑子里，运动中按记忆的路线运动。通过记忆，应该使自己具备这样一种能力：实地的情景能够不断地与记忆的内容叠影、印证。

5. 依点运动法

点是指明显的地物地貌点。具体方法同"分段运动法"和"连续运动法"，即用"点"控制运动方向。

三、定向运动部分规则

1. 规则

定向运动规则为：必须按顺序到访指定路线上的所有点标；在起点处领取IC指卡，在所到点标处打卡，在终点处将IC指卡交回，并记录下时间，领取成绩单。指北针的红色指针应永远与地图上指明北方的红色箭头及红色竖线保持平行，这样就不会迷失方向，永远知道自己身在何处。

2. 注意事项

（1）在森林中运动时，最好穿长袖和长裤运动服，以免划破肌肤。

（2）在跑行进路线中，一定按序号顺序跑动，否则成绩无效。

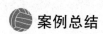案例总结

定向运动赛事

（1）O-Ringen：瑞典五日。世界最大规模的定向运动赛事，近年来，每年吸引世界各国30000个男女老少定向运动员。

（2）世界定向越野锦标赛；世界滑雪定向锦标赛。

（3）定向越野世界杯赛；滑雪定向世界杯赛。

（4）世界青年定向越野锦标赛；世界青年滑雪定向锦标赛。

（5）世界老年定向越野锦标赛；世界老年滑雪定向锦标赛。

◆ 探索与思考 ◆

1. 试述定向地图颜色所代表的含义。
2. 如何结合定向地图合理使用指北针？
3. 定向运动的基本运动方法有哪些？

参 考 文 献

[1] 孙民治.体育院校通用教材 篮球运动教程[M].北京：人民体育出版社，2007.
[2] 全国体育院校教材委员会.现代足球[M].北京：人民体育出版社，2000.
[3] 全国体育院校教材委员会.排球运动[M].北京：人民体育出版社，2000.
[4] 朱建国.羽毛球运动教学与训练教程[M].北京：清华大学出版社，2019.
[5] 刘建和.乒乓球[M].北京：人民体育出版社，2006.
[6] 刘建国.田径运动[M].3版.北京：高等教育出版社，2016.
[7] 李建臣，王永安，文世林.田径运动教程[M].北京：化学工业出版社，2018.
[8] 游泳运动教程编写组.游泳运动教程[M].北京：北京体育大学出版社，2000.
[9] 朱笛，温宇红.游泳运动教程[M].北京：高等教育出版社，2000.
[10] 周超彦，韩照岐，陈慧佳.游泳运动身体训练指南[M].北京：人民邮电出版社，2020.
[11] 侯雯.二十四式太极拳[M].郑州：河南科学技术出版社，2019.
[12] 陈炳.正宗陈氏太极拳[M].南京：江苏科学技术出版社，2016.
[13] 吴维叔.武术基础拳[M].北京：北京时代华文书局，2020.
[14] 杨祥全.中国武术思想史[M].太原：山西科学技术出版社，2017.
[15] 何波，徐润基.实用毽球运动指南[M].广州：广东高等教育出版社，2015.
[16] 赵发田.毽球运动[M].青岛：中国海洋大学出版社，2000.
[17] 朱磊.运动营养学[M].北京：科学出版社，2020.
[18] 阿斯克.约肯德鲁普.运动营养实践指南[M].孟焕丽，译.北京：人民邮电出版社，2017.
[19] 张晔.全民膳食营养全书[M].北京：中国纺织出版社，2019.
[20] 运动膳食与营养编写组.运动膳食与营养[M].北京：北京体育大学出版社，2000.
[21] 敖英芳，杨渝平.运动损伤那些事[M].济南：山东科学技术出版社，2020.
[22] 王国祥，王琳.运动损伤与康复[M].北京：高等教育出版社，2019.
[23] 黎鹰.运动损伤与预防[M].杭州：浙江大学出版社，2019.
[24] 赵斌.运动损伤预防与处理[M].桂林：广西师范大学出版社，2014.
[25] 史国生.奥林匹克运动[M].北京：高等教育出版社，2020.
[26] 崔乐泉.奥林匹克运动通史[M].青岛：青岛出版社，2000.
[27] 任海.奥林匹克运动[M].北京：人民体育出版社，2000.
[28] 瓦诺耶克.奥林匹克运动会的起源及古希腊罗马的体育运动[M].徐家顺，译.天津：百花文艺出版社，2000.
[29] 尹军.身体运动功能诊断与训练[M].北京：高等教育出版社，2015.
[30] 孙莉莉.美国功能动作测试（FMS）概述[J].体育科研，2011（32）：5.
[31] 王卫星.高水平运动员体能的训练新方法[M].北京：北京体育大学出版社，2013.
[32] 严波涛，许崇高.动作协调能力研究的现状与方法学问题[J].西安体育学院学报，1999（2）：33-35.
[33] 张力为.运动中的心理负荷及其测定[J].四川体育科学，1992（3）：32-35.
[34] 王卫星.体能训练理论与实践[M].北京：高等教育出版社，2012.